Hoe een CIA-agent zijn geheugen hervond en andere waargebeurde verhalen

D1671660

Harald Merckelbach & Marko Jelicic

Hoe een CIA-agent zijn geheugen hervond

en andere waargebeurde verhalen

Geheugenverlies in en buiten de rechtszaal

OLYMPUS

Olympus non-fictie maakt deel uit van Contact BV
Hoe een CIA-agent zijn geheugen hervond en andere waargebeurde verhalen
verscheen eerder bij uitgeverij Contact

Tweede druk
© 2005, 2007 Harald Merckelbach & Marko Jelicic
Omslagontwerp Studio Jan de Boer

ISBN 978 90 467 0146 1
NUR 820

www.olympus-nonfictie.nl

Voor Valerie, Sophie & Marjon
Voor Ruby, Nick & Marijke

Inhoud

Waarover dit boek gaat

Gerard B. was een wat nerveuze en eenzame jongeman. Hij had geen vaste baan. Zijn tijdverdrijf bestond hoofdzakelijk uit het drinken van veel bier en het luisteren naar de politieradio. Op een mooie ochtend in juli werd hem dat bijna fataal. Hij hoorde dat op een bank in het stadspark het lijk van een jonge vrouw was aangetroffen. Dus pakte B. zijn brommer en ging poolshoogte nemen. Hij was niet de enige. Behalve een dozijn politiemensen bleek er heel wat publiek op de been, waaronder veel hondenbezitters. In de dagen daarna liet de politie het portret van de vermoorde vrouw op de televisie zien en vroeg om inlichtingen. Het duurde niet lang of B. werd op verdenking van moord aangehouden. Een oudere dame die op de avond van de moord haar poedel in het park had uitgelaten zou op dat tijdstip ook B. bij het bankje hebben gezien. B. werd hierover op nogal indringende wijze door de politie onderhouden. Na enkele dagen kwam hij met een bekentenis. Het was een onsamenhangend, maar evengoed belastend verhaal waarmee justitie haar voordeel kon doen. Alhoewel: op het moment dat B. wegens moord veroordeeld dreigde te worden, werden er betaalcheques van de overleden vrouw in omloop gebracht. De dader liep dus vrij rond.

Misplaatst vertrouwen

Het geval van Gerard B. speelde zich nog niet zo lang geleden in Duitsland af. Het biedt een fraaie illustratie van een tweetal geheugenillusies. De eerste is wat psychologen *bronverwarring* noemen.[1] Natuurlijk had de oude vrouw 's avonds haar poedel in het park uitgelaten. En natuurlijk had zij B. bij het bankje gezien. Maar dát was pas 's morgens geweest, toen ze opnieuw met haar poedel ging wandelen en de volksoploop bij het bankje zag. Zonder er zich bewust van te zijn, verwarde ze de ene gebeurtenis met de andere. De politie ging daaraan voorbij vanwege de besliste toon waarop de oude vrouw sprak.

De neiging om onschuldige omstanders later als dader aan te wijzen is niet speciaal een eigenschap van bejaarde dames. Dat is een conclusie die zich opdringt naar aanleiding van vele laboratoriumexperimenten. Bij zulke experimenten kijken proefpersonen naar nagespeelde delicten waarin kortstondig daders en onschuldige figuranten in beeld komen. Meestal komen onderzoekers tot de conclusie dat zo'n 40 procent van de oudere én jongere proefpersonen later een onschuldige figurant als dader aanwijst. Niet eens dit percentage is zo verontrustend, maar vooral het grote vertrouwen dat proefpersonen in hun foute oordeel stellen.

Het geval van Gerard B. demonstreert nog een ander en bizarder fenomeen. Soms zijn mensen ertoe te brengen iets te bekennen dat zij niet hebben gedaan. Gerard B. wist niet meer hoe hij de avond van die 15de juli precies had doorgebracht. Voor hem leken alle avonden op elkaar. Hij zat op zijn kamer naar de radio te luisteren of hing wat rond op straat en in het park, ging eens naar een kroeg, dronk veel en naarmate de avond vorderde raakte hij meer en meer beneveld. Toen de politie op de proppen kwam met de oudere vrouw die hem 's avonds op de plaats delict zou hebben gezien, werd hij onzeker. Misleidende vragen van de politie zetten aan tot speculaties, speculaties groeiden tot een verhaal en het verhaal mondde uit in Gerard B.'s bekentenis. Dit lijkt een ongeloofwaardig scenario. Maar zoals we verderop in dit boek nog zullen zien, komen valse bekentenissen wel vaker voor.

Flashbacks

Het geval van Gerard B. laat zien dat geheugenillusies voortdurend op de loer liggen. Typerend voor deze illusies is de wanverhouding tussen objectieve geheugenprestaties en het subjectieve vertrouwen dat mensen erin stellen. Deze wanverhouding kan twee vormen aannemen. Bij de bronverwarring waar we het zojuist over hadden, stelt de ooggetuige een misplaatst vertrouwen in de eigen herinneringen. Bij valse bekentenissen gaat het juist om een verdachte die overmatig twijfelt aan zijn eigen geheugen (Gudjonsson, 1996).

Slachtoffers van verkeersongelukken kunnen later levendige flashbacks over hun ongeval krijgen. Dat geldt ook als de slachtoffers ten tijde van het ongeluk buiten bewustzijn waren. De overtuigingskracht van flashbacks is groot en ze worden door slachtoffers als haarscherpe geheugenbeelden ervaren. Tegelijkertijd stroken flashbacks zelden met de ware toedracht van het ongeluk. Flashbacks zijn dus weer een voorbeeld van misplaatst vertrouwen in de eigen herinneringen. Daartegenover staat het fenomeen dat de Maastrichtse neuropsycholoog Rudolf Ponds (1998) uitvoerig in zijn proefschrift beschreef: bejaarde mensen die een voortreffelijk geheugen hebben, maar die er niettemin vast van overtuigd zijn dat zij de eerste tekenen van dementie vertonen omdat zij wel eens een naam of een afspraak vergeten. Dat is weer een voorbeeld van overmatige twijfel aan het eigen geheugen.

Formidabel

Deze twee voorbeelden hebben overigens meer met elkaar gemeen dan men op het eerste gezicht zou denken. Beide komen voort uit de diepgewortelde overtuiging dat de natuurlijke staat van ons geheugen er een van opperste perfectie is of althans zou moeten zijn. Deze overtuiging heeft veel te maken met de formidabele prestaties die het geheugen inderdaad kan leveren. Dat ervaringsfeit werd voor het eerst goed door de Canadese psycholoog Lionel Standing (1973) zichtbaar gemaakt. Hij liet zijn proefpersonen 10 000 foto's zien, die in een hoog tempo achter elkaar werden geflitst. De proefpersonen waren uren en uren bezig met plaatjes kijken. Dagen later moesten de proefpersonen de foto's die zij eerder hadden gezien uit een nog omvangrijkere set van plaatjes selecteren. Zij draaiden daar hun hand niet voor om, want de foutenmarge kwam zelden boven de 5 procent uit. Meer experimenten van dit type volgden en de resultaten waren telkens weer verbluffend. Zo werd in een onderzoek gevonden dat mensen die een halve eeuw eerder Spaans hadden geleerd en daarna nooit meer iets met deze taal hadden gedaan, toch nog een omvangrijke Spaanse woordenschat bezaten.[2] Het kan nog sterker: er bestaan herinneringen die honderden jaren oud zijn. We hebben het dan over balladen, gedichten en verhalen die van generatie op generatie mondeling zijn overgedragen en al die tijd een vrijwel ongewijzigde vorm behielden.[3] Deze voorbeelden wijzen in de richting van een onbegrensd geheugenreservoir, waarin informatie permanent kan worden opgeslagen. Wie naar een handige metafoor zoekt, komt al snel uit bij de computer. En inderdaad, de computer is onder leken, maar ook onder dokters en psychotherapeuten de meest populaire metafoor voor het geheugen. Het riskante aan deze metafoor is dat ze geen rekening houdt met geheugenillusies. Dat kan een misplaatst vertrouwen in de eigen of andermans herinneringen in de hand werken.

Goed of slecht?

Is het geheugen dan goed of slecht? Juristen vinden vaak dat het goed is. Psychologen slaan het geheugen vaak minder hoog aan. Voor beide standpunten valt wat te zeggen. Het was in België een ooggetuige die de politie op het spoor van psychopaat Marc Dutroux zette. Deze getuige wist zich het kenteken te herinneren van het autobusje waarmee Dutroux in 1996 de toen 13-jarige Laetitia had ontvoerd. Aan de andere kant: een ooggetuige beweerde bij hoog en laag dat de sluipschutters die in 2003 Washington onveilig maakten, vanuit een witte bestelauto met hun geweren op argeloze burgers schoten. Wekenlang speurde de politie naar de witte bestelauto, totdat kwam vast te staan dat de mannen zich verplaatsten in een blauwe auto (Loftus, 2003).

Is ons geheugen goed of slecht? Het is goed – zelfs excellent – voor naam-vallen, simpele foto's, nummerplaten en dingen die nog zeer onlangs gebeur-den. Het is wat minder goed en soms zelfs ronduit slecht voor alles wat verder terug in de tijd ligt en een interpretatie behoeft. Het geval van de sluipschut-ters in Washington vereiste interpretatie. Want steeds zagen de ooggetuigen eerst het gevolg – een dodelijk getroffen slachtoffer – en pas daarna keken zij, speurend naar een oorzaak, om zich heen. Bij zo'n gelegenheid zag een oog-getuige een opvallend wit busje en hij koppelde dat ten onrechte aan de moordaanslag. In de zaak van Gerard B. interpreteerde de oudere dame haar bekendheid met het gezicht van B. op een foute manier. Het was de interpre-tatie van de politie dat 'daders altijd naar de plaats van het misdrijf terugke-ren' die Gerard B. ervan overtuigde dat hij iets te bekennen had.

Interpretaties zijn gevoelig voor de verhalen die mensen elkaar vertellen. Goede verhalen kunnen ons ertoe aanzetten om informatie die in ons geheu-gen ligt opgeslagen grondig te herzien. Dat neemt soms drastische vormen aan. Bekend is het voorbeeld van de Amerikaanse journalist die in een pro-vinciestad het gerucht uitzette dat een naakte vrouw met haar achterwerk was blijven plakken aan een vers geschilderde wc-bril. Toen de journalist eni-ge weken later terugkeerde naar de stad, bleken er heuse ooggetuigen van dit incident te bestaan. Dat had niet alleen te maken met het feit dat het gerucht vanwege zijn detaillering en aanschouwelijkheid knap in elkaar stak, maar ook nog met iets anders: 'Mensen hebben een sterke behoefte om zich be-langrijk te voelen, om belangrijke dingen te doen of om deel uit te maken van opmerkelijke gebeurtenissen, zelfs al is het maar als ooggetuige.'[4] Het element van belangrijkheid speelde ook een rol in de Belgische *Coca-Cola crisis* (juni 1999). Daarbij haalde Coca-Cola zijn complete voorraad uit de Belgische winkels omdat consumenten beweerden er ziek van te zijn geworden. In to-taal meldden zich tweehonderd mensen bij de diverse ziekenhuizen met klachten variërend van hoofdpijn tot overgeven. Dit alles speelde zich vlak na een dioxineschandaal af. De collectieve angst die dat opriep was een geschik-te voedingsbodem voor het door een Duitse fantast in omloop gebrachte ge-rucht dat de Oost-Europese maffia de Coca-Cola radioactief zou hebben be-straald. De fantast vond zijn verhaal zo goed dat hij er zelf heilig in ging geloven. Hij maakte er in zijn talloze telefoontjes naar het Coca-Colahoofd-kwartier de bedrijfsleiding deelgenoot van.[5]

Waarover dit boek gaat

U vertelt over hoe geweldig uw zomervakantie in de Dordogne was. Dat het huisje dat u daar huurde vijf ruime slaapkamers had. Dat het zwembad gigagroot was. Dat de rode wijn er minder dan twee euro kostte. En dat de buren ook uit Nederland kwamen. Een gepensioneerde kolonel en zijn vrouw. Uw verslag klinkt geloofwaardig. Wij zullen niet afreizen naar de Dordogne om uw verhaal te verifiëren. Daarom zullen u en wij er nooit achter komen hoe nauwkeurig uw verslag was. In het leven van alledag komen grove geheugenfouten zelden aan het licht.[6] Om ze op heterdaad te betrappen moeten we naar de kliniek of naar de rechtszaal. Vanwege de belangen die er op het spel staan, ziet men daar pas hoe vérstrekkend de gevolgen van geheugenfouten kunnen zijn. In de kliniek gaat het om de patiënten bij wie het geheugen zo ontregeld is dat zij of hun omgeving er last van krijgen. Neem de verwarde jongeman die in de zomer van 2003 wekenlang in het ziekenhuis van Leeuwarden verbleef omdat hij alleen nog maar wist dat hij Sven heette. 'We weten niet wat we hier mee aanmoeten,' liet een radeloze woordvoerder van het ziekenhuis weten.[7] In de rechtszaal gaat het om getuigen, verdachten en politiemensen die soms met radicaal andere lezingen van een en dezelfde gebeurtenis komen aanzetten. Een voorbeeld is de schietpartij met dodelijke afloop op de Rotterdamse Bergweg in februari 2003. Er waren twee daders, zeiden sommige getuigen. Nee, er waren toch echt drie daders, beweerden andere getuigen.[8]

Dit boek gaat over geheugenfouten in de kliniek en in de rechtszaal. Op die plekken lijken de rollen duidelijk verdeeld. In de rechtszaal zijn er bijvoorbeeld getuigen en slachtoffers. In de kliniek treft men vooral patiënten en natuurlijk specialisten aan. Deze specialisten duiken trouwens ook weer in de rechtszaal op. Dan heten zij deskundigen, en in die hoedanigheid doen zij soms uitspraken over de leugenachtigheid van verdachten. In de hoofdstukken van dit boek volgen we deze rolverdeling. De eerste drie hoofdstukken gaan derhalve vooral over ooggetuigen. Hoofdstuk 1 rekent af met het cliché dat verklaringen van ooggetuigen altijd onbetrouwbaar zijn. Als hun geheugen van één ding afhankelijk is, dan is het wel de toestand van hun hersenen. Vandaar dat we in hoofdstuk 2 langer stilstaan bij het effect van hersenbeschadigingen op het geheugen. Hoofdstuk 2 heeft een vrij algemene strekking, maar in hoofdstuk 3 bespreken we een concrete rechtszaak die uit de hand dreigde te lopen vanwege een getuige met een hersenbeschadiging. De getuige in die zaak was trouwens ook slachtoffer.

Over slachtoffers met geheugenverlies gaan de hoofdstukken 4 tot en met 8. Mensen doen allerlei mededelingen over hoe goed of slecht hun geheugen is. Soms maken ze een ongeluk mee en veinzen daarna ernstige geheugenproblemen. Die kwestie komt uitvoerig aan de orde in hoofdstuk 4. Dat degene die geheugenklachten simuleert niet onmiddellijk op ongeloof bij anderen hoeft te rekenen, houdt verband met de stellige opvattingen die bijna iedereen wel heeft over het eigen en andermans geheugen. In het alledaagse taalgebruik spreken mensen vrijmoedig over freudiaanse verdringing. Een moderne variant hierop is het populaire idee dat stress slecht is voor het geheugen. In hoofdstuk 5 nemen we zulke ideeën kritisch onder de loep. Ondertussen is het wel waar dat slachtoffers zich een traumatische gebeurtenis anders herinneren dan meer neutrale voorvallen uit hun leven. Zij blijken opvallend karige herinneringen te hebben aan de meer neutrale voorvallen. Wat de achtergrond daarvan is bespreken we in hoofdstuk 6. Hoofdstuk 7 beschrijft de lotgevallen van een wel heel bijzonder slachtoffer: een vrouw die eerst getuige was, maar later werd beschuldigd van moord. Net als Gerard B. legde zij een bekentenis af. Net als bij Gerard B. waren er goede gronden om aan te nemen dat hier sprake was van een valse bekentenis. Niettemin bracht de vrouw een aantal jaren van haar leven achter slot en grendel door, wat haar tot een slachtoffer maakt. Ook de hoofdpersoon uit hoofdstuk 8 was in zekere zin een slachtoffer, dit keer niet van de politie, maar van overijverige hulpverleners. In dit hoofdstuk bespreken we het geval van een man die aan ernstig geheugenverlies leed. Met behulp van hypnose en medicijnen voorzagen de hulpverleners hem van een geheel nieuwe, maar onjuiste identiteit. Voortaan ging hij als een CIA-agent door het leven.

De nep-CIA-agent bezat een markante eigenschap. Hij had aan één steekwoord genoeg om fantastische verhalen te vertellen over zijn biografie. De hoofdstukken 9 tot en met 12 zijn gewijd aan patiënten die bijna net zo creatief en fantasierijk waren. Veel hulpverleners menen dat fantasie een vorm van vluchten is: je fantaseert om zo te ontsnappen aan je traumatische jeugdherinneringen. In hoofdstuk 9 leggen we uit waarom die opvatting niet klopt. Mensen die over een ruime fantasie beschikken, hebben dat vaak in hun genen zitten en komen uit families waarin een zekere nadruk op creativiteit wordt gelegd. Hoofdstuk 10 laat zien wat er kan gebeuren als creatieve personen problemen krijgen en in handen vallen van hulpverleners, die dogmatisch geloven dat fantasie te maken heeft met jeugdtrauma's. In dit hoofdstuk beschrijven we hoe zo'n persoon door hulpverleners werd opgezadeld met een *Meervoudige Persoonlijkheid*. Deze Meervoudige Persoonlijkheid omvatte uiteindelijk wel 137 persoonlijkheden (*alters*). Een psycholoog die daar kritische opmerkingen over durfde te maken kreeg van de dogmatici een tuchtprocedure aan zijn broek.

Soms zijn het de patiënten zelf die een traumatische jeugd bij elkaar fantaseren. Dat kan zo ver gaan dat holocaustervaringen of gruwelijke ontmoetingen met Marc Dutroux uit de duim worden gezogen. Hoofdstuk 11 staat stil bij dit soort gevallen en ook bij de onkritische wijze waarop media en experts met hen omgaan. Hoofdstuk 12 beschrijft het geval van een vrouw die ronddoolde. Ze zei dat ze niet meer wist wie ze was en waar ze vandaan kwam. In vakjargon heet dat een *fugue*. De vrouw bleek echter een simulant met de kwaliteiten van een actrice. Haar geval maakt vooral duidelijk dat men simulanten niet als ordinaire oplichters kan zien. Meestal gaat het om mensen die in het nauw zijn gebracht, een uitweg zoeken en dan een geheugenafwijking simuleren.

Dat fenomeen ziet men ook terug bij criminelen die geheugenverlies voor hun misdaden veinzen. Het merkwaardige is dat zij in de rechtszaal vaak op hun woord worden geloofd. Dat heeft in ons land al een paar keer tot opmerkelijke vrijspraken geleid. Daarover gaat hoofdstuk 13. Hoofdstuk 14 bespreekt een thema dat daar dicht tegen aanligt. Het handelt over leugenaars en hoe men ze met een leugendetector door de mand kan laten vallen. Dat is heel goed mogelijk, maar veel hangt af van de deskundige die de leugendetector bedient. Überhaupt spelen deskundigen een sleutelrol in de rechtszaal. Ook zij hebben een geheugen en daarin liggen allerlei verwachtingen opgeslagen. Deze verwachtingen kunnen het oordeel van de deskundigen behoorlijk vertroebelen. Dat thema staat centraal in hoofdstuk 15. In het laatste hoofdstuk blikken we terug en maken we de balans op: wat kunnen deskundigen zeggen over echt en gespeeld geheugenverlies? Daarover gaat dit boek.

Bij het schrijven van dit boek hebben we niet alleen geput uit de vakliteratuur en uit eigen onderzoek. Regelmatig komen we te spreken over patiënten die zich ooit met geheugenafwijkingen bij ons meldden en over rechtszaken waarin wij als getuige-deskundigen optraden. We zijn onze collega's van de Interfacultaire Werkgroep Rechtspsychologie erkentelijk voor hun ideeën en suggesties. Speciaal willen we Ingrid Candel, Maaike Cima, Timo Giesbrecht, Beatrijs Hauer, Robert Horselenberg, Ewout Meijer, Saskia van Bergen, Kim van Oorsouw, Maarten Peters en Tom Smeets bedanken. Zij zijn ons collectief geheugen. De fouten daarin komen voor onze rekening. We houden ons dan ook aanbevolen voor opmerkingen en kanttekeningen van lezers.[9]

GETUIGEN

1. Goede getuige

Als we op een verjaardagsfeest vertellen over de eerste keer dat we Pinkpop bezochten, doen we meer dan alleen informatie uit ons geheugen opdiepen. We vertellen ook – en misschien wel vooral – een verhaal aan onze toehoorders. De toon en detaillering daarvan is afgestemd op wie er luistert.[1] Als het onze vader is die luistert, zullen we hem niet vertellen dat het Rage Against the Machine was die wij toen voor het eerst zagen optreden. Het zal hem niets zeggen en dus besparen we hem dat detail. We zullen hem eerder vertellen over hoe warm het die Pinkstermaandag was. Om die boodschap over te brengen zullen we er een schepje bovenop doen ('ze vielen bij bosjes flauw'). Als het echter een leeftijdsgenoot is op wie we indruk willen maken, zullen we een aangedikt verhaal vertellen over hoe wij ons gratis toegang verschaften tot het festivalterrein. Welbeschouwd zeggen zulke verhalen betrekkelijk weinig over wat we ons echt herinneren. Om die reden vragen sommige geheugenonderzoekers aan hun proefpersonen om zich in te beelden dat zij als getuige onder ede staan. Met deze instructie in het achterhoofd moeten de proefpersonen herinneringen ophalen.[2] De gedachte is dat getuigen dan nauwkeuriger worden in hun mededelingen over wat zij zich herinneren. Maar is dat zo?

Aan het begin van de vorige eeuw droeg een van de pioniers van de psychologie, de in Harvard docerende professor Hugo Münsterberg (1836-1916), voortdurend de boodschap uit dat ooggetuigenverklaringen 'chaotisch en verwarrend' zijn.[3] Münsterberg had alle reden om die boodschap op een nogal radicale wijze over het voetlicht te brengen. Amerikaanse rechtsgeleerden in zijn tijd hielden strikt vast aan het idee dat ooggetuigen in principe accuraat zijn en dat juryleden genoeg hebben aan hun boerenverstand (*common sense*) om de verklaringen van ooggetuigen op hun waarde te kunnen schatten. Van Münsterbergs relativeringen moesten de juristen niets hebben. Ze waren bang dat de rechtszaal te veel het domein van moeilijk pratende specialisten zou worden. Professor *Monsterwork* noemden de juristen hem, ook al omdat het gerucht de ronde deed dat Münsterberg een Duitse spion was (Hale, 1980).

Pas met de komst van de moderne DNA-technieken werd duidelijk dat in Münsterbergs boodschap een kern van waarheid schuilt. De afgelopen jaren zijn er in de Verenigde Staten tientallen gevallen aan het licht gekomen van mensen die langdurig vastzaten voordat vergelijkend DNA-onderzoek alsnog aantoonde dat zij onschuldig waren. In de overgrote meerderheid bleken foutieve ooggetuigenverklaringen een beslissende rol bij hun veroordelingen te hebben gespeeld (Wells e.a., 2000; 2003).

Tegen die achtergrond is het begrijpelijk dat juristen (rechters, officieren van justitie en advocaten) vaak behoefte hebben aan een deskundige die kan bepalen of een ooggetuige wel te vertrouwen valt. Soms geven zij dan aan een psycholoog of psychiater de opdracht om – zo luidt ongeveer de standaardformulering – 'een onderzoek in te stellen naar de betrouwbaarheid van de verklaringen van de getuige en daarover een met redenen omkleed verslag uit te brengen'.

Zorg dat je een inconsistentie vindt...

Waar letten psychologen en psychiaters op als zij de betrouwbaarheid van een getuige onderzoeken? Om te beginnen valt op dat deze specialisten het begrip betrouwbaarheid nogal losjes hanteren. Zo opende een Nederlandse psycholoog zijn voor de rechtbank bedoelde rapport over een zedenzaak als volgt: 'In dit rapport wordt de vraag beantwoord naar de betrouwbaarheid, dat wil zeggen de waarachtigheid en accuratesse van de verklaringen van de hiervoor genoemde getuigen in de zaak tegen de verdachte.' Ook verderop in zijn rapport behandelde deze psycholoog de begrippen betrouwbaarheid, consistentie, waarachtigheid, accuratesse en geloofwaardigheid als inwisselbare grootheden. Het gevolg van deze losse omgang met de term betrouwbaarheid ligt voor de hand. Als betrouwbaarheid ongeveer hetzelfde is als consistentie, dan laat zich het één (betrouwbaarheid) gemakkelijk uit het ander (consistentie) afleiden. De psycholoog die deze benadering volgt, zal dan ook nagaan of een getuige bij verschillende gelegenheden (thuis, bij de politie, in het café) ongeveer hetzelfde verhaal heeft verteld. Als dat zo is, dan heet de getuige consistent en adviseert de psycholoog de rechter om op de verklaring van deze getuige te vertrouwen. Als, aan de andere kant, de getuige bij verschillende gelegenheden uiteenlopende dingen heeft verklaard, loopt hij het risico door de psycholoog als onbetrouwbaar te worden afgeschilderd.

Deze benadering sluit aan bij hoe leken en juristen denken over de betrouwbaarheid van getuigen. Amerikaanse juryleden wantrouwen bijvoorbeeld getuigen die wisselende verklaringen afleggen. Ook Amerikaanse rechters en advocaten huldigen de opvatting dat inconsistenties karakteristiek zijn voor onbetrouwbare getuigen. Zo komt het dat Amerikaanse advocaten in hun leerboeken lange passages lezen over hoe zij actief inconsistenties kunnen uitlokken bij getuigen van de tegenpartij (Brewer e.a., 1999; Fisher & Cutler, 1995). Een populair boek in dit genre benadrukt bijvoorbeeld dat 'een echte inconsistentie voor een getuige en soms voor een hele zaak de nekslag kan zijn. Zorg dat je zo'n inconsistentie vindt of fabriceer er anders een...' (Glissan, 1991).

In de ogen van juristen en leken vertelt een goede getuige niet alleen steeds hetzelfde verhaal, maar doet hij dat bovendien op een stellige toon. De Amerikaanse psycholoog Michael Leippe en zijn collega's voerden een serie experimenten uit waarbij honderden proefpersonen keken naar video-opnamen van getuigen die verklaringen aflegden. Van sommige verklaringen stond vast dat zij onjuist waren. Van andere verklaringen stond vast dat zij klopten. De precieze informatie daarover was aan de onderzoekers bekend, maar niet aan de proefpersonen die de verklaringen op hun betrouwbaarheid moesten beoordelen. Leippe en collega's lieten zien dat proefpersonen zich daarbij door maar één ding laten leiden: of de getuige een zelfverzekerde indruk maakt. De onderzoekers geven de volgende omschrijving van zelfverzekerde getuigen: 'Getuigen die zelfverzekerd overkomen vermijden inconsistenties, stotteren en aarzelen minder en spreken in langere zinnen.' (Leippe e.a., 1992). Die conclusie lijkt wat obligaat, maar de onderzoekers vonden ook dat een zelfverzekerde getuige lang niet altijd nauwkeurig is.

De getuige die op een stellige toon een consistent verhaal vertelt maakt op deskundigen, juristen en leken een betrouwbare indruk. In de Verenigde Staten heeft dat inzicht geleid tot een praktijk die men *witness preparation* noemt. Met behulp van allerlei handboeken traint de advocaat of de aanklager de getuige in de manier waarop hij later ter zitting zijn verhaal moet doen. Wat er precies tijdens dergelijke trainingen gebeurt, heet inmiddels *the dark secret of the legal profession*. Bekend is wel dat bij *witness preparation* de getuige wordt geschoold in de kunst van het overtuigen: hoe tijdens de rechtszitting gepraat, gekeken, geglimlacht en gegesticuleerd moet worden opdat de jury overtuigd raakt van zijn verhaal. Zo'n training maakt de getuige inderdaad stelliger (Boccaccini, 2002; Small, 1998). Maar hiervoor kwam al ter sprake dat de stelligheid waarmee een getuige zijn verklaring presenteert weinig zegt over de nauwkeurigheid ervan. Vooral in de context van de zogenaamde Oslo-confrontaties is veel onderzoek gedaan naar de samenhang tussen de stelligheid en de nauwkeurigheid van getuigen. Bij een dergelijke confrontatie moet de getuige de verdachte selecteren uit een groep van onschuldige figuranten.[4] Vele malen is aangetoond dat stellige getuigen er even vaak naast zitten als weifelende getuigen. Een stellige getuige is daarom nog geen betrouwbare getuige (Wolters, 2002). Maar wat is dan wel een betrouwbare getuige?

Vallende zwerver

In de vroege avond van een zomerse dag klopte de aangeschoten zwerver D. voor de derde keer op de deur van het plaatselijke politiebureau. Hij wilde onderdak. De dienstdoende agenten waren niet van plan om hem dat te geven. Terwijl de zwerver in de deuropening van het politiebureau stond, duwde een van de agenten hem weg. De zwerver viel achterover. Hij kwam met zijn hoofd op het trottoir en overleed enkele uren later aan de gevolgen van hersenletsel. Al snel stelde de rijksrecherche een onderzoek in naar het aandeel van de duwende agent in dit onfortuinlijke incident. Een paar weken later werd een gerechtelijk vooronderzoek tegen de agent geopend en nog weer later werd hij door de rechtbank veroordeeld tot een taakstraf omdat hij door zijn onzorgvuldig handelen de dood van het slachtoffer zou hebben veroorzaakt.[5]

Op het moment dat de zwerver ten val kwam passeerden nogal wat getuigen het politiebureau. Zij werden uitvoerig gehoord door de rijksrecherche. Een aantal van hen werd later ook door de rechter-commissaris ondervraagd. Hun verklaringen speelden een beslissende rol in de zaak tegen de agent. Het wankele verband tussen stelligheid en betrouwbaarheid deed zich ook hier gelden. Sommige getuigen waren aarzelend over hun niettemin tamelijk precieze signalement van de duwende agent, andere getuigen toonden zich zeer beslist over hun scherpe herinneringen aan de duwende agent. Maar zij slaagden er vervolgens niet in om tijdens een Oslo-confrontatie hem temidden van onschuldige figuranten aan te wijzen.

Stelligheid is een eigenschap van de getuige en niet van zijn verklaring. Als het om de betrouwbaarheid van een verklaring gaat, moet daarom op andere kwaliteiten worden gelet. Ook ten aanzien van die andere kwaliteiten liepen de getuigenverklaringen in deze zaak sterk uiteen. Om te beginnen verschillen zij in hun consistentie. Sommige getuigen vertelden aan de rechter-commissaris bij benadering het verhaal dat zij ook eerder aan de politie hadden verteld. Andere getuigen stelden hun verklaring op onderdelen bij. Zo verklaarde een getuige aanvankelijk dat meerdere agenten vanachter de ramen van het politiebureau gewoon hadden staan kijken tijdens het incident. Later repte deze getuige nog maar over één toekijkende agent. Een andere getuige meende aanvankelijk op vier meter van het incident te hebben gestaan. Later werd dat zes meter. Weer een andere getuige gaf bij de rechter-commissaris een aanmerkelijk gedetailleerdere beschrijving van de agent die de zwerver zou hebben weggeduwd dan hij bij de recherche had gedaan.

Een tweede dimensie waarop de diverse verklaringen elkaar behoorlijk ontliepen was hun accuraatheid. Sommige verklaringen bevatten details die bij nadere verificatie correct bleken te zijn. Andere verklaringen bevatten elementen die aantoonbaar onjuist waren. Zo hielden twee getuigen bij hoog en bij laag vol dat het incident zich rond 16.00 uur zou hebben afgespeeld ofschoon vaststaat dat het omstreeks 20.00 uur plaatsvond. Een derde dimensie waarop de verklaringen verschilden was hun volledigheid. Sommige getuigen gaven een gedetailleerde beschrijving van de omgeving, de agent en het slachtoffer, het incident zelf en wat er daarna gebeurde. Andere getuigen – die even dichtbij hadden gestaan en even lang ter plekke waren geweest – kwamen niet verder dan een summiere beschrijving van het incident.

Drie dimensies

Getuigenverklaringen zoals die in de zaak van de vallende zwerver variëren dus op drie dimensies: hun consistentie, accuraatheid en volledigheid. Consistentie verwijst naar de mate waarin getuigen bij verschillende gelegenheden hetzelfde verhaal vertellen. Accuraatheid is de mate waarin dat verhaal strookt met de feiten. De tegenhanger van accuraatheid is de zogenaamde *commissiefout*. Het gaat dan om onjuiste details die door de getuige worden opgedist en door hem voor absoluut waar worden gehouden. Volledigheid heeft betrekking op de mate waarin de getuige alle perifere en centrale details van een gebeurtenis beschrijft. De tegenhanger hiervan is de *omissiefout*. Omissies zijn details die de getuige tijdelijk of permanent is vergeten. De figuur op pagina 24 laat al deze kernbegrippen zien.

Door gebruik te maken van deze begrippen kan men een scherpere omschrijving geven van wat een betrouwbare verklaring is. Een verklaring met een supra-maximale betrouwbaarheid is een verklaring die consistent is én bovendien geen commissies (onjuiste details) en omissies (weglatingen) bevat. Het is verleidelijk om te geloven dat deze drie aspecten sterk met elkaar samenhangen. In de zaak van de zwerver zou men bijvoorbeeld kunnen menen dat de getuige die het eerst over meerdere agenten, maar later over nog maar één toekijkende agent had, ook wel degene zal zijn geweest die inaccuraat was over het tijdstip van het incident en die summier was in zijn beschrijvingen. Maar logisch gezien hoeft dat niet het geval te zijn. Leugenaars kunnen zeer consistent zijn in hun inaccurate en onvolledige beweringen. Of neem de getuige die zich tijdens zijn tweede verhoor meer juiste (accurate) details weet te herinneren dan bij zijn eerste verhoor. Dat maakt zijn opeenvolgende verklaringen inconsistent, maar hun volledigheid en accuratesse is toegenomen. Ook is het mogelijk dat een getuige een accurate, maar tevens hoogst onvolledige beschrijving geeft van een incident. Kortom, consistentie, accuraatheid en volledigheid hóéven niet met elkaar te sporen. Nu zou men kunnen denken dat deze drie aspecten alleen in uitzonderlijke gevallen uit de pas lopen. Of dat zo is, valt alleen met behulp van empirisch onderzoek vast te stellen.

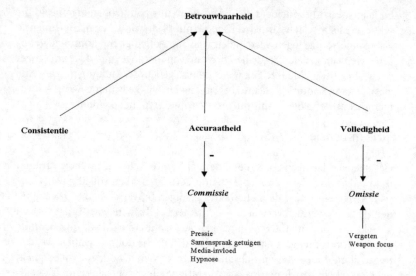

In de afgelopen jaren is op enige schaal onderzoek gedaan naar de mate waarin consistentie, accuraatheid en volledigheid van getuigenverklaringen met elkaar samenhangen. Om die samenhang in maat en getal uit te drukken maken onderzoekers gebruik van zogenaamde correlatiecoëfficiënten. Een correlatiecoëfficiënt kan variëren tussen de waarden 0.0 en 1.0.[6] Daarbij staat 0.0 voor de totale afwezigheid van een verband tussen twee grootheden (zoals bijvoorbeeld tussen oogkleur en intelligentie). En 1.0 staat voor een perfecte samenhang tussen twee grootheden (zoals bijvoorbeeld tussen temperatuur in graden Celsius en graden Fahrenheit).

American History X

In ons eigen laboratorium was het de psycholoog Tom Smeets die deze coëfficiënten berekende voor 41 studenten. Hij liet de studenten een fragment uit de film *American History X* van Tony Kaye zien. Het ging om een kort fragment waarin een neonazi een aantal zwarte jongens op een gruwelijke manier vermoordt. Ongeveer een kwartier nadat zij dit fragment hadden gezien schreven de proefpersonen alles op wat zij zich ervan meenden te herinneren. Weken later kwamen de proefpersonen terug naar het lab en schreven zij opnieuw alles op wat zij zich van het fragment konden herinneren. Aldus konden wij de consistentie tussen de eerste en de tweede verklaring bepalen. Wij konden ook nagaan in welke mate die consistentie gelijk opliep met accuraatheid en volledigheid. Dat viel behoorlijk tegen. De correlatie tussen consistentie en accuraatheid bleek dicht in de buurt van 0.0 te liggen. Ook empirisch gezien is dus een consistente getuige nog lang geen accurate getuige.[7] De correlaties tussen consistentie en volledigheid varieerden tussen 0.32 en 0.10. Consistentie is dus evenmin een teken van volledigheid. Met correlatiecoëfficiënten in de orde van grootte van 0.30 bleek zelfs de samenhang tussen accuraatheid en volledigheid maar matig te zijn (Smeets e.a., 2004).

De moraal van deze bevindingen is dat consistentie, accuraatheid en volledigheid tamelijk onafhankelijke dimensies van getuigenverklaringen zijn. Elk van die dimensies is op zichzelf belangrijk voor het bepalen van de betrouwbaarheid. Het is als met de begaafdheid van leerlingen: als men daarover een oordeel wil geven, dan vereist dat informatie over prestaties in verschillende, slechts matig met elkaar samenhangende domeinen, zoals taalgevoeligheid en wiskundig inzicht. De psycholoog die in een strafzaak onderzoek verricht naar de betrouwbaarheid van een getuigenverklaring doet er daarom goed aan naar de consistentie, accuraatheid én volledigheid van die verklaring te kijken. Dat is echter makkelijker gezegd dan gedaan. Als een getuige meerdere keren is verhoord, laat de mate van consistentie zich nog wel redelijk goed vaststellen. Maar hoe moet de psycholoog de accuraatheid en de volledigheid van de verklaring bepalen? Zolang er geen objectieve registratie van het delict bestaat, kan hij enkel nagaan of controleerbare details die de getuige noemt zoals tijdstip en aanwezige personen ook juist zijn. Voorts kan hij bezien hoe gedetailleerd de verklaring is. Dat is een onvolkomen benadering van accuraatheid en volledigheid. Maar het is nog altijd beter dan alleen maar op de mate van consistentie afgaan. Daar komt nog iets bij. De deskundige mag ervan uitgaan dat getuigen in principe redelijk consistent en accuraat in hun beschrijvingen zijn. Dat geeft de deskundige een grove standaard in handen waaraan hij elke verklaring kan toetsen.

De slechte getuige

De eerder genoemde Hugo Münsterberg beweerde dat getuigenverklaringen 'chaotisch en verwarrend' zijn. Ook in onze dagen spreken en schrijven psychologen graag en vaak over de feilbaarheid van ooggetuigen. Sommigen gaan daarin zo ver dat zij getuigen per definitie onbetrouwbaar vinden. Typische exponenten van deze opvatting zijn de psychologen Ralph Haber en Lyn Haber (2002), die als deskundigen ook regelmatig voor de Amerikaanse rechtbanken optreden. Zij schrijven: 'De behulpzame getuige wil graag zijn best doen en zal gaten in zijn geheugen naar eigen inzicht opvullen en dan details gaan rapporteren die hij nooit heeft gezien. Hij zal aan die onnauwkeurigheden vasthouden als hij in de rechtszaal wordt gevraagd om een beschrijving te geven.' Met zo'n pessimistische opvatting over ooggetuigen is het niet verwonderlijk dat Haber en Haber (2000) spreken over de *tyranny of the eyewitness* in de rechtszaal.

Naar onze opvatting maken Haber en Haber een karikatuur van de doorsnee ooggetuige. We geven wat cijfers om dat duidelijk te maken en staan eerst kort stil bij consistentie. In het *American History X* onderzoek dat zojuist ter sprake kwam, waren er per getuige gemiddeld zes inconsistenties tussen hun eerste en tweede (en weken later opgetekende) beschrijving van het filmfragment. Dat lijkt veel, maar inconsistenties zijn er in soorten en maten. Zo werd in ons onderzoek het leeuwendeel van de inconsistenties veroorzaakt doordat proefpersonen in hun eerste verslag aanmerkelijk uitgebreidere beschrijvingen gaven dan in hun tweede verslag. Een voorbeeld is de proefpersoon die de eerste keer meldt dat 'de vluchtauto een zwarte Chevrolet' was, maar de tweede keer het kortweg over 'een vluchtauto' heeft. Dit type inconsistentie heeft te maken met het normale vergeten en dus toenemende onvolledigheid van getuigen. Echte tegenstrijdigheden tussen het eerste verslag ('de dader was blank') en het tweede verslag ('de dader was zwart') bleken nauwelijks voor te komen. Die conclusie trokken ook de Canadese psychologe Carole Peterson en haar collega's (2001). Zij onderzochten een groep van bijna honderd kinderen die zich vanwege een ongeluk onder behandeling hadden moeten stellen bij de EHBO-afdeling van een ziekenhuis. Twee jaar lang werden de kinderen gevolgd. In die periode werd hen op vier verschillende tijdstippen gevraagd naar wat zij op de EHBO hadden meegemaakt. Peuters kwamen bij de opeenvolgende interviews nogal eens met tegenstrijdigheden, maar bij oudere kinderen was dit type inconsistentie zeldzaam.

Schietincident

Hoe zit het dan met de accuraatheid van getuigen? In ons *American History X*-onderzoek bleek steeds ongeveer 90 procent van de details die proefpersonen noemden correct te zijn. Wie denkt dat zulke percentages uitzonderlijk zijn heeft het mis. In hun inmiddels klassieke studie over dit onderwerp namen de Canadese psychologen John Yuille en Judith Cutshall (1986) de verklaringen van dertien volwassen ooggetuigen van een schietincident onder de loep. De onderzoekers verkeerden in de gelukkige omstandigheid dat zij op grond van forensische sporen zoals bloed en kogels het incident goed konden reconstrueren. Meer dan 75 procent van de details die ooggetuigen beschreven bleek correct te zijn. Dat bracht de auteurs tot de volgende uitspraak: 'Wij zijn het hartgrondig oneens met het negatieve beeld dat veel onderzoekers van ooggetuigen schetsen.'

Nieuw onderzoek stelt Yuille en Cutshall in het gelijk: ooggetuigen doen het over het algemeen vrij aardig. Bij dat recente onderzoek wordt handig gebruikgemaakt van de opkomst van de bewakingsvideo in het publieke domein. Zodoende komt het steeds vaker voor dat delicten onder het oog van de camera plaatsvinden. Britse psychologen verzamelden acht van zulke gevallen. Daarin ging het om mishandeling en/of gewelddadige diefstal. De negen slachtoffers en tien omstanders die bij deze zaken waren betrokken, werden steeds vlak na het incident door de politie onderhouden over wat er was gebeurd. De onderzoekers vergeleken de aldus verkregen details met de video-opnamen. Ze kwamen tot de slotsom dat meer dan 90 procent van de door slachtoffers en omstanders beschreven details strookte met de feiten (Woolnough & Macleod, 2001). Niet alleen volwassen, maar ook jeugdige getuigen kunnen zo'n hoge graad van accuraatheid bereiken. Dat maakt een studie van de Amerikaanse psychologen Yael Orbach en Michael Lamb (1999) duidelijk. Daarin werd de aangifte van een jeugdig slachtoffer over een aanranding door haar grootvader vergeleken met een toevallig tot stand gekomen geluidsopname van het delict én met de beschrijving die een zusje gaf van de aanloop tot het delict. Ongeveer 75 procent van de details die het slachtoffer beschreef kwam overeen met wat het zusje vertelde. Slechts één van de 189 details die het slachtoffer in haar verklaring noemde, was in tegenspraak met de geluidsopname en dus aantoonbaar onjuist.

Onvolledig

Zo consistent en accuraat ze ook kunnen zijn, als het om volledigheid gaat schieten getuigen bijna altijd te kort. Het *American History X*-fragment dat onze proefpersonen zagen bevatte 31 belangrijke forensische details. Na een kwartier wisten proefpersonen ongeveer 60 procent van deze details te noemen. Maar na een aantal weken zakte dat percentage tot 50 procent. Ook 50 procent volledigheid is een goede bekende in de literatuur. De Amerikaanse kinderpsychologen Bidrose en Goodman (2000) onderzochten vier meisjes die het slachtoffer waren geweest van langdurig seksueel misbruik. De verklaringen van de meisjes werden vergeleken met talloze foto- en geluidsopnamen die de daders van het misbruik hadden vervaardigd. Afhankelijk van de leeftijd van het slachtoffer en het type handeling vergaten de meisjes ergens tussen 20 procent en de 47 procent van de handelingen te noemen. De conclusie is dat jeugdige slachtoffers eerder te weinig dan te veel vertellen over hun misbruikervaringen. Die conclusie werd ook getrokken door Zweedse onderzoekers. Zij bestudeerden de getuigenverklaringen van een groep van zesjarigen die misbruikt waren door een pedofiel. De man had een omvangrijke fotocollectie aangelegd van het misbruik. Geen enkel kind verklaarde iets dat in tegenspraak was met de foto's. De kinderen hadden echter wel de neiging de omvang van het misbruik te bagatelliseren (Sjoberg e.a., 2002).

Al dit onderzoek laat zien dat het cliché van de feilbare getuige nonsens is. Zelfs jeugdige ooggetuigen zijn – als zij daar de kans toe krijgen – redelijk consistent en accuraat. Daaraan moet worden toegevoegd dat met het verstrijken van de tijd hun volledigheid vaak snel afneemt. Maar onvolledige verklaringen zijn nog geen onbetrouwbare verklaringen. De eerder genoemde Haber en Haber overdrijven daarom als zij spreken over de *tyranny of the eyewitness*. Met een knipoog naar dit soort hyperbolen merkten de Amerikaanse ooggetuige-expert Gary Wells en zijn collega's (2000) het volgende op: 'Ongelukkig genoeg zijn het sommige psychologen zelf die maar al te gretig het idee uitventen dat ooggetuigen per definitie onbetrouwbaar zijn.' Dat idee is ongelukkig omdat het psychologen en juristen blind maakt voor de funeste uitwerking die externe factoren op de betrouwbaarheid van getuigen kunnen hebben, terwijl aan die externe factoren vaak wél wat te doen valt.

Weten twee meer dan een?

In het geval van de zwerver was een aantal ooggetuigen samen op pad toen zij het incident zagen. Deze ooggetuigen dineerden die avond gezamenlijk. Tijdens het eten spraken zij nog uitvoerig over wat er was voorgevallen. Bovendien lazen zij de dag erna de krantenberichten over het overlijden van de zwerver. En opnieuw hadden zij het erover in de vele telefoongesprekken die zij vervolgens met elkaar voerden. Het was pas daarna dat zij reageerden op een oproep van de rijksrecherche, die getuigen van het incident zocht. Tijdens hun latere verhoor gaven deze getuigen een voor de agent buitengewoon belastende beschrijving van de gebeurtenis. De agent zou zo hard geduwd hebben dat de zwerver los van de grond kwam en door de lucht zweefde. En toen de zwerver daarna met zijn hoofd op de grond viel zou dat een harde, doffe klap hebben gegeven.

Wanneer het gaat om externe factoren die beperkingen opleggen aan de betrouwbaarheid van getuigen, dan is samenspraak tussen getuigen daar zeker één van. Het experiment van de Amerikaanse geheugenonderzoeker Henry Roediger en zijn medewerkers (2001) illustreert dat op treffende wijze. In dat experiment keken studenten samen met een medestudent naar dia's van badkamers en keukens. De medestudent was echter geen gewone proefpersoon, maar een door de onderzoekers geïnstrueerde handlanger. Nadat ze de dia's hadden bekeken, moesten de studenten om beurten zeggen wat er op de dia's te zien was geweest. De handlanger noemde daarbij details ('schoenen', 'broodrooster') die pertinent onjuist waren. Vervolgens werd de echte proefpersoon in een aparte ruimte gezet en kreeg hij de opdracht om nog eens precies op te schrijven wat hij allemaal had gezien. De lezer ziet het aankomen: vaak bleken de proefpersonen de door de handlanger gefabriceerde en dus onjuiste details in hun herinnering te hebben opgenomen en daarmee begingen zij dus commissiefouten. Anders dan men misschien zou verwachten, weten twee getuigen niet altijd meer dan één.

Wie vermoordde Pim Fortuyn?

Er is nog een externe factor die de betrouwbaarheid van getuigen behoorlijk kan ondermijnen. Dat zijn de media. Het gaat dan vooral om de reconstructie van oorzaak en gevolg die de getuige op basis van krantenberichten en televisie-uitzendingen maakt. Een voorbeeld is de helikopterpiloot die getuige was van de crash van een TWA-toestel voor de kust van Long Island in 1996. Nadat de piloot tijdens zijn eerste verhoor de crash in tamelijk neutrale bewoordingen had beschreven, stelde hij tijdens het tweede verhoor zijn verhaal bij in de richting van een aanslag met raketten. In de dagen tussen het eerste en tweede verhoor had deze getuige krantenartikelen gelezen waarin ten onrechte werd gesuggereerd dat de crash het gevolg was van een terroristische aanslag (*Was TWA jet shot down?* Loftus & Castelle, 2000).

Hoe kwam het dat een intelligente piloot zich sterk door krantenartikelen liet beïnvloeden? De psychologie heeft daar een duidelijke opvatting over. Ooggetuigen geloven sterk in het idee dat oorzaak en gevolg op elkaar moeten lijken. Volgens dat idee moet een dramatisch gevolg ook een dramatische oorzaak hebben (Nisbett & Ross, 1980). Een terroristische raketaanval past daarom beter bij een crash met 230 doden dan een simpele storing in een brandstoftank, die de werkelijke oorzaak van de TWA-crash was. Dat ook spontane oorzaak-gevolg interpretaties ons behoorlijk parten kunnen spelen werd gedemonstreerd met experimenten waarin proefpersonen naar *effect*-dia's keken. Dat zijn dia's die een voorafgaande oorzaak suggereren, maar nooit laten zien. Een voorbeeld is de dia van een winkelende vrouw die zich bij de fruitafdeling van een supermarkt bukt om een sinaasappel van de grond op te rapen. Nogal wat proefpersonen die deze dia zagen, meenden zich later ook een dia te herinneren die toont hoe diezelfde vrouw per ongeluk een sinaasappel laat vallen, ofschoon zo'n *oorzaak*-dia nooit werd getoond (Hannigan & Reinitz, 2001).

En dan is er nog dat mooie onderzoek van de Londense psycholoog Patrick Leman. Hij fabriceerde krantenartikelen over een aanslag op de president van een niet-bestaand land. De artikelen waren qua inhoud identiek, behalve dan dat in sommige werd beschreven hoe de president aan de gevolgen van de aanslag overleed, terwijl in andere werd beschreven hoe de president diezelfde aanslag overleefde. Proefpersonen kregen de artikelen te lezen. Ze moesten vervolgens aangeven of zij dachten dat er een complot achter de aanslag zat. Als de president was overleden, dachten de proefpersonen van wel. Als de president de aanslag overleefde, meenden proefpersonen dat de schutter alleen had gehandeld. Het onderzoek van Leman doet denken aan de wilde complottheorieën die in ons land de ronde deden vlak nadat Volkert van der G. Pim Fortuyn had vermoord. Het laat allemaal zien hoezeer mensen geneigd zijn om volgens het principe te redeneren dat grote gevolgen ook grote oorzaken moeten hebben. Dat maakt hen ontvankelijk voor perspublicaties waarin die grote oorzaken worden gesuggereerd. Daarom ondermijnen zulke publicaties de betrouwbaarheid van getuigen.[8]

Oorzaak en gevolg in de rechtszaal

Het politiebureau en de rechtszaal zijn bij uitstek plekken waar getuigen worden onderhouden over de oorzaken van grote gevolgen. Neem het geval van Wiel S. uit Heerlen, die eind 2001 in een verpleeghuis aan een longontsteking overleed. Twee jaar eerder was hij daar opgenomen vanwege een hersenbloeding. Die trof hem nadat hij weer twee weken eerder in het plaatselijke café van Leo P. een klap op zijn hoofd had gekregen. Door die klap zou Wiel S. zijn gaan wankelen en van een stenen trapje zijn gevallen. Loopt hier de causale keten van de klap en de val via de hersenbloeding naar de dodelijke longontsteking? Over die kwestie boog zich de Maastrichtse rechtbank in de zomermaanden van 2002 en zij hoorde daartoe ook cafébezoekers. Aldus probeerde de rechtbank twee jaar na dato vast te stellen of de klap de allure van een zware mishandeling had gehad.[9] En inderdaad, de rechtbank veroordeelde Leo P. tot een maand voorwaardelijk en een boete van 250 euro wegens mishandeling, zij het dat de rechtbank het toch te ver vond gaan om Leo P. de dood van Wiel S. aan te wrijven.[10] Zou de rechtbank tot dezelfde conclusie zijn gekomen als Wiel S. niet was gestorven aan de gevolgen van een longontsteking?

In de nacht van 6 op 7 januari 1993 komt er bij de Venlose politie een melding binnen dat een dronken automobilist een paaltje heeft geramd. De brigadier Dirk Krouwel gaat eropaf. Als hij ter plekke komt, ziet hij een Turkse man die door anderen wordt ondersteund. Krouwel denkt dat de man dronken is en neemt hem mee naar het politiebureau, waar de man ter ontnuchtering wordt ingesloten. Het ontnuchteren vlot niet en daarom laat de politie de volgende dag een arts komen. Die constateert dat de Turkse man een hersenbloeding heeft gehad en laat hem naar een ziekenhuis brengen. Daar overlijdt hij. Vanaf dat moment gaan verhalen de ronde doen over de gewelddadige aanhouding van de Turkse man. Die verhalen zijn zo hardnekkig dat justitie Krouwel wegens mishandeling vervolgt. Burgemeester Waals ontslaat de brigadier en de Turkse overheid vraagt om zijn uitlevering. Later wordt brigadier Krouwel door de rechtbank in Roermond vrijgesproken. Niets wijst erop dat de hersenbloeding van de Turkse man een gevolg van de aanhouding was. Het verhaal illustreert hoe zelfs autoriteiten op een bijna instinctieve manier ervan uitgaan dat aan grote gevolgen ook altijd grote oorzaken voorafgaan.[11]

De goede getuige

Toen de zwerver overleed, besteedden de kranten daar veel aandacht aan en de getuigen wezen elkaar op de krantenberichten. Ook een Duitse toeriste was van het voorval getuige geweest. Zij had met de andere getuigen geen overleg gevoerd en evenmin had ze de krantenberichten gelezen. De politie spoorde deze getuige op en bij haar eerste verhoor gaf zij een versie van de gebeurtenis die minder belastend was voor de terechtstaande agent. Zij meende dat de zwerver was gestruikeld en ongelukkig terechtgekomen. Op grond van de overwegingen die hierboven de revue passeerden wees een in deze zaak rapporterende psycholoog de rechtbank erop dat juist de verklaring van deze getuige bijzondere aandacht verdiende. De Duitse toeriste was de goede getuige, aldus de deskundige. De rechtbank deelde die opvatting echter niet. Waarom dat jammer is, laat onderzoek van de Maastrichtse psychologen Remijn en Crombag zien. Met acteurs maakten zij een videoreconstructie van de agent en de vallende zwerver. Tachtig rechtenstudenten keken naar het fragment. Daarna las de helft van de studenten krantenberichten over de dood van de zwerver. De andere helft kreeg die berichten niet onder ogen. In de eerste groep waren veel meer proefpersonen te vinden die de agent moreel verantwoordelijk achtten voor de dood van de zwerver dan in de tweede groep. Om precies te zijn ging het om een verschil van 59 procent tegen 29 procent (Remijn, 2004).

Weapon focus

Getuigen die niet hebben blootgestaan aan door medegetuigen en/of de pers veroorzaakte ruis zijn in staat om een redelijk consistente en accurate verklaring af te leggen. Maar de volledigheid van hun verklaringen laat vaak te wensen over. In de meeste gevallen zijn de simpele wetten van het vergeten daarvoor verantwoordelijk. Die dicteren bijvoorbeeld dat mensen binnen vier dagen al niet meer in staat zijn om een gesprek min of meer letterlijk weer te geven. Zij zijn dan aangewezen op een reconstructie van zo'n gesprek. Deze reconstructie blijft altijd onvolledig (Koriat e.a., 2000).

Soms heeft de onvolledigheid van getuigenverklaringen niet zozeer met vergeten, maar met het fenomeen van *weapon focus* te maken. Dat fenomeen is aan de orde als de getuige of het slachtoffer tijdens het delict zijn aandacht vrijwel geheel richt op het wapen waarmee wordt gedreigd. Dat gaat ten koste van het registreren en in het geheugen vastleggen van andere details, zoals het gezicht van de dader. Getuigen die met een wapen zijn bedreigd blijken later dan ook slechter in staat om de verdachte tijdens een Oslo-confrontatie te identificeren dan getuigen die niet zijn bedreigd (Pickel, 1999; Kassin e.a., 2001).

Los van het *weapon focus*-fenomeen, geldt dat ooggetuigen vaak op een bepaalde manier kijken naar een delict. In veel psychologische laboratoria – ook in dat van ons – heeft men deze kwestie bestudeerd door proefpersonen emotionele, opvallende en neutrale plaatjes te laten zien. In het onderzoek van de geheugenpsychologe Ineke Wessel (2000) keken proefpersonen bijvoorbeeld naar een meisje dat bloedend op de straat lag, een meisje dat gymnastiekoefeningen op straat deed of een meisje dat gewoon de straat overstak. Elke afbeelding bevatte centrale en perifere details. Zo was de kleding van het meisje een centraal detail, maar de fiets die op de stoep stond een perifeer detail. Terwijl zij naar de plaatjes keken, werd met een infraroodcamera gemeten hoe lang proefpersonen fixeerden op zulke centrale en perifere details. En ook werd nagegaan wat proefpersonen zich later konden herinneren van de plaatjes. De resultaten van dergelijk onderzoek zijn complex, maar wat men meestal vindt is dit: bij emotionele en bij opmerkelijke scènes hebben proefpersonen de neiging om veel langer op de centrale dan op de perifere details te fixeren. Bij neutrale scènes is de verhouding tussen centrale en perifere details evenwichtiger. Dit kijkgedrag vertaalt zich vervolgens in geheugenprestaties. Dat wil zeggen dat

Oogfixatie (seconde)

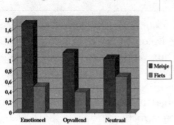

bij het zich herinneren van neutrale scènes het onderscheid tussen centraal en perifeer niet zo sterk speelt. Maar bij emotionele en opmerkelijke scènes worden centrale details relatief goed onthouden, terwijl hun perifere details slecht worden onthouden. Getuigen hebben dus meer te vertellen over de centrale details van incidenten dan over de perifere details (Pickel, 1998).

Prijs voor volledigheid

Voor de politie is het uitermate frustrerend als getuigen geen volledige beschrijving kunnen geven van perifere, maar wel hoogst relevante details, zoals het kenteken van de vluchtauto of het gezicht van de dader. De politie dringt er dan nogal eens bij de getuigen op aan om met meer details voor de dag te komen: 'Denk nog eens goed na'. Maar zulke aanmoedigingen kunnen paradoxaal genoeg de betrouwbaarheid van verklaringen behoorlijk ondermijnen. In een eigen experiment bootsten we dat na door willekeurige studenten uit te nodigen naar een collegezaal te komen om daar vragenlijsten in te vullen.[12] Nadat zij waren gaan zitten, stond een van hen op en trapte een rel, om vervolgens de zaal te verlaten. Deze lastpost was een door ons geïnstrueerde handlanger en zijn optreden werd met de videocamera vastgelegd. We vroegen de overgebleven studenten om een nauwkeurige beschrijving op papier te zetten van wat de lastpost had gezegd en hoe hij eruitzag. Dat verzoek herhaalden wij driemaal en bij elke ronde drongen we bij de proefpersonen aan op meer en nieuwe details. Voor elke ronde berekenden we hoe vaak getuigen met onjuiste details (commissies) kwamen. Tijdens de eerste ronde bestond hoogstens 5 procent van wat de getuigen opschreven uit commissies. Anders gezegd: 95 procent van de door de getuigen genoemde details was correct, een percentage dat correspondeert met de hoge niveaus van accuraatheid die wij hiervoor al noemden. Bij de volgende rondes steeg het percentage commissies echter tot 13 procent en daalde de accuraatheid dus naar 87 procent.

De moraal van het verhaal is dat het streven naar volledigheid een prijs kent. Zodra getuigen onder druk worden gezet om met meer details voor de dag te komen, gaan zij zich slordigheden permitteren. Elke toename in de volledigheid van hun verklaringen zal dan samengaan met een toename in het aantal inaccurate details. Voor de politie, de psycholoog of de rechter is het nagenoeg onmogelijk om vast te stellen of een nieuw detail dat door de getuige wordt genoemd correct of incorrect (een commissiefout) is. Wat we wel weten is dat zulke commissiefouten vaak opduiken in het chronologisch laatste deel van getuigenverklaringen. Om die reden spreekt men in de onderzoeksliteratuur ook wel over het *output-order effect* (Schwartz e.a., 1998). Als een getuige dus pas aan het einde van een lang en moeizaam verhoor een cruciaal detail gaat beschrijven, is er reden om te twijfelen aan de betrouwbaarheid van dat detail.

Volstrekt perifere details die later betekenisvol worden, dat was aan de orde in de verhoren van de parlementaire enquêtecommissie (1999) naar de toedracht van de Bijlmerramp (1992). Ineens werd belangrijk hoe laat de luchthavenpolitie de vrachtpapieren die hoorden bij het El-Altoestel dat op 4 oktober 1992 neerstortte, van het El-Alkantoor had gekregen. En waaruit die vrachtpapieren precies bestonden. Was het een stapel papieren van 5 centimeter dik? Of waren het vijf A4'tjes? De betrokken getuigen wisten dat niet meer goed te vertellen, wat vooral bij het toenmalige commissielid Rob Oudkerk sterke irritaties opriep. Oudkerk tegen een getuige: 'Kunt u zich voorstellen dat de commissie hier niet uitkomt?' Wat wij ons kunnen voorstellen is dat als getuigen onder druk worden gezet, er onthullingen gaan opduiken. En zo was het ook: opeens had het El-Altoestel toch gevaarlijke stoffen vervoerd. Nog later bleek die onthulling weer op een misverstand te berusten.[13]

Druk

Het uitoefenen van druk op getuigen kan subtiele vormen aannemen. Een aardige illustratie hiervan biedt het onderzoek waarin proefpersonen eerst naar een filmfragment over een vakantie keken en er daarna zinnige, maar ook onzinnige vragen over moesten beantwoorden (Zaragoza e.a., 2001). De onzinnige vragen waren van het type 'aan welk lichaamsdeel was X gewond?' Het filmfragment liet iets dergelijks helemaal niet zien. Proefpersonen kregen de instructie om desnoods maar te gokken als zij het antwoord niet wisten. Dagen en zelfs weken later werden de proefpersonen uitgenodigd om het filmfragment nog eens precies te beschrijven. Wat eerst speculatie en gissing was, bleken zij dan tot herinnering te hebben gemaakt ('X was gewond aan zijn arm'). Deze manier van onjuistheden uitlokken wordt *forced confabulation* genoemd. De effecten ervan doen zich met name sterk gelden als de ondervragers in eerste instantie positieve feedback geven over gissingen van de getuigen ('Ja, dat klopt wel'). De eerder aangehaalde parlementaire enquêtecommissie die de Bijlmerramp onderzocht kwam met haar ondervragingsmethode behoorlijk dicht in de buurt van *forced confabulation*. Getuigen werden driftig aan de tand gevoeld over de aanwezigheid van Israëlische veiligheidsagenten in de Bijlmer vlak nadat daar het El-Altoestel was neergekomen. Het gaf een nieuwe impuls aan verhalen over mysterieuze mannen in witte pakken die op de rampplek iets zouden hebben gezocht.

Bij *forced confabulation* is er sprake van milde pressie. Als de politie bij haar onderzoek naar ernstige delicten, om voor de hand liggende redenen, getuigen langdurig gaat verhoren of paardenmiddelen zoals hypnose gaat aanwenden, neemt het aantal onjuiste verklaringen spectaculair toe. In Nederland bedient de politie zich slechts zelden van hypnose om getuigen te horen.[14] Voor België ligt dat anders. Daar speelde zich nog niet zo lang geleden het geval af van een meisje dat in het Gentse Citadelpark werd verkracht. Omdat zij die avond nogal wat alcohol had gedronken, kon het slachtoffer zich er nauwelijks iets van herinneren. De gerechtspsychiater Vincent Martin besloot het meisje in dronken toestand te brengen en haar onder hypnose te interviewen over de gebeurtenis. Of dat iets heeft opgeleverd weten wij niet. De psychiater had er in elk geval hoge verwachtingen van. 'Er zijn wel degelijk al gevallen beschreven in de literatuur waarbij op deze manier resultaat is verkregen,' aldus de psychiater.[15] Wij kennen die gevallen niet. De consensus in de wetenschappelijke literatuur is dat gehypnotiseerde getuigen zich verplicht voelen om nieuwe details te noemen, met alle risico's op incorrecte onthullingen vandien (Kebbell & Wagstaff, 1998). De werkwijze van de Belgische psychiater was dus riskant.

Slachtoffers

De betrouwbaarheid van een getuigenverklaring is een kwaliteit van de verklaring en niet van de persoon, zo zeiden wij eerder. Dat uitgangspunt behoeft echter enige nuancering. Wij stelden immers ook dat ooggetuigen vaak de ernst van een gebeurtenis proberen af te leiden uit de ernst van haar gevolgen. Indien getuigen slachtoffers zijn, kunnen zulke gevolgen ook bestaan uit posttraumatische-stressklachten zoals nachtmerries en hardnekkige gedachten (*intrusies* en *flashbacks*) over het delict of het ongeluk. In dit verband is het onderzoek van de Amerikaanse psychologe Liz Roemer en haar medewerkers (1998) interessant. Zij volgden een groep van 460 militairen die hadden deelgenomen aan de vredesmissie in Somalië (1993). Vlak na hun terugkeer in de VS werden de soldaten geïnterviewd over hun traumatische ervaringen. Het interview werd 12 tot 26 maanden later herhaald. Daarbij werd gevraagd naar concrete zaken als onder vijandelijk vuur liggen en confrontaties met stervende burgers. Soldaten die na terugkeer in de VS posttraumatische klachten kregen, vertoonden een uitgesproken neiging om bij hun tweede interview meer traumatische voorvallen te rapporteren dan bij hun eerste interview. Zo waren er militairen die eerst niet, maar later wél beweerden in Somalië met stervende burgers te zijn geconfronteerd. In dit speciale geval moet men vrezen dat zulke inconsistenties duiden op het overrapporteren van inaccurate details (commissies). De neiging van slachtoffers met posttraumatische klachten om een geïnflateerd beeld te schetsen van hun trauma is inmiddels redelijk goed gedocumenteerd (Southwick e.a., 1997). De meest waarschijnlijke verklaring voor dit fenomeen is dat slachtoffers hun traumatische herinneringen opwaarderen aan de hand van hun huidige symptomen: 'Ik heb nog steeds nachtmerries, dus het moet wel heel ernstig zijn geweest.'

Verhalenvertellers

In de afgelopen jaren werd de Nederlandse politie regelmatig geconfronteerd met valse aangiften. Zo was er het geval van de 23-jarige Fries die een bezoek aan zijn Bulgaarse vriendin discreet probeerde te houden door met het verhaal te komen dat hij was ontvoerd door Poolse autohandelaren.[16] In dezelfde sfeer lag het verhaal van een 43-jarige Hagenaar. Hij beweerde onder bedreiging beroofd te zijn van zijn koffer met 1,8 miljoen gulden. Later bleek dat een poging om zijn vermogen fiscaal onzichtbaar te maken.[17] Dienden deze valse getuigenverklaringen een praktisch doel, anders lag dat bij een 15-jarige Nieuw-Vennepse die de politie belde met de mededeling dat ze op Schiphol was opgepikt door een man in een blauwe auto. De man zou haar tegen haar wil vasthouden. Vanwege de details in haar beschrijving, maar ook vanwege de emoties waarmee ze haar verhaal vertelde, nam de politie de melding uiterst serieus. Er werd een rechercheteam van 18 mensen samengesteld. Na een etmaal onafgebroken speuren moest het team vaststellen dat het meisje vanuit haar ouderlijk huis had gebeld. De tiener bleek zich al vaker schuldig te hebben gemaakt aan valse aangiften. De politie trapte er elke keer weer in vanwege het opvallende acteertalent dat zij bij haar talrijke meldingen aan den dag legde.[18]

Verrassend genoeg is er nauwelijks wetenschappelijk onderzoek gedaan naar zulke valse aangiften. De weinige gegevens die er bestaan suggereren dat achter valse aangiften twee typen nep-slachtoffers kunnen schuilgaan: de zogenaamde *malingerers*, die met hun aangifte een voordeel proberen te behalen en de verhalenvertellers, die een narcistische oppepper krijgen van het effect dat zij met hun verhaal bewerkstelligen (Pathe e.a., 1999). De laatste groep scoort hoog op een eigenschap die in de psychologie *fantasy proneness* heet: de neiging om helemaal op te gaan in dagdromen en fantasieën. Personen met deze eigenschap hebben een sterke verbeeldingskracht. Als zij zich inbeelden bedorven voedsel te hebben gegeten, gaan ze overgeven en als zij naar een film over eskimo's kijken, krijgen zij het koud. In eigen onderzoek selecteerden we uit een grote groep van studenten proefpersonen die hoog of juist laag scoorden op *fantasy proneness*. We gaven de proefpersonen vervolgens de opdracht om een valse aangifte op papier te zetten. Het aldus verzamelde materiaal legden wij voor aan psychologen met het verzoek om aan te geven hoe betrouwbaar zij die verhalen vonden. De verhalen van de fantasierijke studenten scoorden beter, niet alleen qua betrouwbaarheid maar ook qua emotionaliteit, dan de verhalen van de studenten zonder deze eigenschap. Fantasierijke mensen zijn dus goede verhalenvertellers. Dat talent kan vervelend uitpakken op het moment dat zij een valse aangifte doen of een leugenachtige getuigenverklaring afleggen (Merckelbach, 2004).

Meeslepende emoties

Natuurlijk beweren wij niet dat getuigen met posttraumatische stressklachten of een rijke fantasie altijd onbetrouwbare verklaringen afleggen. Ons punt is dat de psycholoog die een oordeel moet uitspreken over de betrouwbaarheid van hun verklaringen het risico loopt op sleeptouw te worden genomen door de emoties waarmee zij hun verhaal vertellen. Noors onderzoek maakt duidelijk dat leken zich sterk laten beïnvloeden door zulke emoties (Kaufmann e.a., 2003). In dat onderzoek werden video-opnamen getoond van een actrice die ofwel over een uit de hand gelopen vrijage verklaarde, ofwel over een brutale verkrachting. Elk van deze versies werd door haar op drie verschillende manieren verteld: op een geëmotioneerde, een neutrale of een luchtige toon. Toen leken een uitspraak moesten doen over hoe geloofwaardig het slachtoffer was en of de verdachte veroordeeld diende te worden, bleek dat zij zich niet lieten leiden door de inhoud van de verklaring, maar door de emotionele toon ervan. Of het nu ging over een uit de hand gelopen vrijage of een brute verkrachting, de actrice werd als zeer geloofwaardig ingeschat en een veroordeling van de verdachte juist bevonden als zij haar verhaal op een emotionele wijze had gepresenteerd.

Al met al doen psychologen en juristen er goed aan om vooral op de ontstaansgeschiedenis en inhoudelijke details van getuigenverklaringen te letten. En minder op het emotionele appel dat getuigen doen. Bij die ontstaansgeschiedenis gaat het dan om de vraag of de getuigenverklaring op eigen kracht tot stand kwam of dat er druk, overleg met medegetuigen of zelfs hypnose voor nodig was. Deze benadering is niet vanzelfsprekend. Zo propageerde enkele jaren geleden een gerenommeerde expert precies het omgekeerde toen hij schreef dat de psycholoog en de rechter gebaren, lichaamsbewegingen, stembuigingen en intonaties van het slachtoffer moeten meenemen in hun taxatie van de geloofwaardigheid van het slachtoffer. De expert schreef: 'Hoe ernstiger het slachtoffer misbruikt is, hoe groter het trauma, hoe ongearticuleerder haar uitspraken over het misbruik zullen zijn.' (Frenken, 1988). Die werkwijze lijkt ons riskant in het licht van het onderzoek dat wij hierboven beschreven.

Stel dat van een getuigenverklaring in een strafzaak een video-opname bestaat, maar tevens een letterlijke weergave in de vorm van een door de politie opgetekend proces-verbaal. Stel voorts dat er twee psychologen optreden in deze zaak. De ene psycholoog kijkt naar de video-opname. De andere onderwerpt het proces-verbaal aan een uitgebreide inhoudsanalyse. Stel, ten slotte, dat de psychologen het niet eens zijn over de betrouwbaarheid van de getuigenverklaringen. Wat moet een rechtbank daarmee? In onze ervaring hebben rechters meestal een sterke voorkeur voor de deskundige die de video-opname bekeek. Het idee daarachter is dat deze deskundige met eigen ogen heeft kunnen zien hoe authentiek de emoties van de getuige waren. Dat klinkt plausibel, maar wetenschappelijk gezien slaat het nergens op. De deskundige die de video-opname bekijkt, loopt juist het risico dat hij overmatig veel aandacht besteedt aan de emoties van de getuige. Als getuigen worden beoordeeld op grond van hoe ze op een video overkomen, maakt het trouwens niet uit of de deskundige dertig seconden of twee uur naar zo'n video heeft zitten turen. Het oordeel zal, zo leert onderzoek, steeds hetzelfde zijn omdat mensen nu eenmaal razendsnel globale impressies over anderen vormen en daaraan vervolgens hardnekkig vasthouden (Ambady & Rosenthal, 1992). Kijken naar video-opnamen van een getuigenverhoor levert vooral informatie op over hoe nauwkeurig het proces-verbaal van dat verhoor is. Ofschoon niet onbelangrijk, is die kwestie van een geheel andere orde dan waar het in dit hoofdstuk over gaat.

Gezeur

Als psychologen de rechtszaal betreden, gaan ze vaak klagen over de feilbaarheid van getuigen. Dat doen zij in de voetsporen van Hugo Münsterberg. Maar het gezeur van pychologen over die onbetrouwbare getuigen is, zoals we in dit hoofdstuk hebben laten zien, misplaatst. De doorsneegetuige is een goede getuige. Of anders gezegd: getuigen zijn redelijk betrouwbaar, tenzij zij door anderen onbetrouwbaar worden gemaakt. Hoe kan het ook anders: homo sapiens zou allang door de evolutie zijn opgeruimd als zijn geheugen werkelijk zo gemankeerd was als Haber en Haber ons willen doen laten geloven. Of in de plechtige woorden van de Amerikaanse onderzoeker Craig Barclay (1986): 'Onze autobiografische herinneringen zijn in laatste instantie integer.'

2. Kapot

Zo scherp als het geheugen van de doorsneegetuige kan zijn, zo slecht is dat van mensen met hersenbeschadigingen. Toch is systematisch onderzoek naar de geheugenafwijkingen bij zulke patiënten van relatief jonge datum. Dat is vreemd, want al meer dan een eeuw geleden beschreef de Franse psycholoog Theodule Ribot in zijn klassiek geworden boek *Les maladies de la mémoire* (1881) een aantal patiënten met geheugenstoornissen. Hij kwam tot de conclusie dat zij ideale proefpersonen waren. Hun gebrekkige geheugen zou een schat aan informatie kunnen opleveren over de normale werking van het geheugen. Helaas werd Ribots aanbeveling lange tijd genegeerd. Volgens sommigen heeft dat te maken met de geschiedenis van de experimentele psychologie. Begin vorige eeuw werd de psychologie gedomineerd door het behaviorisme. Die stroming verklaarde iedere speculatie over wat er 'in het hoofd gebeurt' taboe. Het was daarom gewoonweg *not done* om te onderzoeken hoe hersenbeschadigingen geheugenproblemen kunnen veroorzaken. Dat werk werd aan neurologen overgelaten (Parkin, 1996).

Het duurde tot ver in de jaren vijftig voordat het behaviorisme op zijn retour was en de psychologie meer belangstelling kreeg voor de samenhang tussen de hersenen en het geheugen (Tulving, 1983). De Canadese neuropsychologe Brenda Milner werkte in die tijd samen met de Amerikaanse neurochirurg William Scoville (foto, achterste rij, midden). De laatste verwierf enige faam omdat hij langs operatieve weg epilepsiepatiënten van hun symptomen probeerde te verlossen. Vooral als de epileptische aanvallen uit dat hersendeel komen dat vlak achter de slapen ligt, gaan zij nogal eens gepaard met psychiatrisch getinte en daarom voor de patiënt zeer belastende symptomen (zoals het trekken van grimassen, en lach- of juist huilaanvallen). In de vakliteratuur wordt het betreffende hersendeel de *temporaalkwab* genoemd en de bijbehorende epilepsie noemen neurologen temporaalkwab-epilepsie.[1] Lange tijd gold deze vorm van epilepsie als moeilijk behandelbaar. Scoville kwam op het idee om bij zijn patiënten grote delen van deze temporaalkwab weg te snijden. Hij hoopte zo de haard van hun epileptische aanvallen weg te nemen. De frequentie en intensiteit van de aanvallen namen inderdaad sterk af en in die zin was de operatie een succes. Maar

helaas had de ingreep desastreuze gevolgen voor het geheugen van de patiënten. Na hun operatie bleken zij namelijk niet meer in staat om nieuwe informatie te leren. De patiënten hadden – zoals dat met een vakterm heet – een *amnesie* (Scoville & Milner, 1957). Onder de ongelukkigen bevond zich een man die een van de beroemdste patiënten aller tijden zou worden. De wereld kent hem slechts met zijn codenaam HM.

Geschiedenis van HM

De journalist Philip Hilts tekende de lotgevallen van HM op in zijn boek *Memory's ghost: The strange tale of mr. M and the nature of memory* (1995). Daarin valt het volgende over de achtergrond van HM te lezen. HM werd in 1926 geboren in een provinciestad vlakbij Boston. Hij maakte aanvankelijk een normale ontwikkeling door. Dat veranderde toen hij op zevenjarige leeftijd door een fietser omver werd gereden. Vlak na het ongeval moet hij ongeveer vijf minuten bewusteloos zijn geweest. Drie jaar later zou hij voor het eerst een lichte epileptische aanval hebben gehad. Op zijn zestiende verjaardag kwam de eerste zware aanval. Het hersenletsel ten gevolge van het ongeluk had waarschijnlijk littekenweefsel in de hersenen achtergelaten en dit zal epileptische aanvallen hebben uitgelokt.

HM leed zeer onder zijn aanvallen. Hij werd op school door zijn klasgenoten uitgejouwd en zijn vader schaamde zich voor een 'gek' in de familie. Iedere epileptische aanval van zijn enige zoon was voor de vader aanleiding om zich in het café flink te bezatten. Ondanks dit alles wist HM de middelbare school af te maken. Daarna ging hij in een fabriek aan de lopende band werken, totdat zijn ziekte hem dit onmogelijk maakte. Op dat moment had hij circa tien lichte aanvallen per dag en eens in de week een zware. Nadat tien jaar behandelen met anti-epileptische medicatie vrijwel niets had opgeleverd, nam HM in 1953 een belangrijke beslissing: hij wilde een hersenchirurgische ingreep bij dr. Scoville ondergaan. HM was toen 27 jaar oud.

Scovilles operatie bestond uit het verwijderen van bepaalde delen uit de temporaalkwab. Meer precies verwijderde Scoville de hippocampus, de amygdala en wat omliggend weefsel. De buitenste rand van de kwab – de temporale neocortex die onder andere belangrijk is voor taal – werd gespaard. Een hersenplaatje dat 25 jaar na de operatie met behulp van *Magnetic Resonance Imaging* (MRI) werd gemaakt, liet zien dat inderdaad alleen de binnenste delen van de temporaalkwab waren verwijderd (Corkin, 2002).[2]

Journalist Hilts merkt op dat HM na de operatie aanzienlijk minder last had van zijn epilepsie. Al snel werd echter duidelijk dat hij behalve zijn kwaal ook een belangrijk onderdeel van zijn geheugen was kwijtgeraakt. HM bleek niet meer in staat zich gebeurtenissen van enkele minuten eerder te herinneren. Zo liet John Gabrieli, een onderzoeker die destijds aan het Massachusetts Institute of Technology (MIT) was verbonden, HM een tekening maken. Al na vijf minuten was hij niet meer in staat zijn eigen tekening te herkennen tussen een reeks andere tekeningen (Corkin, 1984). Vanwege de dramatische omvang van zijn geheugenprobleem was HM een unieke patiënt. En in die hoedanigheid ging hij onder psychologen en neurologen van hand tot hand. Begin jaren zeventig kwam hij zo via psycholoog Milner bij Suzanne Corkin, hoogleraar aan het MIT terecht. Zijn familie had hem inmiddels ondergebracht op een nieuw adres. Systematisch onderzoek van Corkin wees uit dat HM geen idee meer had van waar hij woonde, hoe zijn huis eruitzag en welke datum het was (Corkin, 1984; 2002). HM wist evenmin hoe oud hij was. Kort na zijn zestigste verjaardag meende hij dat hij 34 was. HM kon een getal als 584 onthouden, maar daarvoor moest hij het wel de hele tijd repeteren. Als hij even een minuut ergens anders aan dacht was het voorgoed uit zijn geheugen gewist. Toen men hem vertelde dat zijn oom was overleden, raakte dat HM zeer diep. Maar al luttele tijd daarna vroeg hij wanneer zijn oom weer op bezoek zou komen. HM had goed door wat zijn handicap was. Zo zei hij tegen een van de geheugenonderzoekers:

'Ik vraag me af: heb ik toen net iets verkeerd gedaan of gezegd? Kijk op dit moment ziet alles er heel duidelijk voor me uit, maar wat is toen net gebeurd? Dat verontrust me. Het is als wakker worden uit een droom. Ik kan het me echt niet herinneren.'

Patiënten met een forse amnesie komen wel vaker voor. Omvangrijke geheugenproblemen treft men bijvoorbeeld ook aan bij demente patiënten of patiënten met het syndroom van Korsakow.[3] Maar in tegenstelling tot deze pa-

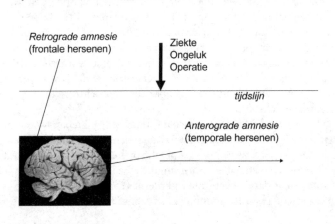

Retrograde amnesie
(frontale hersenen)

Ziekte
Ongeluk
Operatie

tijdslijn

Anterograde amnesie
(temporale hersenen)

tiënten was HM volledig op de hoogte van zijn problemen. Bovendien beschikte HM over een normale intelligentie, iets dat bepaald niet geldt voor bijvoorbeeld demente patiënten. En dan is er nog iets: HM bleek heel goed in staat om informatie die hij vóór de operatie had geleerd, te reproduceren. Hij kon gedetailleerde mededelingen doen over dingen die er in zijn jeugd waren gebeurd. Zo herinnerde hij zich zijn eerste zware epileptische aanval perfect. In vaktermen spreekt men dan van een *anterograde amnesie*: oude herinneringen zijn nog redelijk goed toegankelijk, maar nieuwe herinneringen kunnen niet meer worden opgeslagen (zie figuur op pagina 41).

Neurochirurg William Scoville

HM zou nooit een anterograde amnesie hebben opgelopen als hij uit de buurt van Scoville was gebleven. HM's operatie kan worden beschouwd als geïmproviseerde chirurgie (Parkin, 1996). Het was begin jaren vijftig immers volstrekt onduidelijk wat het wegnemen van de middelste temporale hersengebieden teweeg zou brengen. Lang niet iedere neurochirurg zou een dergelijke riskante operatie hebben aangedurfd (Hilts, 1995). Maar Scoville, telg uit een familie van vrijdenkers, was bepaald geen doorsneechirurg. Al sinds zijn studententijd manifesteerde hij zich als een wildebras met een voorliefde voor snelle auto's. Hij hield ervan om gevaarlijke stunts uit te halen en werd talloze malen door de politie bekeurd vanwege grove snelheidsovertredingen. Als neurochirurg ontwierp hij nieuwe instrumenten en chirurgische technieken. Scoville was een groot bewonderaar van de chirurg Egas Moniz. Deze Portugees kreeg in 1949 de Nobelprijs voor zijn uitvinding van de lobotomie, een techniek waarbij de voorste (frontale) hersengebieden van schizofrene patiënten worden beschadigd om hun wanen en hallucinaties te verminderen. Scoville moet deze techniek bij honderden psychiatrische patiënten hebben toegepast. Toen begin jaren vijftig duidelijk werd dat lobotomie de toestand van de patiënten juist verergerde, begon hij bij hen met het wegsnijden van hersengebieden op andere plaatsen dan de frontale hersenen. De oorzaak van schizofrenie moest toch érgens in de hersenen te vinden zijn, aldus Scoville. Het ziet ernaar uit dat HM's operatie alleen had kunnen worden uitgevoerd door een neurochirurg die het nemen van risico's niet schuwde.

Enig begrip van hoe men de effecten van riskante ingrepen moest meten, hadden Scoville en zijn collega's niet. Zij meenden dat het voldoende was om de patiënten een paar weken na de operatie op het spreekuur uit te nodigen en hen dan te vragen hoe het ermee stond. 'Ik ben een scherp waarnemer en mijn conclusie is dat de overgrote meerderheid van mijn patiënten beter in plaats van slechter wordt van mijn behandeling,' aldus een van hen (Dawes,

1994). De patiënten zullen niet snel over de behandeling hebben geklaagd en dat verklaart weer waarom alleen al in 1949 zo'n 5000 schizofrene patiënten een lobotomie ondergingen en waarom Scoville het experiment met HM aandurfde. Scoville dacht dat de geheugenproblemen van HM van voorbijgaande aard waren. Toen hij merkte dat dat toch niet het geval was, riep hij zijn collega's op om een dergelijke operatie nooit meer uit te voeren. Voor HM was het te laat.[4]

Dichotomie

Voor geheugenonderzoekers begon het toen pas. Zij hadden lang gespeculeerd over de vraag of het geheugen één groot reservoir is of dat het uit verschillende compartimenten bestaat. Eigenlijk al sinds de beginjaren van het geheugenonderzoek gingen de meeste specialisten van die laatste optie uit. Daarbij werden allerlei dichotomieën – zoals verbaal versus non-verbaal geheugen – het wetenschappelijke forum in geslingerd. HM speelde een hoofdrol in het onderzoek naar de kredietwaardigheid van deze dichotomieën. Hij werd daarvoor eerst door de onderzoeksgroep van Brenda Milner en later door die van Suzanne Corkin ingezet.

De geheugenpsychologen Richard Atkinson en Richard Shiffrin (1968) maakten vijfendertig jaar geleden onderscheid tussen het korte- en langetermijngeheugen. Deze twee geheugensystemen zouden wat betreft looptijd, opslagcapaciteit en wijze van vergeten radicaal van elkaar verschillen. Onderzoek bij HM leek de tweedeling aanvankelijk te ondersteunen. Verschillende onderzoekers (bijvoorbeeld Wickelgren, 1968) hadden laten zien dat zijn kortetermijngeheugen in orde was, maar dat hij niets langer dan 30 seconden kon onthouden. Mede op basis van deze experimenten kwamen Allen Baddeley en Elizabeth Warrington (1970) tot de conclusie dat de amnesie van HM werd veroorzaakt door problemen met de overheveling van informatie van het korte- naar het langetermijngeheugen. HM's kortetermijngeheugen was oké; zijn langetermijngeheugen was kapot. Die hypothese werd echter verlaten toen bleek dat patiënten zoals HM nog wel degelijk in staat zijn nieuwe informatie in hun langetermijngeheugen op te slaan, zij het dat dit op een onbewuste manier gebeurt (Parkin, 1996; Parkin & Leng, 1993). We komen dadelijk op dit punt terug.

Eiffeltoren in Parijs

Begin jaren zeventig kwam de Canadese geheugenspecialist Endel Tulving (1972) met een nieuwe dichotomie. Hij stelde voor het geheugen op te delen in semantische en episodische herinneringen. Het semantische geheugen omvat onze algemene kennis van de wereld, weten dat de Eiffeltoren in Parijs staat, bijvoorbeeld. Een belangrijk kenmerk van het semantische geheugen is dat we ons niet kunnen herinneren waar en wanneer we bepaalde informatie hebben geleerd. Het episodische geheugen heeft daarentegen betrekking op onze persoonlijke of autobiografische herinneringen. Het gaat dan om herinneringen die aan tijd en plaats zijn gebonden. Herinneren waar en met wie je je laatste verjaardag hebt gevierd is een voorbeeld van episodisch geheugen. Deze vorm van geheugen kenmerkt zich door een bewuste herinnering aan de periode waarin informatie is geleerd. In het vorige hoofdstuk ging het bijna uitsluitend om het episodische geheugen: wat kunnen getuigen zich van een bepaalde gebeurtenis herinneren?

Weten waar de Eiffeltoren staat en je je laatste verjaardag herinneren hebben beide met het geheugen te maken, maar zij voelen toch heel verschillend aan. Het onderscheid tussen het semantische en het episodische geheugen was aanvankelijk gebaseerd op dit soort intuïtieve argumenten en op onderzoek bij gezonde proefpersonen. De neuropsycholoog Marcel Kinsbourne (1981) betoogde echter dat het onderscheid tussen het semantische en het episodische geheugen vooral bij patiënten met een hersenbeschadiging aan de oppervlakte trad. Zo vermoedde hij dat patiënten met een amnesie niet langer in staat waren nieuwe episodische informatie op te slaan, maar dat hun semantisch geheugen nog intact was.

De psycholoog John Gabrieli uit Stanford (1988) pakte de draad van Kinsbourne op. Hij deed onderzoek naar het vermogen van HM om nieuwe, semantische informatie te leren. In een experiment kregen HM en een aantal normale proefpersonen een reeks moeilijke begrippen met hun definities aangeboden. Iets later kregen ze een tweede reeks te zien, waaronder de al eerder getoonde begrippen. De proefpersonen moesten synoniemen voor oude en nieuwe begrippen bedenken. De gezonde proefpersonen gaven blijk van nieuw semantisch leren: zij wisten meer correcte synoniemen te geven van de moeilijke begrippen die in de eerste fase waren aangeboden dan van vergelijkbare nieuwe woorden. HM was echter nauwelijks in staat een synoniem van oude begrippen te geven, ofschoon ook hij in de eerste fase de omschrijving van deze begrippen had gelezen.

In een ander experiment van John Gabrieli kregen HM en enkele normale proefpersonen woorden aangeboden die pas na 1953 (het jaar van HM's operatie) in het woordenboek waren verschenen (zoals 'charisma'). Van een aantal woorden waren de letters verwisseld, maar ze waren nog wel uitspreekbaar. De onderzoekers vroegen bij ieder woord of het echt bestond. De controlegroep wist deze taak bijna feilloos uit te voeren. De prestatie van HM was echter op kansniveau. Dat betekent dat hij na zijn operatie geen nieuwe woorden meer heeft geleerd. HM is dus niet in staat nieuwe semantische informatie vast te houden. Hoewel andere amnestische patiënten soms wel in staat zijn enige nieuwe feitenkennis op te slaan, laat het onderzoek bij HM zien dat de tweedeling tussen semantisch en episodisch geheugen niet zo strikt is als aanvankelijk werd verondersteld (Parkin & Leng, 1993).

Shocktherapie

Van de Zwitsere zenuwarts René-Edouard Claparede (1911) komt het verhaal dat hij een van zijn Korsakow-patiënten de hand zou hebben geschud terwijl hij – Claparede – een scherpe pin in zijn handpalm had. Bij een volgende ontmoeting met de patiënt stak Claparede zijn hand opnieuw uit, maar de patiënt weigerde die aan te nemen ofschoon de patiënt niet kon vertellen waaróm hij weigerde. Over de beginjaren van de elektroconvulsieve shocktherapie doen vergelijkbare verhalen de ronde. De patiënten die een dergelijke shockbehandeling vanwege hun schizofrene of depressieve symptomen ondergingen, vergaten na de behandeling wat hen was overkomen. Elke herinnering aan het apparaat, de elektroden op hun hoofd of de behandelkamer waarin de schokken waren toegediend was uitgewist. Zodra de patiënten echter werden teruggebracht naar de behandelkamer pleegden zij verzet zonder dat zij wisten waarom (Schacter, 1987).

Op grond van dit soort anekdotes raakte vanaf het begin van de jaren tachtig het onderscheid tussen impliciet en expliciet geheugen in zwang (Graf & Schacter, 1985). Traditionele geheugentests vereisen bewuste herinnering aan een voorafgaande leerfase en worden daarom expliciete geheugentaken genoemd. Proefpersonen of patiënten krijgen bijvoorbeeld woorden te horen en enige tijd later wordt hen gevraagd die woorden te reproduceren. Bij het impliciete geheugen is geen sprake van bewust herinneren. Impliciet geheugen komt tot uitdrukking in het gedrag zonder dat de proefpersoon of de patiënt zich daarvan bewust is. Een alledaags voorbeeld is het fenomeen dat mensen tijdens hun gesprekken typische woorden of gebaren van elkaar overnemen zonder dat zij dat door hebben.

Geruime tijd voordat Peter Graf en Dan Schacter de termen impliciet en expliciet geheugen introduceerden, bleek uit onderzoek bij HM al dat zijn impliciet geheugen volkomen intact was. Brenda Milner en haar collega's (1968) lieten zien dat HM normaal presteerde op de *incomplete-figuurtest*. Bij deze test krijgt de proefpersoon of patiënt eerst alledaagse afbeeldingen te zien van bijvoorbeeld een vliegtuig of een auto. In de volgende fase toont men van elke afbeelding, maar ook van niet eerder aangeboden afbeeldingen (bijvoorbeeld van een fiets of een schip) vijf versies. Die versies beginnen bij zeer incomplete en derhalve nauwelijks herkenbare plaatjes en eindigen bij zeer duidelijk herkenbare plaatjes. Er is sprake van impliciet geheugen als men de afbeeldingen die men eerder heeft gezien, sneller (in een moeilijker herkenbaar stadium) herkent dan de nog niet eerder aangeboden exemplaren. HM presteerde op deze test volkomen normaal. Toch was hij er zich niet van bewust dat hij sommige plaatjes al even tevoren had gezien. Dat bij HM impliciet en expliciet geheugen volkomen uit de pas liepen zou later met allerlei andere tests worden bevestigd (Corkin, 2002; Parkin, 1996). En het inspireerde onderzoekers om ook bij andere amnestische patiënten dit soort onderzoek uit te voeren.

Een van de mooiste experimenten in dat genre werd uitgevoerd door de psychologe Marcia Johnson (Johnson e.a., 1985). Zij liet haar Korsakow-patiënten afbeeldingen van gezichten zien en vertelde er dan verhalen bij. Het waren verhalen van het type: 'Dit is Bill; hij stal ooit een auto en beroofde een oude man.' Of: 'Dit is John; hij is een harde werker en redde ooit iemand van de verdrinkingsdood.' Weken later konden de patiënten zich niets meer van deze verhalen herinneren, maar zij vonden het gezicht van John wel aanmerkelijk sympathieker dan dat van Bill.

Hoe het verder ging met HM

Voor de geheugenpsychologie was HM een zegen. Zijn geval liet zien dat de neuropsychologische *case study* een krachtige impuls aan nieuwe ideeën en speculaties kan geven. Waarom uitgerekend hij zo'n populair studieobject werd, valt ook wel te begrijpen (Parkin, 1996). Om te beginnen was bij HM precies duidelijk welke hersendelen waren beschadigd. Dat ligt anders voor bijvoorbeeld demente patiënten, bij wie de hersenbeschadigingen minder afgebakend zijn. Voorts was HM een zeer behulpzame proefpersoon. Nooit weigerde hij deel te nemen aan een onderzoek. Ten slotte is er de factor geluk. Als HM niet terecht was gekomen bij Brenda Milner en haar onderzoeksgroep in Montreal, hadden we nu wellicht een stuk minder over zijn geval geweten. HM, die inmiddels dik in de zeventig is, kampt momenteel met gezondheidsproblemen (Corkin, 2002). Het jarenlang slikken van anti-epileptische medicijnen heeft tot botontkalking geleid. Na zijn dood wil hij zijn hersenen ter beschikking van de wetenschap stellen. Daartoe heeft hij een verklaring ondertekend. Op deze wijze zal HM zelfs nog na zijn dood bijdragen aan het geheugenonderzoek. Spijtig genoeg zal hij nooit beseffen hoe belangrijk zijn deelname aan dit onderzoek is geweest voor de psychologie en de geneeskunde.

Clive Wearing

HM voert niet langer de hitlijst van patiënten met bizarre geheugenafwijkingen aan. Zijn plaats is inmiddels overgenomen door Clive Wearing, een Engelse beroepsmusicus die in 1985 werd getroffen door een gemene virusinfectie.[5] De infectie veroorzaakte een onsteking in de hersenen die op haar beurt leidde tot een zeer aanzienlijke beschadiging daarvan. Voor een deel ging het daarbij om dezelfde beschadigingen als in het geval van HM, namelijk beschadigingen van de middelste temporaalkwab. Maar in het geval van Clive Wearing was de schade omvangrijker: ook de voorste hersengebieden – de *frontale* hersenen – waren aangedaan, net als trouwens het diep in het brein gelegen gebied dat men aanduidt als het *diëncefale systeem.* Zodoende was de geheugenafwijking van Clive Wearing een slag dramatischer (Wilson & Wearing, 1995). Net als HM was Wearing na zijn ziekte niet meer in staat om nieuwe informatie op te slaan. Ook Wearing vertoonde dus anterograde geheugenverlies. Maar in tegenstelling tot HM had Wearing ook last van *retrograde* – naar achteren gericht – geheugenverlies. Met uitzondering van enkele herinneringen aan zijn jeugdjaren in Birmingham, wist hij zo goed als niets meer van zijn leven vóór de ziekte (zie figuur op pagina 41). Deze retrograde amnesie heeft alles te maken met de beschadigingen aan zijn frontale hersenen en het daarmee samenwerkende diëncefale systeem. Eenvoudig gezegd komt het erop neer dat de binnenste delen van de temporaalkwab (waaronder de hippocampus) verantwoordelijk zijn voor de opslag van nieuwe informatie in het langetermijngeheugen, terwijl de frontale (en diëncefale) hersenen verantwoordelijk zijn voor het ophalen van oude informatie uit het langetermijngeheugen. Beschadiging van het eerste systeem leidt tot anterograde geheugenverlies. Beschadiging van het tweede systeem leidt tot retrograde geheugenverlies (Weinstein, 1996).

De frontale hersenen doen overigens meer dan alleen maar oude informatie ophalen uit het langetermijngeheugen. Zij spelen ook een toetsende rol bij dat ophalen. De frontale hersenen maken voortdurend een taxatie of bepaalde informatie relevant en betrouwbaar is. Als dat niet het geval is, wordt de informatie terzijde geschoven. Dat verklaart waarom beschadigingen aan de frontale hersenen niet alleen retrograde geheugenverlies veroorzaken, maar ook *confabulatie*: de neiging om op stellige toon dingen te vertellen die bij nader inzien kant noch wal raken. Clive Wearing is een echte confabulateur. Gevraagd naar de oorzaak van zijn geheugenproblemen vertelt hij bijvoorbeeld dat koning Hoessein van Jordanië hem met een vreemde ziekte heeft geïnfecteerd omdat hij op het punt stond om een internationale samenzwering te ontmaskeren.

Bobby

Dat HM en Clive Wearing geheugenproblemen hebben omdat hun hersenen beschadigd zijn is voor iedereen duidelijk. Hun geheugenproblemen zijn dermate in het oog springend dat wel niemand zal twijfelen aan de medische achtergrond ervan. Sommige geheugenstoornissen zijn echter zo subtiel dat zij zelfs specialisten op het verkeerde been kunnen zetten. Neem het geval van Bobby. Bobby is een zeventienjarige jongen die nadat hij een ruig feest van zijn veel oudere zus had bezocht een epileptische aanval kreeg. Het is zeer waarschijnlijk dat Bobby op dat feest te veel had gedronken en ook nog eens cocaïne had gesnoven. Ongeveer om middernacht viel Bobby flauw. De andere feestgangers lieten hem rustig liggen, want vanwege het overvloedige gebruik van drugs waren zij niet erg gebrand op bezoek van de ambulance en de politie. Nadat Bobby een uur bewusteloos had doorgebracht en niet meer te wekken was, besloten de overige feestgangers toch maar een ambulance te laten komen. De ambulance voerde Bobby, die inmiddels epileptische stuiptrekkingen vertoonde, naar het ziekenhuis. Daar bleef hij een paar dagen. Na zijn ontwaken was Bobby zijn gehele persoonlijke geheugen kwijt. Hij kon niet vertellen wie hij was, zijn ouders en overige familieleden waren vreemden voor hem en ook zijn ouderlijk huis kwam hem niet bekend voor. In tegenstelling tot HM en Clive Wearing was Bobby wél in staat nieuwe informatie te leren. Zodoende leerde hij wie hij was, wie zijn ouders waren en wat hij in het verleden zoal had gedaan. Maar zelfs maanden na Bobby's ontslag uit het ziekenhuis bleven de levendige beelden die kenmerkend zijn voor persoonlijke herinneringen weg (Tulving, 1999). Als Bobby met zijn ouders naar vakantiefoto's keek, kon hij hun verhalen daarover niet thuisbrengen.

Bobby bezocht uiteindelijk de huisarts voor zijn amnesie en belandde in het circuit van de hersenspecialisten. Hij kwam terecht bij de neuroloog die weliswaar zijn hersenactiviteit mat met behulp van het elektro-encefalogram (eeg), maar verzuimde een hersenplaatje te maken. De neuroloog kon geen afwijkingen vaststellen. Hij stuurde Bobby daarom naar de klinisch psycholoog. Deze nam wel een paar tests af, maar kon evenmin een oorzaak vinden voor Bobby's retrograde amnesie. Omdat er geen lichamelijke afwijkingen werden gevonden, meenden de experts dat psychische problemen ten grondslag lagen aan Bobby's geheugenproblemen. Langdurige psychotherapie zou zijn herinneringen wel weer aan de oppervlakte brengen. Toen na maanden van gesprekstherapie duidelijk werd dat Bobby's herinneringen niet meer terugkeerden, namen zijn ouders contact met ons op. Wij namen bij Bobby allerlei cognitieve tests af – waaronder geheugentaken – en kwamen tot de ontdekking dat hij op bepaalde tests wel degelijk abnormaal zwakke prestaties leverde. Bobby had vooral problemen met de visuele waarneming en het visuele geheugen. Een complexe figuur kon hij niet goed natekenen en het leren van visuele informatie was sterk onder de maat. Zo lieten we Bobby een reeks gezichten zien met het verzoek deze gezichten te onthouden. Toen hij daarna telkens twee gezichten kreeg aangeboden, waarvan één nieuw was en één eerder aangeboden, bleek hij niet goed in staat de eerder aangeboden gezichten te herkennen. We vertelden Bobby dat zijn geheugenprobleem niet met een psychische afwijking te maken had en hij was opgelucht. We adviseerden hem om zich toe te leggen op trucs waarmee hij zijn visuele geheugenproblemen kon omzeilen. (Jelicic e.a., 2004).

Bobby's testprofiel vertoont sterke gelijkenis met die van zeldzame patiënten beschreven door de Amerikaanse geheugenexpert David Rubin (Rubin & Greenberg, 1998). Na hersenletsel hadden zijn patiënten retrograde amnesie ontwikkeld, terwijl zij wel nieuwe informatie konden opslaan. Net als Bobby behaalden zij slechte prestaties op taken die het visuele geheugen meten. Uit neuroradiologisch onderzoek met *Magnetic Resonance Imaging* (MRI) bleek dat deze patiënten beschadigingen hadden opgelopen aan de achterste (occipitale) hersenschors. Daar ligt een hersengebied dat verantwoordelijk is voor de waarneming en verwerking van visuele informatie (Kolb & Wishaw, 2003). Volgens Rubin liggen in dit deel van de hersenen ook de visuele beelden opgeslagen die horen bij autobiografische herinneringen. Volgens Rubin is de retrograde amnesie van zijn patiënten een gevolg van hun onvermogen om dergelijke beelden te activeren. Die visuele component in het geheugen is belangrijk. Het begint er al mee dat de oogzenuwen aanmerkelijk meer neuronale banen omvatten dan de auditieve zenuwen. *Man is a visual animal.* Dat vertaalt zich ook in onze autobiografische herinneringen, alle verhalen over het madeleinekoekje van Marcel Proust ten spijt.[6]

Wat de gevallen van HM, Clive Wearing en Bobby laten zien is dat de aard van hun geheugenproblemen afhankelijk is van de plaats van hun hersenbeschadiging. Schade aan de hippocampus leidt tot anterograde amnesie, beschadigingen aan de voorste hersendelen hebben zowel anterograde als retrograde amnesie tot gevolg, en een beschadigde visuele hersenschors kan voor retrograde amnesie zorgen.

3. Getuige met geheugenverlies

Een paar jaar geleden verscheen de thriller *Amnesia* (2000) van het schrijversduo Hallie Ephron en Don Davidoff. Het verhaal gaat over een jonge vrouw en haar vriend die worden neergeschoten. De vriend overlijdt, maar de vrouw redt het. Als ze uit haar coma komt, geeft zij een gedetailleerde beschrijving van de dader: het was haar ex. In de loop van het boek blijkt dan dat de vrouw te goeder trouw is, maar dat haar herinneringen kant noch wal raken. Het kon haar ex niet zijn geweest. *Amnesia* is goede fictie.

Alhoewel. In september 1979 werd korporaal Kevin Green gearresteerd wegens poging tot moord op zijn vrouw Debbie. Zij was op een avond badend in het bloed gevonden in het appartement waar het stel toen woonde. Green beweerde dat hij zijn vrouw zo had aangetroffen nadat hij even weg was geweest om een hamburger te halen. Debbie overleefde de moordaanslag. Ze bleef een maand in coma. Toen ze uit die comateuze toestand kwam, kon ze niet goed praten. Maar via handsignalen maakte ze duidelijk dat het Kevin was die haar met een volle bierfles op het hoofd had geslagen. Tijdens de rechtszitting die volgde vertelde Debbie dat Kevin seks met haar had willen hebben, maar dat ze had geweigerd. Toen had Kevin erop los geslagen. Kevin verdween achter de tralies. Daar zou hij nog steeds hebben gezeten, ware het niet dat op zekere dag de zwerver Gerald Parker werd ingerekend. Deze beruchte seriemoordenaar bekende en passant ook de moordaanslag op Debbie. DNA-

onderzoek toonde aan dat Gerald Parker en niet Kevin Green verantwoordelijk was voor de poging tot moord op Debbie. Zo kwam het dat Kevin Green na zestien jaren de gevangenis in Californië mocht verlaten (Scheck e.a., 2000). Als je het verhaal van Kevin en Debbie leest, denk je: *Shit happens.* In Amerika dan.

Ontploffing

Alhoewel. Op 4 januari 1999 omstreeks 23.00 uur nam het leven van de toen 31-jarige zakenman Wilfred Mankema een dramatische wending.[1] Terwijl hij in een achterkamer op de begane grond van zijn kledingwinkel doende was met het afprijzen van de voorraden, ontplofte vlak onder hem de in de kelder geplaatste cv-ketel. Het onmiddellijke effect van de explosie was een fel uitslaande brand. Ook kwam er een stuk van de betonnen vloer naar beneden. Dat raakte Mankema's hoofd. De brandweer en ambulance waren snel ter plekke en evacueerden de zwaar gewonde Mankema uit het brandende pand. Hij werd overgebracht naar de intensive care-afdeling van een ziekenhuis in de buurt. Daar constateerde men ernstige brandwonden en een fors hersenletsel.

Tijdens de daaropvolgende dagen traden er medische complicaties op. Zo ontstond er al in de loop van de tweede opnamedag vochtopeenhoping die weer leidde tot een toegenomen druk in de hersenen. Ten gevolge hiervan daalde Mankema's bewustzijn, en zijn toestand ging zo snel achteruit dat men operatief moest ingrijpen. Er werd aan de rechter voorkant van de hersenen een gat geboord, zodat daar het overtollige vocht kon worden afgetapt. Na deze ingreep ging het weer beter met Mankema. Dat duurde echter niet lang, want na enkele dagen ging hij de symptomen van een hersenvliesontsteking vertonen. Aanvankelijk leek het erop dat de artsen met antibiotica de infectie goed onder controle kregen, maar na een week staken zowel de overdruk als de infectie opnieuw de kop op. Andermaal werd er operatief ingegrepen en nu werd via een boorgat aan de linker voorkant van de hersenen vocht afgetapt. Ondertussen kreeg Mankema pijn- en kalmeringsmiddelen toegediend zodat hij beter kon slapen. Pas na een aantal weken werd Mankema uit het ziekenhuis ontslagen en vond hij een plaats in een revalidatiekliniek.

De politie komt

Al kort na zijn opname in het ziekenhuis krijgt Mankema bezoek van de politie. De politie verhoort hem over wat er op de fatale avond is voorgevallen. Mankema zegt dat hij zijn zakenpartner vlak voor 23.00 uur heeft zien binnenkomen in het winkelpand. Zijn compagnon zou aangeschoten zijn geweest en een doos met vuurwerk bij zich hebben gehad. Hij zou Mankema niet hebben gezien. Ofschoon de technische recherche vanwege de felle brand geen sporen van brandstichting kon aantreffen, strookt Mankema's verklaring goed met wat diverse intimi over de zakenpartner vertellen. Zij wijzen erop dat hij aanzienlijke gokschulden heeft en al langer met Mankema ruziet over het bedrag dat hij van Mankema zou krijgen indien Mankema hem zou uitkopen. Dat bedrag is hoe dan ook minder dan de verzekerings-gelden die de partner nu zou kunnen opstrijken. Ofschoon Mankema en zijn compagnon voorheen op zeer goede voet verkeerden, is hun vriendschap in de afgelopen maanden sterk bekoeld. Dat heeft zeker ook te maken met de dreigementen van de zakenpartner aan het adres van Mankema, aldus diverse getuigen.

De zakenpartner wordt de dag na de explosie gearresteerd. Hij ontkent in alle toonaarden. Hij beweert voor de tijd rondom de brand een alibi te hebben. Overdag en een deel van de avond was hij met zijn vriendin in een casino, een bewering die door verschillende getuigenverklaringen wordt gestaafd. Rond de klok van 21.30 uur zouden beiden het casino hebben verlaten en naar het huis van de vriendin zijn gereden. Daar aangekomen zouden zij naar bed zijn gegaan. De vriendin bevestigt dit verhaal in grote lijnen, maar merkt ook op dat zijzelf vrijwel onmiddellijk in een diepe slaap is gevallen. De politie vermoedt dat toen de vriendin eenmaal vast sliep, de compagnon haar huis heeft verlaten, naar het winkelpand is gereden en daar brand heeft gesticht. Daarna zou hij weer zijn teruggekeerd naar het huis van zijn vriendin. De compagnon is overigens een groot liefhebber van vuurwerk en heeft dat ook in zijn bezit. Bovendien wordt bij huiszoeking een voorraadlijst van de kledingwinkel aangetroffen waarmee duidelijk is geknoeid. De compagnon is dus in velerlei opzichten een goede verdachte: hij heeft een financieel motief om brand te stichten, hij heeft de expertise om brand te stichten, hij heeft de mentaliteit om brand te stichten en hij heeft een zwak alibi. Op het moment dat de politie hem staande houdt en hem informeert over wat er met Mankema is gebeurd in zijn winkelpand, vraagt hij niet eens naar Mankema's toestand. Ook dat geeft te denken.

De neuroloog

Tijdens het gerechtelijk vooronderzoek tegen de verdachte schakelt de rechter-commissaris een neuroloog in. De rechter-commissaris wil van hem weten 'welke waarde moet worden toegekend aan de verklaringen van Mankema gezien het letsel dat hij heeft opgelopen en de invloed van dit letsel en de behandeling van dit letsel op zijn herinneringen, geheugen en waarneming'. Deze vraag blinkt niet uit in grammaticale soepelheid, maar de strekking is helder: was Mankema een goede getuige toen hij tijdens zijn verblijf in het ziekenhuis voor zijn zakenpartner belastende verklaringen aflegde?

De neuroloog is een gepensioneerde arts die in de afgelopen jaren als getuige-deskundige menige opdracht voor de rechtbank uitvoerde. In deze zaak gaat hij als volgt te werk. Hij bestudeert eerst het medische dossier en nodigt Mankema daarna uit voor een gesprek. Op het moment dat de neuroloog Mankema ziet, zijn vijf maanden verstreken sinds de politieverhoren in het ziekenhuis. De neuroloog onderwerpt Mankema bij die gelegenheid aan een aantal tests. Zo vraagt hij aan Mankema om drie woorden en vier voorwerpen te onthouden, wat Mankema perfect kan. Ook instrueert hij Mankema om van het getal 100 zeven af te trekken en van dat resultaat wederom zeven en zo verder. Opnieuw blijkt Mankema deze kunst goed te beheersen. Een andere test bestaat hieruit dat Mankema steeds langere cijferreeksen die hem worden aangeboden, moet reproduceren. Mankema doet het redelijk op deze taak. Op grond van dit alles concludeert de neuroloog in zijn deskundigenbericht aan de rechter-commissaris dat er geen redenen zijn 'om te twijfelen aan de waarde die moet worden toegekend aan de verklaringen van het slachtoffer.' Die conclusie spreekt de officier van justitie aan, want tijdens de rechtbankzitting kan hij nu melden dat Mankema een goede getuige is. De officier eist twee jaar gevangenisstraf tegen de zakenpartner.

Op verzoek van de advocaat van de zakenpartner traden wij in deze zaak als contra-expert op. Onze rol was beperkt. Wij keken naar de verklaringen van Mankema en het rapport van de neuroloog. Wat valt vanuit het perspectief van de geheugenpsychologie daarover te zeggen?, dat was de vraag die wij ons stelden.

Op de IC

Mankema lag op de intensive careafdeling (IC) van een ziekenhuis toen hij belastende verklaringen over zijn zakenpartner aflegde. Patiënten verblijven op zo'n afdeling omdat zij een levensbedreigende aandoening hebben, en zijn dan ook vaak aangewezen op kunstmatige beademing en infusen. Terwijl de patiënten gefixeerd in hun bed liggen en naar een altijd verlicht plafond staren, zijn zij omgeven door apparatuur die continu lawaai maakt.

De Engelse psychologe Christina Jones en haar collega's (2000) inventariseerden ongeveer 25 studies over hoe patiënten hun verblijf op zo'n afdeling beleven. Het blijkt dat patiënten nogal eens te kampen hebben met slaapproblemen. Nadat de patiënten het ziekenhuis hebben verlaten, kunnen zij zich in de regel slechts zeer onvolledig herinneren wat er allemaal is voorgevallen tijdens hun IC-verblijf. Tegelijkertijd hebben ze er wel allerlei angstaanjagende fantasieën over, die bijvoorbeeld gaan over de verpleging die hen probeert te vermoorden.

De slaapproblemen, geheugenbeperkingen en hardnekkige angstvisioenen die bij IC-patiënten regelmatig de kop opsteken, hebben met elkaar te maken. Een normaal slaappatroon begint met zeer lichte slaap, die binnen een uur plaatsmaakt voor elkaar telkens afwisselende fasen van diepe slaap en droomslaap. Elke slaapfase heeft zijn eigen kenmerken. Zo gaat lichte slaap nogal eens gepaard met *hypnagoge hallucinaties*. Dat zijn onaangename visioenen waarbij de persoon het idee heeft dat hij door iemand wordt aangevallen, maar niet kan vluchten. De diepe slaapfase speelt een belangrijke rol bij het vastleggen van autobiografische herinneringen en van de droomslaap wordt vermoed dat zij helpt bij het opslaan van vaardigheden in het brein (Stickgold, 1998). Een gezond iemand brengt hoogstens 5 procent van de nachtelijke uren door in een toestand van lichte slaap, maar de gemiddelde IC-patiënt verblijft ongeveer 40 procent van de nacht in deze fase. De patiënt komt vanwege het lawaai en het constante licht onvoldoende toe aan diepe slaap en droomslaap. Het geheugen wordt daardoor danig op de proef gesteld. Ook neemt de kans op hypnagoge hallucinaties aanzienlijk toe.[2] Een paar jaar geleden gaf de Britse psychiater J.L. Crammer (2002) een levendige beschrijving van de fantasieën die hijzelf als IC-patiënt kreeg. In zijn geval waren het acute nierproblemen die een ziekenhuisopname noodzakelijk maakten. Crammer verloor voortdurend het bewustzijn en kon zijn verblijf in het ziekenhuis niet meer goed plaatsen. Het toedienen van zuurstof beleefde hij als volgt:

'Ik ga geloven dat ze me willen vermoorden. Blijkbaar komt er vaak een katholieke priester naar het mortuarium om te verifiëren of alle overleden patiënten een natuurlijke dood zijn gestorven, maar in mijn geval wil de verpleging hem misleiden. Ze proberen een masker over mijn neus en mond te stoppen, om mij gifgas toe te dienen, en ik vecht.'

Al vrij snel na zijn ontslag uit het ziekenhuis begreep Crammer dat dit allemaal fantasieën waren. Maar tot dat inzicht komen niet alle ex-patiënten. Soms groeien hun fantasieën uit tot een rotsvaste overtuiging. De al eerder genoemde Jones en haar collega's (2001) volgden gedurende lange tijd een groep patiënten die op de IC hadden gelegen. De overgrote meerderheid van hen (70 procent) rapporteerde na twee weken waanachtige fantasieën over hun tijd op de IC. Na acht weken bleken deze fantasieën vooral uit de hand te lopen bij patiënten die geen enkele echte herinnering meer hadden aan hun ziekenhuisperiode. Zo beschrijven Jones en collega's een patiënte die zich helemaal niets meer kon herinneren van de familie die haar elke dag kwam bezoeken in het ziekenhuis. Gaandeweg ging deze patiënte wel meer en meer geloven dat de artsen en verpleging haar hadden willen vermoorden. Op grond van deze resultaten beweren Jones en collega's dat herinneringen een beschermende functie hebben: wie ze heeft, laat zich minder snel op sleeptouw nemen door waanachtige fantasieën.[3]

Of Mankema herinneringen aan zijn IC-verblijf heeft weten we niet. Zeker is wel dat Mankema er slecht sliep. Zeker is ook dat hij daarom kalmeringsmiddelen kreeg toegediend. De notities van de verpleging beschrijven twee incidenten die doen vermoeden dat Mankema tijdens zijn verblijf op de IC soms danig in de war was. Eenmaal meende hij zijn overleden grootvader op de gang te hebben gezien. En bij een andere gelegenheid dacht hij in een tandartsstoel te zitten. De neuroloog die zich op verzoek van de rechter-commissaris boog over de verklaringen van Mankema vroeg Mankema niet uit over zijn herinneringen aan het ziekenhuis. Dat was een gemiste kans. De logica van Jones en collega's volgend is het immers denkbaar dat Mankema geen enkele herinnering aan de IC had, daardoor waanachtige fantasieën over zijn zakenpartner kreeg en die voor realiteit aan de politie presenteerde toen die hem kwam verhoren op de IC.

Gedesoriënteerd

De neuroloog liet in zijn deskundigenrapport aan de rechtbank wel meer kwesties onbesproken. Zo stond hij niet stil bij de psychische gevolgen van Mankema's hersenbeschadiging. Ook al vanwege de complicaties die zich voordeden (vochtopeenhoping, infecties) zweefde Mankema in de eerste dagen van zijn ziekenhuisverblijf voortdurend tussen bewustzijn en coma. Bij het type hersenletsel dat Mankema opliep, gebeurt het nogal eens dat het coma geleidelijk aan overgaat in een zogeheten *Posttraumatische Amnesie* (PTA). De patiënt komt dan tijdelijk in een toestand waarin HM en Clive Wearing – de gevallen die wij in het vorige hoofdstuk bespraken – permanent verkeerden. Typerend voor PTA is het gebrek aan doorlopend geheugen: de patiënt weet niet meer wat hij een paar uur geleden heeft gedaan of gezegd. Afhankelijk van de ernst van het hersenletsel kan dat dagen of zelfs weken aanhouden. Anders dan bijvoorbeeld HM, zijn patiënten met PTA zich van hun geheugenbeperkingen nauwelijks bewust. Bovendien heeft de helft van hen de neiging om te confabuleren: de patiënten geven dan op stellige toon nonsensantwoorden op vragen over hun ziekte (Richardson, 1990; Stuss e.a., 2000; Lishman, 1998; Weinstein & Lyerly, 1968). Dat alles maakt de patiënt met PTA tot een slechte getuige.

Dat een PTA ook Mankema parten speelde, doet de volgende verhoorpassage vermoeden. Tijdens de vijfde dag van zijn verblijf op de IC wordt Mankema gevraagd naar een verhoor dat plaatsvond op de vierde dag:

Rechercheur: 'Weet jij nog, euh, waar ze over gesproken hebben?' (geen reactie)
Rechercheur: 'Weet je nog iets van de vragen die ze gesteld hebben?' (geen reactie)
Rechercheur: 'Kan je je niet meer herinneren wat ze gezegd hebben?' (geen reactie)

Achteraf beschouwd is het jammer dat de politie al zo snel begon met het verhoren van Mankema. Het was beter geweest als de politie zich had laten bijstaan door een neuropsycholoog. Die zou tests hebben kunnen afnemen en men had de verhoren dan kunnen laten beginnen zodra zeker was dat Mankema niet (meer) in een PTA verkeerde.[4] Achteraf bezien was het ook onhandig dat de neuroloog de rechtbank niet wees op de mogelijkheid dat Mankema althans gedurende een deel van de verhoren in een PTA verkeerde. Of dat feitelijk het geval is geweest, laat zich met de tests die de neuroloog bij Mankema deed nooit vaststellen. Wat kun je eigenlijk wel met die tests? Wie het gezaghebbende handboek van neuropsychologe Muriel Lezak (1995) erop naslaat, zal lezen dat je er hoogstens zware geheugenafwijkingen – van het kaliber dat je bij demente mensen ziet – mee kunt opsporen. Meer subtiele tekortkomingen kunnen deze tests niet detecteren. Laat staan dat je er uitspraken mee kunt doen over hoe de toestand van iemands geheugen vijf maanden geleden was.

Non-verbaal verhoor

De door de rechtbank aangestelde neuroloog had de beschikking over het complete medische dossier van Mankema. Dat dossier bevatte ook zogenaamde *Glasgow Coma Scale*-scores. Deze scores zeggen iets over de bewustzijnstoestand van de patiënt. Om die scores vast te stellen let de arts of verpleger op de visuele, motorische én verbale reacties van de patiënt. Elk van deze drie onderdelen wordt met een soort rapportcijfer gewaardeerd en wel zodanig dat de patiënt het maximale aantal punten krijgt als hij alert is. De totale *Glasgow Coma Scale*-score kan variëren tussen de 3 (diepe coma) en de 15 (volkomen aanspreekbaar) punten. Mankema's dossier bevat voor praktisch elke twee uren van zijn verblijf op de IC een score. In principe had de neuroloog daaruit kunnen afleiden of er aanwijzingen waren voor een PTA. Praktisch gezien was dat echter niet mogelijk. Voor de eerste en meest cruciale dagen van Mankema's verblijf op de IC zijn de *Glasgow Coma Scale*-scores onvolledig. Er ontbreekt telkens het verbale onderdeel. Dat komt omdat Mankema op beademingsapparatuur was aangesloten: daardoor kon hij niet praten. De eerste 18 van de in totaal 28 politieverhoren waaraan Mankema werd onderworpen, vonden dan ook langs de non-verbale weg plaats. De politie sprak daartoe de volgende spelregel met Mankema af. Hij moest in de hand van een politieman knijpen als het antwoord *ja* was en niet knijpen als het antwoord *nee* was.

Verwarrend

De wijze waarop de politie het non-verbale verhoor uitvoerde blijkt bij nadere beschouwing vatbaar voor kritiek. Om te beginnen improviseert de politie soms op de procedure. Zo knijpt Mankema aanvankelijk met zijn hand als het antwoord bevestigend is, maar later wordt een dergelijke reactie door de politie ook wel van andere instructies voorzien. Zo zegt een van de verhorende rechercheurs op zeker moment tegen Mankema: 'Als je het niet meer weet, knijp dan maar gewoon in mijn hand; dat geeft helemaal niks.' Soms wordt aan het knijpen niet een bevestigende, maar juist een ontkennende betekenis toegekend. Die tamelijk drastische procedurewijziging is bijvoorbeeld aan de orde als een rechercheur aan het einde van de vijfde opnamedag tegen Mankema zegt: 'Als het nee is, knijp dan in mijn hand.'

Een volgende kanttekening bij de non-verbale verhoren betreft de aard van de vragen die aan Mankema worden voorgelegd. Af en toe zijn de vragen zo geformuleerd dat het zelfs voor alerte mensen moeilijk is om te bepalen wat een bevestigend of juist ontkennend antwoord zou betekenen. Een voorbeeld daarvan treft men aan in het vijfde verhoor dat omstreeks middernacht plaatsvond:

'Je hebt niet gezien of er een man is binnengekomen? Heb jij gezien hoe die man is binnengekomen? (noot verbalisant: Mankema knijpt niet in mijn hand). Je knijpt niet in mijn hand, dus je weet niet hoe die man is binnengekomen (noot verbalisant: Mankema knijpt met enige kracht in mijn hand). En nou knijp je wel in mijn hand, dus je weet niet hoe hij is binnengekomen. Oké, hartstikke goed.'

Het probleem is hier dat het knijpen een ambigue betekenis heeft gekregen. Betekent het dat Mankema instemt met de parafrase van de rechercheur of dat hij daar juist een correctie op wil uitvoeren? Het kan bijna niet anders of dit soort vragen moet Mankema in verwarring hebben gebracht.

Complimenten

Een weer heel ander punt betreft het uitgebreid loven en prijzen van Mankema als hij non-verbale reacties geeft die de politie aanspreken. Veel voorbeelden daarvan zijn te vinden in het nachtelijke verhoor dat eerder ook al ter sprake kwam en dat om redenen die we later zullen bespreken tamelijk cruciaal is:

'Ik ga voor de zekerheid deze vraag aan je stellen: zag je jouw zakenpartner binnenkomen met vuurwerk? (noot verbalisant: Mankema knijpt met enige kracht in mijn hand). Je knijpt nu in mijn hand. Hé, dat is erg knap en erg moedig. Ik denk dat het heel erg knap is van jou dat jij dit hebt gedaan.'

Het risico van zulke aanmoedigingen is natuurlijk dat de patiënt leert dat instemmende reacties op vragen over de zakenpartner enthousiasme bij de politie teweegbrengen. Een laatste kanttekening bij de verhoren heeft te maken met het feit dat de politie Mankema nogal eens deelgenoot maakt van haar eigen interpretatie:

'We hadden het over jouw zakenpartner. Je hoeft voor hem niet bang te zijn. Hij is door ons aangehouden (noot verbalisant: Mankema spert zijn ogen wijd open en zwaait met zijn armen). Oké, ik zeg je nou dat ie is aangehouden en dat je niet meer bang hoeft te zijn (noot verbalisant: Mankema's ogen blijven wijd open gesperd en hij steekt met zijn rechterhand zijn duim op. Vervolgens zwaait hij met die duim omhoog). Je steekt je duim omhoog, dus je bent er heel blij mee. Klopt dat? (noot verbalisant: Ik voel dat Mankema bewust in mijn handen knijpt). Goed zo. Dus jouw zakenpartner kan jou niets meer doen.'

Mocht Mankema tijdens de voorafgaande verhoren nog twijfels hebben gehad over hoe de politie de rol van zijn zakenpartner ziet, dan zullen deze mededelingen elke twijfel bij hem hebben weggenomen.

In zijn standaardwerk over hersenletsels benadrukt de Britse hoogleraar William Lishman (1998) dat patiënten met een hersenbeschadiging in de eerste fase van hun herstel uiterst suggestibel zijn: 'De patiënt zal vooral sterk worden beïnvloed door wat hij van medepatiënten hoort, de behandeling die hij krijgt en hoeveel aan hem wel of niet wordt uitgelegd.' De achtergrond hiervan valt eenvoudig te begrijpen. De uit een coma ontwakende patiënt wil natuurlijk weten wat er is gebeurd. Maar vanwege zijn geheugenbeperkingen (slaapproblemen, PTA) kan hij daar op eigen kracht niet achter komen. En dus is hij sterk ontvankelijk voor wat anderen hem daarover vertellen. Dat is precies wat suggestibiliteit eigenlijk betekent: vertrouwen op de informatie die door anderen wordt aangedragen. Mankema's suggestibiliteit zal alleen maar verder zijn aangewakkerd door het non-verbale verhoor van de politie.

Vroege versus late verhoren

De kanttekeningen die wij hiervoor plaatsten gelden vooral de latere verhoren van Mankema. Tijdens de eerste vier verhoren wordt de ondervragingsprocedure redelijk consequent uitgevoerd, is het merendeel van de vragen die Mankema worden voorgelegd helder, worden antwoorden niet gevolgd door complimenten van de kant van de politie en wordt Mankema niet op de hoogte gesteld van de interpretatie die de politie erop nahoudt. Men zou daarom kunnen betogen dat de informatie die Mankema tijdens de eerste verhoren geeft, serieuzer moet worden genomen dan de informatie die hij later geeft. De kwestie is belangrijk omdat Mankema's verklaringen tijdens de achtereenvolgende politieverhoren een opmerkelijke wending laten zien. Tijdens de eerste vier verhoren is de essentie van zijn verklaringen dat de cv defect was en dat hij tien minuten voor de explosie zelf aan de cv heeft gesleuteld. Beginnend met het vijfde nachtelijke verhoor dat hiervoor al enkele malen ter sprake kwam, verklaart Mankema echter dat het zijn zakenpartner was die vlak voor de klap met vuurwerk het winkelpand betrad. Die belastende verklaring houdt hij tijdens de meer dan twintig verhoren die nog volgen staande.

Zijn er redenen om te vermoeden dat Mankema's geheugen tijdens die eerste vier verhoren slechter of beter functioneerde dan tijdens de daaropvolgende verhoren? Aan het medische dossier zijn die redenen in elk geval niet te ontlenen. Twee aspecten van dat dossier zijn in dit verband van belang. Ten eerste de *Glasgow Coma Scale*-scores vlak voor of na de verhoren. En, ten tweede, notities van de verpleging over het gedrag van Mankema vlak voor of na de verhoren. De *Glasgow*-scores voor de eerste vier en daaropvolgende verhoren zijn vrijwel hetzelfde. Scores voor het verbale onderdeel ontbreken voor al deze verhoren omdat, zoals gezegd, Mankema aan de beademingsapparatuur lag en niet kon praten. Ook de observaties van de verpleging aangaande Mankema's gedrag zijn vrijwel gelijkluidend voor de eerste en latere verhoren. In één opzicht wijkt het cruciale, vijfde verhoor wel af van de vier daaraan voorafgaande verhoren. Het vijfde verhoor vond niet alleen 's nachts plaats – wat onverstandig is in het geval van een IC-patiënt met acuut slaapgebrek – maar het was ook aan de lange kant (circa een half uur).

De neuroloog op de zitting

Het was pas ter zitting dat de neuroloog zich realiseerde dat er een merkwaardige wending zat in de verklaringen van Mankema. Hij werd hierop attent gemaakt door de advocaat van de zakenpartner. De neuroloog gaf toe dat hij de opdracht van de rechter-commissaris niet volledig had begrepen. Toen hij tijdens het gerechtelijke vooronderzoek zijn deskundigenbericht schreef, verkeerde hij in de veronderstelling dat hij verslag moest uitbrengen in een letselschadezaak. Om die reden had hij zich niet verdiept in de wijze waarop Mankema door de politie was verhoord. De rechtbank schorste daarop de zitting en gaf de neuroloog de gelegenheid om naar een aantal videofragmenten van de non-verbale verhoren te kijken. Vervolgens werd de zitting hervat en onderhield de rechtbank de neuroloog over zijn indrukken. Het betoog van de neuroloog kwam nu hierop neer. Om te beginnen benadrukte de neuroloog dat hij ruime ervaring had met patiënten zoals Mankema. Ook al op grond van wat hij op de video had gezien, schatte hij Mankema in als een stevige persoonlijkheid die zich niet snel van de wijs zou laten brengen. In de tweede plaats legde de neuroloog aan de rechtbank uit waarom er een merkwaardige wending in de verklaringen van Mankema zat. Dat kwam, aldus de neuroloog, omdat Mankema aan een retrograde amnesie leed toen hij op de IC werd opgenomen. In de daaropvolgende dagen zou het geheugenverlies zijn opgeklaard. Mankema's eerste verklaringen verdienden daarom geen serieuze aandacht, terwijl zijn latere verklaringen wel betrouwbaar waren. Aldus de neuroloog.

Twee weken later deed de rechtbank uitspraak in de zaak tegen Mankema's voormalige compagnon. Hij werd tot een aantal jaren gevangenisstraf veroordeeld. Het deskundigenbericht van de neuroloog speelde daarbij een essentiële rol. In haar verkorte vonnis zegt de rechtbank er dit over: 'Op een vraag van de rechtbank of de neuroloog de verklaring van Mankema tijdens het vijfde verhoor betrouwbaar acht, antwoordt deze dat strikt neurologisch gesproken de verklaringen volstrekt helder zijn. Psychologie acht de neuroloog daarvoor niet nodig: Mankema was nauwelijks suggestibel.'

Vacuüm

Het is onverstandig dat de rechtbank zo zwaar leunde op het oordeel van de neuroloog. Een neuroloog ziet het geheugen vooral als een hersenfunctie die zich binnen een psychologisch vacuüm afspeelt. Dat kan leiden tot een onderschatting van de mate waarin dat geheugen onderhevig is aan invloeden van buitenaf. Een IC-patiënt die vanwege een hersenletsel bewustzijnsdalingen vertoont, is extra gevoelig voor zulke invloeden. Zoals eerder gezegd zal de patiënt behoefte hebben aan een verklaring voor wat er is gebeurd. Maar tegelijkertijd maken zijn cognitieve beperkingen het moeilijk om op eigen kracht een verklaring te genereren. Dat geldt des te meer als de patiënt slaapgebrek heeft en rustgevende medicatie krijgt toegediend (Blagrove, 1996; Curran, 1986). Tegen deze achtergrond zal de patiënt informatie die door anderen wordt aangedragen gemakkelijk accepteren, vooral als die informatie afkomstig is van de politie. Dan valt niet langer uit te sluiten dat de patiënt deze informatie voor eigen herinneringen gaat houden tijdens latere politieverhoren. Een neuroloog is niet de best toegeruste deskundige om dit scenario te onderkennen en uit te leggen aan een rechtbank.

Dat de neuroloog video-opnamen van de non-verbale verhoren bekeek, doet hieraan niets af. Zoals we in hoofdstuk 1 uitlegden, geldt eerder het tegendeel. De videofragmenten lieten enkel de met zijn hand knijpende Mankema zien en dus nooit de vragen stellende rechercheurs. Dat werkt een zogenaamde *point-of-view-bias* in de hand (Kassin, 1997). Het gaat dan om de neiging van observatoren om de inhoud van verklaringen volledig toe te schrijven aan diegene die prominent in beeld komt. Gecombineerd met het feit dat de neuroloog de letterlijke transcripties van de verhoren niet kende, zal deze *bias* ertoe hebben geleid dat hij weinig zicht had op de mate waarin vanaf het vijfde verhoor Mankema afhankelijk raakte van de warrige en suggestieve vragen die de rechercheurs hem stelden.

Wat te denken van het idee dat Mankema aan geheugenverlies leed toen hij op de IC terechtkwam en dat het opklaren daarvan verantwoordelijk was voor de merkwaardige wending in zijn verklaringen? De rechtbank was in elk geval onder de indruk van deze redenering. De technische term voor het geheugenverlies waarnaar de neuroloog hier verwijst is retrograde amnesie. Terwijl desoriëntatie het wezenskenmerk is van de eerder besproken PTA, verwijst retrograde amnesie naar een totaal onvermogen om zich informatie van vóór een bepaald tijdstip -in dit geval de ontploffing – te herinneren (zie ook hoofdstuk 2). Een zwak punt in de redenering van de neuroloog is het circulaire karakter ervan. Want hoe weet de neuroloog dat Mankema aan retrograde amnesie leed? Enkel toch vanwege de merkwaardige wending in diens verklaringen. Maar waar komt die merkwaardige wending dan vandaan? Van retrograde amnesie die aan het opklaren was, volgens de neuroloog.

Ter zitting lichtte de neuroloog het fenomeen van retrograde amnesie slechts summier toe. Was hij er gedetailleerder op ingegaan, dan had de rechtbank waarschijnlijk moeten constateren dat het fenomeen – als het zich in dit geval al heeft voorgedaan – desastreus uitpakt voor de betrouwbaarheid van Mankema's verklaringen. Het is waar dat retrograde amnesie die veroorzaakt is door een ongeval vaak geleidelijk aan opklaart. Maar daar geldt de uitdrukkelijke kanttekening bij dat het geheugenverlies zelden of nooit vollédig opklaart. Of, zoals de Nederlandse specialisten Ed van Zomeren en Betto Deelman (1997) zeggen: 'Van de retrograde amnesie blijft meestal een stuk over; de gebeurtenissen vlak voor het ongeval blijven voorgoed weg.' Dat in acht nemend is het bijna onmogelijk dat een aan retrograde amnesie lijdende Mankema zich het binnentreden van zijn compagnon vlak voor de explosie wel echt kón herinneren.

Moraal

De neuroloog meende dat hij een letselschaderapport moest uitbrengen in een ogenschijnlijk simpele zaak: de gokverslaafde zakenpartner die per ongeluk zijn maat verwondt als hij via brandstichting verzekeringsgelden probeert te incasseren. Vertrouwend op dit eenvoudige scenario zal de neuroloog zijn onderzoek ter hand hebben genomen en zal hij zijn gaan improviseren toen hij zich realiseerde dat het om een ernstige strafzaak ging. Het risico van wat de Amerikaanse neuropsychologen Danny Wedding en David Faust (1989) een *confirmatory bias* noemen, is onder deze omstandigheden levensgroot. De deskundige meent te weten hoe de zaak in elkaar steekt en gaat op zoek naar aanwijzingen en speculaties die zijn interpretatie ondersteunen. Mankema's belastende verklaringen over zijn compagnon moesten kloppen, want wie anders kon de explosie hebben veroorzaakt? Dat Mankema simpele geheugentaken goed kon uitvoeren, werd zodoende een aanwijzing dat zijn geheugen ook in orde was toen hij maanden eerder op de IC belastende verklaringen over zijn compagnon begon af te leggen. En dat Mankema aanvankelijk een ander verhaal had verteld, werd geïnterpreteerd als teken van een opklarende retrograde amnesie. Dat Mankema bloot had gestaan aan de suggestieve verhoormanoeuvres werd gebagatelliseerd door te wijzen op Mankema's stevige persoonlijkheid.

Om dat laatste punt te onderbouwen, beriep de neuroloog zich op zijn klinische ervaring. Welbeschouwd is dat nog wel de zwakste schakel in zijn optreden als getuige-deskundige. Het gaat daarbij om een verkapt autoriteitsargument dat in strijd is met de slechte reputatie die klinische ervaring in de wetenschap heeft (Faust & Ziskin, 1988). Een cynicus formuleerde het ooit zo: 'Sommige dokters maken twintig jaar lang dezelfde fout en noemen dat dan klinische ervaring'(Walker, 1996).

Zou de neuroloog ook zo te werk zijn gegaan als hij van tevoren over deze zaak had gesproken met de advocaat van de zakenpartner? Dat is een interessante vraag. Want deze advocaat gelooft in een verhaal dat behoorlijk afwijkt van het gangbare scenario. Kort gezegd komt het erop neer dat op loopafstand van Mankema's winkel de koffieshop van een lokale drugsbaron ligt. De beide panden lijken op elkaar. De politie is in een vroeg stadium van haar onderzoek via een anonieme brief getipt over de mogelijkheid dat de ontploffing waarvan Mankema het slachtoffer werd een mislukte wraakactie was die eigenlijk de drugsbaron gold. Helemaal bizar is die tip niet, als men bedenkt dat de technische recherche oordeelt dat de ontploffing bepaald niet het werk van een amateur was. Dat is het verhaal dat de advocaat – zonder veel succes – aan de rechtbank voorhoudt. In hoger beroep vindt hij meer gehoor voor dit verhaal. Bij die gelegenheid voelen de rechters van het Hof de deskundige neuroloog ook stevig aan de tand. De neuroloog valt door de mand, en de zakenpartner van Mankema wordt vrijgesproken.[5]

Wij vonden het belangrijk om over het geval van Mankema uit te weiden omdat het regelmatig voorkomt dat de politie is aangewezen op de verklaringen van getuigen met een hersenletsel. Een goed bedoeld, maar inadequaat verhoor van zulke getuigen kan meer kwaad dan goed doen. Iets vergelijkbaars geldt voor het inzetten van slecht geïnformeerde deskundigen. Het behoort niet tot de vakinhoudelijke expertise van medici om te oordelen over de waarde van getuigenverklaringen die het resultaat zijn van afwijkende verhoormethoden. In het geval van Mankema had de neuroloog aan de rechtercommissaris moeten laten weten dat hij de aan hem gestelde vragen niet kon beantwoorden omdat zij niet tot zijn deskundigheid behoren.[6] Wij realiseren ons dat dit een grote opgave is, al was het maar omdat medici niet graag een verzoek om hulp terzijde schuiven.

SLACHTOFFERS

4. Geheugenverlies spelen

Nu ongeveer drie jaar geleden werd de 58-jarige leraar Lou Been buiten zijn schuld door een auto aangereden terwijl hij op zijn brommer zat. Been maakte een flinke smak. Hoewel hij een helm droeg, had hij kort na het ongeval de nodige klachten. Hij moest overgeven, voelde zich duizelig en had hoofdpijn. Nog diezelfde dag bezocht Been zijn huisarts. Die constateerde dat Been een hersenschudding had en voorlopig rust moest houden. Het werd de eerste keer in zijn leven dat Been langere tijd ziek thuis zat. Maar de klachten werden niet minder. Integendeel, Been klaagde over tintelingen in zijn arm en hand, hoofdpijn, overgevoeligheid voor licht en lawaai en, bovenal, een slecht geheugen. Wat Beens geheugenklachten betreft: die waren compleet anders dan de geheugenstoornis van Mankema, de getuige uit het vorige hoofdstuk. Mankema kon zich niets van de ontploffing herinneren. Been kon zich zijn ongeval maar al te goed herinneren. Beens geheugenklachten hadden betrekking op het hier en nu. Hij had grote moeite met alledaagse dingen als boodschappen of telefoonnummers onthouden.

Been werd opgenomen in een revalidatiekliniek, maar dat zette geen zoden aan de dijk. Evenmin hielpen zijn vele bezoeken aan de fysiotherapeut, de acupuncturist en de homeopathische dokter. Uiteindelijk bezocht Been een keuringsarts in het kader van een arbeidsongeschiktheidsbeoordeling. Want Been meende dat zijn concentratie- en geheugenstoornissen zo omvangrijk waren dat hij niet meer voor de klas kon staan. Harde neurologische aanwijzingen daarvoor werden, ondanks veelvuldig onderzoek, niet gevonden. In tegenstelling tot Mankema had Been geen afwijkende reflexen en waren zijn hersenfoto's dik in orde. De keuringsarts ging echter niet over een nacht ijs. Zij verwees Been door naar een neuropsychologe.

In een geval zoals dat van Been vraagt de keuringsarts aan de neuropsycholoog of de cognitieve problemen van de patiënt zich laten objectiveren. Dat is een belangrijke vraag en met de beantwoording ervan zijn ten minste twee belangen gemoeid: het belang van de patiënt, maar ook dat van de samenleving die immers arbeidsongeschiktheidsuitkeringen moet opbrengen. Eén scenario is dat de klachten van de patiënt de regelrechte gevolgen van een subtiele, maar dus wel aanwezige hersenbeschadiging zijn. Een heel ander scenario is dat de patiënt zijn klachten simuleert of fors aandikt opdat hij nooit meer hoeft te werken. Kunnen neuropsychologen in een geval zoals dat van Been die twee scenario's van elkaar onderscheiden?

Somber

Amerikaanse onderzoekers waren daar zo'n tien jaar geleden somber over. Berucht is het onderzoek dat de forensische expert bij uitstek, David Faust, samen met zijn collega's (1988) deed.[1] Zij instrueerden kinderen om slecht te presteren op een aantal standaardtests, waaronder de veel gebruikte *Wechsler*-intelligentietest. De uitslagen van de tests werden vervolgens toegestuurd aan geregistreerde neuropsychologen. De erbij horende instructie luidde dat het kind betrokken was geweest bij een auto-ongeluk, dat er op zijn hersenfoto's géén grove hersenbeschadigingen te zien waren, maar dat zijn prestaties op school wel achteruitgingen. De neuropsychologen moesten beoordelen in hoeverre de testuitslagen abnormaal waren. Als zij de testuitslagen abnormaal vonden, moesten ze aangeven of dat dan te wijten viel aan een hersenbeschadiging, het simuleren van klachten of psychische factoren. De 42 neuropsychologen die uiteindelijk de testuitslagen beoordeelden waren allen ervaren clinici. De overgrote meerderheid van hen vond de testuitslagen abnormaal en schreef dat toe aan een hersenbeschadiging. De neuropsychologen stelden veel vertrouwen in hun eigen oordeel. Niemand van hen kwam ook maar op het idee dat de testuitslagen wel eens het resultaat van het simuleren van klachten zouden kunnen zijn. David Faust trok deze conclusie: zelfs als kinderen cognitieve beperkingen veinzen, valt dat neuropsychologen nauwelijks op.

Baron von Munchausen

Hoe somber die conclusie ook was, Faust sloot zijn artikel wel af met een constructief voorstel: psychologen doen er goed aan speciale tests te ontwikkelen waarmee simulanten zijn te ontmaskeren. Maar hij gaf toe dat zoiets heel moeilijk is. Om op basis van wetenschappelijk onderzoek zulke tests te kunnen ontwikkelen, zou men eigenlijk de beschikking willen hebben over een groep van simulanten. Zij vormen de gouden standaard waartegen elke andere testprestatie kan worden afgezet. Maar juist deze groep loopt niet te koop met gesimuleerde klachten. En zo lijkt het ontwikkelen van diagnostische tests voor simulatie op het probleem waarvoor de baron Von Munchausen zich zag gesteld: je aan je eigen haren uit het moeras trekken.

De parallel met de baron is overigens om nog een andere reden leerzaam. Von Munchausen heette een goed verteller te zijn. Dat is ook wat men kan verwachten van simulanten die een aanzienlijk belang zoals een uitkering proberen veilig te stellen. Of zoals David Faust (1995) het in een van zijn artikelen zegt: 'Sommige simulanten beoefenen de misleiding als een levenstaak'. De Amerikaanse neuropsychologen Arnold Purisch en Robert Sbordone

(1997) schrijven er dit over: 'Simulanten presenteren zich niet op een onverschillige manier. Het is hun bedoeling de boodschap over te brengen dat hun symptomen invaliderend zijn en dat zij zich daarover zorgen maken en er verdriet van hebben. Daarom zullen zij hun aandoening zeer gedetailleerd beschrijven en precies dat wordt vaak als bewijs gezien dat hun claims terecht zijn.'

Van de virtuozen in het misleiden kent iedereen wel sterke voorbeelden. In ons land was het Tweede-Kamerlid Tara Singh Varma zo'n geval. Zij speelde in de zomer van 2001 op zeer overtuigende wijze de rol van iemand die aan een terminale ziekte leed. Het *Tros*-programma *Opgelicht* liet echter zien dat Singh Varma zich aldus probeerde te onttrekken aan de torenhoge schulden die zij had gemaakt. Een ander berucht – en in de context van het geheugen relevanter – voorbeeld is dat van Augusto Pinochet. In 1998 vroeg een Spaanse onderzoeksrechter Engeland om de uitlevering van de oud-dictator, die toen in Londen verbleef. Pinochet klaagde echter over forse geheugenproblemen. Op verzoek van de toenmalige minister van Binnenlandse Zaken Jack Straw boog een team van topspecialisten zich over de gezondheidstoestand van de zich in een rolstoel voortbewegende Pinochet. De experts oordeelden dat Pinochet er inderdaad slecht aan toe was: hij zou in rap tempo aan het dementeren zijn. Op grond van dit oordeel wees Engeland het Spaanse uitleveringsverzoek af en Pinochet mocht terug naar Chili. Bij aankomst in Santiago voltrok zich een klein wonder, want de ex-dictator zag er fris uit en kon zich zonder veel problemen losmaken uit zijn rolstoel. Er bestaan foto's van Pinochet tijdens zijn Engelse periode en van zijn aankomst op het vliegveld in Santiago. Wie die foto's naast elkaar legt ziet een wereld van verschil. Onlangs kwam vast te staan dat Pinochet in London voortdurend bezoek had gekregen van een Chileense psychiater. Die onderwees hem in de kunst van het simuleren. De psychiater vertelde hem hoe hij op een overtuigende manier geheugenproblemen kon voorwenden.[2]

Als het om opzienbarende genezingen gaat, hebben de Engelse neurologen trouwens een traditie hoog te houden. In 1991 speelde zo in hoger beroep het geval van Ernest Saunders, de topman van de Guinness-bierbrouwerij. Hij was eerder veroordeeld voor oplichting, valsheid in geschrifte en diefstal. In hoger beroep kwamen artsen uitleggen dat Saunders aan dementie leed en zich van alle malafide transacties niets kon herinneren. De artsen lieten aan de rechters een hersenplaatje (CT-scan) zien, dat zou aantonen dat de voorste delen van Saunders hersenen waren verschrompeld, en dat Saunders daarom aan dementie leed.[3] De ziekte was zo ver voortgeschreden dat de patiënt nog geen drie cijfers kon onthouden, laat staan dat hij wist hoe bijvoorbeeld de Amerikaanse president heette. De rechters hadden medelijden met Saunders en na tien maanden kon hij zijn cel verlaten. Saunders hervatte zijn werkzaamheden en trad als consultant op voor allerlei grote bedrijven. Aan een Ierse krant liet hij onlangs weten dat het hem zeer spijt dat hij de enige patiënt in de medische literatuur is die ooit volledig van zijn alzheimerdementie herstelde.[4]

Whiplash? Ga naar Litouwen[5]

Gevallen als die van Saunders, Pinochet en Singh Varma laten zien dat simulanten bestaan. Maar veel artsen denken dat het zeer uitzonderlijke gevallen zijn en dat kerngezonde 'patiënten' die de zaak tillen bijna niet voorkomen.[6] Een van die artsen schreef bijvoorbeeld nog niet zo lang geleden: 'We lopen het risico dat het etiket van simulant en de negatieve betekenis die eraan kleeft de patiënt tot in lengte van dagen zullen achtervolgen. Daarbij komt dat simuleren een zeldzaam verschijnsel is.' (Gerson, 2002). Maar is dat zo? Op welke schaal komt het bijvoorbeeld voor dat verkeersslachtoffers cognitieve beperkingen zoals geheugenklachten simuleren om zo hun schadeclaim kracht bij te zetten?

Afhankelijk van de precieze aard van hun klachten wordt van verkeersslachtoffers zoals Been gezegd dat zij lijden aan mild traumatisch hersenletsel (ook wel post-concussiesyndroom genoemd) of aan een chronisch whiplashsyndroom (ook wel post-whiplashsyndroom genoemd). In het eerste geval gaan de klachten voornamelijk over geheugen- en concentratiestoornissen. In het tweede geval staan nek- en hoofdpijn op de voorgrond, maar vaak klagen patiënten ook hier over hun zwakke geheugen. In Engels onderzoek vond men dat ongeveer 23 procent van de verkeersslachtoffers die zich melden bij een EHBO later last krijgt van een whiplashsyndroom. De overgrote meerderheid van hen raakt verwikkeld in een schadevergoedingsprocedure (Mayou & Bryant, 2002). In Nederland praten we dan over ongeveer vijfduizend gevallen op jaarbasis. Een dikke 10 procent van deze slachtoffers verdwijnt uiteindelijk in de WAO. De maatschappelijke kosten daarvan worden geraamd op een half miljard euro per jaar.[7]

Het is één ding om te zeggen dat er in deze situaties een motief bestaat om klachten te simuleren, het is iets heel anders om over aanwijzingen te beschikken dat simulatie ook feitelijk op enige schaal voorkomt. Amerikaanse onderzoekers (bijvoorbeeld Youngjohn, 1991) menen die aanwijzingen te hebben. Zij beweren dat ongeveer de helft van de patiënten die zich in het kader van een keuring bij de neuropsycholoog aandienen, hetzij pogingen onderneemt om klachten voor te wenden, hetzij die klachten zwaarder aanzet dan zij werkelijk zijn. Hard bewijs voor het op ruime schaal voorkomen van gesimuleerde klachten werd geleverd in de studie van de psychologen Laurence Binder en Martin Rohling (1996). Hun analyse omvatte meer dan tweeduizend patiënten, die vanwege een ongeval een mild hersenletsel hadden opgelopen. De auteurs maakten onderscheid tussen patiënten die aanspraak maakten op een schadevergoedingsregeling (patiënten met een financieel motief) en patiënten die zo'n aanspraak niet maakten (patiënten zonder financieel motief). Degenen met een financieel motief bleken aanmerkelijk meer symptomen te rapporteren en ook aanmerkelijk slechter te scoren op allerlei neuropsychologische tests dan degenen zonder motief. Een voor de hand liggende verklaring is dat de patiënten met een financieel motief er in medisch opzicht ook wel slechter aan toe zullen zijn geweest. Maar die verklaring bleek niet te kloppen. Zo waren het de patiënten zonder financieel motief die onmiddellijk na het ongeval een langere Posttraumatische Amnesie (PTA; zie hoofdstuk 3) hadden en meer neurologische afwijkingen vertoonden.[8] De patiënten met een financieel motief bleken echter vaker klachten te ontwikkelen lang nadat het ongeval had plaatsgevonden. Binder en Rohling komen in hun artikel tot de slotsom dat als alle financiële compensatieregelingen morgen worden afgeschaft, er 23 procent minder patiënten zoals Been zouden zijn of dat alle Beens samen 23 procent minder klachten zouden hebben.

Deze conclusie kreeg bijval van een aantal Noorse wetenschappers. Zij onderzochten de klachten van een paar honderd slachtoffers die betrokken waren geweest bij kop-staartbotsingen. In Litouwen wel te verstaan. Dat is interessant omdat automobilisten in dat land niet verzekerd zijn tegen letselschade bij ongelukken. De medici in Litouwen zijn niet goed bekend met whiplashklachten en evenmin bestaat er media-aandacht voor zulke klachten. Ook de Litouwse slachtoffers bleken vlak na de aanrijding hoofd- en nekpijn te hebben. Maar die verdwenen al na een paar weken. Niemand had last van invaliderende symptomen. De ex-slachtoffers begrepen de vragen ook niet goed: 'Last van hoofdpijn, vraagt u? Waarom vraagt u niet of mijn autobumper al is gerepareerd?' (Obelieniene e.a., 1999).

Vergelijkbare resultaten werden overigens door Griekse onderzoekers gerapporteerd. Ook zij vonden dat slachtoffers vlak na een kop-staartbotsing wel klachten rapporteren (hoofdpijn, nekpijn, geheugenklachten), maar dat binnen een maand 90 procent van de patiënten klachtenvrij was. Bij de resterende 10 procent was er sprake van milde symptomen, die er eigenlijk ook al voor het ongeluk waren. In Griekenland blijkt het evenmin voor te komen dat iemand arbeidsongeschikt wordt verklaard als gevolg van whiplashklachten. Men zou kunnen tegenwerpen dat verkeersslachtoffers in Litouwen en Griekenland mogelijk naïef zijn. Misschien hebben ze wel degelijk hardnekkige klachten aan hun ongeluk overgehouden, maar durven ze die niet te rapporteren of schrijven ze de klachten aan andere dingen toe. Maar wat dan te denken van recent cijfermateriaal uit de Canadese provincie Saskatchewan? Daar werd per 1 januari 1995 de aansprakelijkheid voor kosten die zijn gemoeid met whiplashklachten afgeschaft. In plaats daarvan kunnen alle verkeersslachtoffers – of zij nu schuldig zijn of niet – een beroep doen op een vaste tegemoetkoming van de overheid. De invoering van dat systeem leidde tot een drastische afname van het aantal chronische whiplashklachten (Cassidy e.a., 2000). Deze gegevens doen sterk vermoeden dat het post-whiplash-syndroom zoals wij dat kennen gekoppeld is aan verzekerings- en uitkerings-bonussen. En aan een medische stand die in nauwe samenwerking met letselschade-advocaten een vaag syndroom aan een legitieme status helpt (Malleson, 2002). In die constellatie is het begrijpelijk dat ex-verkeersslachtoffers klachten simuleren.

Het befaamde onderzoek van Binder en Rohling was vooral gebaseerd op Amerikaanse gegevens. Natuurlijk is het waar dat het in de Verenigde Staten bij schadeclaims om zeer aanzienlijke bedragen gaat. Het is geen broodje-aapverhaal dat de klant die zich had verbrand aan hete McDonald's-koffie een vergoeding van 480000 dollar incasseerde. Een dergelijk bedrag is binnen de Nederlandse verhoudingen ondenkbaar.[9] Uit onderzoek van de Amsterdamse hoogleraar neuropsychologie Ben Schmand en zijn collega's (1998) blijkt echter dat het simuleren van whiplashklachten ook in ons land op ruime schaal voorkomt. Deze onderzoekers vonden bij meer dan 60 procent van whiplashpatiënten met financiële belangen aanwijzingen voor het aandikken of veinzen van cognitieve stoornissen. In een groep vergelijkbare patiënten die vanwege strikt medische redenen waren doorverwezen, lag dit percentage beduidend lager. Dit soort bevindingen geeft weer een hele andere kijk op het reclamefilmpje waarin te zien is hoe een opgeschoten jongen met de Saab cabrio van zijn ouders achterop de Jaguar van de advocaten Max en Abraham Moszkowicz knalt. Abraham Moszkowicz stapt uit, wrijft over zijn nek en dan is het inderdaad de hoogste tijd om Apeldoorn te bellen.

Iedereen heeft wel wat

Het veinzen van een aandoening om zo een schadeclaim te onderbouwen is overigens geen recent verschijnsel. Toen in de late helft van de negentiende eeuw de aansprakelijkheidswetgeving in Duitsland werd geïntroduceerd, nam het aantal claims tegen spoorwegmaatschappijen spectaculair toe. Veel slachtoffers van grote, maar ook kleine treinongevallen herkenden zich in het door een Engelse chirurg bedachte *railroad spine syndrome*. Volgens de chirurg leden slachtoffers aan oorsuizingen, vermoeidheid en geheugenproblemen vanwege microscopische beschadigingen aan hun ruggenwervel. Die hadden zij opgelopen in de trein. De Duitse psychiater Karl Bonhoeffer zou later spreken over de ongevalneurose en hij beweerde dat de aansprakelijkheidswetgeving de belangrijkste oorzaak van die neurose was (Lamprecht & Sack, 2002).

Interessant aan dit historische voorbeeld is dat het een redeneertrant laat zien die regelmatig opduikt bij dubieuze diagnoses. Vaak worden onzichtbare hersenbeschadigingen verantwoordelijk gehouden voor de vage klachten. Een wissel trekkend op de verre toekomst luidt de redenering dan dat met de huidige technologie de subtiele beschadigingen nog niet zichtbaar te maken zijn, maar dat dit met de tijd wél mogelijk wordt. Zo zijn er deskundigen die menen dat whiplashklachten het gevolg zijn van scheurtjes in bepaalde zenuwbanen. En klachten die worden gegroepeerd onder de term mild traumatisch hersenletsel zouden het gevolg zijn van een 'focaal letsel dat gesuperponeerd is op een meer algemene pathologie' (Bigler, 2001). Dat klinkt reuze imposant. Maar met moderne hersenscantechnieken hebben vele onderzoekers tevergeefs gespeurd naar dit mysterieuze letsel (Van Zomeren & Deelman, 1997). Dat wil helemaal niets zeggen, houden sommige artsen ons echter voor. Zij verlaten zich daarbij op een soort reductionisme dat de volgende denkstappen omvat. Onze hersenen zijn verantwoordelijk voor onze subjectieve ervaringen. Afwijkingen in de hersenen moeten dus verantwoordelijk zijn voor afwijkingen in die subjectieve ervaringen, zoals geheugenklachten. Als neuroradiologische technieken om de hersenen in kaart te brengen maar fijngevoeliger worden, zullen we in staat zijn om die hersenafwijkingen zichtbaar te maken.

Ofschoon deze opvatting populair is onder artsen en letselschade-advocaten schiet zij om allerlei redenen hopeloos te kort. Omdat de nadruk zo zwaar ligt op een onzichtbare hersenbeschadiging, is deze opvatting om te beginnen ontoetsbaar en daarom onwetenschappelijk. Het is met onzichtbare hersenbeschadigingen zoals met spoken: hoe kun je aantonen dat ze er niet zijn? In de tweede plaats zien de aanhangers van deze opvatting over het hoofd dat subjectieve geheugenklachten een andere oorzaak dan een hersenbeschadiging kunnen hebben. Het meest voor de hand liggende alternatief is natuurlijk het simuleren van klachten. En dan is er dit punt: in feite biedt deze opvatting een vrijbrief om grote groepen mensen aan hypermoderne hersenscantechnologie te onderwerpen. Die levert altijd wel een minutieuze afwijking op. Net zoals niemand een perfecte huid heeft, heeft ook niemand perfecte hersenen.[10] Er bestaat echter een gerede kans dat onschuldige geheugenklachten van ex-verkeersslachtoffers worden herleid tot triviale hersenafwijkingen die de arts met zijn moderne apparatuur geheid zal vinden. De arts zal de betekenis van die afwijking opblazen en als dat gebeurt, dan zijn slachtoffers alsnog voor hun leven invalide verklaard (Lees-Haley e.a., 2003).

De klinische oriëntatie

Het simuleren van klachten komt op ruime schaal voor bij patiënten die een financieel of juridisch belang hebben. En toch geloven veel artsen stellig dat simulanten zeldzaam zijn (Gerson, 2002). Waarom? Allereerst heeft dat te maken met de wijze waarop artsen hun kennisbestand op peil houden. Ze doen dat niet alleen door hun vakliteratuur te raadplegen, maar ook en vooral op basis van hun klinische ervaring. Voor een belangrijk deel bestaat die ervaring uit wat de arts later verneemt over hoe het de patiënt is vergaan. Dan kan het zijn dat de behandelaar op basis van die latere gegevens tot het oordeel komt dat een eerder gestelde diagnose fout was. De patiënt blijkt bijvoorbeeld niet zo maar overspannen te zijn, maar heeft een ernstige depressie die met medicijnen moet worden behandeld. De behandelaar leert van zulke gevallen. Maar als het om simuleren gaat, zal dit type leerervaring bijna nooit voorkomen. Het is zoals David Faust (1995) zegt: 'Dokter, elke keer dat je op een gisse manier wordt besodemieterd, heb je dat niet door'. De simulant zal zich later niet lachend bij de dokter melden met de mededeling dat hij eigenlijk kerngezond was.[11]

Er is nog een andere factor in het spel die maakt dat hulpverleners weinig oog hebben voor simulanten. Doorgaans hebben artsen van doen met patiënten die hulp behoeven. Artsen leren tijdens hun opleiding dat het woord van de patiënt serieus moet worden genomen. Zij leren dat de ergste dwaling die van de fout-negatieve soort is: men stuurt een patiënt naar huis met de mededeling dat er niets aan de hand is, terwijl er sprake is van een ernstige ziekte. Veel medische technologie – denk aan moderne hersenscantechnieken als PET en MRI – is daarom gericht op het zichtbaar maken van verborgen afwijkingen. Al gedraagt de patiënt zich op het eerste gezicht normaal en lijken zijn klachten overdreven, de dokter moet er rekening mee houden dat de patiënt aan een ziekte lijdt. Een motto dat dokters tijdens hun opleiding dan ook voortdurend krijgen ingepeperd luidt: *absence of evidence is not evidence of absence*.[12] Dat is precies ook wat de neuropsycholoog Erin Bigler (1991) zijn collega's met de volgende opmerking op het hart probeert te binden: 'De hersenfoto's van patiënten met een mild traumatisch herstenletsel laten helemaal geen abnormaliteiten zien, maar dat mag niet worden geïnterpreteerd als de afwezigheid van een afwijking.' Het is deze insteek – die wij de klinische oriëntatie noemen – die veel dokters en psychologen minder geschikt maakt om simulanten te detecteren (Faust, 1996). Simulanten behoren immers tot een geheel andere (om niet te zeggen: de tegenovergestelde) fouten-categorie. Bij simulanten loopt men het aanmerkelijke risico op een vals-positieve fout: de dokter of psycholoog diagnosticeert een aandoening, terwijl daarvan feitelijk geen sprake is.

De klinische oriëntatie komt erop neer dat aan het belang van de patiënt de hoogste prioriteit wordt gegeven. Dat is prima zolang het gaat om medisch onderzoek in het ziekenhuis, het verpleeghuis of de psychiatrische instelling. Zodra het echter gaat om onderzoek in het kader van een strafrechtelijke procedure, de afwikkeling van een schadeclaim of een arbeidsongeschiktheidsbeoordeling spelen ook andere belangen. Dan kan deze oriëntatie een handicap worden, simpelweg omdat zij blind maakt voor die andere belangen.

Andere naam

De veronderstelling dat hulpverleners vanwege hun klinische oriëntatie minder oog hebben voor andere belangen dan die van de patiënt, is niet uit de lucht gegrepen. Men kan deze tekortkoming het beste met het volgende, op het eerste gezicht onschuldige voorbeeld illustreren. Aan studenten klinische psychologie legden wij de volgende casus voor: 'Stel, u ziet een patiënte die allerlei klachten rapporteert. Zij vertelt dat deze klachten te wijten zijn aan langdurige mishandeling door haar ouders. Zij wil nu haar achternaam wijzigen omdat die naam haar permanent herinnert aan haar vervelende jeugd. Zij zou graag van een hulpverlener een officiële verklaring willen hebben en wel een die ertoe strekt dat zij vanwege haar jeugdtrauma's ernstig lijdt onder haar achternaam. Met behulp van deze verklaring kan zij haar verzoek tot naamswijziging bij het ministerie van Justitie motiveren. Geef op deze 100-millimeterschaal aan in hoeverre u bereid bent zulk een verklaring voor haar op papier te zetten (0 = absoluut niet bereid; 100 = zeer zeker bereid).'[13]

Zoals de figuur op pag. 76 laat zien betoonden zich de hulpverleners in opleiding zeer bereidwillig: ze scoorden gemiddeld maar liefst 78 op de 100-millimeterschaal. Blijkbaar zagen zij vanwege hun klinische oriëntatie over het hoofd dat de patiënte met een dergelijke verklaring ook naar de politie kan stappen. Zij zou dan de verklaring ter ondersteuning van een aangifte tegen haar ouders kunnen gebruiken. Op dat moment komt het belang van de ouders behoorlijk in het gedrang. Hulpverleners worden pas gevoelig voor die

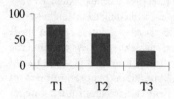

andere belangen als men hen er uitdrukkelijk op wijst. Toen we onze hulpverleners in opleiding attendeerden op de positie van de ouders, nam hun bereidwilligheid om een verklaring op te stellen af (T2). En dat geldt al helemaal als men hulpverleners voorhoudt dat zij hun verklaringen in de rechtszaal moeten komen toelichten (T3). In dat geval daalt de bereidwilligheid om de gevraagde verklaring op papier te zetten tot een minimum (Merckelbach & Rassin, 2000).

Op het moment dat een whiplashpatiënt de spreekkamer van de keuringsarts betreedt, zal deze specialist het belang van andere partijen niet duidelijk voor ogen hebben. Die andere partijen – de samenleving, de verzekeringsmaatschappij – zijn abstract, terwijl de patiënt met zijn klachten zeer concreet is.

Nederlandse neuropsychologen

In welke mate hebben Nederlandse neuropsychologen last van een klinische oriëntatie als zij patiënten zien in het kader van een strafrechtelijke procedure, een arbeidsongeschiktheidsbeoordeling of een schadeclaim? Krijgen zij überhaupt te maken met dit type probleem? Houden zij dan rekening met de mogelijkheid dat er klachten worden gesimuleerd? Om hierop zicht te krijgen hielden wij een kleine enquête onder Nederlandse neuropsychologen. We selecteerden tachtig willekeurige namen uit de ledenadministratie van de Nederlandse Vereniging voor Neuropsychologie. Aan deze leden verstuurden wij een enquête die uit twee delen bestond. Het eerste deel ging over hoe frequent de neuropsycholoog in zijn praktijk te maken krijgt met de hiervoor beschreven situaties. Het tweede deel was meer toegespitst op het simuleren van klachten.

Van de 80 aangeschreven neuropsychologen reageerden er uiteindelijk maar 24 (30 procent). Helemaal verrassend is dat lage percentage niet. Zo zullen neuropsychologen die in een verpleeghuis werken zich door onze enquête niet aangesproken hebben gevoeld. De helft van degenen die de enquête wél retourneerden verrichte wel eens een onderzoek in het kader van een strafzaak, 60 procent voerde wel eens onderzoek uit op verzoek van uitkerende instanties en bijna 80 procent deed wel eens onderzoek in het kader van een civielrechtelijk geschil (zoals schadeclaims en naamswijzigingen). In het afgelopen jaar hadden de neuropsychologen over gemiddeld 5 strafzaken, 15 uitkeringszaken en 7 civielrechtelijke zaken gerapporteerd. Dat zijn behoorlijke aantallen. Die indruk strookt met de informatie die te vinden is in het door de *Werkgroep Artsen-Advocaten* uitgegeven blad *Letsel & Schade*. In de daarin gerubriceerde letselschadegevallen komt men de neuropsycholoog als deskundige regelmatig tegen.

Ongeveer de helft van hen bleek in dit soort situaties wel eens simulerende patiënten te zijn tegengekomen. Simulatie werd daarbij gedefinieerd als 'het voorwenden van afwijkingen door gezonde personen of het sterk overdrijven van symptomen door zieke mensen met het uitdrukkelijke doel daarmee een voordeel te behalen'. De neuropsychologen schreven dat de volgende aandoeningen zich relatief goed lenen voor het simuleren van klachten: whiplash, licht traumatisch hersenletsel, chronische vermoeidheid en dissociatieve amnesie.[14] Zij tekenden daarbij aan dat deze opsomming vooral was gebaseerd op praktijkervaring en minder op literatuurstudie. De meeste neuropsychologen meenden bovendien dat er speciale tests nodig zijn wanneer het vermoeden van simulatie rijst.[15] De tests die zij in dat verband noemden, worden ook aanbevolen door de vakliteratuur over simulatie (Rogers e.a., 1993). Aan de neuropsychologen werd ten slotte de vraag voorgelegd of zij het in hun rapport zouden melden als zij meenden te hebben vastgesteld dat een patiënt klachten simuleerde. De meeste neuropsychologen zeiden dat gewoon te zullen opschrijven.

Natuurlijk laten zich aan onze enquête geen zware conclusies verbinden. Daarvoor was zij te kleinschalig. Wat de cijfers wel suggereren is dat neuropsychologen in ons land uit het werk van David Faust lessen hebben getrokken. Dat is goed nieuws. Goed nieuws komt ook uit de VS, waar een vergelijkbare, maar meer omvangrijke enquête onder neuropsychologen een zelfde beeld opleverde. De Amerikaanse experts rapporteerden dat 40 procent van de patiënten die zich aandienen met mild traumatisch hersenletsel simulant is. Dat was niet zomaar een klinische indruk. De neuropsychologen baseerden zich op meerdere indicatoren, waaronder tests die speciaal zijn ontwikkeld om simulanten door de mand te laten vallen (Mittenberg e.a., 2002).

Oorzaak en gevolg

De keuringsarts vond geen neurologische afwijkingen bij Been. Maar zij nam bij Been wel een zogenoemde *Trauma Klachten Lijst* af en daarop scoorde hij torenhoog. Been klaagde dat hij last had van hoofdpijn en van vermoeidheid. Been vond ook dat hij heel moeilijk met meerdere dingen tegelijk bezig kon zijn en dat hij sneller dingen vergat. En hij vond zichzelf prikkelbaarder en somberder.[16] Laten we eens voor het gemak aannemen dat Been te goeder trouw was toen hij op de vragenlijst al die verschillende klachten aanvinkte. Betekent dat dan ook dat die het late gevolg zijn van het brommerongeval? In de belevingswereld van Been, en misschien ook wel de keuringsarts, zal dat best zo zijn. Het ongeval was een markante gebeurtenis die aan de klachten voorafging. Wat ligt er dan meer voor de hand dat het één de oorzaak is van het ander?

Maar hoe zouden we over Beens klachten oordelen als we zouden weten dat hij een maand voor het ongeval was gepasseerd voor de functie van conrector van de school? En dat zijn vrouw al een half jaar voor het ongeval hem had opgebiecht dat zij een buitenechtelijke relatie had? En dat Been sindsdien wel erg veel dronk, namelijk anderhalve fles witte wijn per dag? Een dokter die echt wil vaststellen of Beens klachten het gevolg van het ongeval zijn, zou dit soort informatie in de diagnostische overwegingen moeten meenemen. Maar 'in te veel gevallen hebben keuringsartsen de neiging om snel naar conclusies te springen en dat leidt tot armoeiige diagnostiek,' aldus weer David Faust (1996). Voor een deel wordt dat probleem veroorzaakt door de aard van de klachten die slachtoffers als Been rapporteren. Hoofdpijn, vermoeidheid, vergeetachtigheid en concentratiestoornissen lijken in de richting van het brein te wijzen. Maar het is goed om te benadrukken dat men zulke klachten ook en in even sterke mate vindt bij mensen die nooit een hersenkneuzing opliepen en om andere redenen – bijvoorbeeld vanwege rugletsel – een letselschadeclaim indienen (Lees-Haley e.a., 2001).

Als Been een dokter bereid vindt om zijn klachten als post-whiplashsyndroom of mild traumatisch hersenletsel te diagnosticeren, dan levert hem dat niet alleen een uitkering, maar ook psychologische ziektewinst op. In de woorden van de Utrechtse psychiater Frank Koerselman (1998): 'De ziekte stelt je vrij van je verantwoordelijkheid. Dat komt steeds weer terug: de gedachte dat je er niets aan kunt doen, dat het verwerkbaar is, dat je nu niet meer de carrière kunt maken die van je werd verwacht en dat je dat jezelf niet hoeft te verwijten. Het is een verontschuldiging.' Overigens doelt Koerselman met 'de ziekte' niet alleen op chronische whiplashklachten, maar ook op chronische vermoeidheid. Met zijn kritische analyse van deze diagnoses verkeert hij in het goede gezelschap van de Amerikaanse publiciste Elaine Showalter (1997), die aan het lijstje van wat zij 'infectueuze hysterische aandoeningen' noemt, ook nog het in ons land minder bekende *Gulf War*-syndroom toevoegt.[17] Volgens Showalter zijn het de media en de patiëntenverenigingen die aan whiplash, chronische vermoeidheid en het Gulf War-syndroom een infectueuze dynamiek geven.

Oude mannen

In april 2000 kwamen in Beverly Hills dertien dokters op kosten van de firma Unimed/Solvay bij elkaar. Zij debatteerden over een nieuw syndroom, te weten het *aging male*-syndroom. De symptomen daarvan lijken als twee druppels water op de klachten van Been: vergeetachtigheid, vermoeidheid, prikkelbaarheid en neerslachtigheid. Alleen worden ze niet veroorzaakt door een ongeval, maar door een 'te lage' testosteronspiegel. In december 2000 pikten een aantal Duitse professoren het idee op. Gesponsord door de farmaceutische industrie schreven ze er een spannend artikel over. De professoren hadden ook een idee over wat een te lage testosteronspiegel is: alle concentraties onder de 12 nmol/l. Hopla, daarmee kwam 20 procent van de oudere mannen in één klap in aanmerking voor het syndroom. Dat was weer goed nieuws voor de farmaceutische industrie die inmiddels de *Androtop Gel* had ontwikkeld. De gel werd in mei 2003 door een reclamebureau op slimme wijze de markt op geslingerd: *Gemessenes Alter = 58; Gefühltes Alter = 48!*

Het *aging male*-syndroom illustreert het gezegde van de Weense satiricus Karl Kraus dat 'de diagnose' de meest voorkomende ziekte is. Zoals bij zoveel moderne aandoeningen – whiplash, chronische vermoeidheid, het *Gulf War*-syndroom – gaat het om lichte en voorbijgaande klachten die door een economische kongsie van artsen en farmaceutische industrie als urgent medisch probleem worden uitgevent (Blech, 2003). Bij modieuze aandoeningen is het zodoende heel goed voorstelbaar dat er naast de simulanten nog een andere categorie van patiënten is: de arme sukkels die zich door de dokters, praatprogramma's en farmaceuten hebben laten opzadelen met een diagnose.

Hoe het afliep met Been

Hoe liep het af met Been? De neuropsychologe die hem op verzoek van de keuringsarts onderzocht had blijkbaar terdege studie gemaakt van de literatuur over simulatie. De testbatterij die zij aan Been voorlegde bestond uit niet alleen een intelligentietest, maar ook de *Minnesota Multiphasic Personality Inventory* (MMPI) en de *Amsterdamse Korte Termijn Geheugentest* (AKTG). Met deze tests kan men het simuleren van klachten opsporen. Zo bevat de MMPI zogenoemde *validiteitsschalen*, waarin vragen voorkomen die verwijzen naar zeer atypische symptomen ('Soms word ik zenuwachtig en dan zie ik grote zwarte driehoeken over mijn netvlies heen en weer springen'). De AKTG is een geheugentaak die complex lijkt, maar waarop ook patiënten met aantoonbare hersenletsels een goedscore van 90 procent halen. Het komt erop neer dat de patiënt steeds vijf woorden moet inprenten en dan een korte rekensom maakt. Vervolgens moet hij uit opnieuw vijf woorden die drie woorden kiezen die ook in de eerste serie van vijf zaten. En die procedure wordt een aantal malen herhaald. Een voorbeeld is:

appel			peer
perzik			bes
druif	->	23 + 15 = ->	appel
peer			banaan
banaan			vijg

Op een aantal onderdelen van de intelligentietest scoorde Been beroerder dan de doorsnee alzheimerpatiënt. Bij de MMPI sprongen zijn alarmerend hoge scores op de validiteitsschalen in het oog. Been zei last te hebben van al die atypische symptomen. Op de AKTG viel hij hopeloos door de mand: hij kon maar 50 procent van de eerder geleerde woorden herkennen. In haar rapport bracht de neuropsychologe deze testresultaten op een nette manier onder woorden. Ze schreef: 'Mijnheer simuleert cognitieve gebreken en dat maakt het onmogelijk een uitspraak te doen over de werkelijke omvang van zijn problemen.' Hoe diplomatiek deze formulering ook klonk, Been was het er niet mee eens. Hij nam een letselschade-advocaat in de arm en die stuurde Been weer naar een neuroloog. Net als de getuige-deskundige in het geval van Mankema (vorige hoofdstuk) was deze neuroloog een gepensioneerde arts die bijkluste met het uitvoeren van medische expertises. De neuroloog babbelde wat met Been en vond dat diens 'informatieverwerking' maar zeer matig functioneerde. De neuroloog was het dan ook helemaal niet eens met het rapport van de neuropsychologe. We kregen van de neuroloog het verzoek om eens heel 'kritisch' te kijken naar het werk van de neuropsychologe. Of we dan weer de letselschade-advocaat van onze bevindingen in kennis wilden stellen. En natuurlijk, we zouden voor onze 'second opinion' een vergoeding krijgen. In de Amerikaanse literatuur heet dat *expert shopping*: je zoekt net zo lang totdat je de expert gevonden hebt die tegen betaling vertelt wat jij graag wilt horen. We lieten de gepensioneerde neuroloog weten dat spel niet mee te willen spelen.

In de VS zijn inmiddels goed gedocumenteerde gevallen van *coaching* bekend. De advocaat van de patiënt huurt dan een expert in die de patiënt uitgebreid voorlicht over welke tests hem of haar te wachten staan en hoe men als simulant daar zo op moet presteren dat men niet door de mand valt. Dat heeft er weer toe geleid dat onderzoekers die speciale tests voor het ontmaskeren van simulanten ontwikkelen daarover alleen nog maar met de grootst mogelijke omzichtigheid publiceren (Sweet, 1999; Youngjohn, 1995).

Hoe het afliep met de neuropsycholoog

Weten we niet, maar we hebben wel een vermoeden. Wij zouden er niet gek van staan te kijken als de neuropsychologe de laatste tijd nog maar weinig verwijzingen krijgt van keuringsartsen en verzekeringsmaatschappijen. Want experts die een patiënt een simulant durven te noemen maken zich niet geliefd bij letselschade-advocaten. Deze advocaten schermen graag met het *neutraliteitsbeginsel*. Volgens dat beginsel moet de expert een onafhankelijk en onpartijdig oordeel kunnen geven. Wie ooit in de media, in een concrete zaak of in een wetenschappelijke publicatie heeft durven beweren dat het veinzen van whiplashklachten op enige schaal voorkomt, zal niet meer snel als expert worden gevraagd. De uitkerende instanties danwel verzekeringsmaatschappijen zijn bang dat de expert zal worden afgeschoten door de eisende patiënt en diens letselschade-advocaat. Als het in een rechtszaak tot benoeming van een expert moet komen, kan immers de eisende partij met een beroep op het neutraliteitsbeginsel kritische experts buiten de deur proberen te houden.[18] En ach, wat het maakt het voor verzekeringsmaatschappijen ook allemaal uit? Uitkeringen aan simulanten kunnen zij via premieverhoging toch op andere klanten afwentelen.[19]

Er bestaat een vermakelijk verhaal over hoe Elaine Showalter werd bedreigd toen zij in een boekwinkel in Washington kwam uitleggen waarom het chronischevermoeidheidssyndroom een modeziekte is. Plotseling kwam er met snelle tred een druk gebarende man op haar af die haar waarschuwde dat haar leven op het spel stond. De man was een *chronic fatigue syndrome* activist. Dat doet onwillekeurig denken aan de man die een claim van 900 000 euro bij een verzekeringsmaatschappij had gedeponeerd vanwege whiplashklachten, maar die op heimelijk opgenomen videobeelden klussend, schouwend en schaatsend te zien was. Het leven gaat immers door.[20]

5. Stress, hersenplaatjes en schadeclaims

Hij is tegenwoordig ook in de Amerikaanse rechtszalen te vinden. Dan treedt psychiater Doug Bremner als getuige-deskundige op in zaken waarbij de ene partij de andere beschuldigt van seksueel misbruik dat jaren geleden zou hebben plaatsgevonden. Dat gaat ongeveer zo. Bremner, verbonden aan de prestigieuze Emory University in Atlanta, laat een hersenfoto van de klagende partij – het slachtoffer – zien en wijst dan op een structuur die de hippocampus wordt genoemd. De juryleden krijgen te horen dat de hippocampus van het slachtoffer een stuk kleiner is dan die van leeftijdgenoten. Bremner legt vervolgens uit dat er voor deze afwijking een verklaring bestaat: de stress van het jeugdtrauma heeft geleid tot een verschrompeling van de hippocampus. In hoofdstuk 2 stonden we uitgebreid stil bij de grote betekenis van de hippocampus voor het geheugen. In de rechtszaal benadrukt Bremner die betekenis. Hij betoogt dan dat de verschrompelde hippocampus ook duidelijk maakt waarom het slachtoffer zich het trauma aanvankelijk niet of maar zeer fragmentarisch wist te herinneren. En waarom er een psychiatrische behandeling aan te pas moest komen om de traumatische herinneringen weer aan de oppervlakte te krijgen.[1] Bremner is trouwens niet de eerste de beste getuige-deskundige. Hij publiceerde vele artikelen en schreef nog niet zo lang geleden een bestseller onder de titel *Does stress damage the brain?* (2002).[2]

Het is een oud idee in de psychiatrie dat slachtoffers van ingrijpende gebeurtenissen zoals seksueel misbruik zich later die gebeurtenissen niet meer goed weten te herinneren. Dat idee is bijvoorbeeld terug te vinden bij Sigmund Freud, die in dat verband sprak over *verdringing*. Het idee is ook prominent aanwezig in de boeken van de negentiende-eeuwse, Franse psycholoog Pierre Janet, die het *dissociatie* noemde. Verdringing en dissociatie bieden psychologische verklaringen voor het geheugenverlies van slachtoffers: zonder dat ze het weten, verbannen slachtoffers hun vervelende herinneringen naar het onbewuste (verdringing) of naar een afgebakend deel van hun persoonlijkheid (dissociatie). In *Does stress damage the brain?* ontvouwt psychiater Bremner een geheel andere visie op het geheugenverlies van getraumatiseerde mensen. Zijn stelling is dat stress via hersenbeschadigingen tot geheugenstoornissen leidt. Die stoornissen zouden twee vormen kunnen aannemen. Kortstondige, maar hevige stress zou ertoe leiden dat mensen achteraf alleen nog maar gebrekkige herinneringen aan de stressvolle omstandigheden hebben. Langdurige oftewel chronische stress zou álle geheugenprestaties ondermijnen.

Bremner is schatplichtig aan Robert Sapolsky (1994), een neurobioloog die begin jaren negentig faam verwierf met zijn onderzoek naar de gevolgen van chronische stress op het gedrag van dieren. In enkele studies zette Sapolsky vrouwelijke en mannelijke exemplaren van de groene meerkat bij elkaar. Van deze Zuid-Afrikaanse apensoort is bekend dat de vrouwtjes de mannetjes in extreme mate domineren – zelfs zo erg dat veel mannelijke meerkatten op den duur aan hevige stress bezwijken. De neurobioloog verwachtte een overmaat aan stresshormonen in het bloed van de mannetjes. Die bleek er ook te zijn: vooral de zogenoemde *glucocorticosteroïden*, uitgescheiden door de bijnierschors, waren in hoge concentraties aanwezig. Het viel Sapolsky bovendien op dat de stress het leervermogen van de mannetjes behoorlijk had aangetast. Nadat Sapolsky en collega's (1990) de gestresste dieren hadden 'opgeofferd' en plakjes van hun hersenen onder de microscoop hadden gelegd, kwam de oorzaak van dat afgenomen leervermogen aan het licht. Nogal wat cellen in de hippocampus waren afgestorven. Zo kwam Sapolsky tot een eerste versie van wat later in jargon de *glucocorticoïde-cascade*-theorie ging heten. In gewoon Nederlands zegt die theorie dat stress leidt tot hoge concentraties van bepaalde hormonen. Die hoge concentraties zorgen voor gaten in de hippocampus. En dat veroorzaakt weer geheugenproblemen. Stress zou dus een cascade aan vervelende effecten in gang zetten. Inmiddels is er behoorlijk wat onderzoek gepubliceerd waaruit blijkt dat in elk geval bij dieren chronische stress schade aan de hippocampus veroorzaakt (Watanebe e.a., 1992; Woolley e.a., 1990).[3]

Heeft chronische stress ook een ondermijnend effect op het geheugen van mensen? Wetenschappers uit de medische hoek zijn snel bereid om resultaten uit dieronderzoek van toepassing te verklaren op de mens. De Canadese geheugenexpert Endel Tulving (1999) is echter van mening dat men daarin niet voorzichtig genoeg kan zijn, vooral als het om het geheugen gaat. In zijn ogen bestaan er te veel verschillen tussen het geheugen van mensen en dat van dieren. Ofschoon er veel wijsheid schuilt in Tulvings voorzichtigheid, is de laatste jaren wel duidelijk geworden dat ook het menselijke geheugen slechter gaat functioneren als er sprake is van een overmaat aan glucocorticosteroïden in de bloedbaan. Bij mensen gaat het dan om het stresshormoon *cortisol*. Voor medische toepassingen wordt dit natuurlijke hormoon in laboratoria nagebootst en dan heet het *prednison*. De psychologe Patricia Keenan en haar collega's (1996) deden systematisch onderzoek naar het effect van prednison bij ziekenhuispatiënten. Zij vonden dat patiënten die dit geneesmiddel regelmatig gebruikten, slechter presteerden op allerlei geheugentaken dan patiënten die dit middel niet hadden geslikt. In een tweede onderzoek maten de onderzoekers op verschillende tijdstippen het geheugen van patiënten die prednison moesten gaan slikken en controlepatiënten. Aanvankelijk was er tussen beide groepen geen enkel verschil in geheugenprestatie, maar na drie maanden ontstond een heel ander beeld. Patiënten die prednison gebruikten, behaalden beduidend slechtere prestaties op de geheugentaken dan de controlepatiënten.

Dat hoge doses van het hormoon cortisol schadelijk kunnen zijn voor het menselijke geheugen blijkt trouwens ook uit onderzoek bij patiënten met het *syndroom van Cushing*. Dit syndroom wordt veroorzaakt door een hyperactieve hypofyse of een tumor in de bijnieren. Dat heeft een overmatige uitscheiding van cortisol tot gevolg (Lamberts, 1982).[4] Diverse studies hebben laten zien dat patiënten die lijden aan het syndroom van Cushing ondermaatse geheugenprestaties leveren. Zo vergeleken Mauri en collega's (1993) de cognitieve prestaties van Cushingpatiënten en gezonde vrijwilligers die even oud waren en dezelfde opleiding achter de rug hadden. De patiënten presteerden slechter op geheugentaken, maar deden op andere cognitieve taken (bijvoorbeeld taken die aandacht, concentratie of planning meten) niet onder voor de gezonde vrijwilligers. Dat soort bevindingen lijken een krachtige ondersteuning te bieden voor de ideeën van Bremner en diens voorloper Sapolsky.

Acute stress

Zoals gezegd beweert Bremner (2002) dat ook kortdurende (acute) stress het geheugen ondermijnt. Bij sommige mensen zouden die effecten helemaal uit de hand lopen. Volgens Bremner zijn dat de mensen die in een toestand van acute stress dermate overspoeld raken door cortisol, dat er in de hippocampus een tijdelijke stoornis optreedt. Deze mensen zouden later geen enkele herinnering meer hebben aan de stressvolle gebeurtenis. De vakterm voor dit geheugenverlies kwamen we al eerder tegen: amnesie. In de vorige hoofdstukken bespraken we één variant ervan, namelijk geheugenverlies dat te maken heeft met hersenbeschadigingen. Lange tijd dachten psychiaters en psychologen dat geheugenverlies onder invloed van stress eerder een psychische achtergrond had. Bremner en collega's verlaten nu die koers. Niks verdringing, niks dissociatie: het stresshormoon cortisol is de boosdoener.[5]

Bremner baseert zich daarbij op baanbrekend onderzoek dat de psycholoog Clemens Kirschbaum en zijn collega's (1996) aan de universiteit van Trier deden. De Duitse onderzoekers gaven hun proefpersonen twee stresserende taken: een aantal minuten in het openbaar spreken, gevolgd door een moeilijke rekentaak. Zowel voor als na de taken werd bij de proefpersonen een speekselmonster genomen. Daarmee kan de concentratie van cortisol worden bepaald. De geheugenprestaties werden enkele minuten na afloop van de frustrerende rekentaak in kaart gebracht. Dat deden de onderzoekers met een test die het leervermogen voor neutrale woorden meet. Zoals te verwachten viel, waren de cortisolspiegels na de stressvolle taken hoger dan ervóór. Belangrijker was echter de bevinding dat het verschil in cortisolspiegels na en voor de stress samenhing met het verschil in geheugenprestaties. Proefpersonen met een sterke cortisolstijging behaalden de slechtste geheugenprestaties.

In een onderzoek van de Canadese neuropsychologe Sonia Lupien en haar collega's (1997) moesten proefpersonen eerst een rustige taak en daarna een stressvolle taak uitvoeren. De rustige taak was een gemakkelijk testje; de stressvolle taak bestond wederom uit spreken in het openbaar. Voor en na beide taken kregen de proefpersonen een geheugentest, maar ook werd weer via het speeksel cortisol bepaald. Het simpele testje had geen effect op de geheugenprestaties. De stressvolle taak had echter wel een ondermijnend effect op het geheugen. Bij nadere beschouwing bleek het geheugen alleen achteruit te gaan bij proefpersonen die als gevolg van de stress een duidelijke stijging in hun cortisol vertoonden.[6]

In de studies naar cortisol en geheugen die we tot nog toe bespraken, maakten de onderzoekers steeds gebruik van neutrale geheugentaken: proefpersonen moesten eerst gewone woorden leren en later deze weer reproduceren. Die studies laten stuk voor stuk zien dat acute stress negatieve gevolgen heeft voor het zich herinneren van neutraal materiaal. Acute stress zou echter wel eens heel andere effecten op het geheugen voor emotionele informatie kunnen hebben. Om dat na te gaan lieten de Amerikaanse psychologen Tony Buchanan en William Lovallo (2001) hun proefpersonen 20 milligram cortisol of een placebo-pil slikken. Even daarna keken de proefpersonen naar een serie emotionele en neutrale plaatjes. Een week later kwamen de proefpersonen terug naar het laboratorium en werd hen gevraagd welke plaatjes ze nu precies hadden gezien. Buchanan en Lovallo vonden dat de proefpersonen die cortisol hadden geslikt zich méér emotionele plaatjes konden herinneren dan proefpersonen die een placebo hadden gekregen.

Pept cortisol het geheugen voor emotionele informatie op, zoals Buchanan en Lovallo beweren? Als dat zo is, dan verdraagt zich dat slecht met de theorie van Bremner. Om de kwestie nader te bestuderen voerden wij in ons eigen laboratorium een simpel onderzoek uit naar het effect van acute stress op het geheugen voor neutrale en emotionele informatie (Geraerts e.a., 2004). Proefpersonen werden flink onder stress gezet of kregen juist een makkelijke taak. In het eerste geval moesten zij – zogenaamd in het kader van een sollicitatie – een toespraak improviseren en vervolgens ook nog eens een complexe rekenkundige opgave oplossen. Om hun extra onder druk te zetten, maakten wij de proefpersonen wijs dat hun toespraak op video zou worden opgenomen. En dat de videoband zou worden beoordeeld door drie hoogleraren in de psychiatrie. De controlegroep hoefde niet veel meer te doen dan een serie saaie vragenlijsten invullen. Na de stresstaken of na de vragenlijsten kregen alle proefpersonen een lijst met neutrale (bijvoorbeeld huis, tuin), positieve (bijvoorbeeld vakantie, geschenk) en negatieve woorden (bijvoorbeeld begrafenis, verkrachting) te leren. Deze woorden moesten vervolgens worden gereproduceerd. Het aanleren en opdissen van de studiewoorden werd twee keer herhaald. Op verschillende momenten tijdens het experiment werd het cortisolgehalte in het speeksel van de proefpersonen gemeten.

Hoe meer onze proefpersonen zich opgejaagd voelden, des te hoger hun cortisolspiegels waren. *So far, so good.* Maar nu het geheugen. De figuur laat de geheugenprestaties van de twee groepen proefpersonen zien. Gestreste proefpersonen konden zich *minder* neutrale woorden herinneren dan ontspannen proefpersonen, maar zij waren wel in staat *meer* emotionele woorden te reproduceren dan ontspannen proefpersonen. Dus Bremner heeft gelijk én ongelijk. Acute stress ondermijnt het geheugen voor neutrale informatie, maar verbetert het geheugen voor emotioneel materiaal. Dat spoort ook aardig met wat we in het eerste hoofdstuk over getuigenverklaringen zeiden. Het geheugen van getuigen is vrij goed als het aankomt op de centrale details, maar de meer perifere details vergeten zij snel. Dat leidt tot accurate, maar ook onvolledige getuigenverklaringen. Het heeft blijkbaar weinig zin om te praten over *het* effect van acute stress op *het* geheugen. Het geheugen voor wat? Dat is de vraag.

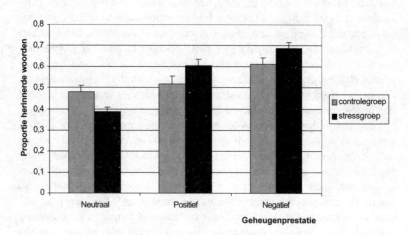

Exit psychotherapeuten?

Wie getuige is van een overval op een winkelier, rijexamen doet, een toespraak houdt of in de tandartsstoel ligt, ervaart acute stress. Maar dat is nog wat anders dan een emotioneel trauma. Slachtoffer zijn van een ongeval, geweldsdelict of een oorlogshandeling kan een Posttraumatische Stress Stoornis (PTSS) tot gevolg hebben. Dat is een aandoening die gekenmerkt wordt door telkens terugkerende, oncontroleerbare herinneringen aan het trauma. Patiënten met PTSS ondernemen voortdurend pogingen om dat soort herinneringen te onderdrukken, maar meestal pakken die averechts uit. Wie van zichzelf niet mag denken aan een witte beer, gaat er hoogfrequent aan denken. Zo is het ook met traumatische herinneringen: wie er niet aan wil denken, krijgt er des te heviger last van (Wegner, 1989). Dat maakt dat patiënten met PTSS voortdurend het gevoel hebben dat zij op scherp staan. Ze kunnen zich dan ook slecht concentreren. En ze vermijden elke situatie die ook maar enigszins doet denken aan het trauma (APA, 1994). Volgens sommige auteurs zouden veel PTSS-patiënten bovendien last hebben van amnesie: zij zouden zich hoogstens flarden van het trauma herinneren en deze zogeheten flashbacks zouden zich permanent aan hun bewustzijn opdringen.

Begin jaren negentig begon Bremner (2002) met onderzoek naar het geheugen van patiënten met PTSS. Al tijdens zijn medische opleiding was het hem opgevallen dat sommige PTSS-patiënten erg veel klagen over hun geheugen. Toen hij vervolgens een lezing van Sapolsky bijwoonde, kreeg Bremner voor het eerst het idee dat de geheugenklachten van zijn patiënten wel eens te maken konden hebben met beschadigingen aan hun hippocampus ten gevolge van een overmaat aan cortisol. Hij rekruteerde een groep van soldaten die aan hun ervaringen in Vietnam PTSS hadden overgehouden. Bremner vergeleek de cognitieve prestaties van deze Vietnam-veteranen met die van een controlegroep (Bremner e.a., 1993). De controleproefpersonen waren werknemers van de kliniek waaraan Bremner verbonden was. Zij hadden ongeveer dezelfde leeftijd en opleiding als de patiënten. Bremner en collega's vonden geen verschillen in globaal cognitief functioneren tussen de twee groepen, maar de patiënten deden het wel beduidend slechter op een reeks geheugentaken. Vakgenoten volgden Bremners voorbeeld en keken naar de geheugenprestaties van andere Vietnam-veteranen (Uddo e.a., 1993), maar ook naar die van slachtoffers van verkrachting (Jenkins e.a., 1998) en van verkeersslachtoffers (Moradi e.a., 1999). Dat leverde een eenduidige conclusie op: de geheugenprestaties van PTSS-patiënten zijn inderdaad zwak. Bremners klinische indruk was dus juist.

Worden de zwakke geheugenprestaties van PTSS-patiënten veroorzaakt door beschadigingen aan hun hippocampus? Om dat te onderzoeken maakten Bremner en zijn collega's (1995) hersenplaatjes. Ze gebruiken daarvoor

Magnetic Resonance Imaging (MRI).[7] Vietnam-veteranen met PTSS en gezonde controleproefpersonen werden in het apparaat gelegd en de onderzoekers keken naar de omvang van de hippocampus in de linker en de rechter hersenhelft. De twee groepen kregen ook allerlei geheugentests. Zoals verwacht presteerden de PTSS-patiënten over het algemeen slechter op de geheugentaken dan de controleproefpersonen. Daarnaast bleek de *rechter* hippocampus van de PTSS-patiënten 8 procent kleiner dan die van de gezonde proefpersonen. Er was bovendien, om het beeld compleet te maken, een verband tussen de omvang van de rechter hippocampus en prestaties op verbale geheugentaken. Hoe kleiner de hippocampus, des te slechter het verbale geheugen. Bremner en collega's (1997) herhaalden dit onderzoek bij volwassen vrouwen die tijdens hun jeugd waren misbruikt en daar PTSS aan hadden overgehouden. Andermaal werd gevonden dat PTSS-patiënten over het algemeen slecht presteren op geheugentests. En opnieuw vonden Bremner en zijn medewerkers een afwijking in de hippocampus. Dit keer hadden de PTSS-patiënten een 12 procent kleinere *linker* hippocampus dan de controleproefpersonen. De onderzoekers vonden overigens geen verband tussen de omvang van de hippocampus en geheugenprestaties.

Inmiddels zijn er meerdere studies gepubliceerd waarin, op een enkele uitzondering na, steeds werd gevonden dat PTSS-patiënten een kleinere linker of rechter hippocampus hebben dan gezonde mensen. Wilde speculaties waren het gevolg. Zo verklaarden sommige psychiaters plechtig dat PTSS een hersenziekte was en dat psychotherapie geen enkele zin had bij patiënten met deze aandoening. Met praten maak je een kapotte hippocampus immers niet beter, zo was de redenering (Hull, 2002).

Oorzaak en gevolg

Maar zo'n vaart loopt het allemaal niet. Op het eerste gezicht ligt het voor de hand om zwakke geheugenprestaties van PTSS-patiënten in verband te brengen met hun kleine hippocampus. Maar bij nadere beschouwing zijn andere oorzaken heel goed denkbaar. Zo hebben deze patiënten vaak last van depressies en gebruiken zij vaker alcohol en verdovende middelen dan gezonde proefpersonen. Depressies en drankgebruik zouden de zwakke geheugenprestaties van deze patiënten dus kunnen verklaren. Het valt zelfs niet uit te sluiten dat beschadigingen aan de hippocampus het gevolg zijn van déze factoren en niet van cortisol. Niemand heeft tot nog toe uitgezocht of er een relatie tussen al die factoren bestaat. Het is daarom voorbarig te roepen dat het allemaal een gevolg is van een door stress aangetaste hippocampus.

En dan is er dit: de Vietnam-veteranen met PTSS zouden hun verschrompelde hippocampus wel eens te danken kunnen hebben aan hersenschuddingen die zij tijdens gevechtshandelingen opliepen. Iets vergelijkbaars geldt voor volwassen PTSS-patiënten die als kind werden mishandeld. Schade aan de hippocampus hoeft dus niet het gevolg te zijn van traumatische stress en overmatige cortisol. De kwestie is wezenlijk, want zij raakt aan de vraag hoe de causale keten nou precies verloopt. Wat is oorzaak en wat is gevolg? De figuur laat de mogelijkheden zien. Als Bremner gelijk heeft, dan zijn trauma, stress en cortisol de directe oorzaken van hippocampale schade en PTSS. In dat geval is PTSS inderdaad een hersenziekte. Van psychotherapeutische behandeling hoeft men dan niet veel te verwachten. Het ligt eerder voor de hand om op zoek te gaan naar medicamenten die de groei van de hippocampus bevorderen (Hull, 2002). Maar als een kleinere hippocampus voorafgaat aan het trauma en mensen kwetsbaarder maakt voor PTSS, dan is er wel degelijk ruimte voor psychotherapie.

Bijna al het onderzoek waarin men plaatjes maakte van de hippocampus bij PTSS-patiënten was, wat in vaktermen heet, *cross-sectioneel*: op een en hetzelfde moment werden de geheugenprestaties en de hippocampus van PTSS-patiënten en gezonde proefpersonen met elkaar vergeleken. Het kan dus best zo zijn dat de patiënten allang voordat zij slachtoffer werden van een trauma en last kregen van PTSS een kleine hippocampus hadden (McNally, 2003).

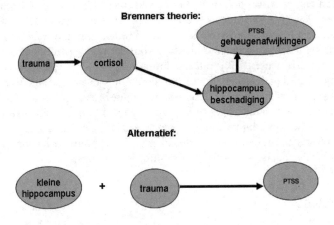

Domme genen

Deze gedachtegang is zo gek nog niet. Zo concludeerde Harvard psycholoog Michael Macklin (1998) dat niet iedereen aan een traumatisch voorval PTSS overhoudt. Het zijn vooral slachtoffers met een laag IQ die een sterk verhoogd risico op PTSS lopen. De achtergrond daarvan is inmiddels duidelijk. Een belangrijk onderdeel van intelligentie is namelijk het zogenoemde korte-termijngeheugen (zie hoofdstuk 2). Dat type geheugen heb je bijvoorbeeld nodig als je een lang telefoonnummer in een lawaaierig café probeert te ont-houden. Mensen met een gebrekkig kortetermijngeheugen – en dus geringe intelligentie – kunnen dat minder goed omdat zij te snel afgeleid zijn. Als de-ze mensen slachtoffer van een traumatisch voorval worden, zullen ze het moeilijk vinden om zich te concentreren op alledaagse taken. Zij zullen daar-om voortdurend worden afgeleid door herinneringen aan het trauma (Bre-win & Beaton, 2002). Dat is het begin van een PTSS. Een kleine hippocampus zou wel eens de biologische manifestatie van een gebrekkig kortetermijnge-heugen kunnen zijn. Als die redenering juist is, dan gaan een kleine hippo-campus en een slecht kortetermijngeheugen inderdaad *vooraf* aan het trau-ma en de daaropvolgende PTSS-klachten.

Het onlangs gepubliceerde onderzoek van Gilbertson en collega's (2002) pleit sterk voor deze alternatieve interpretatie. De auteurs keken naar het hip-pocampusvolume bij gezonde proefpersonen, veteranen die aan PTSS leden en hun identieke tweelingbroers die geen veteranen waren en niet aan PTSS leden. De tweelingen deelden dus hetzelfde erfelijk materiaal, maar hadden een verschillend beroep gekozen. In dit onderzoek kon op elegante wijze worden nagegaan wat de causale betekenis van een kleine hippocampus is. Als een kleine hippocampus een erfelijk bepaalde risicofactor voor PTSS is, dan zou het hippocampusvolume van beide broers even groot moeten zijn (zelfde genen), maar moeten onderdoen voor dat van de gezonde proefper-sonen (andere genen). Als een kleine hippocampus en PTSS het gevolg zijn van trauma, dan zou het hippocampusvolume van de getraumatiseerde broer kleiner moeten zijn dan dat van de gezonde broer (andere omgeving). De auteurs vonden dat zowel de PTSS-patiënten als hun gezonde tweeling-broers een kleinere hippocampus hadden dan de gezonde proefpersonen. Deze resultaten laten dus zien dat een kleine hippocampus eerder voorafgaat aan PTSS dan dat het een gevolg is van traumatische stress.

Giganten

Doug Bremner is een gigant in zijn vak. Het is een man die volle zalen trekt als hij spreekt. In de pauzes cirkelen bewonderaars om hem heen en willen met hem op de foto. Zijn studiegenoot Rachel Yehuda is ook een gigant. Maar zij vertelt op congressen een verhaal dat nogal pijnlijk is voor Bremners theo-rie. Yehuda was de eerste onderzoeker die systematisch onderzoek deed naar cortisolspiegels van PTSS-patiënten. Sinds zij meer dan tien jaar geleden met dat onderzoek begon, komt zij steeds tot eenzelfde conclusie: bij PTSS-patiënten zijn de cortisolspiegels niet verhoogd, maar juist verlaagd (Golier & Yehuda, 1998).

Bremner (2002) probeert deze anomalie met de volgende kunstgreep in zijn theorie te passen. Ooit heeft de traumatische stress een vloedgolf aan cortisol veroorzaakt. Dat heeft de hippocampus van het slachtoffer aangetast. Daardoor krijgt het slachtoffer last van allerlei geheugenproblemen die typisch zijn voor PTSS. Maar ook treedt er via een ingewikkeld feedbackmechanisme uiteindelijk een abnormale verlaging van de cortisolspiegel op. Onderzoek van de Amerikaanse arts Monika Starkman en haar collega's (2003) maakt korte metten met dit idee. Zij bestudeerden de lotgevallen van patiënten met het Cushingsyndroom bij wie langs chirurgische weg de cortisolspiegel werd verlaagd. Opvallend genoeg bleek bij deze patiënten de cortisolverlaging hand in hand te gaan met een herstel van hun hippocampus en een verbetering van hun geheugenprestaties. Als PTSS-patiënten een verlaagde cortisolspiegel hebben – en dat is zo – dan zou hun hippocampus zich uiteindelijk ook weer moeten herstellen. Tenminste als die hippocampus ooit onder invloed van traumatische stress ineen schrompelde. Beschadigingen aan de hippocampus zijn, in tegenstelling tot wat Bremner (2002) ons wil doen geloven, wel degelijk omkeerbaar. Dat verhaal gaat natuurlijk niet op als PTSS-patiënten om te beginnen al werden geboren met een kleine hippocampus.

Er is nog een ander probleem met de theorie van Bremner. Volgens Bremner verklaart een door traumatische stress beschadigde hippocampus waarom patiënten met PTSS zich het trauma vaak niet kunnen herinneren. Om zijn redenering duidelijk te maken verwijst hij nogal eens naar de beroemde patiënt HM, wiens geval in hoofdstuk 2 uitvoerig ter sprake kwam. Maar die verwijzing is ongelukkig. HM kon zich de dingen van vroeger immers redelijk goed herinneren. Hij had moeite met het vasthouden van *nieuwe* informatie. Op grond van zijn geval en een reeks van andere studies is komen vast te staan dat de hippocampus een hoofdrol speelt bij de opslag van *nieuwe* herinneringen. Daarom valt moeilijk in te zien hoe een verschrompelde hippocampus kan leiden tot het onvermogen om *oude*, traumatische herinneringen op te halen. Trouwens: komt bij patiënten met PTSS dat onvermogen überhaupt wel voor? Zijn hun herinneringen aan het trauma inderdaad vaak weg, zoals Bremner lijkt te veronderstellen? Die kwestie komt uitvoerig in het volgende hoofdstuk aan de orde. We zullen dan zien dat Bremners veronderstelling discutabel is.

Wat onderzoek hoe dan ook aantoont is dat de prestaties van PTSS-patiënten op standaard geheugentaken over het algemeen zwak zijn. Voor een deel heeft dat te maken met het lage IQ en het beperkt kortetermijngeheugen waar wij het eerder over hadden. Voor een ander deel hebben de zwakke geheugenprestaties te maken met de hyperalerte toestand van PTSS-patiënten.

Onderzoek met moderne technieken als Positron Emissie Tomografie (PET) laat zien dat bij PTSS-patiënten de hersenstructuren die normaal een rem zetten op zo'n hyperalerte toestand niet meer goed functioneren (Shin e.a., 1999). Volgens sommige onderzoekers zorgt de voortdurende staat van verhoogde *arousal* ervoor dat PTSS-patiënten informatie niet meer goed kunnen filteren. Ze zouden daardoor irrelevante details en onjuiste reacties niet kunnen onderdrukken. Dat verklaart weer waarom deze patiënten op geheugentaken veel zogeheten ommissiefouten maken (zie hoofdstuk 1), fouten waarbij de patiënt er dingen bij verzint (Vasterling e.a., 1998).

Survivor guilt

In de Nederlandse rechtszalen duikt de diagnose PTSS steeds vaker op. Bij strafzaken zijn het officieren van justitie die graag met deze diagnose schermen om duidelijk te maken dat het slachtoffer niet zomaar een zeurpiet is, maar een burger die werd getroffen door een traumatisch delict. In letselschadezaken verwijzen advocaten naar de diagnose om te betogen dat er sprake is van geestelijk letsel dat in aanmerking komt voor een vergoeding door de tegenpartij.[8] Soms breken er in de rechtszaal discussies uit over de vraag of het slachtoffer wel écht PTSS heeft. Die discussie is begrijpelijk want er bestaat zoiets als *onechte* PTSS. Dan gaat het om mensen die PTSS voorwenden om zo een schadeclaim kracht bij te zetten. Of het zijn verdachten die PTSS simuleren om zo hun straf te ontlopen. Harde Nederlandse voorbeelden van PTSS-simulanten kennen we (nog) niet, maar in de Amerikaanse literatuur zijn ze in alle soorten en maten te vinden. Dat heeft natuurlijk veel te maken met de enorme schadevergoedingen die in Amerikaanse rechtszaken op het spel staan.[9] Die werken als een magneet op malafide schadeclaims. Een berucht voorbeeld is dat van de verzekeringsmaatschappij uit New Jersey die in een Amerikaanse stad een busongeluk ensceneerde. De bus was uitgerust met videocamera's. Die registreerden hoe vlak na het ongeluk zeventien mensen de bus binnendrongen en zich kermend op de grond wierpen. Deze pseudo-slachtoffers dienden later royale claims in (Rosen, 1996). Vrijwel identieke verhalen komen de laatste tijd uit Israël. Daar melden zich regelmatig nepslachtoffers van Palestijnse bomaanslagen bij liefdadigheidsinstellingen met het verzoek om financiële bijstand. Een politievideo liet zien hoe een nepslachtoffer het kantoor van zo'n instelling verliet, zich ontdeed van zijn verband en vervolgens zijn geld ging tellen.[10]

Een ander voorbeeld van malafide claims biedt de ramp met de Aleutian Enterprise. Deze Amerikaanse vissersboot verging op 22 maart 1990 in de Barentszzee. Van de 31 opvarenden konden er 22 worden gered. Van deze 22 bemanningsleden spanden er 20 een letselschadezaak tegen hun reder aan. Van die 20 claimden er 19 aan PTSS te lijden. Sommige overlevenden gaven eerlijk toe dat zij bij thuiskomst werden opgewacht door letselschade-advocaten die hun vertelden hoe zij de symptomen van PTSS moesten veinzen. Een bemanningslid had maar liefs 15 verschillende advocaten op zijn antwoordapparaat staan (Rosen, 1995). Dat de overlevenden van de Aleutian Enterprise door letselschade-advocaten werden gecoacht in hoe zij PTSS-symptomen moesten simuleren kwam pas na moeizaam speurwerk aan de oppervlakte. Maar soms is het evident dat slachtoffers zijn geïnstrueerd. Zo gaat onder Amerikaanse psychologen het verhaal van de Vietnam-veteraan die zich gehuld in een opzichtige deken op het spreekuur meldde. De man verklaarde een *survivor quilt* te dragen. Blijkbaar had zijn letselschade-advocaat een foutje gemaakt bij het overschrijven van de PTSS-symptomen uit de medische handboeken. Daar is namelijk sprake van schuldgevoelens van overlevenden: *survivor guilt*.[11]

Sommige Amerikaanse specialisten beweren dat de zogenaamde *phony vets* – Vietnam-veteranen die nooit in Vietnam waren – een behoorlijk onderschat fenomeen zijn. De psycholoog Richard McNally (2003) rekent voor dat de *phony vet* die bij een dokter een succesvolle imitatie van PTSS geeft in het gunstigste geval aanspraak kan maken op een belastingvrije uitkering van 36 duizend dollar per jaar. Dan wordt ook begrijpelijk hoe het kan dat een op de drie leden van de Amerikaanse vereniging van ex-krijgsgevangenen nooit krijgsgevangene is geweest.

Vanwege de vette bonussen die in het geding zijn, kunnen zelfs echte veteranen in de verleiding komen om symptomen te veinzen. Sommige onderzoekers vergeleken veteranen die extreme en die juist milde klachten hadden met elkaar. Men vond dat deze twee groepen in ten minste één ander opzicht van elkaar verschillen: de veteranen met extreme klachten zijn bijna altijd in een uitkeringsprocedure verwikkeld, terwijl dat voor de milde groep in slechts 50 procent van de gevallen geldt (Frueh e.a., 2000). De gebruikelijke verklaring hiervoor is dat diegenen die in de Vietnam-oorlog de meeste trauma's opliepen de meeste klachten zullen hebben en daarom ook wel eerder een beroep op een uitkering zullen doen. Maar wat die verklaring onwaarschijnlijk maakt is het patroon van de klachten. Zo scoren de veteranen met extreme klachten torenhoog op de validiteitsschalen van de *Minnesota Multiphasic Personality Inventory* (MMPI; Frueh e.a., 2003). In het vorige hoofdstuk zeiden we al dat deze schalen bizarre en niet-bestaande symptomen meten ('Hebt u last van grote driehoeken die voor uw netvlies heen en weer bewegen?'). Voor het medisch onderzoek naar PTSS levert dit behoorlijke complicaties op. Onderzoekers weten bijvoorbeeld niet of de veteraan met die kleine hippocampus ook wel echt PTSS heeft. Misschien was hij wel niet eens in Vietnam. En als een nieuw medicijn tegen PTSS bij Vietnam-veteranen niet lijkt aan te slaan, dan komt dat misschien wel omdat een aantal veteranen er belang bij heeft om ziek te blijven.

Hersenplaatje

Sheila W. moest zich in juni 2002 voor de Maastrichtse rechtbank verantwoorden voor haar betrokkenheid bij een dodelijk ongeval. Samen met haar man had zij op een zaterdagavond een viertal jongeren in een witte Honda opgejaagd, nadat de jongeren eerder op een rotonde te traag hadden gereden. De achtervolging eindigde met een dramatische crash van de witte Honda tegen een boom, waarbij drie inzittenden om het leven kwamen. Sheila W. vertelde dat haar man Frans haar al jarenlang terroriseerde en dat hij de opdracht had gegeven om de Honda op te jagen: 'Hij commandeerde mij tijdens de hele rit. Ik weet dat ik niet had durven stoppen. Frans was alleen maar aan het schelden.' Volgens de psycholoog en psychiater die in deze zaak als getuige-deskundigen optraden leed Sheila aan een PTSS en was ze een willoos werktuig in de handen van haar man Frans. Ze was volgens de deskundigen volledig ontoerekeningsvatbaar. De officier en de rechtbank geloofden het verhaal van de deskundigen niet.[12] Dat is in het licht van wat wij hiervoor bespraken heel verstandig.

Maar stel nu dat zich tijdens de rechtszaak een soort Nederlandse Bremner had gemeld. En dat hij een hersenplaatje van Sheila had getoond en daar het verhaal bij had verteld dat Sheila's verschrompelde hippocampus wees op jarenlange traumatisering door haar man en dus op échte PTSS. Dikke kans dat de rechters dan Sheila als slachtoffer hadden gezien en dat zij als vrij burger de rechtszaal had verlaten. Bremners theorie heeft onder Nederlandse experts de nodige aanhangers. Zo zegt de Amsterdamse psychologe Nel Draijer in een interview: 'Recent neurologisch onderzoek heeft uitgewezen dat extreme stress, waaronder seksueel misbruik, leidt tot veranderingen in het gebied van de hippocampus, het gebied dat cruciaal is voor de herinneringen'. Of neem neuroloog Jon Zegerius, die de theorie als volgt uit de doeken doet: 'Tegenwoordig is er een neurobiologische verklaring voor verdringing. Onderzoek heeft aangetoond dat er bij stress, depressie, angst en psychotrauma's sprake is van een verhoogde concentratie van cortisol. Dat wordt aangemaakt door de bijnier en kan de hippocampus doen krimpen, het deel van je hersenen dat verantwoordelijk is voor je geheugen.'[13] Met zoveel toegewijde aanhangers van Bremners theorie is het daarom een kwestie van tijd voordat ook in Nederlandse rechtszalen hersenplaatjes van de hippocampus als bewijs worden aangeboden.

Allerlei commentatoren hebben erop gewezen dat een hersenfoto van het type dat Bremner laat zien een enorm gewicht in de weegschaal van Vrouwe Justitia legt (Kulynych, 1996; Reeves e.a., 2003). Zo'n foto suggereert dat de ziekte van het slachtoffer of de verdachte echt is. En met het verhaal van Bremner erbij wordt ook nog eens duidelijk wat de oorzaak van de ziekte is, namelijk traumatische stress. Maar biedt een hersenfoto wel een natuurgetrouwe afbeelding van het brein of is het meer een grafiek die men construeert? Het laatste is uitdrukkelijk het geval. Net zoals men bij een grafiek de Y-as naar believen kan opkrikken om langs die weg een effect visueel uit te vergroten, zo kan men een hersenplaatje dusdanig manipuleren dat een hippocampus extra klein of een hersenholte abnormaal groot uitvalt (Reeves e.a., 2003). Neem het geval van de gepensioneerde reclameman Weinstein die zijn vrouw van de twaalfde verdieping van een Amerikaanse wolkenkrabber gooide en toen een PET-scan van zijn brein liet maken. Een cyste werd ontdekt en Weinsteins advocaten claimden met de PET-scan in hun hand dat hun cliënt toch echt volkomen ontoerekeningsvatbaar was. De radioloog had een afbeelding gefabriceerd waarop de cyste als een 'gaping black hole' te zien was. Weinstein werd uiteindelijk veroordeeld, maar dat was op het nippertje.[14]

Zodra hersenplaatjes in de rechtszaal opduiken, rijst nog een heel andere vraag: is het mogelijk dat het slachtoffer of de verdachte zelf zo'n plaatje manipuleert? Het antwoord is ja. Ons favoriete voorbeeld is dat van Vincent Gigante, een New Yorkse maffiabaas met een lange, criminele carrière die ten minste tien moorden omvatte. Bij elke nieuwe confrontatie met het juridische apparaat wisten de advocaten van Gigante met een nieuwe diagnose op de proppen te komen. Eerst was Gigante verstandelijk gehandicapt, toen schizofreen, later leed hij aan een vasculaire dementie en nog weer later aan alzheimer. Het waren niet zomaar diagnoses, want steeds werden ze ondersteund door medische evidentie. Zo lieten de advocaten in 1997 – toen Gigante weer eens terechtstond – een hersenfoto van hun cliënt zien. De foto toonde een alarmerend laag activiteitenniveau van zijn pariëtale hersendelen. Op het moment dat de foto gemaakt werd, slikte Gigante echter doelbewust antipsychotische medicatie. Daarvan is bekend dat het een vertekenende invloed heeft op hersenfoto's.[15]

Los van zulke technische details is bij zulke hersenfoto's de meer fundamentele kwestie van oorzaak en gevolg aan de orde. Experts als Bremner vertellen bij hun hersenplaatjes een causaal verhaal: de kleine hippocampus komt door traumatische stress. Vanwege hun gebrek aan natuurwetenschappelijke scholing zullen rechters, officieren van justitie en advocaten zich laten overrompelen door de hersenfoto's, maar vooral door de verhalen die erbij worden verteld. Zij zullen niet in staat zijn zich de vraag te stellen of de causale interpretatie die experts als Bremner aan zulke foto's geven – het komt door het trauma – de enig mogelijke interpretatie is. Het ingewikkelde antwoord op die vraag hebt u in dit hoofdstuk kunnen lezen.[16]

6. Karige jeugdherinneringen

Toen Jeroen Brouwers' *Bezonken rood* in 1981 verscheen, ontstond er een heftige discussie die nu nog maar moeilijk te begrijpen valt. *Bezonken rood* is een autobiografische roman over de ervaringen van Brouwers als kind in een jappenkamp. Aangevoerd door Rudy Kousbroek meende een aantal Nederlandse columnisten dat Brouwers een overtrokken beschrijving gaf van wat er in die kampen was voorgevallen. Brouwers was een jokkebrok en van systematische mishandeling en terreur zou in de jappenkampen geen sprake zijn geweest, aldus zijn critici. De naakte statistieken stellen hen in het ongelijk. Zo meldt het proefschrift van de Leidse psychologe Inge Bramsen (1995) over de sterftecijfers in de jappenkampen het volgende: 'sterfte onder de mannelijke gevangenen was 20 procent, onder vrouwen 10 procent en onder kinderen 5 procent.' Ook laat deze onderzoekster zien dat het percentage overlevenden dat tot op de dag van vandaag zwaar gebukt gaat onder hun verblijf in de jappenkampen alarmerend hoog is. Dat de critici van Brouwers in dit opzicht naïef waren heeft veel te maken met het gebrek aan wetenschappelijk onderzoek naar slachtoffers die de jappenkampen overleefden.

Sinds jaar en dag bekommert de Brabantse huisarts Theo Dekkers zich om het lot van Nederlanders die psychische problemen overhielden aan hun tijd in de jappenkampen of aan de daaropvolgende periode van politieke chaos, de zogenoemde *bersiap*. Samen met Dekkers interviewden wij een groep van patiënten die bij hem in behandeling waren. Ongeveer de helft van hen leed onder een aandoening die al eerder uitvoerig ter sprake kwam, namelijk de posttraumatische stressstoornis (PTSS). De andere helft had last van depressies of overige klachten die verband hielden met hun kampervaringen. Wij waren vooral geïnteresseerd in de herinneringen van deze patiënten aan de jappenkampen. Het moet toch wel haast zo zijn dat deze patiënten als kind extreem hoge cortisolniveaus hebben gehad vanwege de chronische intimidatie waaraan zij in de kampen blootstonden. De theorie van Bremner – die wij in het vorige hoofdstuk bespraken – voorspelt daarom dat ten minste een aantal van hen wel eens geheugenverlies (amnesie) voor de kamptijd moet hebben gehad. De patiënten waren inmiddels bejaard. Wij vroegen hun of zij, terugkijkend op hun leven, ooit een periode hadden meegemaakt waarin hun herinneringen aan de kampen moeilijk toegankelijk waren. Welgeteld één van de 29 patiënten beschreef dat verschijnsel. Die patiënt had echter een lange geschiedenis van alcoholmisbruik, zodat het onwaarschijnlijk is dat zijn geheugenverlies met een overschot aan cortisol te maken had. Om kort te gaan, het door Bremner veronderstelde geheugenverlies voor ingrijpende ervaringen kwam in deze groep niet voor (Merckelbach e.a., 2003).

Wat in deze groep evenmin op grote schaal voorkwam waren *flashbacks*. Psychiaters zoals Bessel van der Kolk en Rita Fisler (1995) menen dat traumatische ervaringen vaak op een primitief niveau in de hersenen worden opgeslagen: niet als verhaal, maar als onsamenhangende beelden die filmische kwaliteiten bezitten en die zich te pas en te onpas aan het slachtoffer opdringen. De overgrote meerderheid van de kampoverlevenden zei echter zulke flashbacks niet te kennen. Deze bevinding spoort aardig met die van de Britse psychiater Edgar Jones en zijn medewerkers (2003). Zij deden archiefonderzoek dat zich uitstrekte van de Boerenoorlog (1899) tot aan de Eerste Golfoorlog (1991). Het ging hen daarbij vooral om archiefstukken die betrekking hadden op Engelse oorlogsveteranen die vanwege psychische klachten een invaliditeitsuitkering hadden aangevraagd. Veteranen uit de Boerenoorlog, de Eerste Wereldoorlog, de Tweede Wereldoorlog of de Koreaoorlog bleken tegenover hun keuringsartsen niet of nauwelijks te hebben gerept over flashbacks. Het was pas vanaf de eerste Golfoorlog dat veteranen dit symptoom op enige schaal (10 procent) meldden. De auteurs menen dat dit merkwaardige patroon te maken heeft met de opkomst van Vietnam-films als *The Deer Hunter* (1978). Die lieten zien hoe veteranen flashbacks hadden en het was pas vanaf die tijd dat de flashback een prominent onderdeel van PTSS werd.[1]

De overlevenden van de jappenkampen die wij spraken waren niet gevormd door zulke films. Daarom speelden flashbacks in hun klachten geen rol van betekenis. Maar de herinneringen van deze overlevenden vertoonden wel een andere eigenaardigheid. Of het nu om de kampen of de ervaringen daarna of daarvoor ging, hun jeugdherinneringen bleken zeer karig te zijn (Wessel e.a., 2002). Het fenomeen van de karige jeugdherinneringen is van een geheel andere orde dan het traumatische geheugenverlies waar psychiaters als Bremner en Van der Kolk over schrijven. Deze auteurs veronderstellen dat slachtoffers hun trauma compleet kunnen 'vergeten'. De patiënten die wij zagen wisten echter maar al te goed dat zij in een kamp hadden gezeten. Er was maar één opvallend aspect aan hun geheugen: hun neiging om álle autobiografische herinneringen in zeer globale termen te beschrijven. Het is pas sinds kort dat psychologen en psychiaters zich afvragen wat dat te betekenen heeft. Dat die vraag zo laat opkwam is de schuld van de negentiende-eeuwse geheugenpsycholoog Hermann Ebbinghaus (1850-1909).

Ebbinghaus leert turven

Het verhaal gaat dat Ebbinghaus ergens omstreeks 1878 rondstruinde in een Parijse boekhandel en daar het standaardwerk van de fysioloog Fechner over psychofysica in handen kreeg. In Fechners boek werd beschreven hoe je via experimenten de menselijke waarneming kon bestuderen. Het ging bijvoorbeeld om proeven waarbij de onderzoeker steeds meer kaarsen in een donkere ruimte plaatste en dan keek hoe de oplopende lichtintensiteit zich verhield tot subjectieve oordelen over helderheid. Ebbinghaus zag als eerste dat men op deze proefondervindelijke manier ook het geheugen kan bestuderen. Als docent aan de Berlijnse universiteit voerde hij een serie experimenten met zichzelf als proefpersoon uit. Hij leerde betekenisloze woorden uit het hoofd en vervolgens mat hij na verschillende tijdsintervallen hoeveel woorden hij nog kon reproduceren. Hij ontdekte dat de woorden vooral in de eerste vier of vijf uur werden vergeten en dat daarna de vergeetcurve afvlakte. De vergeetcurve volgde een logaritmische functie. Hij publiceerde zijn *Über das Gedächtnis* in 1885. Het boek maakte school. Geheugenonderzoekers in Duitsland en later de Verenigde Staten hadden de indruk dat je met de werkwijze van Ebbinghaus het geheugen op een zuivere manier kon bestuderen, dus los van storende invloeden zoals opleidingsniveau en leeftijd. Hele generaties van psychologen werden in de geest van Ebbinghaus opgevoed.[2]

Het onderzoek in de voetsporen van Ebbinghaus leverde een groot aantal weet- en vergeet-wetten op. De meeste daarvan lijken tamelijk triviaal. Zo werd gevonden dat woorden aan het einde van een lijst beter worden onthouden dan woorden die halverwege de lijst zijn gepositioneerd (het zogenoemde *recency-effect*). Een ander voorbeeld. Indien proefpersonen een lijst krijgen voorgeschoteld waarvan de woorden (bijvoorbeeld garen, scherp, naaien) sterk associatief zijn verbonden met een begrip dat níet op de lijst figureert (bijvoorbeeld naald), dan is de kans groot dat proefpersonen zich later wél dit begrip menen te herinneren (Deese, 1959; Roediger & McDermott, 1995). Een laatste voorbeeld is het *Von Restorff-effect*: woorden die om de een of andere reden afwijkend zijn (bijvoorbeeld dood, kanker), worden beter onthouden dan neutrale woorden (bijvoorbeeld boom, fiets, huis).[3]

De verdienste van Ebbinghaus en zijn navolgers schuilt niet zozeer in het in kaart brengen van voor de hand liggende geheugenwetten, maar in het mathematiseren ervan. Geheugenprestaties, zo liet hun werk zien, konden in maat en getal worden uitgedrukt (Wickelgren, 1972). Dat bleek van belang zodra psychiaters en psychologen zich een oordeel wilden vormen over geheugenafwijkingen. Je kunt immers pas iets zeggen over hoe ondermaats een geheugenprestatie is als je normale geheugenprestaties en hun afwijkingen betrouwbaar kunt meten. En dat konden de leerlingen van Ebbinghaus als geen ander.[4] Dat bleek bijvoorbeeld in het hele debat over de schadelijke bijwerkingen van de *elektroconvulsieve-shocktherapie*. Aanvankelijk werden tijdens deze therapie elektrische schokken toegediend aan de linker én de rechter hersenhelft van depressieve patiënten. Psychiaters deden nogal luchtig over de schade die dat veroorzaakte aan het geheugen van patiënten. Totdat de psychologen, in de voetsporen van Ebbinghaus, met getallen konden aantonen dat die schade tamelijk omvangrijk was (zie voor voorbeelden Kopelman, 1987). Dat was een belangrijke reden om bij elektroconvulsieve-shocktherapie niet langer beide, maar nog maar één (en wel de rechter) hersenhelft bloot te stellen aan shocks.

Everyday memory

En toch was niet iedereen gecharmeerd van het werk van Ebbinghaus en zijn navolgers. Sterker nog: in de afgelopen twintig jaar nam het verzet tegen dit type geheugenonderzoek toe. De critici wezen (en wijzen) erop dat ons geheugen er niet op is gebouwd om triviale woordreeksen te onthouden of te vergeten. In het leven van alledag hebben we met belangrijkere dingen te maken. Het is goed denkbaar dat ons geheugen met die dingen anders omspringt dan met een reeks van geïsoleerde woorden (Hendersen, 1985; Neisser, 1978, 1991). Dit soort overwegingen maakte de weg vrij voor onderzoek naar het alledaagse geheugen, *everyday memory*: het geheugen zoals dat functioneert buiten het laboratorium van de psychologen.

De laatste achterhoedegevechten tussen de nazaten van Ebbinghaus en de meer verlichte *everday memory*-onderzoekers speelden zich alweer meer dan tien jaar geleden af in het vaktijdschrift *American Psychologist* (Loftus, 1991). In dat debat stelden de aanhangers van Ebbinghaus zich op het standpunt dat het geheugen een hypercomplex fenomeen is. Hoe complexer een fenomeen, des te urgenter het wordt om dat fenomeen onder gecontroleerde laboratoriumcondities te ontleden (Banaji & Crowder, 1989). De *everyday memory*-aanhangers brachten hiertegen in dat geheugenonderzoek buiten het laboratorium niet per definitie ongecontroleerd hoeft te zijn (Conway, 1991). Bovendien konden zij inmiddels wijzen op een aantal wapenfeiten, ontdekkingen die met een strikt Ebbinghausiaanse benadering nooit zouden zijn gedaan. Een aardig voorbeeld is de zogenoemde *permastore*, die in de inleiding van ons boek al ter sprake kwam. Het betreft hier geheugeninformatie (over bijvoorbeeld Spaanse woorden en grammatica) die tientallen jaren geleden werd geleerd, sindsdien nooit meer is gebruikt, maar wel goed toegankelijk blijft (Bahrick, 1994).

Het was, zoals gezegd, het liberale standpunt van de *everyday memory*-onderzoekers dat uiteindelijk won en momenteel is hun benadering een gerespecteerde tak van sport binnen het geheugenonderzoek. Autobiografische herinneringen vormen een belangrijk onderdeel van het alledaagse geheugen. Vanwege de liberalisering in het geheugenonderzoek zijn zulke herinneringen voorwerp van uitvoerige studie geworden. Maar hoe bestudeer je ze?

Hoe graaf je autobio?

Een beproefde methode bestaat hieruit dat je aan proefpersonen een steekwoord aanbiedt (bijvoorbeeld 'fiets') en hen dan vraagt een specifieke, persoonlijke herinnering te genereren waarin dat steekwoord een belangrijke rol speelt ('anderhalve maand geleden kocht ik een nieuwe racefiets, maar na twee dagen was hij alweer gestolen'). De opgehaalde herinnering wordt vervolgens door de proefpersonen gedateerd ('het gebeurde in september 2004'). Deze methode staat te boek als de Crovitz-techniek (Crovitz & Schiffman, 1974). Zij gaat in feite terug op de associatieproeven van sir Galton uit de negentiende eeuw.

Autobiografische herinneringen die met de Crovitz-techniek naar boven worden gehaald laten een duidelijk *recency-effect* zien. De overgrote meerderheid van de opgediepte geheugenfragmenten heeft namelijk betrekking op wat proefpersonen in de laatste maanden hebben meegemaakt. Verder terug in de tijd liggende episodes worden minder vaak gerapporteerd (Fitzgerald, 1988). Er is één markante uitzondering op deze regel. Oudere mensen, zelfs als zij dement zijn, bewaren over het algemeen meer herinneringen aan hun adolescentie dan aan de levensfase die daaraan voorafging of erop volgde. In zijn prachtige *Waarom het leven sneller gaat als je ouder wordt* staat de Groningse psycholoog Douwe Draaisma (2001) uitvoerig stil bij deze zogenaamde *reminiscentie-hobbel*.

Op 1 november 2003 onthulde een Kerkraadse wethouder in de plaatselijke Nieuwstraat een gedenkplaat. Het was die dag 25 jaar geleden dat twee Nederlandse douanebeambten op de RAF-terroristen Rolf Heissler en Adelheid Schulz toeliepen. De douaniers vroegen naar hun paspoorten. De RAF-terroristen aarzelden geen seconde en openden het vuur. De douaniers overleefden de aanslag niet. De gedenkplaat herinnerde aan deze trieste gebeurtenis.[5] We noemen dit voorbeeld omdat het vaak voorkomt dat monumenten pas zo'n 25 jaar na een ingrijpende gebeurtenis worden opgericht. Veel speelfilms handelen ook over iets dat 25 jaar terug in de tijd ligt. Neem – om een ander voorbeeld in deze categorie te noemen – de permanente expositie over Martin Luther King in Memphis. Die ging 25 jaar nadat hij in die stad was vermoord van start. Of neem het succes van het BBC-programma *I love the eighties*. Oude tv-programma's als *Floris*, *Hamelen* en *Toppop* worden in onze dagen op video of dvd uitgebracht en vinden gretig aftrek. De motor achter deze 25-jarige cyclus is de reminiscentie-hobbel. De generatie die in een maatschappij de lakens uitdeelt, neemt haar eigen reminiscentie-hobbel als uitgangspunt voor het creëren van gedenktekens (Pennebaker & Banasik, 1997). Dat laat nog eens zien dat het geheugen niet iets is dat zich in het vacuüm van een hoofd of van een laboratorium afspeelt.

Lief dagboek

Weet u of onze nieuwe racefiets een aantal maanden geleden is gestolen? Nee. En dat is precies de tekortkoming van de Crovitz-techniek. De onderzoeker kan nooit vaststellen hoe waarheidsgetrouw de autobiografische herinneringen zijn die proefpersonen opdissen. Beter controleerbaar is de dagboekmethode die vooral door de Amerikaanse psycholoog Craig Barclay (1986) werd geperfectioneerd. Bij deze benadering houden proefpersonen over een langere periode een dagboek bij waarin zij elke dag een aantal opvallende gebeurtenissen vastleggen. De proefpersonen hanteren daarbij een vast stramien. Ze noteren *waar* het gebeurde: 'Bij Albert Heijn'. Ze schrijven vervolgens op *wat* er gebeurde: 'Ik ging inkopen doen met mijn vriendin Fleur. Zij liet een fles cola uit haar handen vallen. Een hoop rotzooi. En de hele winkel keek naar ons.' En ze noteren hoe zij erop reageerden: 'Ik kreeg een hoofd als een tomaat en schaamde me.' De onderzoeker typt vervolgens alle dagboeknotities uit. Maanden of zelfs jaren later krijgen proefpersonen een groot aantal uitgetypte dagboeknotities voorgeschoteld. Sommige zijn van henzelf afkomstig, andere notities zijn door de proefleider vervalst. De vraag is steeds: 'Is dit uw eigen notitie of niet?'

In de eerste weken na het experiment blijken proefpersonen zo'n 90 procent van hun originele dagboeknotities te herkennen. Na dertig maanden zakt dat percentage tot onder de 80 procent. Dat lijkt nog steeds veel, maar is het niet. Bedenk dat het gaat om dagboeknotities over gebeurtenissen die proefpersonen ooit memorabel vonden. Na een dikke twee jaar missen zij dus een op de vijf notities. Vanzelfsprekend heeft dit alles te maken met het recency-effect, oftewel de afnemende volledigheid van herinneringen waarover we in hoofdstuk 1 spraken.

In zijn dagboekstudies besteedde Barclay (1986) ook aandacht aan een tweede, minder voor de hand liggend fenomeen. Dat betreft het vermogen van proefpersonen om onderscheid te maken tussen autobiografische herinneringen die zijzelf eerder aan hun dagboek toevertrouwden en door de proefleider geconstrueerde en daarom valse dagboeknotities. Een voorbeeld van zo'n valse dagboeknotitie is: 'C1000; Ik ging inkopen doen met mijn vriendin Fleur. Zij liet een fles 7-up uit haar handen vallen. Een hoop rotzooi. En de hele winkel keek naar ons. Ik kreeg de slappe lach.' Aanvankelijk zijn proefpersonen goed in het ontmaskeren van dit soort *pseudo-herinneringen*, maar dat verandert weer met het verstrijken van de tijd. Na dertig maanden wordt 60 procent van de valse dagboeknotities door proefpersonen voor authentiek gehouden. De neiging om pseudo-herinneringen voor authentieke herinneringen aan te zien wordt dus met de tijd groter.

Een zwak punt aan Barclays dagboekonderzoek is dat het stoelt op een handjevol proefpersonen. Aan de Maastrichtse psychologiefaculteit was het Robert Horselenberg die daarom besloot het onderzoek van Barclay over te doen, maar dan met veertig proefpersonen. Dat was een moedig besluit. Dit type onderzoek vergt immers een logistieke organisatie van jewelste. Per slot van rekening gaat het om honderden dagboeknotities die nauwgezet gearchiveerd en soms veranderd moeten worden. De bevindingen van Horselenberg kwamen niettemin aardig overeen met die van Craig Barclay. Net als in de studie van Barclay bleken mensen na een aantal maanden nog maar 80 procent van hun eigen dagboeknotities correct te identificeren. En net als bij Barclay hadden zij soms de neiging om valse dagboeknotities voor authentiek te houden. Daar past overigens wel een belangrijke kanttekening bij: valse dagboeknotities werden alleen geaccepteerd als ze bestonden uit *originele* aantekeningen van de proefpersoon waarin de proefleider had zitten rommelen. Hoogst zelden kwam het voor dat een proefpersoon de dagboeknotities van iemand anders (bijvoorbeeld: 'in het vliegtuig naar Tibet; ik zie noorderlicht; ik vind het prachtig') voor zijn eigen dagboeknotities hield. Blijkbaar moeten pseudo-herinneringen een zekere plausibiliteit bezitten en moeten er voldoende authentieke ingrediënten inzitten voordat mensen besluiten dat ze waar zijn (Horselenberg e.a., 2004).

Het autobiografische geheugen is een vorm van reconstructie en daarbij wordt op de eerste plaats veel weggelaten (omissies) en pas op de tweede plaats worden er dingen bij verzonnen (commissies). Het zijn echter niet bizarre details die erbij worden verzonnen, maar details die in de gegeven context waar hadden kunnen zijn. Het is goed mogelijk dat Jeroen Brouwers in *Bezonken rood* de kampcommandant Sonei opvoert op een tijdstip dat hij feitelijk niet meer rondliep in het kamp. Dat de Japanse kampbewaarders kindervrienden waren en Brouwers zich hun mishandelingen alleen maar inbeeldt, is echter zeer onwaarschijnlijk.

Het grote manco van het autobiografische geheugen schuilt dus in de weglatingen (omissies) en niet zozeer in de vertekeningen (commissies). Dat blijkt ook uit een imposant onderzoek in Nieuw-Zeeland, waarin de onderzoekers honderden kinderen tot aan hun achttiende levensjaar volgden. Op hun achttiende werden zij uitvoerig geïnterviewd. De aldus verkregen gegevens werden getoetst aan zaken die zijzelf of hun ouders jaren eerder hadden gerapporteerd. De jongeren konden goed vertellen over of ze ooit een ongeluk hadden gehad en of ze ooit waren gearresteerd. Maar op het niveau van de details ging het mis: hoe vaak ze precies een ongeluk hadden gehad en hoe vaak ze waren aangehouden door de politie en wanneer dan wel, daarover bleken de mededelingen van de jongeren zeer onvolledig (Henry e.a., 1994).

Dat neemt allemaal niet weg dat autobiografische vertekeningen soms een allure kunnen krijgen die men voor onmogelijk houdt. In de hoofdstukken die volgen zullen we daar nog een paar frappante voorbeelden van zien. Maar we praten dan over voorspelbare uitzonderingen die trouwens bepaalde karakteristieken met elkaar gemeen hebben. Zo hebben mensen die depressief worden en in hun leven vastlopen de neiging om de oorzaken daarvoor in hun autobiografie te zoeken. Dat gebeurt op geleide van allerlei oorzaak-gevolg-schema's die mensen in hun hoofd hebben en waarover we al kort in hoofdstuk 1 spraken. Volgens die schema's komt een lage serotoninespiegel in de hersenen minder goed in aanmerking als oorzaak van een depressie dan een ongelukkige jeugd. Aldus kan het voorkomen dat mensen hun autobiografie op zo'n manier gaan reconstrueren dat allerlei pseudo-herinneringen of commissies opduiken. De Amerikaanse psycholoog Robyn Dawes (1994) beschrijft in zijn boek *House of Cards* een man die een onbezorgde jeugd had gehad en zijn middelbare school en universitaire jaren op een briljante manier had doorlopen. Later raakte deze ex-Harvardstudent aan de drugs en begaf zich op het criminele pad. Terugblikkend op zijn leven zag de man allerlei conflicten in zijn jeugd die er in feite niet waren geweest.

Ook in dagboekstudies à la Barclay werden aanwijzingen gevonden dat depressieve mensen relatief snel pseudo-herinneringen voor waar aannemen (Merckelbach e.a., 1997). Wat daarbij zeker een rol zal spelen is dat het ophalen, vergelijken en kritisch taxeren van herinneringen inspanning vereist. Depressieve mensen hebben daar de energie niet voor. Dat maakt dat zij bevattelijk zijn voor zulke pseudo-herinneringen.

Flitslicht

Autobiografische herinneringen variëren in hun mate van specificiteit. Niet alle herinneringen zijn even gedetailleerd. Sommige hebben een globaal karakter. Zo hebben mensen doorgaans nogal globale herinneringen aan routinehandelingen. Onverwachte en eenmalige gebeurtenissen laten echter herinneringen na die aanmerkelijk gedetailleerder zijn. De details van een doorsneerijles zullen mensen later slecht kunnen oplepelen. Maar aan een ongeluk tijdens een rijexamen zullen ze scherpe herinneringen bewaren (Brewer, 1986).[6]

Herinneringen aan opmerkelijke gebeurtenissen worden wel *flashbulb memories*, flitslichtherinneringen, genoemd (Brown & Kulik, 1977). Dit type herinnering is de alledaagse pendant van het eerder genoemde Von Restorff-fenomeen in het geheugenlaboratorium: dingen die uit de toon vallen – bijvoorbeeld vanwege hun emotionele lading – worden relatief goed onthouden. Flashbulb memories zijn uitvoerig bestudeerd door proefpersonen expliciet te vragen naar hun herinnering aan de omstandigheden waaronder ze hoorden van de moord op J.F. Kennedy, de moord op Olaf Palme, het plotseling aftreden van Margaret Thatcher, de Bijlmerramp, de dood van prinses Diana of de terroristische aanslagen van 11 september 2001. Ook al betreft het gebeurtenissen die jaren terug in de tijd liggen, toch rapporteren proefpersonen in zulke studies vaak allerlei autobiografische details die verbonden zijn met het nieuws. Ze vertellen waar ze mee bezig waren toen ze het nieuws vernamen, van wie ze het nieuws hoorden, wat ze daarna deden enzovoorts.

De Maastrichtse onderzoekster Ingrid Candel interviewde patiënten met het Korsakowsyndroom over hun herinneringen aan de aanslag op de Twin Towers. Hoewel zij over een redelijk normale intelligentie beschikken, hebben Korsakowpatiënten grote moeite met het opslaan van nieuwe informatie. Dat maakt dat zij zich niet meer kunnen herinneren wat zij een paar uur geleden in de krant hebben gelezen of wie hen gisteren heeft bezocht. Hun geheugenstoornis is het gevolg van een chronisch tekort aan vitamine B1 (thiamine), meestal vanwege langdurig alcoholmisbruik. Door het vitaminetekort raken hersenstructuren in de buurt van de hippocampus aangetast. Daardoor lijken Korsakowpatiënten op HM, wiens geval wij in hoofdstuk 2 bespraken. Ondanks hun forse geheugenstoornis wisten de meeste patiënten in het onderzoek van Candel redelijk goed te vertellen wat er op 11-9-2001 gebeurde. Ook beschreven ze van wie ze het nieuws hadden gehoord en wat ze toen aan het doen waren. Ondanks hun geheugenbeperkingen hadden de Korsakowpatiënten dus een flashbulbherinnering aan 11-9-2001. De meest voor de handliggende oorsprong daarvan is de maanden aanhoudende media-aandacht voor de gebeurtenissen van die dag (Candel e.a., 2003).[7]

De eerste onderzoekers die zich bezighielden met flashbulbherinneringen beweerden dat onze hersenen van onverwachte gebeurtenissen een foto-achtige afbeelding maakt. Die afbeelding zou minutieuze details bevatten en tot in lengte van dagen bewaard blijven. Flashbulbherinneringen staan voor altijd in het geheugen gegrift, aldus de oudere literatuur (Brown & Kulik, 1977). Later onderzoek maakte gehakt van dit idee. Zelfs de flashbulbherinneringen van gezonde, intelligente studenten ondergaan met het verstrijken van de tijd drastische veranderingen. Zo interviewden de neuropsychologe Heike Schmolck en haar collega's (2000) een grote groep studenten vlak nadat bekend werd dat O.J. Simpson was vrijgesproken van de moord op zijn ex-vrouw en haar vriend (3 oktober 1995). Sommige studenten werden na 15 maanden opnieuw over de gebeurtenis aan de tand gevoeld. Anderen werden pas weer na 32 maanden opnieuw geïnterviewd. Na 15 maanden leken de herinneringen bij benadering hetzelfde te zijn als na 3 dagen. Echte fouten of verdraaiingen waren relatief zeldzaam. Maar na 32 maanden was nog slechts een op de drie herinneringen hetzelfde als vlak na de gebeurtenis en staken onnauwkeurigheden vaker de kop op. Neem het voorbeeld van deze student. Vlak na de bekendmaking van het nieuws zegt ze:

'Ik was in de loungeruimte van de universiteit en zag het nieuws op de televisie. Meer en meer mensen kwamen naar binnen lopen en iedereen was met elkaar aan het praten.'

Na de 32 maanden beschrijft diezelfde student hetzelfde voorval als volgt:

'Ik hoorde het voor het eerst toen ik televisie aan het kijken was. Dat was thuis, in de woonkamer. Mijn zus en mijn vader waren erbij.'

Dit onderzoek maakt duidelijk dat flashbulbherinneringen geen statische plaatjes in ons hoofd zijn.[8] Flashbulbherinneringen zijn levendige herinneringen en vanwege hun emotionele lading stellen we veel vertrouwen in hun volledigheid en accuraatheid. Maar de waarheid is dat zulke herinneringen net zo goed of slecht zijn als gewone herinneringen. In de woorden van de geheugenonderzoeker David Rubin: 'Het echte mysterie is niet waarom flashbulbherinneringen zo uitzonderlijk accuraat zijn – want dat zijn ze niet –, maar waarom mensen dénken dat zij dat zijn en blijven' (Talarico & Rubin, 2003).

Bijlmerramp

Als flashbulbherinneringen met het voortschrijden van de tijd losser en minder nauwkeurig worden, dan moet het ook mogelijk zijn zulke herinneringen te beïnvloeden. Dat flashbulbherinneringen bepaald niet immuun zijn tegen suggestieve beïnvloeding toonde de Maastrichtse hoogleraar Hans Crombag aan. Hij vroeg tien maanden na de Bijlmerramp (1992) aan studenten, maar ook aan afgestudeerde juristen of zij de film van de neerstortende El Al-Boeing hadden gezien. De meerderheid van de ondervraagden rapporteerde deze niet bestaande film te hebben gezien (Crombag e.a., 1996). De psycholoog James Ost vroeg zich af of de flashbulbherinneringen van Britse onderdanen over de dood van prinses Diana (1997) ook zo kneedbaar waren. Maanden na het drama stuurde hij zijn studenten naar een warenhuis. De studenten vroegen aan winkelende klanten of zij 'de videobeelden die paparazzi-journalisten maakten van de crash van Diana's Mercedes in de Parijse tunnel' hadden gezien. Een dikke 40 procent van de voorbijgangers beweerde inderdaad dat zij deze niet-bestaande beelden met eigen ogen hadden gezien (Ost e.a., 2002). Waren ze dom? Nee, zeker niet. Ook flashbulbherinneringen takelen af en worden gaandeweg onvolledig. Dat maakt ook deze herinneringen vatbaar voor misleidende informatie, zeker als die verstrekt wordt door welbespraakte interviewers. Daar komt bij dat mensen over het algemeen behulpzaam willen zijn en daarom tijdens interviews een welwillende houding aannemen. Dat is de reden dat 30 procent van hen er zijn hand niet voor omdraait om desgevraagd een opinie te geven over een fictieve kwestie als het militaire conflict in Midden-Abessinië: 'Ja, ik ben erg gekant tegen het Amerikaanse optreden in Midden-Abessinië.' Zoals de Duitse onderzoeker Norbert Schwarz (1999) het zei: 'Zulke antwoorden zijn betekenisvoller dan men lange tijd heeft gedacht. Vanuit het standpunt van een normaal gesprek bezien impliceert het simpele feit dat over een onderwerp een vraag wordt gesteld dat dit feit ook echt moet bestaan. Elke andere aanname zou een normaal gesprek onmogelijk maken.'

Overmatig globaal

Per toeval ontdekte de Engelse psychotherapeut Mark Williams dat er iets geks aan de hand is met het autobiografische geheugen van depressieve patiënten. Williams begon zijn carrière ooit met onderzoek naar het zogenaamde *mood congruency*-effect (Williams & Broadbent, 1986). Dat is het verschijnsel dat sombere mensen meer moeite hebben met het onthouden van positieve woorden dan negatieve woorden. Williams besloot na te gaan of dit fenomeen ook geldt voor autobiografisch materiaal. Hij paste de Crovitz-techniek toe bij depressieve patiënten die kort daarvoor een zelfmoordpoging hadden ondernomen. Ze kregen positieve steekwoorden (zoals gelukkig en succes) en negatieve (boos, spijtig) steekwoorden en moesten naar aanleiding daarvan specifieke autobiografische herinneringen ophalen. Aanvankelijk was Williams vooral geïnteresseerd in hun reactietijd: hoelang het duurt voordat patiënten met een autobiografische herinnering op de proppen komen. En inderdaad, de reactietijden volgden mooi het *mood congruency*-effect. De patiënten waren veel trager bij positieve dan bij negatieve steekwoorden. Maar er was nog iets. Toen Williams naar de inhoud van de autobiografische herinneringen ging kijken, bleken die over de gehele linie nogal vaag te zijn. Ook als ze werden afgezet tegen de autobiografische herinneringen van patiënten die in het ziekenhuis verbleven vanwege een beenbreuk, waren de herinneringen van depressieve mensen schraal. Dit verschil trad vooral aan de oppervlakte bij positieve steekwoorden. De patiënten met een gebroken been reageerden bijvoorbeeld op het steekwoord 'geluk' met herinneringen van het type:

'Toen ik vorig maand met Eric Rozijn een biertje ging drinken in café De Bommel. Nico Troost was er ook en ik had hem al heel lang niet gezien en we hebben fijn gepraat over van alles en nog wat en ook de afspraak gemaakt dat we binnenkort met z'n allen lekker gaan eten. Ja, het was een echte, ouderwets gezellige avond.'

De depressieve mensen kwamen echter vaak niet veel verder dan:

'Toen ik een kind was.'

Dit soort *overgeneral memories* traden op ondanks het feit dat de depressieve patiënten telkens uitdrukkelijk werd gevraagd om een specifieke herinnering aan een afgebakende gebeurtenis te beschrijven.

De overmatig globale herinneringen van depressieve mensen zijn fundamenteler dan het *mood congruency*-effect. Het eerste gaat aan het tweede vooraf. Hun tragere reactietijd op positieve woorden is een gevolg van het feit dat depressieve mensen vooral moeite hebben met het opdiepen van specifieke herinneringen die positief zijn. Maar ook op negatieve steekwoorden reageren depressieve patiënten vaker dan anderen met globale herinneringen. Het verschil is hier echter minder in het oog springend.

Aanvankelijk dacht Williams dat de globale herinneringen van zijn depressieve patiënten te maken hadden met hun zelfmoordpoging. In vervolgonderzoek vond hij echter dat overmatig globale herinneringen ook voorkomen bij depressieve patiënten die nooit een zelfmoordpoging hebben ondernomen (Moore e.a., 1988; Williams & Scott, 1988).

Ik stel niets voor

Waarom zijn de autobiografische herinneringen van depressieve mensen zo globaal? Een aantal oorzaken valt uit te sluiten. Zo laat onderzoek zien dat globale herinneringen niet het gevólg zijn van depressieve symptomen. De neiging van depressieve mensen om globale autobiografische herinneringen op te halen blijkt een redelijk stabiel kenmerk te zijn. Depressieve mensen blijven globaal in hun herinneringen, ook als het beter met hen gaat (Williams & Dritschel, 1988). Gebruik van medicijnen en verblijf in een ziekenhuis verklaren evenmin waarom de autobiografische herinneringen van depressieve mensen overmatig globaal zijn. Men zou kunnen veronderstellen dat hun autobiografische herinneringen schraal zijn omdat ze vooral betrekking hebben op verderweg in de tijd liggende levensgebeurtenissen. Of dat de herinneringen van depressieven vaker verwijzen naar routinegebeurtenissen. Of dat depressieve mensen minder intelligent zijn.[9] Geen van deze verklaringen blijkt echter hout te snijden (Williams, 1992).

Een betere verklaring voor het fenomeen biedt volgens Williams (1992) de denkstijl die veel depressieve patiënten erop nahouden: ze neigen ertoe om gebeurtenissen die zij meemaken langs een emotionele dimensie (positief versus negatief) te classificeren. Zodoende gaan zij vaak voorbij aan allerlei specifieke details van gebeurtenissen. En dat zou weer tot globale herinneringen leiden. Dus depressieve mensen herinneren zich van hun bezoek aan de Luikse opera niet dat er die avond erg veel verkeer in Luik was, dat er een combinatie van Verdi (voor de pauze) en Mozart (na de pauze) op het programma stond, dat de koffie in de pauze 2 euro kostte en dat de Nederlandse dirigent vlak na de pauze nog een opmerking maakte over de verbouwing van de Place St. Lambert. Depressieve mensen herinneren zich vooral dat ze zich schaamden omdat ze binnenkwamen toen het orkest al was begonnen.

Interessant in dit verband is het onderzoek naar attributies (oorzaaktoekenning) bij depressieve patiënten. Dat onderzoek heeft laten zien dat zij negatieve gebeurtenissen en tegenslagen toeschrijven aan oorzaken die intern – 'het is mijn schuld' –, stabiel – 'ik kan dit ook echt niet' – en vooral globaal – 'ik stel helemaal niets voor' – zijn (Jansen e.a., 1992). Het is aannemelijk dat overmatig globale herinneringen voorafgaan aan de interne, stabiele en globale oorzaaktoekenning van depressieve mensen. Wie de context – 'het was erg druk in Luik' – snel vergeet, zal tegenslagen – 'ik kwam weer eens te laat' – veel minder snel aan die context toeschrijven en in plaats daarvan eerder grijpen naar interne, stabiele en globale attributies (Riccio e.a., 1994).

Trauma

De tv-journaliste Violet Falkenburg vertelde ooit dat zij zich weinig van haar jeugd kan herinneren. 'Welke boeken las je als meisje? Geen idee. Hield je van de Beatles of van de Stones? Geen idee. Waar keek je naar op de televisie? Geen idee. Wat voor spelletjes deden jullie thuis? Geen idee.' Sommige dingen kan ze zich weer wél haarscherp herinneren: 'Een ziekenhuisdeur met een rond raampje, waardoor ik mijn moeder, helemaal geel van de leverkanker, zag liggen. Alleen het silhouet van haar lichaam. Geen gezicht, geen beweging. En een beeld van de crematie, dat me voor de rest van mijn leven aan claustrofobie geholpen heeft: mijn moeder die in haar kist door de deurtjes verdwijnt, de oven in.' Twaalf jaar was Violet Falkenburg toen haar moeder overleed en aan de autobiografische gebeurtenissen vanaf die tijd heeft zij slechts zeer globale herinneringen.[10]

Men kan wel roepen dat de overmatig globale herinneringen van depressieve mensen te maken hebben met hun denkstijl, maar dan is de volgende vraag waar die stijl vandaan komt. Een interessant idee werd geopperd door de Engelse psychologen Willem Kuyken en Chris Brewin (1995). Deze Engelse psychologen speculeerden dat ingrijpende levensgebeurtenissen verantwoordelijk zijn voor een denkstijl waarbij informatie voortdurend in emotionele termen wordt gecategoriseerd. Wie ooit een ingrijpende levensgebeurtenis meemaakte, zal veel van wat zich daarna in het leven aandient tegen de achtergrond van die gebeurtenis beoordelen. De gebeurtenis fungeert dan als ijkpunt van de autobiografie.

Er valt veel te zeggen voor de theorie van Kuyken en Brewin. Zelf onderzochten deze auteurs de autobiografische herinneringen van depressieve vrouwen die al dan niet een geschiedenis van seksueel misbruik hadden. Globale herinneringen bleken vooral voor te komen bij vrouwen met een misbruikverleden. In vervolgonderzoek kwam vast te staan dat slachtoffers globaler worden in hun autobiografische herinneringen naarmate de misbruikervaringen die zij als kind hebben meegemaakt ernstiger zijn. Hoe ernstiger de misbruikervaringen, des te meer slachtoffers daarmee gepreoccupeerd raken en des te globaler zij worden in hun autobiografische herinneringen (Henderson e.a., 2002).

De Maastrichtse kinderpsycholoog Cor Meesters stelde aan adolescenten die in een internaat verbleven simpele vragen over hun persoonlijke feiten. Het waren vragen als 'Weet je nog hoe je lagere school heette?' en 'Ken je nog de naam van de straat waar je vroeger woonde?' Adolescenten die uit huis waren geplaatst omdat ze door hun ouders zwaar waren mishandeld, hadden meer depressieve symptomen dan adolescenten die om andere redenen in het internaat verbleven. De eerste groep kon ook maar 78 procent van de simpele vragen over hun persoonlijke achtergrond beantwoorden. In de controlegroep was dat 90 procent. Op een geheugentaak die niets met hun autobiografie te maken had presteerden beide groepen even goed. Dat duidt erop dat getraumatiseerde adolescenten niet zomaar een algemeen geheugen- of motivatieprobleem hebben. Eerder lijkt het erop dat zij een tamelijk afgebakende geheugenafwijking laten zien, namelijk globale autobiografische herinneringen (Meesters e.a., 2000; Decker e.a., 2003). Wat ook in dit beeld past is onderzoek naar de allereerste herinneringen die mensen hebben. Als men getraumatiseerde mensen vraagt hun vroegste herinnering te dateren, dan rolt er een gemiddelde van 68 maanden uit de bus. Voor niet-getraumatiseerde proefpersonen ligt dat gemiddelde meer dan een jaar eerder (namelijk op 52 maanden; Parks & Balon, 1995).

Als ingrijpende of traumatische gebeurtenissen steeds voorafgaan aan globale autobiografische herinneringen, dan moet dit type herinneringen ook te vinden zijn bij patiënten met een posttraumatische stressstoornis (PTSS). Met dit in het achterhoofd bestudeerde Harvardpsycholoog Richard McNally de autobiografische herinneringen van Vietnam-veteranen. Hij stuitte daarbij op een vreemde groep. Het ging om veteranen die zich bij McNally meldden met doorgeladen wapens. Ook liepen ze nog steeds in hun gevechtstenue, compleet met onderscheidingstekens. Vergeleken met beter aangepaste Vietnam-veteranen bleken deze mensen in versterkte mate last te hebben van overmatig globale herinneringen. Als zij al gedetailleerde herinneringen hadden, dan gingen die allemaal over hun tijd in Vietnam. Het leek wel of deze veteranen mentaal waren blijven hangen in een levensperiode die dertig jaar terug in de tijd lag (McNally e.a., 1994; 1995a).[11]

Jappenkamp

Er is in de afgelopen jaren veel onderzoek gedaan naar de autobiografische herinneringen van mensen die een ernstig verkeersongeluk hebben meegemaakt of van vrouwen die het slachtoffer van verkrachting zijn. Steeds stellen onderzoekers vast dat een subgroep van deze slachtoffers het moeilijk vindt om specifieke herinneringen op te halen. Het blijkt voortdurend om slachtoffers te gaan die aan hun trauma PTSS-klachten overhielden. Er is dus sprake van een duidelijke samenhang tussen traumatische gebeurtenissen, globale herinneringen en PTSS of depressie (McNally e.a., 1995b; Harvey e.a., 1998; McNally, 2003). Ook wij onderzochten die samenhang en wel in een groep van veertig Nederlanders die in een jappenkamp hadden gezeten of tijdens de *bersiap* het slachtoffer werden van mishandeling en intimidatie. Sommigen van hen gaan tot op de dag van vandaag gebukt onder die ervaringen. Zij hadden last van allerlei klachten en waren daarvoor onder behandeling bij de eerder genoemde, in oorlogstrauma's gespecialiseerde arts Theo Dekkers. Andere mensen in ons onderzoek waren er op de een of andere manier in geslaagd zich zonder hulp staande te houden. Zij vormden de controlegroep. We onderzochten beide groepen op depressieve symptomen en PTSS-klachten. We gaven hen ook een neutrale geheugentaak die uit het leren en reproduceren van woorden bestond. Ten slotte kregen beide groepen positieve en negatieve steekwoorden (geluk, eenzaam, enzovoort) met de instructie om naar aanleiding van elk woord een bijbehorende, maar ook specifieke herinnering op te halen. De figuur laat de resultaten zien. De groep die onder behandeling stond was depressiever en had meer PTSS-klachten dan de controlegroep. Ofschoon beide groepen op een neutrale woordleertaak vergelijkbaar presteerden, bleek de groep die in behandeling was meer overmatig globale herinneringen op te halen dan de controlegroep (Wessel e.a., 2002). Dit patroon spoort aardig met de indruk van ervaren dokters over patiënten die ooit in een jappenkamp zaten. De slachtoffers zien hun verblijf in de kampen vaak als de grote breuklijn in hun autobiografie: hun leven voor de kampen ervaren zij als idyllisch, hun leven erna als grauw en treurig. Geen enkel slachtoffer is zijn kampervaringen helemaal vergeten. Dat zou ook niet passen bij het idee dat die ervaringen als ijkpunten van de autobiografie fungeren.[12] Van de Amerikaanse journalist Mark Pendergrast komt het verhaal dat hij ooit drie vooraanstaande schrijvers met een encyclopedische kennis van de holocaust – namelijk Elie Wiesel, Lawrence Langer en Raul Hilberg – vroeg of zij gevallen kenden waarbij slachtoffers hun herinneringen aan de concentratiekampen hadden verdrongen. De schrijvers zouden hem onwezenlijk hebben aangekeken. Het uiteindelijke antwoord zou ongeveer zijn geweest dat slachtoffers van de holocaust juist zwaar gebukt gaan onder hun herinneringen en dat die alleen door een hersenbeschadiging kunnen verdwijnen (McNally, 2003).

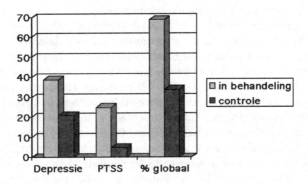

Dissociatieve amnesie

De globale autobiografische herinneringen van patiënten met PTSS of depressie zijn inmiddels een goed gedocumenteerd verschijnsel. Het belang ervan is dat dit fenomeen een nieuw licht kan werpen op een oud probleem. We doelen dan op de vraag of er zoiets bestaat als amnesie (geheugenverlies) voor traumatische gebeurtenissen. Dat type geheugenverlies bestaat, zegt de psychiater Dough Bremner (zie hoofdstuk 6). Ook getraumatiseerde patiënten zelf rapporteren soms dat ze allerlei details vergeten zijn van de periode rondom of na het trauma (Foa e.a., 1995). Onder psychotherapeuten is het gebruikelijk om dit in termen van verdringing of dissociatie te verklaren: het zou gaan om ego-bedreigende herinneringen die naar het onderbewuste worden gedirigeerd (verdringing) of die in een afgesplitst deel van de persoonlijkheid worden ondergebracht (dissociatie). Zoals verderop in dit boek nog aan de orde zal komen (zie vooral hoofdstukken 9, 10 en 13), zijn verdringing en dissociatie tamelijk omstreden begrippen. Ze proberen een verklaring te geven voor iets waarvan niet duidelijk is of het überhaupt wel bestaat: geheugenverlies (amnesie) voor een emotioneel trauma. Zolang zij geen hersenbeschadiging opliepen geldt immers dat mensen redelijk scherpe herinneringen aan emotionele voorvallen bewaren (Merckelbach & Wessel, 1994; Wessel & Merckelbach, 1995). Dat neemt niet weg dat sommige patiënten tijdens hun behandeling het gevoel kunnen krijgen dat zij aan een soort amnesie lijden en dát behoeft een verklaring. Die zou wel eens kunnen liggen in de overmatig globale herinneringen van deze patiënten. Tijdens hun behandeling krijgen zij allerlei autobiografisch getinte vragen voorgeschoteld: 'Kreeg u steun van uw ouders?' 'Wat was de reactie van uw man toen hij het hoorde?' En 'Had u in die periode vrienden of vriendinnen?' De patiënten zullen met vage antwoorden komen en dat zal ertoe leiden dat hun psychotherapeut nog meer detailvragen gaat stellen. Daarop worden de antwoorden nog moeizamer. Uiteindelijk zullen sommige patiënten het gevoel krijgen dat zij voor de hand liggende dingen zijn vergeten. Als de psychotherapeut hen dan de diagnose 'dissociatieve amnesie' aanreikt, aanvaarden ze dat dankbaar.

Het gevoel hebben dat je aan amnesie lijdt is nog niet hetzelfde als ook echt aan amnesie lijden. Dat werd fraai gedemonstreerd in een simpel experiment van de Amerikaanse psycholoog Piotr Winkielman. Hij instrueerde zijn studenten om 4 of 12 jeugdherinneringen op te halen. Nadat zijn proefpersonen dat braaf hadden gedaan, stelde hij hun de vraag die de psychotherapeut aan zijn patiënten stelt om erachter te komen of zij lijden aan dissociatieve amnesie. Hij vroeg: 'Zijn grote gedeelten van je geheugen verdwenen?' Van de studenten die slechts 4 herinneringen hadden opgehaald zei 19 procent dat dat inderdaad het geval was. Van de studenten die 12 herinneringen hadden opgehaald zei bijna 50 procent dat er grote delen weg waren. Dat laatste percentage is gek, want deze studenten hadden driemaal zoveel herinneringen naar boven gehaald als de groep met 4 herinneringen. Als proefpersonen of patiënten vragen beantwoorden over amnesie kijken ze blijkbaar minder naar aantal en inhoud van hun herinneringen en meer naar de moeite die het kost om de herinneringen boven water te halen. Naarmate het ophalen van autobiografische herinneringen moeizamer verloopt, hebben mensen sneller de neiging om dat toe te schrijven aan een lege geheugeninhoud (Winkielman e.a., 1998; Merckelbach e.a., 2001).

Onderzoek van de Nederlandse psychologe Kim van Oorsouw laat zien dat zelfs gewone proefpersonen daarbij makkelijk in een vicieuze cirkel verzeild raken. Ze vroeg haar proefpersonen eerst om hetzij 3, hetzij 9 jeugdherinneringen op te halen. Daarna kregen de proefpersonen de vraag voorgelegd of ze grote delen van hun jeugd kwijt waren. In de groep die 3 herinneringen ophaalde antwoordde 16 procent instemmend. In de groep die 9 herinneringen op papier had gezet was dat 40 procent. Vervolgens kregen beide groepen positieve en negatieve steekwoorden waarop ze moesten reageren met specifieke autobiografische herinneringen. De groep die eerst 9 herinneringen had opgehaald kwam met meer globale beschrijvingen aanzetten dan de groep die eerst 3 herinneringen had opgehaald. De moraal van dit onderzoek is dat gezonde, intelligente proefpersonen eenvoudig in een situatie te manoeuvreren zijn waarin ze hun geheugen gaan diskwalificeren. Doen ze dat eenmaal, dan beïnvloedt dat vervolgens de specificiteit van hun autobiografische herinneringen. Als zoiets bij gewone studenten mogelijk is, dan moet het al helemaal eenvoudig zijn om patiënten tijdens gesprekstherapie het gevoel te laten krijgen dat zij een omvangrijke amnesie hebben (Van Oorsouw & Merckelbach, 2004).

Johnny in de bak

Het was allemaal misgelopen toen zijn vrouw twee jaar geleden aan de gevolgen van een erfelijke spierziekte overleed. Johnny stond er toen alleen voor. Om het huishouden met vier opgroeiende kinderen draaiende te houden had hij voor de harde lijn gekozen. Een van zijn minderjarige dochters wilde zich onttrekken aan zijn dominante opvoedingsstijl. Zeer tegen de zin van haar vader was ze vastbesloten om in te trekken bij haar oudere vriend. Om dat te bereiken deed ze bij de politie aangifte van seksueel misbruik door haar vader. Dat was althans de lange versie van Johnny's verhaal over de gebeurtenissen. De dochter stelde daartegenover dat Johnny sinds het overlijden van haar moeder niet meer goed aan zijn trekken kwam en sindsdien de gewoonte had ontwikkeld om bij haar in bed te kruipen. Hoe dan ook, Johnny werd door de plaatselijke politie opgepakt en ondervraagd. Daarbij viel het de rechercheurs op dat Johnny wel zeer afgemeten antwoorden gaf op vragen als 'Kunt u eens een gewone werkdag bij u thuis beschrijven?' 'Wat doen de kinderen dan 's avonds, vlak voor het naar bed gaan?' en 'Waarom hebt u een hekel aan de vriend van uw dochter?' Johnny was zo kort van stof dat de politie een psychiater liet komen. Die onderzocht Johnny in zijn politiecel. De psychiater vond praten met Johnny ook al vermoeiend en was daarom snel klaar met zijn onderzoek. In zijn rapport schreef de psychiater: 'Betrokkene kan weinig gedifferentieerd over zijn leven praten. Hij is een affectarme man en een ontkennende verdachte. Hij straalt wantrouwen uit en komt daardoor weinig betrouwbaar over.' Het kwam niet bij de psychiater op dat Johnny misschien last had van overmatig globale herinneringen. Daarmee zag deze deskundige iets over het hoofd. Per slot van rekening slikte Johnny medicijnen omdat hij het zo moeilijk had met de dood van zijn vrouw. En voor het eerst in je leven in een politiecel zitten op beschuldiging van ontucht met je eigen kind kan ook tellen als een ingrijpende levensgebeurtenis. We weten niet of Johnny schuldig is of niet. Wat we wel weten is dat het psychiatrische rapport invloed had op de verdere verhoren. De rechercheurs dachten van doen te hebben met een schuldige verdachte die alleen maar uit berekening korte antwoorden gaf. De druk op Johnny werd opgevoerd, maar zijn antwoorden werden steeds korter.

Dat mensen met globale autobiografische herinneringen iets voor zichzelf of voor anderen verborgen willen houden is een hardnekkig idee. Men vindt het zelfs terug bij de pionier op het terrein van de globale herinneringen,

Mark Williams. In zijn meer recente artikelen over het fenomeen schrijft hij dat globale herinneringen een functie hebben. Men probeert er pijnlijke momenten en ervaringen mee te ontlopen. Belgische onderzoekers beweren steun voor dat idee te hebben gevonden. Zij gaven proefpersonen met globale autobiografische herinneringen of juist specifieke herinneringen een frustrerende taak die bestond uit een tangrampuzzel. Later vroegen de onderzoekers aan de proefpersonen hoe vervelend ze de taak hadden gevonden. De proefpersonen met een globale autobiografie waren minder aangedaan door de taak dan proefpersonen met een specifieke autobiografie. Dat, aldus de Belgische psychologen, zou bewijzen dat globale herinneringen een rol spelen bij het wegdrukken van vervelende emoties. Wie negatieve gebeurtenissen slechts in zeer globale termen beschrijft, beschermt zichzelf tegen pijnlijke emoties die aan de details van dat soort gebeurtenissen zijn gekoppeld (Williams e.a., 1996; Raes e.a., 2003).

Het idee dat globale herinneringen een defensieve functie hebben is ondertussen weinig overtuigend. Misschien haalden in het Belgische onderzoek de proefpersonen met een globale autobiografie hun schouders op over de tangrampuzzel. Wat betekent zo'n puzzel helemaal, als een echte traumatische gebeurtenis het dominante referentiepunt van je autobiografie is? En hoe moet men zich die defensieve functie voorstellen? Zit er een homunculus in het brein die op de rem trapt zodra negatieve herinneringen worden opgehaald? Maar dan moet de homunculus toch al weet hebben van de inhoud van die herinneringen? En wat is er trouwens bedreigend aan een tangrampuzzel of details van een Luikse opera-avond?

Schrijven

Vaststaat dat globale autobiografische herinneringen een serieus obstakel zijn bij de behandeling van depressies. Het succes van zo'n behandeling staat of valt met de mate waarin het voor de patiënt mogelijk is zich anders te gaan gedragen dan hij of zij tot nog toe deed. Specifieke herinneringen vormen daarvoor een belangrijke inspiratiebron. Neem de patiënt die bij een steekwoord als 'gelukkig' niet verder komt dan 'toen ik jong was'. Deze patiënt kan aan deze vage herinnering geen oplossing voor zijn probleem ontlenen (Williams, 1992). Dat het hier om meer dan een klinische indruk gaat illustreert Brits onderzoek. Zo vonden de psychologe Julie Evans en haar collega's (1992) dat er een behoorlijke samenhang bestaat tussen de neiging van depressieve patiënten om globale herinneringen op te halen en hun probleemoplossend vermogen. Hoe globaler hun herinneringen, des te minder patiënten in staat zijn een reeks van oplossingen te bedenken voor problemen als verhuizen naar een nieuwe buurt en niemand kennen.[13]

De Londense psychiater Adrian Brittlebank en zijn medewerkers (1993) volgden een tijdlang een groep depressieve patiënten. Zij vonden dat globale herinneringen een goede voorspeller zijn van het verloop van de depressie. Hoe geprononceerder de globale herinneringen, des te hardnekkiger de depressie en des te minder medicijnen aanslaan. Opvallend in dit onderzoek was dat globale herinneringen het ziekteverloop aanmerkelijk beter voorspelden dan scores van de patiënten op depressievragenlijsten. Dat is daarom opmerkelijk omdat het over het algemeen moeilijk is om het verloop van een depressie te voorspellen. Onder de indruk van dit resultaat voerden de Maastrichtse psychiater Frenk Peeters en zijn collega's (2002) een vergelijkbaar onderzoek uit. Gedurende een jaar volgden zij depressieve patiënten die met medicamenten werden behandeld. Opnieuw bleek dat een gebrek aan specifieke herinneringen – dit keer vooral op negatieve steekwoorden – een voorspeller was van een moeilijk te behandelen depressie. In dezelfde lijn ligt het onderzoek van de Australische psychologe Allison Harvey en haar collega's (1998). Zij volgden een groep patiënten die vanwege een ernstig verkeersongeval in het ziekenhuis waren beland. Geen van hen had een hersenbeschadiging. Tijdens hun verblijf in het ziekenhuis kregen zij positieve en negatieve steekwoorden voorgelegd met het verzoek om daarop met een gedetailleerde autobiografische herinnering te reageren. Diegenen die daartoe niet goed in staat waren bleken na een half jaar de verschijnselen van een PTSS te vertonen.

Als globale autobiografische herinneringen een obstakel vormen bij therapie, dan zouden pogingen om ze te corrigeren wel eens zinnig kunnen zijn. Maar hoe doe je dat? Een methode is patiënten langere tijd een gedetailleerd dagboek te laten bijhouden (Williams e.a., 1992). Vaak werkt zo'n dagboek ondermijnend op de abstracte denkstijl die aanzet tot globale herinneringen. Patiënten raken getraind in het vastleggen en oproepen van specifieke autobiografische fragmenten. Die bieden vervolgens een goed uitgangspunt voor gedragsverandering. Het bijhouden van dagboeken sorteert over het algemeen een gunstig effect bij mensen die gebukt gaan onder een trauma. Dat positieve effect blijkt bijvoorbeeld uit het feit dat dagboekschrijvers minder frequent hun huisarts bezoeken dan diegenen die geen dagboek voeren. In een dagboek schrijven krikt ook de capaciteit van het kortetermijngeheugen op. Wie schrijft, gaat minder piekeren over pijnlijke details en heeft meer plaats in zijn kortetermijngeheugen om ook andere informatie vast te houden (Klein & Boals, 2001).

Wanneer de dagboeken van mensen die wel en die niet opknappen met elkaar worden vergeleken, treden er interessante verschillen aan het licht. De dagboeknotities van mensen die wel herstellen vertonen een duidelijke ontwikkeling in de richting van een meer afstandelijke interpretatie die zij aan tegenslagen in hun leven geven. Zij gebruiken bijvoorbeeld voortdurend woorden als 'beseffen', 'begrijpen', 'daarom' en 'omdat'. De dagboekfragmenten van de mensen die weinig baat hebben bij schrijven vertonen deze tendens niet (Pennebaker, 1993).

Een ander verschil tussen mensen die wel en die niet profiteren van dagboeken heeft te maken met hun gebruik van voornaamwoorden ('ik', 'jij', 'wij'). Diegenen die in staat zijn om van perspectief te wisselen hebben het meeste baat bij de dagboekmethode. Onderzoek naar zelfmoord onder dichters laat zien dat schrijvers met een egocentrische stijl – 'ik' – vaker de hand aan zichzelf slaan dan schrijvers die vanuit een ander gezichtspunt kunnen schrijven (Campbell & Pennebaker, 2003). Perspectiefwisselingen hebben ook een opmerkelijk effect op ons geheugen. Ze maken geheugeninformatie beter toegankelijk. Grappig is het al wat oudere onderzoek van de psychologen Richard Anderson en James Pichert (1978). Zij gaven hun proefpersonen een ingewikkelde beschrijving van een huis te lezen. Sommigen kregen de opdracht om haar met de ogen van een huizenkoper te lezen. Andere proefpersonen kregen de instructie om de beschrijving met de ogen van een inbreker te lezen. Later moesten de proefpersonen de beschrijving vanuit hun geheugen reconstrueren. Proefpersonen die daarbij van perspectief wisselden – van huizenkoper naar inbreker of vice versa – konden meer details noemen dan proefpersonen die in hun rol bleven steken.

Welke amnesie?

Onder psychotherapeuten leeft nog volop het oude freudiaanse idee dat mensen de neiging hebben om ingrijpende levensgebeurtenissen uit hun autobiografische herinneringen te bannen. Volgens dit idee hebben slachtoffers slechts fragmentarische herinneringen aan hun trauma. Die fragmenten zouden zich via flashbacks en nachtmerries manifesteren, maar voor het overige zouden slachtoffers geheugenverlies voor het trauma hebben. Die constellatie, aldus het onder psychotherapeuten gangbare idee, werkt depressies en PTSS-klachten in de hand. Het doel van de psychotherapie is dan ook volledige rehabilitatie van de traumatische herinneringen in de autobiografie. Slachtoffers moeten leren praten over hun traumatische herinneringen en moeten aanvaarden dat het een onmiskenbare mijlpaal in hun leven is (Ehlers & Clark, 2000). Met die nobele doelstelling arriveerden vlak na de aanslagen op de Twin Towers 9000 psychotherapeuten in New York. Op grote schaal organiseerden zij zelfhulpgroepen waarin overlevenden met elkaar moesten praten over wat er die dag was gebeurd. Een van hen was een jonge bankemployee. Hij luisterde aandachtig naar de gruwelijke ervaringen die andere overlevenden hadden meegemaakt. Maar in plaats van dat hij daarvan opknapte, werd hij vanaf dat moment onophoudelijk geplaagd door opdringerige gedachten over wat andere overlevenden hem hadden verteld en wat hij zelf had meegemaakt. Hij kreeg last van zeer hardnekkige PTSS-klachten.[14] Zijn verhaal is niet uniek. De aanwijzingen stapelen zich op dat zogenoemde *trauma debriefing* de klachten van slachtoffers eerder vergroten dan dat ze die verhelpt. Vandaar dat in het omvangrijkste overzichtsartikel over deze kwestie de harde conclusie wordt getrokken dat 'omwille van wetenschappelijke en ethische redenen experts nu moeten ophouden met het geven van min of meer verplichte debriefing-sessies aan slachtoffers' (McNally e.a., 2003).

Waarom kunnen dit soort sessies averechts werken? Een reden is dat getraumatiseerde mensen onder invloed van de therapie zichzelf nog maar op één manier kunnen zien, namelijk als slachtoffer. Op dat gevaar hebben geheugenpsychologen vaak gewezen. Zij benadrukken dat traumatische herinneringen de eigenschappen van flashbulbs hebben. Ze worden als uitermate scherp beleefd. Het ziekmakende element van zulke herinneringen schuilt niet in hun ontoegankelijkheid, maar juist in hun dominante positie binnen het totale netwerk van autobiografische herinneringen. Zodra traumatische herinneringen het allesoverheersende referentiepunt worden binnen dat netwerk en alle andere herinneringen er associatief mee verbonden raken, treden de complicaties op. Dan kan het ex-slachtoffer nog maar aan één ding denken en dat is het trauma. Daarnaast verbleken alle andere ervaringen.[15] De Deense psychologe en schrijfster Dorthe Bernsten vond in haar onderzoek onder getraumatiseerde studenten inderdaad dat de studenten die het trauma tot hun identiteit hadden verheven er het slechtst aan toe waren. De studenten die in staat waren een ander perspectief aan te nemen en de traumatische herinneringen konden afzonderen van hun overige ervaringen verging het stukken beter (Bernsten e.a., 2003).

Sabine Dardenne is een van de slachtoffers van de Belgische serieverkrachter Marc Dutroux. Ze was twaalf jaar oud toen ze in 1996 door Dutroux werd ontvoerd. Tachtig dagen lang hield hij haar vast. Haar getuigenis over die periode wordt door sommige Belgische advocaten en magistraten niet serieus genomen. Zij gaan ervanuit dat Sabines verhaal onvolledig *moet* zijn. Het slachtoffer zelf is daar verbolgen over: 'Men stelde mij voor als het kleine arme meisje dat niet meer weet wat het heeft meegemaakt. Terwijl ik elke dag bij mijn volle bewustzijn ben geweest en me iedere seconde herinner.'[16] De gedachte dat traumatische herinneringen per definitie onsamenhangend en ontoegankelijk zijn, kent blijkbaar zelfs onder juristen haar aanhangers. Al het onderzoek laat zien dat die gedachte onjuist is. Het probleem met traumatische herinneringen is dat ze te toegankelijk zijn en daardoor binnen de autobiografie een monopolie verwerven (Rubin e.a., 2004).

Aan ons onderzoek naar de herinneringen van mensen die ooit in een jappenkamp zaten deed ook Johan mee. Hij werd geboren in 1936 en zat met zijn moeder en drie oudere broers in een kamp. Zijn oma verbleef buiten het kamp, maar op een dag werd ze opgepakt en voor de ogen van de familie dusdanig afgeranseld dat ze later stierf. Iets later probeerde een van de broers buiten het kamp een kip te stelen, maar hij werd door de Japanse bewakers betrapt en doodgeschoten. Johan kan dat allemaal heel goed beschrijven. Aanmerkelijk vager wordt Johan als hij het heeft over zijn huwelijk, over zijn eigen kinderen en over het bedrijf waar hij tot aan zijn pensioen werkte. Amnesie? Welke amnesie?

7. Een bekentenis en haar gevolgen

Binnen vijf seconden ben je terug bij die paar dagen in 1986. Je kunt met haar praten over haar huisdieren, haar moeder of haar cursus mozaïeken. Maar welk onderwerp ook ter sprake komt, het blijkt altijd de opmaat voor bespiegelingen over wat haar overkwam op 8 september 1986. Dat was de dag dat de toen dertigjarige Ina Post 's morgens vroeg door de politie van haar bed werd gelicht en werd afgevoerd naar het politiebureau. Daar aangekomen, werd zij door rechercheurs uitvoerig gehoord over het werk dat zij als bejaardenverzorgster had verricht voor een 89-jarige weduwe. Deze weduwe was iets meer dan twee weken daarvoor dood aangetroffen in haar bejaardenflat. Ina Post moest een van de laatste personen zijn geweest die haar in levenden lijve had gezien.

Na vier dagen op het politiebureau te hebben vastgezeten en indringend te zijn verhoord, kwam Ina Post met de volgende bekentenis: 'Rond 18.00 uur ben ik teruggegaan naar de woning van mevrouw om te kijken of ze haar eten wel had opgegeten. Op een gegeven moment ging mevrouw naar het toilet. Ik zat in geldnood, alle girorekeningen stonden rood. Op dat moment kwam bij mij de ingeving op om geld weg te nemen. Het was mij bekend dat mevrouw haar geld en papieren bewaarde in het kastje dat met de rug tegen de muur stond die aan de keuken grensde. Op het moment dat ik dat kastje opende, kwam mevrouw plotseling de woonkamer in. Ik hoorde haar zeggen: 'Dat mag niet.' Ik schrok hevig en gaf in een reflexbeweging mevrouw een duw. Ik zag dat zij op de grond viel. Ik pakte haar wandelstok en gaf haar met deze stok een klap op het hoofd. Ik bemerkte dat mevrouw bewusteloos raakte door die klap. Ik geraakte toen geheel in paniek. Ik liep naar het berghok aan de voorzijde van de woning en pakte een stuk elektriciteitssnoer. Ik draaide het elektriciteitssnoer om haar hals.'[1]

Hoe het verder ging

Ofschoon Ina Post deze bekentenis later weer introk, zou ze haar in strafrechtelijk opzicht fataal worden. Er waren in deze zaak geen belastende getuigenverklaringen, vingerafdrukken of DNA-sporen. Evenmin bestond er een duidelijk motief, want uit nader onderzoek bleek dat Ina Post geen geldzorgen had. Aan de andere kant: de bij de weduwe ontvreemde bankcheques werden enige dagen na de moord verzilverd met behulp van valse handtekeningen. Deze handtekeningen vertoonden volgens een grafoloog 'een aantal overeenkomsten in algemene kenmerken' met het handschrift van Ina Post. En dan was er nog haar bekentenis. Daarop kwam ze weliswaar terug, maar na opnieuw te zijn verhoord bekende ze andermaal. Die tweede bekentenis herriep Ina Post wederom. In de jaren die volgden hield ze consequent vol onschuldig te zijn. Hoe dan ook, de rechtbank in Den Haag achtte haar wél schuldig aan doodslag en veroordeelde haar tot zes jaar gevangenisstraf, een oordeel dat in hoger beroep standhield. Een cassatieberoep bij de Hoge Raad draaide op een mislukking uit. De jaren verstreken en Ina Post zat haar gevangenisstraf uit. Tijdens haar detentieperiode, maar ook daarna zocht Ina Post voortdurend de openbaarheid. De boodschap aan journalisten en het publiek was steeds dat zij onschuldig was.[2] Ondertussen strandden vier bij de Hoge Raad ingediende herzieningsverzoeken (1990, 1993, 1994, 2001). En zo komen we in 2004.[3]

Attributiefout

De zaak Ina Post bestrijkt meer dan zeventien jaar. In die periode zijn psychologen anders gaan denken over hoe men bekentenissen van verdachten moet waarderen. We komen op dit punt zo dadelijk terug. Amerikaanse cijfers laten zien dat de overgrote meerderheid van de opgeloste misdrijven (circa 80 procent) haar oplossing te danken heeft aan een verdachte die bekent (Zimbardo, 1967). In veel landen – waaronder ook Nederland – is een enkele bekentenis van de verdachte formeel onvoldoende om tot een veroordeling te komen. Maar in de praktijk luidt een bekentenis vaak het einde in van het politie-speurwerk naar bijkomend bewijs. In hun klassieke boek *Dubieuze zaken* merken de hoogleraren Hans Crombag, Peter van Koppen en Willem Albert Wagenaar (1994) op dat de Nederlandse wetgever heeft verzuimd om in het geval van bekentenissen eisen te stellen aan dat bijkomende bewijs. Over rechters die moeten beslissen in zaken met bekennende verdachten schrijven zij: 'Zo is het mogelijk geworden om een bekentenis en de aanwezigheid van een lijk of een bekentenis in combinatie met een goed motief, ja zelfs een bekentenis in combinatie met een getuige aan wie die bekentenis eerder gedaan is, als voldoende te aanvaarden.' Voor de politie is het vooruitzicht van een rechtbank die zich snel tevreden stelt met een bekentenis niet speciaal een aanmoediging om ijverig verder te rechercheren naar andere, voor de verdachte belastende feiten, laat staan naar voor die verdachte ontlastende feiten. In de nabije toekomst zal dit overigens tot officiële werkwijze worden verheven. Want in het najaar van 2003 kwam de minister van Justitie Piet Hein Donner met een wetsvoorstel dat het nog eenvoudiger moet maken om tot een veroordeling van bekennende verdachten te komen. De strekking ervan is dat ander bewijs niet meer tot in detail hoeft te worden uitgewerkt als de verdachte zegt dat hij het heeft gedaan.[4]

Waarom kennen juristen zoveel gewicht toe aan de bekentenis van een verdachte? De kwestie die hier aan de orde is staat bij psychologen bekend als het principe van de *fundamentele attributiefout* (Zimbardo & Leippe, 1991). Mensen schrijven het gedrag van anderen toe aan de eigenschappen van die anderen en niet aan de omstandigheden. Een klassieke demonstratie van dit principe is het experiment waarbij men studenten willekeurig de rol van quizmaster, quizdeelnemer of toeschouwer toebedeelde. De quizmasters kregen de opdracht om tien extreem moeilijke vragen te bedenken en die voor te leggen aan de quizdeelnemers. In het experiment ging het eigenlijk om hoe de toeschouwers het gedrag van de quizmasters en quizdeelnemers zouden beoordelen. De toeschouwers keken naar de quiz en waren volledig op de hoogte gesteld van de procedure. Niettemin vonden zij de quizmasters stukken slimmer dan de quizdeelnemers. Dat getuigt van een diepgewortelde neiging om bij het verklaren van gedrag voorbij te gaan aan externe factoren – de onbillijke spelregels – en overmatig gewicht toe te kennen aan karaktereigenschappen, in dit geval intelligentie.

Het valt gemakkelijk in te zien waarom ook – en misschien wel vooral – juristen last hebben van deze fundamentele attributiefout. Juristen moeten niet over omstandigheden, maar over individuen beslissingen nemen. Door hun preoccupatie met begrippen als verantwoordelijkheid, opzet en schuld kijken zij bijna automatisch naar persoonseigenschappen die gedrag kunnen verklaren. Wie tegen de achtergrond van het juridische begrippenapparaat een oordeel moet vellen over de herkomst van een bekentenis, is daarom al snel bereid om de verdachte en niet de omstandigheden als bron daarvan te beschouwen. Laten we het nog eens anders zeggen: veel juristen zullen snel geloven dat een bekentenis authentiek is en niet werd afgedwongen door de omstandigheden.[5]

Valse bekentenissen

Natuurlijk is men in juridische kringen wel bekend met het fenomeen van de verstandelijk gehandicapte persoon die een valse bekentenis aflegt. Berucht is de in Engeland spelende zaak van de in 2002 uiteindelijk vrijgesproken Stephen Downing. In 1973 ging de toen zeventienjarige Downing achter slot en grendel nadat hij aan het einde van een negen uur durend verhoor de moord op een vrouw uit zijn dorp had bekend. Zijn bekentenis herriep hij later. In de jaren die volgden hield hij zijn onschuld vol, wat hem uiteindelijk op een lan-

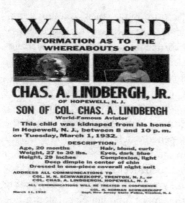

WANTED
INFORMATION AS TO THE
WHEREABOUTS OF

CHAS. A. LINDBERGH, JR.
OF HOPEWELL, N. J.
SON OF COL. CHAS. A. LINDBERGH
World-Famous Aviator
This child was kidnaped from his home
in Hopewell, N. J., between 8 and 10 p. m.
on Tuesday, March 1, 1932.

DESCRIPTION:

Age, 20 months   Hair, blond, curly
Weight, 27 to 30 lbs.   Eyes, dark blue
Height, 29 inches   Complexion, light
Deep dimple in center of chin
Dressed in one-piece coverall night suit

ADDRESS ALL COMMUNICATIONS TO
COL. H. N. SCHWARZKOPF, TRENTON, N. J., or
COL. CHAS. A. LINDBERGH, HOPEWELL, N. J.
ALL COMMUNICATIONS WILL BE TREATED IN CONFIDENCE
COL. H. NORMAN SCHWARZKOPF
March 11, 1932   Supt. New Jersey State Police, Trenton, N. J.

gere straf kwam te staan. Downing had de mentale vermogens van een elfjarige en het is om allerlei redenen onwaarschijnlijk dat hij de moord op zijn geweten heeft. Engelse juristen lijken nu in elk geval bereid om te erkennen dat een verstandelijke handicap in combinatie met een langdurig verhoor de kans op een valse bekentenis aanmerkelijk verhoogt (Hale, 2002).

Evenzeer zien juristen wel in dat verdachten met psychiatrische symptomen makkelijk tot een valse bekentenis zijn te brengen. Soms is het alleen maar een 'morbide hang naar roem' (Conti, 1999) die patiënten ertoe aanzet allerlei delicten op te biechten die zij niet hebben gepleegd. In 1932 werd het twintig maanden oude zoontje ontvoerd van Charles Lindbergh, de man die als eerste de oceaan overvloog. De Amerikaanse kranten schreven maandenlang over niets anders. Vanwege die ongekende aandacht gaven zich bij de politie maar liefst tweehonderd mensen als kidnapper aan. In alle gevallen betrof het lieden die flink in de war waren.

Een vergelijkbaar fenomeen deed zich voor toen in 1947 het verminkte lichaam van de toen 22-jarige Hollywoodster Elizabeth Short werd ontdekt. Dit keer meldden zich bij de politie zestig patiënten die beweerden Short te hebben vermoord (Conti, 1999). Een meer eigentijds voorbeeld is Henry Lee Lucas, de man die in sommige boeken nog steeds figureert als de grootste seriemoordenaar aller tijden. Lucas' doodstraf werd in 1998 door de toenmalige gouverneur van Texas, de latere Amerikaanse president George Bush, omgezet in levenslang. In 2001 stierf Lucas in zijn cel. Vaststond toen dat hij een aantal moorden op zijn geweten had, waaronder die op zijn moeder. Dat hij die honderden andere moorden uit zijn duim had gezogen was inmiddels ook duidelijk. Tegenover de Britse psycholoog Gudjonsson vertelde Lucas dat hij aanvankelijk een *nobody* was. Gudjonsson (1999) schrijft: 'Toen hij eenmaal valse bekentenissen ging afleggen veranderde dat allemaal en nu geniet hij van zijn status als ster en heeft hij veel vrienden.' Tijdens het testpsychologisch onderzoek dat Gudjonsson bij Lucas uitvoerde, viel op dat Lucas een IQ van 89 had, er paranoïde ideeën op na hield en confabuleerde. Het rapport dat Gudjonsson vervolgens over zijn geval schreef zal er zeker toe hebben bijgedragen dat Lucas op het nippertje aan de elektrische stoel ontsnapte.[6]

In ons land hadden we de 38-jarige J.M. die voor de rechtbank in Arnhem verklaarde dat hij vierenzeventig Serviërs zou hebben vermoord. De man meldde zich aanvankelijk vrijwillig bij de Amerikaanse troepen in het voormalige Joegoslavië met het verhaal dat hij aan de kant van de Albanese rebellen had gestreden. Volgens militaire deskundigen was het verhaal volstrekt ongeloofwaardig. De Arnhemse rechters zaten behoorlijk in hun maag met deze fantast.[7]

Het verhoor

Ina Post werd op een maandagmorgen aangehouden. Het was op de daaropvolgende donderdagavond dat zij haar eerste bekentenis aflegde. In de tussenliggende periode werd zij ofwel verhoord ofwel vastgehouden in een altijd verlichte en met video bewaakte politiecel. Contact met haar man mocht zij niet hebben. Zij kon hem pas spreken nadat zij haar bekentenis had afgelegd. Al die dagen deed zij geen oog dicht.

Tijdens de verhoren maakten de rechercheurs Ina Post onzeker over haar herinneringen aan de dagen rondom het tijdstip dat de weduwe werd vermoord.[8] Dat deed men door haar telkens voor te houden dat zij de laatste bezoeker was geweest die door getuigen bij de vermoorde weduwe was gezien. En door te wijzen op de krasse bevindingen van de handschriftexpert. Dat laatste had zeker effect. Zo verklaart Ina Post over de foto's van de vervalste cheques en haar eigen handschrift:

'Door de schriftexpert zijn mij een aantal overeenkomsten getoond tussen het schrift op de foto's en mijn handschrift. De overeenkomsten waarop mij werd gewezen heb ik ook gezien en kan ik niet ontkennen.'

Een andere strategie van de verhoorders was gericht op het psychisch overrompelen van de verdachte. De agenten schreeuwden haar toe dat men wel grotere criminelen klein had gekregen. Zij maakten toespelingen op haar geloofsovertuiging, op haar ouders en op de desastreuze uitwerking die de moord zou hebben op haar huwelijk. De rechercheurs volgden deze weg omdat zij er heilig van overtuigd waren dat Ina Post schuldig was. Tegenover journalisten van *Elsevier* zei een van hen:

'Het ene moment was ze een koele, koude kikker, en een minuut later weer bloednerveus. Het leken wel twee Ina's die daar zaten. En ze bleef maar zeggen: *ik heb het niet gedaan*. Alsof ze zich afsloot voor wat er *werkelijk* was gebeurd.' (onze cursivering)

Tot die donderdagavond, want toen bekende Ina Post, zoals gezegd. Terugblikkend op haar leven noemt Ina Post nu de verhoren die zij moest ondergaan het ergste dat haar ooit overkomen is: 'De dagen die ik op het politiebureau doorbracht waren erger dan de jaren in de gevangenis.'

In het laboratorium

Op het moment dat Ina Post werd verhoord was zij een normaal intelligente vrouw zonder psychiatrische voorgeschiedenis. Is het denkbaar dat zo'n vrouw een moord bekent die zij niet heeft gepleegd?

Nou en of, aldus de Amerikaanse psychologen Saul Kassin en Katherine Kiechel (1996). Die mening baseren zij op een experiment met studenten. Vijfenzeventig proefpersonen werden een voor een naar het laboratorium gehaald om daar een computertaak te doen. Die bestond eruit dat proefpersonen letters moesten intikken die een proefleider oplas. De proefpersonen kregen te horen dat zij onder geen beding de Alt-toets mochten aanraken: deden zij dat wel, dan zou het hele computerprogramma crashen. Na één minuut crashte het computerprogramma bij alle proefpersonen en iedereen werd er vervolgens ten onrechte van beschuldigd de verboden Alt-toets te hebben aangeraakt. Zij kregen een op schrift gestelde schuldbekentenis voorgeschoteld met het dringende verzoek die te tekenen: 'Ik heb toch de Alt-toets aangeraakt en daardoor is het programma vastgelopen. Gegevens zijn daardoor verloren gegaan.' Nadat de proefpersonen het laboratorium hadden verlaten, kwamen ze de volgende proefpersoon tegen die in feite een handlanger van de onderzoekers was. Deze handlanger vroeg de echte proefpersoon uit over wat er was gebeurd en probeerde zo te peilen of hij of zij echt geloof hechtte aan een eventuele bekentenis.

De onderzoekers draaiden verschillende versies van dit experiment.[9] In de meest radicale versie moesten proefpersonen de letters onder hoge tijdsdruk intoetsen en was er een 'getuige' in de laboratoriumruimte die beweerde te hebben gezien dat de proefpersoon de verboden toets had aangeraakt. Hoeveel proefpersonen zouden onder die omstandigheden een schuldbekentenis tekenen en daar ook nog eens in geloven? Alle proefpersonen (100 procent) tekenden de schuldbekentenis en de meerderheid van hen (65 procent) geloofde erin.

Te veel koffie

Toen wij het artikel van Kassin en Kiechel (1996) voor het eerst lazen, vonden we hun resultaten minder overtuigend dan ze op het eerste gezicht leken.

Neem de situatie waarin Ina Post verkeerde tijdens haar verhoor. In haar geval had een bekentenis serieuze gevolgen. In het experiment van Kassin en Kiechel was er echter geen enkel nadeel verbonden aan het ondertekenen van de schuldbekentenis. Of neem de rol die ander bewijsmateriaal speelt. In het geval van Ina Post waren het de ondervragers die beweerden dat er dergelijk materiaal bestond. Maar in het experiment van Kassin en Kiechel dook er een schijnbaar onafhankelijk iemand op die belastende uitspraken deed.

We besloten daarom het experiment van Kassin en Kiechel over te doen, maar dan met twee veranderingen (Horselenberg e.a., 2003). Als proefpersonen een schuldbekentenis ondertekenden, werden zij bij wijze van sanctie flink gekort op hun proefpersonenvergoeding. En het was niet een onafhankelijk iemand, maar de proefleider zelf die beweerde te hebben gezien dat de proefpersoon de verboden toets had aangeraakt. Tot onze niet geringe verbazing tekenden nog steeds 28 van de 34 proefpersonen (82 procent) de schuldbekentenis. Ongeveer de helft van hen geloofde in de valse bekentenis. Dat waren de proefpersonen die met een verklaring kwamen voor iets dat zij niet hadden gedaan. Zoals deze proefpersoon:

'Ik heb vanmorgen heel veel sterke koffie gedronken en daarom trillen mijn handen en daarom heb ik die toets aangeraakt. Stom natuurlijk, maar ik kan er echt niets aan doen.'

Nog steeds kan men volhouden dat ook ons experiment weinig realistisch is. Neem wederom Ina Post. Zij werd vanwege haar bekentenis niet gekort op haar salaris, maar verdween voor jaren achter de tralies. In een tweede experiment maakten we daarom de consequentie van een schuldbekentenis groter. Wij hielden de proefpersonen op indringende wijze voor dat indien zij een schuldbekentenis zouden tekenen, zij ook aansprakelijk zouden worden gesteld voor schade aan de computer en dat de kosten daarvan werden geraamd op enkele honderden guldens. Desondanks waren 3 van de 13 proefpersonen (22 procent) bereid om de schuldbekentenis te tekenen en de kosten te betalen. Dat een aantal proefpersonen in dit experiment begon te huilen was voor ons reden om het hele onderzoek maar snel af te blazen. Het werd te levensecht.

Wat deze experimenten laten zien is dat valse bekentenissen relatief gemakkelijk zijn uit te lokken bij gezonde en normaal intelligente proefpersonen. Wat men daar voor nodig heeft is de consequente toepassing van twee trucs. De eerste is dat men de betrokken persoon onzeker maakt over het eigen geheugen. In het laboratorium gebeurt dat door de proefpersoon een routinetaak in snel tempo te laten uitvoeren. Op het politiebureau valt dat te bereiken door verdachten langdurig te onderhouden over hoe zij weken geleden een specifieke avond doorbrachten. De verdachte laten twijfelen aan zijn

eigen geheugen is een eerste en essentiële stap op weg naar een valse bekentenis. Ook Ina Post begon na twee dagen verhoor grondig te twijfelen aan haar
geheugen. Zo zegt ze op dinsdagavond tegen haar verhoorders over de zaterdag na de moord: 'Ik ben erg slecht in het onthouden van dagelijkse dingen.
Ik weet mij de zaterdag dan ook niet meer goed te herinneren.' De frequentie
van zulke mededelingen neemt met elk volgend verhoor toe.

De tweede truc bestaat uit het opvoeren van belastend bewijsmateriaal.
Zowel in het laboratorium als op het politiebureau komt de ondervrager een
heel eind als hij schermt met wat andere getuigen of handschriftdeskundigen
zouden hebben gezien. Wij zeiden al dat de verhoorders van Ina Post zich van
beide trucs bedienden.

Slaapgebrek

Wie moeite heeft te geloven dat zulke trucs aanzetten tot valse bekentenissen,
moet zich de context goed voor ogen houden. Die bestaat uit wat psychologen een *closed social interaction* noemen, oftewel een situatie waaraan de verdachte zich niet kan onttrekken (Gudjonsson, 1996). Ina Post zat dagenlang
op het politiebureau vast en het waren de rechercheurs die bepaalden wanneer er werd gesproken en waarover. Dat onder die omstandigheden sociale
druk kan aanzetten tot valse verklaringen weten wij ook uit een andere bron.
Zo kunnen patiënten die aan een indringende psychotherapie worden blootgesteld volstrekt onware herinneringen opdissen, herinneringen die aanvankelijk vooral zijn bedoeld om de therapeut tevreden te stellen. Zoals we nog
in een volgend hoofdstuk (hoofdstuk 10) zullen zien, worden dat soort herinneringen door de patiënt terzijde geschoven zodra hij of zij zich heeft losge-
maakt van de therapeut. Een patiënt schreef bijvoorbeeld:

> 'Ik had geen herinneringen aan satanisch ritueel misbruik. De therapeut liet
> me acht weken lang opnemen in een ziekenhuis totdat ik me satanisch ritueel
> misbruik zou herinneren. Ik veinsde zulke herinneringen (...). Ik deed dit om
> eruit te komen. Ik was binnen een week eruit en ik ging nooit meer terug. Ik
> verwierp de herinneringen zodra ik buitenstond.'

We ontlenen dit citaat aan de Britse onderzoeker James Ost en zijn collega's
(2001). Zij stellen zich op het standpunt dat er allerlei markante overeenkomsten bestaan tussen patiënten die later terugkomen op hun in therapie hervonden herinneringen aan jeugdtrauma's en verdachten die afstand nemen
van hun eerdere bekentenissen.

Een ander aspect van de context is acuut slaapgebrek. Ina Post sliep dagenlang niet. Onderzoek laat zien dat men van gezonde, kritische studenten

hoogst suggestibele personen kan maken door hen drie achtereenvolgende nachten van slaap te onthouden (Blagrove, 1996). Het punt is dat een urenlang verhoor het concentratievermogen van de verdachte zeer op de proef stelt. De verdachte dient telkens het schuldige scenario dat de rechercheurs hem voorhouden af te wijzen en er een onschuldig scenario voor in de plaats te stellen. Dat vergt cognitieve inspanning omdat er voortdurend specifieke herinneringen moeten worden gemobiliseerd ('Nee, want op zaterdagmorgen heb ik eerst boodschappen gedaan'). In het vorige hoofdstuk zeiden we al dat mensen die moe of neerslachtig zijn deze inspanning niet meer kunnen opbrengen.

Imaginatie

Dan is er nog het belangrijke punt van de getuige die later verdachte wordt. Ina Post was aanvankelijk een getuige. Enkele dagen na de moord ontbood de politie een aantal mensen – onder wie Ina Post – om de plaats delict te komen bekijken op mogelijk afwijkende details. Net als andere getuigen moet Ina Post zich toen onwillekeurig een beeld hebben gevormd van wat er in de woning was gebeurd. Dat imaginaire scenario zal haar hebben opgebroken toen de verhoorders haar lieten twijfelen aan haar eigen geheugen. Hier duikt weer een parallel op met wat bekend is over hervonden herinneringen. Het aanmoedigen van imaginatie is een beproefd recept om de subjectieve zekerheid die men stelt in hervonden herinneringen te laten toenemen. Dat gaat zo. Men neemt een gebeurtenis waarvan iemand eerder heeft gezegd dat die hem als kind nooit is overkomen, bijvoorbeeld 'je vond een gouden ring onder een lantaarnpaal.' Vervolgens geeft men die persoon de opdracht om te fantaseren over deze gebeurtenis. Ten slotte vraagt men opnieuw aan de persoon om een waarschijnlijkheidsoordeel te geven. De subjectieve waarschijnlijkheden stijgen dan, een verschijnsel dat *imaginatie-inflatie* wordt genoemd. Niet dat mensen al na één imaginaire oefening over een gebeurtenis waarvan zij eerder zeiden dat die nóóit plaatsvond, gaan beweren dat die wél plaatsvond. Het verschijnsel is subtieler. Wat eerst werd uitgesloten, wordt later voor niet helemaal onmogelijk gehouden (Garry & Polaschek, 2000; Horselenberg e.a., 2000). Zo zal het ook Ina Post zijn vergaan. Haar laatste bezoek aan de woning van de vermoorde weduwe moet haar de nodige stof voor een imaginaire oefening hebben opgeleverd, een oefening die nodig werd omdat zij immers begon te twijfelen aan haar geheugen.

Zoals gezegd is twijfel aan het eigen geheugen – de Britse rechtspsycholoog Gisli Gudjonsson (1996) spreekt van *memory distrust* – een eerste stap op weg naar de valse bekentenis. Heeft die twijfel eenmaal wortel geschoten, dan is de verdachte gevoelig voor imaginaire scenario's die hij op eigen kracht of vertrouwend op wat anderen beweren ontwikkelt. Zelfs een zeer voorlopige acceptatie van deze imaginaire scenario's kan leiden tot een valse bekentenis. Dat is dan een bekentenis waarin de verdachte zelf nog nauwelijks gelooft. Om die reden heet zij in de literatuur ook wel de *afgedwongen* valse bekentenis (Gudjonsson, 1996; Ost e.a., 2001). In een nog later stadium kan de verdachte zelf gaan geloven in zijn valse bekentenis en dan is sprake van wat men een *geïnternaliseerde* valse bekentenis noemt. Dat stadium bereikte Ina Post nooit. Enkele dagen na haar bekentenis zegt zij tegen haar verhoorders:

> 'Ik was door mijn verblijf in het politiebureau zodanig verward en in paniek geraakt, dat ik toen maar wat heb bekend. Ik hoopte op die manier met mijn man te kunnen praten.'

Hoe vaak?

De literatuur over hoe vaak veroordelingen op basis van valse bekentenissen voorkomen is verwarrend. Sommige auteurs menen dat het om een zeldzaam fenomeen gaat. Zo schatte de Amerikaanse jurist Paul Cassell het aantal veroordelingen op basis van valse bekentenissen in zijn land op ergens tussen de 10 en 394 per jaar.[10] Het is ons niet duidelijk langs welke weg hij tot zijn schattingen kwam. In IJsland interviewden Gisli Gudjonsson en Jon Sigurdsson (1994) een groep van 229 gevangenen. Zevenentwintig gevangenen (12 procent) beweerden ooit op het politiebureau een valse bekentenis te hebben afgelegd. In veel gevallen zou de valse bekentenis zijn gedaan om aan de druk van het politieverhoor te ontsnappen. Het cijfer van 12 procent bewijst natuurlijk niet dat 1 op de 10 gevangenen op basis van een valse bekentenis achter de tralies zit. Er zijn immers legio redenen om te twijfelen aan de oncontroleerbare uitspraken van gevangenen. In onlangs gepubliceerd onderzoek vestigt Gudjonsson (2004) de aandacht op valse bekentenissen die verdachten afleggen om anderen te beschermen. Dit type valse bekentenis is een doelbewuste poging om de politie te misleiden en lijkt in zekere zin op een leugenachtige ontkenning. Niet verwonderlijk dus dat Gudjonsson vond dat beide – misleidende bekentenis en leugenachtige ontkenning – vaak worden aangetroffen bij doorgewinterde, antisociale criminelen.

De valse bekentenissen die werkelijk verontrustend zijn hebben te maken met het politieverhoor. Interessant zijn de al wat oudere gegevens van de Amerikaanse professoren Hugo Bedau en Michael Radelet (1987). Zij analyseerden 350 rechterlijke dwalingen in de Verenigde Staten en vonden dat aan ten minste 10 procent van deze dwalingen een valse bekentenis van de verdachte ten grondslag lag. De meerderheid van de valse bekentenissen was het resultaat van de wijze waarop de politieverhoren hadden plaatsgevonden. De conclusie van Bedau en Radelet loopt aardig in de pas met die van Engels onderzoek waarin werd gevonden dat, na foutieve identificaties van ooggetuigen, valse bekentenissen de belangrijkste bron van rechterlijke dwalingen zijn (Lloyd-Bostock, 1989). De recentste en betrouwbaarste cijfers over dit onderwerp zijn afkomstig uit het *Innocence Project* van de Amerikaanse advocaat Barry Scheck en zijn collega's (2001). Dat project legt zich toe op de juridische begeleiding van veroordeelden die op grond van DNA-onderzoek onschuldig in de gevangenis – en menigmaal op *death row* – blijken te zitten. Tot nog toe werden in dit project 74 van zulke gevallen opgespoord. In 16 zaken (22 procent) ging het om onschuldigen die vanwege een valse bekentenis in de gevangenis zaten.

Het is een minderheid van de verdachten die onder invloed van de eerder genoemde verhoortrucs tot een valse bekentenis komt. Maar als een valse bekentenis eenmaal op tafel ligt, is de kans op een onterechte veroordeling weer erg groot. Dat weten we ook op grond van vaderlandse casuïstiek. In de slepende affaire die bekend werd als de Puttense moordzaak, ging het nu juist om de bekentenissen van Wilco Viets en Herman du Bois dat zij een jonge vrouw verkracht en vermoord zouden hebben. Die leidden tot hun veroordelingen. Pas jaren later werd dankzij de inspanningen van misdaadjournalist Peter R. de Vries duidelijk dat de bekentenissen vals waren en onder druk van de politieverhoren tot stand waren gekomen (Blaauw, 2000; De Vries, 2002).

Wie?

Wie zijn het die een valse bekentenis afleggen als de politie hen met trucs onder druk zet? De Britse rechtspsycholoog Gisli Gudjonsson (1996) heeft daarover een uitgesproken opvatting. Op grond van zijn ruime ervaring als getuige-deskundige in Britse rechtszaken kwam hij tot de vaststelling dat er twee kenmerken zijn die een verdachte extra kwetsbaar kunnen maken. Het ene kenmerk is *suggestibiliteit*, wat verwijst naar de neiging om informatie die door anderen wordt aangedragen te incorporeren in het eigen geheugen. Het andere kenmerk noemt Gudjonsson *compliance*, een term die wij met *inschikkelijkheid* zouden vertalen. Inschikkelijke personen zien op tegen autoriteiten en volgen hun richtlijnen. Waarom juist deze eigenschappen iemand kwetsbaar maken valt goed te begrijpen. Wie opziet tegen autoriteiten zoals de politie en door hen aan het twijfelen wordt gebracht over het eigen geheugen, zal eerder het belastende relaas van een zogenaamde andere getuige accepteren en kan langs die weg tot een valse bekentenis worden gebracht.

Gudjonsson liet het niet bij een academische analyse van de *false confessor*, maar ontwikkelde ook betrouwbare vragenlijsten waarmee men individuele verschillen in suggestibiliteit en inschikkelijkheid kan meten. Het gaat om de

Gudjonsson Suggestibility Scale (GSS) en de *Gudjonsson Compliance Scale* (GCS).[11] De laatstgenoemde schaal is een vragenlijst met items van het type 'ik vind het erg moeilijk om tegen mensen te zeggen dat ik het niet met hun eens ben' en 'ik geef mensen snel hun zin wanneer ik onder druk word gezet'. De GSS is niet zozeer een vragenlijst, maar meer een gestandaardiseerd mini-experiment waaraan de persoon wordt onderworpen. De details ervan bespreken we in hoofdstuk 9. De crux van de GSS is dat de persoon een verhaal hoort en er vervolgens vragen over moet beantwoorden. Sommige vragen zijn zinnig, andere vragen bevatten subtiele suggesties en zetten aan tot foute antwoorden. De GSS is een ondoorzichtige test. Het is voor niet-ingewijden moeilijk om te bepalen hoe je op GSS vragen moet antwoorden als je de psycholoog om de tuin wilt leiden. Gudjonsson verzamelde bovendien op grote schaal normgegevens over de GCS en de GSS, zodat wij een aardig beeld hebben van hoe diverse groepen – waaronder *false confessors* – op deze tests scoren.

Nog niet zo lang geleden herhaalden de Amerikaanse psychologen Allison Redlich en Gail Goodman (2003) het Alt-toetsexperiment, dat wij hierboven bespraken, met ongeveer honderd proefpersonen. De computer crashte weer. Iedereen werd weer beschuldigd van het aanraken van de verboden toets en kreeg een schuldbekentenis voorgelegd. Als de proefpersonen tekenden, verplichtten zij zich tien uur lang letters in te komen typen ter compensatie van de schade. Dat hield 70 procent van de proefpersonen er niet van af om toch te tekenen. Diegenen die bekenden scoorden hoger op de suggestibiliteitschaal van Gudjonsson (GSS) dan diegenen die weigerden te bekennen.

Hoge Raad

Het was op een winterdag in 1989 dat de advocaat die toen werkte aan haar herzieningsverzoek voor de Hoge Raad Ina Post meenam naar een hotel in Venlo. Daar werd ze onderzocht door de hoogleraar Udo Undeutsch. Hij geldt tot op de dag van vandaag als de meest ervaren rechtspsycholoog van Duitsland en staat niet bepaald bekend om zijn lichtgelovigheid. Hij nam bij Ina Post de GSS af. Het resultaat was opmerkelijk. Terwijl een normale GSS-score zo rond de 7 schommelt, behaalde Ina Post de alarmerend hoge suggestibiliteitscore van 14. Wij vonden voor de honderden gezonde volwassenen die wij de in de afgelopen jaren met dit instrument hebben getest bij hooguit 5 procent een dergelijk hoge score (Merckelbach e.a., 1997). De score van Ina Post is wél tamelijk typerend voor de groep van *false confessors*, want daar cirkelt de gemiddelde GSS-score rond de 11 (Gudjonsson, 1996). In zijn revisieverzoek aan de Hoge Raad presenteerde de advocaat de bevinding van Undeutsch als een novum. De advocaat schreef:

'Uitgaande van hetgeen thans met betrekking tot de persoon Post bekend is geworden ten tijde van het afleggen van haar bekennende verklaringen, [is] het meer dan waarschijnlijk dat de bekennende verklaringen valselijk zijn afgelegd. Daarbij tevens beschouwend het feit dat als bewijsmiddel door de Rechtbank en het Hof in essentie enkel de bekentenis is gebruikt, onderstreept dit de noodzaak om deze zaak opnieuw te behandelen zodat het verzoek om revisie dient te worden toegewezen.'[12]

Het verzoek werd door het hoogste rechtscollege echter niet toegewezen. Engelse rechters redeneren tegenwoordig anders. Wijs geworden door rechterlijke dwalingen als de *Guildford Four*, de *Birmingham Six*, and de *Tottenham Three*, hebben zij meer oog voor de persoon van de verdachte. In al deze zaken ging het immers om onschuldigen die vanwege een valse bekentenis jarenlang achter de tralies verdwenen. In een overzichtsartikel analyseert Gisli Gudjonsson (2002) een dozijn van dit soort gevallen. Hij laat zien dat persoonlijkheidseigenschappen als suggestibiliteit en inschikkelijkheid steeds een cruciale rol spelen. Hij zegt ook: 'De erkenning hiervan door de hoogste rechters is van belang omdat zij dusdoende de lagere rechters gevoelig maken voor dit punt.'

PTSS

'Ik ben erg veranderd door wat er allemaal is gebeurd,' vertelde Ina Post ons toen wij in het voorjaar van 2003 tweemaal uitvoerig met haar spraken. Bij die gelegenheid namen wij bij haar ook diverse tests af. Een daarvan was de andere, door Gudjonsson ontwikkelde test die hiervoor ter sprake kwam: de GCS. Ina Post behaalde daarop een score van 13. Dat wijst erop dat zij, ondanks al haar ervaringen, nog steeds een inschikkelijk iemand is. Te bedenken valt dat de doorsneepersoon op deze schaal een 9 haalt, maar dat *false confessors* met hun 14,3 punten in de buurt van Ina Post scoren (Gudjonsson, 1997). Het is moeilijk voor te stellen dat haar score ten tijde van de politieverhoren lager lag.

Met de andere tests die wij bij Ina Post afnamen toetsten wij drie interpretaties van haar zaak. De eerste is dat Ina Post psychopate karaktertrekken heeft die haar in staat stellen zichzelf te presenteren als een onschuldig slachtoffer. Om deze mogelijkheid te onderzoeken namen wij bij Ina Post Nederlandse vertalingen van de *Psychopathic Personality Inventory* (PPI; Lilienfeld & Andrews, 1996) en de *Structured Inventory of Malingered Symptomatology* (SIMS; Merckelbach e.a., 2001) af. De eerste test (PPI) klinkt recht door zee, maar is ondertussen behoorlijk doortrapt. De test beschrijft allerlei psychopate eigenschappen als waren het deugden en vraagt dan aan de proefpersoon of hij zichzelf daarin herkent ('zelfs wanneer mensen boos op me zijn, kan ik ze meestal met mijn charme voor me winnen' en 'ik vertel veel leugens om bestwil').[13] De tweede test (SIMS) heeft de naam van een aardig computerspel, maar somt symptomen op waarvan alleen specialisten heel zeker weten dat zij nonsens zijn ('soms raken mijn spieren zonder enige aanleiding verlamd zodat het lijkt alsof mijn armen en benen wel duizend kilo wegen'). Als de proefpersoon beweert op ruime schaal last te hebben van dit soort symptomen, dan is duidelijk dat hij de neiging heeft om anderen met een zielige zelfpresentatie om de tuin te leiden.

Een volgende interpretatie die wij toetsten gaat ervanuit dat Ina Post iemand is die een eigen, waanachtige versie van de werkelijkheid kan maken. Volgens die interpretatie zou zij in staat zijn om een moord die zij heeft begaan als droom en niet als feit te beleven. Om na te gaan of er iets te zeggen valt voor deze verklaring lieten we Ina Post Nederlandse versies van de *Perceptual Aberration Scale* (PAS; Chapman, Chapman & Raulin, 1978) en *Launay Slade Hallucination Scale* (LSHS; Launay & Slade, 1981) invullen. Met items zoals 'ik heb me weleens afgevraagd of mijn lichaam daadwerkelijk van mij was' en 'de mensen in mijn dagdromen lijken zo levensecht dat ik soms denk dat ze dat ook zijn' maken beide tests jacht op de aanwezigheid van waanachtige denkbeelden.

Een derde interpretatie die men aan de zaak van Ina Post kan geven is die van haarzelf: zij is veroordeeld voor iets dat zij niet heeft gedaan en zat onschuldig in de gevangenis. Als dat zo is, verwacht men dat de politieverhoren en alles wat er daarna kwam een traumatische uitwerking op Ina Post hebben gehad en dat zij de kenmerken van een posttraumatische stressstoornis (PTSS) vertoont. Daarbij gaat het om zulke symptomen als het onophoudelijk, maar ongewild denken aan de gebeurtenis en het hebben van nachtmerries erover. Om vast te stellen of zulke kenmerken voorhanden waren, namen wij bij Ina Post de *PTSD Symptom Scale* (PSS; Foa e.a., 1993) en de *Impact of Event Scale* (IES; Horowitz e.a., 1979) af. Daarin komen items voor als 'hoe vaak hebt u de afgelopen week last gehad van pijnlijke gedachten of beelden over de gebeurtenis, terwijl u er niet aan wilde denken?'

De figuur laat de testscores van Ina Post zien, afgezet tegen die van relevante controlegroepen (respectievelijk psychopaten, schizofrene patiënten en mishandelde vrouwen). Duidelijker kunnen testresultaten nauwelijks zijn. Ina Post scoort laag op de psychopathie-vragenlijst en komt niet eens in de buurt van het gemiddelde dat voor delinquenten geldt. Op de SIMS-vragenlijst presteert ze zoals depressieve mensen dat doen, namelijk licht verhoogd. Ze gaat echter niet over de kritische grens van 17 heen. Daarboven wijzen scores op het veinzen van symptomen. Op de tests die de aanwezigheid van waandenkbeelden meten blijft Ina Post ver onder de niveaus die gelden voor bijvoorbeeld schizofrene patiënten. Haar score op de tests die posttraumatische stress meten doet echter niet onder voor de scores van zwaar mishandelde vrouwen en ex-politieke gevangenen. De conclusie is dan ook dat Ina Post alle kenmerken heeft van een PTSS.[14]

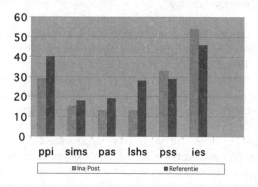

PTSS in de gevangenis

Kan het zijn dat Ina Post enkel en alleen last kreeg van PTSS-klachten omdat zij een moord beging en zich daar sindsdien schuldig over voelt? Er zijn twee argumenten die daar sterk tegen pleiten. Het eerste argument heeft te maken met wat we inmiddels weten over de wijze waarop zij werd verhoord. Hiervoor zeiden wij daar kort iets over, maar het wordt tijd om daar nu specifieker over te zijn. In mei 2003 bezocht de Maastrichtse socioloog Han Israëls samen met zijn studente een politieman die destijds betrokken was bij de verhoren van Ina Post.[15] Zij interviewden de man over het geval van Ina Post. Deze politieman beschreef de verhoorstrategie van toen als volgt:

'Die [mevrouw Post] wordt dan door drie verhoorkoppels helemaal door de mangel gehaald. Je zit in een cel. Nou, ga daar maar eens een paar dagen zitten. Je zit op wat eten en af en toe een bakje koffie en je maakt haar helemaal af in feite. Want, ik zei al, je bent niet tactisch op een aantal tijden. Je zegt: je snapt toch wel dat die man van jou er met andere vrouwen vandoor gaat. En dus op dat soort manieren, van alle kanten, probeer je haar onder druk te zetten. Nou, zo gaat zo'n verklaring. De ene keer ben je heel erg lief tegen haar, ga je heel erg mee, heel begrijpend, en de andere keer ben je heel hard, en met name op geestelijk vlak, heel hard.'

Over de uitwerking hiervan op Ina Post zei dezelfde politieman:

'Op een gegeven moment weet ze zelf niet eens meer wat ze verteld heeft en wat nou wel of niet gebeurd is en wat nou wel of niet waar is. (...) Geestelijk was ze gewoon helemaal aan het einde van haar Latijn. Je moet je dus voorstellen dat ze in een hevige emotionele roes zat. Absoluut niet meer in staat om normaal te kunnen denken.'

Los van de vraag of zij nu wel of niet schuldig is, kunnen we op grond van deze opmerkingen veilig aannemen dat de verhoren voor Ina Post de lading van een emotioneel trauma hadden. Haar zaak is in dat opzicht overigens niet uniek. Zo is er het tragische geval van de 48-jarige vrouw die in de nacht van 24 op 25 september 2003 in een Haagse politiecel een einde aan haar leven maakte door zichzelf te verwurgen met haar hoofddoek. De vrouw was in de voorafgaande dagen urenlang verhoord door de politie wegens haar mogelijke betrokkenheid bij de moord op een zevenjarig meisje. De verdachte vrouw werd door de politie stelselmatig gekleineerd. Ze werd uitgemaakt voor monster, vuile leugenaar en stinkhoer. Ook maakte de politie toespelingen op het gevaar dat haar kinderen liepen. De persofficier mr. A. Rijsdorp verklaarde: 'We vinden deze methode nog steeds te billijken.' Dat duidt erop dat zulke confronterende verhoren blijkbaar vaker plaatsvinden.[16]

Een tweede reden om te geloven dat de PTSS-klachten van Ina Post niet wijzen op wroeging heeft te maken met de onderzoeksliteratuur. Natuurlijk komen PTSS-klachten wel voor onder vrouwelijke gevangenen. Uit Amerikaans onderzoek blijkt echter dat vrouwelijke gevangenen vooral last hebben van verslavingsproblemen, schizofrenie of depressie (Abram e.a., 2003). PTSS is onder gevangenen eerder zeldzaam. Zo werd in een omvangrijke studie gevonden dat van de 1190 onderzochte gevangenen er hooguit 26 (2,4 procent) PTSS-klachten hadden. In de meerderheid van de gevallen waren de klachten al aanwezig vóórdat het delict werd gepleegd (Collins & Bailey, 1990). Ook Duits onderzoek laat zien dat PTSS-klachten van gevangenen te maken hebben met hun voorgeschiedenis en minder met hun veroordeling (Spitzer e.a., 2001). Te denken valt aan jeugdige gevangenen die als kind frequent zijn mishandeld. Een minieme groep heeft PTSS-klachten vanwege wroeging en schaamte over het delict dat zij dan ook toegeven te hebben gepleegd. In de regel betreft het veroordeelden die zich te buiten zijn gegaan aan reactief geweld. De Noord-Ierse psychiater Philip Pollock (1999) vond dat onder de psychopate *killers* – diegenen die inderdaad vanwege geld een bejaarde vrouw neerslaan en dan wurgen – PTSS niet voorkomt. PTSS komt weer wél voor bij mensen die ten onrechte werden gearresteerd (Simon, 1993).

Psychologisch gezien is het dus nauwelijks voorstelbaar dat iemand een roofmoord begaat, daar wroeging over heeft, PTSS krijgt en vervolgens het publieke domein opzoekt om het idee van de eigen onschuld uit te venten. Patiënten met PTSS vermijden het immers om te praten over de traumatische gebeurtenis die ze meemaakten. Er moet al een sterke premie staan op praten om die vermijding te doorbreken. Rehabilitatie is zo'n premie. Ten tijde van haar detentie zocht haar moeder Ina Post wekelijks op. Haar moeder is inmiddels hoogbejaard, maar Ina Post hoopt vurig dat zij haar rehabilitatie nog meemaakt. Die wens helpt Ina Post om te praten over wat er is gebeurd. De klachten van Ina Post doen nog het meeste denken aan die van ex-politieke gevangenen. De Duitse arts Andreas Maercker (Maercker & Schützwohl, 1997) onderzocht de lotgevallen van 146 mensen die om politieke redenen jaren van hun leven doorbrachten in de toenmalige DDR-gevangenissen. De overgrote meerderheid (60 procent) van hen kreeg naar verloop van tijd te maken met de symptomen van PTSS. De ex-gevangenen hadden vooral last van opdringerige gedachten aan en nachtmerries over hun DDR-periode. Ook Ina Post vertoont deze kenmerken. Al wil ze het niet, ze denkt onophoudelijk aan wat haar op 8 september 1986 overkwam. En als ze eraan denkt, dan wordt ze overspoeld door emoties en daarom probeert ze de dingen die haar aan die dag herinneren uit de weg te gaan.

PTSS in het lab

Het is ethisch gezien onmogelijk om proefpersonen naar het laboratorium te halen en op te zadelen met een traumatische gebeurtenis. Al in de jaren veertig van de vorige eeuw slaagden onderzoekers er wél in om bij dieren symptomen op te wekken die doen denken aan PTSS. De essentie van hun experimenten was niet zozeer dat de dieren grof werden mishandeld, maar dat ze in situaties werden gemanoeuvreerd die onvoorspelbaar en oncontroleerbaar waren. Beroemd is het experiment van de psychiater Jules Masserman (1943), die katten leerde om naar een doos met voedsel te lopen als er een lichtje in hun kooi ging branden. In een volgende fase van het experiment kregen de katten een elektrische schok zodra het lichtje ging branden. De katten begonnen te beven en te zweten, werden geagiteerd en bang voor de voedseldoos. Deze symptomen hielden maandenlang aan. Wat dit experiment suggereert is dat de symptomen van PTSS pas verschijnen als bedreigingen op oncontroleerbare en onvoorspelbare wijze gaan optreden in een context die eerder veilig was. Dat is ook de reden waarom in de maanden na een ernstig auto-ongeval PTSS-klachten vaker bij de passagiers dan bij de bestuurders te vinden zijn. De bestuurders koesteren de (illusoire) gedachte dat zij nog enige controle over de situatie hebben kunnen uitoefenen (Foa e.a., 1992).

Wij leven allemaal met het idee dat onze wereld een *just world* is en dat het onrecht dat ons overkomt vroeg of laat zal worden rechtgezet (Furnham, 2003). Ook Ina Post moet voor 8 september 1986 zo'n opvatting over de wereld hebben gehad. Ze was een goedgelovig en meegaand iemand. Ze kwam uit een klein dorp en had geleerd autoriteiten te respecteren. Ze dacht haar leven onder controle te hebben en onheil te kunnen voorspellen. Op 8 september 1986 werd haar hele leven onvoorspelbaar en oncontroleerbaar en bleek de *just world* voor haar niet langer op te gaan. Het waren plotseling anderen die beslisten of en wanneer zij mocht eten, slapen en praten. Het waren zelfs anderen die voor haar probeerden te bepalen hoe haar herinneringen aan de dag dat de weduwe werd vermoord er moesten uitzien. Terugblikkend op die dagen zegt ze: 'Het leek wel of de hele wereld gek geworden was.'

Tijdens de daaropvolgende gevangenisjaren moet zij op allerlei momenten de verwachting hebben gehad dat de *just world* zou terugkeren, dat in hoger beroep haar onschuld alsnog zou komen vast te staan. Die verwachting werd nooit ingelost en ergens in dat traject kwamen de PTSS-klachten opzetten. De Amsterdamse advocaat mr. G.J. Knoops diende in de zomer van 2003 namens Ina Post een nieuw herzieningsverzoek bij de Hoge Raad in. Op 17 februari 2004 wees het hoogste rechtscollege het verzoek af.[17] Dat bracht Ina Post wekenlang aan de rand van de totale vertwijfeling. Op dit moment bereidt zij een volgend verzoek voor. Maar de vraag is of ze nog iets mag verwachten van de Hoge Raad. Misschien kan ze haar zaak beter voorleggen aan Peter R. de Vries. Hij kan wellicht de echte dader opsporen.

8. Hoe een CIA-agent zijn geheugen hervond

Wij weten niet wie we vijf weken geleden zoal gesproken hebben en waarover dan wel. Evenmin kunnen we precies zeggen waar we ons toen van minuut tot minuut ophielden. Als het om ons autobiografische geheugen gaat, lijkt vergeten de regel en onthouden de uitzondering. Iemand die een gesprek dat weken geleden plaatsvond letterlijk kan reproduceren, is om die reden zeer bijzonder. Zo iemand komt in aanmerking voor een uitvoerige beschrijving, zoals de Russische psycholoog Alexander Luria (1968) die maakte van het geheugenwonder Shereshevskii.

Maar soms neemt het vergeten een dusdanige afmeting aan dat er sprake is van een stoornis. Als iemand grote moeite heeft met het herinneren van cruciale informatie van vóór een bepaald tijdstip heet dat retrograde amnesie. Die vakterm kwamen we al een paar keer tegen.[1] De omvang van een retrograde amnesie kan variëren. Soms gaat het om een gebeurtenis van enkele uren die weg is, in andere gevallen om complete dagen die kwijt zijn en in weer andere gevallen lijkt de gehele autobiografie uit het geheugen verdwenen.[2] Ook de intensiteit van het geheugenverlies verschilt van geval tot geval. Soms weet de patiënt zelfs elementaire autobiografische feiten als naam en geboorteplaats niet meer. Daardoor ontstaat dan verwarring over de eigen identiteit. In andere gevallen weet de patiënt heel goed wie hij is, maar kan hij zich niets herinneren van een afgebakende periode in zijn verleden.[3] Het verloop is al even variabel. Er zijn patiënten beschreven met ernstig geheugen-

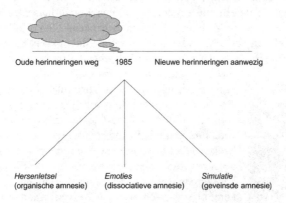

Oude herinneringen weg   1985   Nieuwe herinneringen aanwezig

Hersenletsel   *Emoties*   *Simulatie*
(organische amnesie)   (dissociatieve amnesie)   (geveinsde amnesie)

verlies, dat binnen enkele dagen opklaarde. Er zijn echter ook gevallen bekend waarin het jaren duurde voordat de herinneringen terugkwamen.[4] En dan zijn er nog allerlei begeleidingsverschijnselen die soms wel, maar soms ook niet optreden. Sommige patiënten gaan zwerven, anderen niet. Sommige patiënten gaan met grote stelligheid pseudo-herinneringen opdissen. Ze confabuleren. Andere patiënten doen dat nooit. Sommige patiënten maakten vlak voordat zij geheugenverlies kregen een zeer aangrijpende gebeurtenis mee. Bij anderen is dat niet aan orde.[5]

Retrograde amnesie kent dus vele verschijningsvormen. Om daar een zekere ordening in aan te brengen maken dokters een onderscheid tussen drie varianten (Markowitsch, 1996; Kopelman, 2000). Allereerst is er de zogenoemde *organische amnesie*. Die is het gevolg van een hersenbeschadiging. Bobby en Clive Wearing hadden last van een organische amnesie (hoofdstuk 2). De getuige Mankema trouwens ook (hoofdstuk 3). Een tweede variant is de *dissociatieve amnesie*. Daarvan wordt verondersteld dat zij een reactie is op een emotionele gebeurtenis. In hoofdstuk 6 bespraken we de geheugenproblemen van mensen die in een jappenkamp hebben gezeten. We constateerden dat de dissociatieve amnesie eerder in de hoofden van psychiaters dan in de realiteit bestaat. Als het al voorkomt, dan is het zeldzaam. Een derde variant is de *geveinsde amnesie*, waarbij iemand willens en wetens een geheugenprobleem voorwendt om daarmee een zeker voordeel te behalen. Daarvan zagen we een aantal treffende voorbeelden in hoofdstuk 4. De sterkste versie van deze variant komt men tegen bij criminelen die claimen dat zij zich hun delict niet kunnen herinneren. Op die kwestie komen we in hoofdstuk 13 uitgebreid terug (Cima e.a., 2002).

Van alle varianten is de organische amnesie het best bestudeerd. Dat heeft de volgende vijf inzichten opgeleverd. Ten eerste kenmerkt dit type geheugenverlies zich door de aanwezigheid van een zogenoemde *temporele gradiënt*. Dat wil zeggen dat de oudste jeugdherinneringen door de hersenbeschadiging niet worden aangetast. Zij blijven vrij goed toegankelijk. Ten tweede geldt dat de organische amnesie meestal in de loop van de tijd opklaart en wel zo, dat oude herinneringen eerder terugkeren dan jonge herinneringen. Dit feno-

meen staat te boek als *Ribots wet*, naar de negentiende-eeuwse geheugenspecialist Theodule Ribot (1834-1916). Ten derde veroorzaken vooral beschadigingen van de voorste (frontale en diëncefale) hersenen geheugenverlies voor autobiografische informatie. Ten vierde kan het geheugenverlies hand in hand gaan met confabulatie. Dat gebeurt vooral als er sprake is van een beschadiging van het voorste deel van de rechter hersenhelft. Ten vijfde komt bij organische amnesie het verlies van de persoonlijke identiteit – door sommige auteurs aangeduid met de term *fugue* – slechts sporadisch voor (Weinstein, 1996; Kopelman, 1999; 2000; Haber & Haber, 1998).

Geheugenverlies na begrafenis

Op grond van de literatuur laat zich nog iets met enig gezag beweren: pure gevallen van organisch, dissociatief of gesimuleerd geheugenverlies zijn zeldzaam. Bijna altijd gaat het om mengvormen. Zo bestaan er nogal wat beschrijvingen van patiënten bij wie organische en gesimuleerde amnesie hopeloos door elkaar liepen. Even vaak treft men in de vakliteratuur gevallen aan waarin dissociatief en gesimuleerd geheugenverlies vloeiend in elkaar over lijken te gaan.[6] Zelfs beroemde gevallen die als schoolvoorbeeld moeten gelden van een pure variant blijken bij nadere beschouwing minder zuiver te zijn. Een goed voorbeeld is het door de Amerikaanse geheugenspecialist Dan Schacter (1982) beschreven geval. Het ging daarbij om een man die last kreeg van geheugenverlies nadat hij de begrafenis van zijn grootvader had bijgewoond. Zijn geheugenverlies strekte zich zo ver uit dat deze patiënt ook niet meer wist wie hij was en waar hij woonde. Vanwege de emotionele gebeurtenis die aan het geheugenverlies voorafging doet dit geval sterk denken aan dissociatieve amnesie. In die hoedanigheid figureert het geval ook in allerlei handboeken. Een hersenfoto (CT-scan) liet echter zien dat de patiënt van Schacter een rechtszijdige hersenbeschadiging had. Een ander voorbeeld is het geval van de man die compleet geheugenverlies kreeg nadat hij door twee andere mannen was verkracht (Kaszniak e.a., 1988). Ook dat suggereert geheugenverlies met een emotionele achtergrond. Maar de patiënt bleek een verleden van alcoholmisbruik te hebben en tijdens de verkrachting verkeerde hij onder invloed van drugs. Dat zijn weer elementen die doen vermoeden dat organische factoren bijdroegen aan zijn geheugenverlies.

Op grond van de vaak geconstateerde overlap tussen organisch, dissociatief en gesimuleerd geheugenverlies stelt de Engelse psychiater Michael Kopelman (2000) dat dit hele onderzoeksgebied wordt geplaagd door haastige diagnostische conclusies. Als er op het hersenplaatje van een patiënt met geheugenverlies een afwijking wordt gevonden, is de conclusie al snel dat er sprake moet zijn van een organische variant. Als aan het geheugenverlies een emotionele gebeurtenis voorafgaat, is de toon gezet voor een dissociatieve interpretatie. Kopelman merkt terecht op dat de aanwezigheid van een hersenbeschadiging nog niet betekent dat die beschadiging in de causale keten ook voorafgaat aan het geheugenverlies. Een vergelijkbare redenering geldt voor de aanwezigheid van emotionele trauma's. Per slot van rekening krijgen de meeste mensen geen last van geheugenverlies nadat zij de begrafenis van hun grootvader hebben bezocht.

Volgens Kopelman (2000) zijn organische, dissociatieve en gesimuleerde amnesie de zeldzame eindpunten van een glijdende schaal. De meeste punten op die schaal staan voor gevallen waarin hersenletsel, emotionele gebeurtenissen en simulatie in wisselende combinaties geheugenverlies veroorzaken. Zo beschrijft Kopelman gevallen waarin een hersenbeschadiging een milde geheugenstoornis veroorzaakt, die vervolgens overgaat in een gesimuleerde vorm van geheugenverlies, waarin de patiënt ten slotte zelf gaat geloven. Een dergelijke ontwikkeling kan van retrograde amnesie een buitengewoon omvangrijk en hardnekkig fenomeen maken. Ook goed bedoelde, maar verkeerd uitpakkende behandelingen kunnen bijdragen aan die ontwikkeling. Laten we daar eens een Nederlands voorbeeld van geven.

Rob Shunter

Op 19 februari 1985 om drie uur 's ochtends treft de politie op de Amsterdamse Wallen een ernstig verwarde man aan. Hij heeft geen identiteitspapieren bij zich, maar een button met de Canadese *maple leaf* wekt vermoedens over zijn herkomst. De man reageert niet op vragen van de agenten. Daarom nemen de agenten hem mee naar een eerste-hulppost. Omdat de man nog steeds niets zegt, stelt de dienstdoende psychiater een *mutistisch toestandsbeeld* vast. Hij laat de patiënt opnemen in een crisiscentrum. De patiënt maakt een angstige indruk. Hij is gedesoriënteerd in tijd, plaats en persoon, maar bij hersenonderzoek met een CT-scan worden geen afwijkingen gevonden.

Van 1 maart tot 20 juni 1985 verblijft de patiënt in een psychiatrisch ziekenhuis. Hij praat nog steeds niet. Hij communiceert met zijn artsen en medepatiënten schriftelijk en dan nog uitsluitend in het Frans. De man noemt zichzelf inmiddels Rob Shunter.[7] Hij klaagt over veel hoofdpijn, maar neurologisch onderzoek laat geen afwijkingen zien. Zo maken de registraties van zijn hersenactiviteit met het elektro-encefalogram (EEG) een normale indruk. Wel worden in testpsychologisch onderzoek aanwijzingen voor restverschijnselen van een hersenletsel gevonden. Rob Shunter, zoals ook de hulpverleners hem zijn gaan noemen, schrijft dat hij in de VS een auto-ongeluk heeft gehad. Hij beweert dat hij in coma heeft gelegen, zijn spraakvermogen verloor en naar Nederland is gekomen. Voor de rest kan hij zich niets herinneren. Spraakoefeningen zetten geen zoden aan de dijk. Daarom wordt Shunter uit het ziekenhuis ontslagen met de diagnose 'amnesie en mutisme, mogelijk veroorzaakt door een neurotische stoornis, vrijwel zeker versterkt door ziektewinst'. De term *neurotische stoornis* is ouderwets. Tegenwoordig zouden dokters spreken over dissociatieve geheugenklachten. De term *ziektewinst* komt uit het onderzoek van de Engelse arts Henry Miller (1961). Hij volgde een groep van 45 patiënten die neurotische klachten, waaronder geheugenproblemen, overhielden aan een ongeval. Bij 41 van de 45 patiënten verdwenen de klachten als sneeuw voor de zon zodra zij een verzekeringsuitkering hadden opgestreken. Maar bij Shunter verdwenen de geheugenproblemen niet.

Vreemdelingenpolitie

Ondertussen hebben agenten van de vreemdelingenpolitie zich het lot van Rob Shunter aangetrokken. Zij proberen vooral via Canadese kanalen zijn identiteit vast te stellen, maar die pogingen lopen op niets uit. Op advies van zijn psychiater ondergaat Shunter vanaf 1986 een serie van hypnosesessies. Een stortvloed aan schriftelijk gecommuniceerde mededelingen is het resultaat. Maar ze vormen geen coherent verhaal, want ze gaan over Canada, het Amerikaanse leger, geheime missies, Indonesië, Rusland, Vietnam, de KGB en een auto-ongeluk in de Verenigde Staten. De onderzochte, die zich door de artsen nog steeds laat aanspreken als Rob, meldt dat hij werd geboren in 1955 in Noranda, Canada. De onder hypnose verkregen informatie levert de vreemdelingenpolitie geen andere aanknopingspunten op voor de speurtocht naar de ware identiteit van Rob Shunter. Rob Shunter zelf koestert nogal wat twijfels over de betrouwbaarheid van zijn onder hypnose verkregen beelden. Aan zijn psychiater schrijft hij: 'Ik heb lang nagedacht over onze sessie van 4-3-1986 en ik weet niet of het allemaal waar is. Ik herinner me helemaal niets van al die gebeurtenissen waarover u me hebt verteld.'

Bastiaans

Eén arts ziet echter nog onbenutte kansen. Dat is de Leidse professor J.C. Bastiaans (1917-1997). Vanaf begin 1987 ondergaat Rob Shunter bij hem een serie van *penthobarbital-sessies*.[8] Daarbij wordt de patiënt eerst ingespoten met een kalmerend middel, waarna de dokter met hem gaat praten. De stijl die Bastiaans daarbij hanteert is vrij directief. Terwijl Rob Shunter *high* is, lult Bastiaans op de volgende manier tegen hem aan (I = interviewer; P = patiënt):

    I: Kent u de naam van de CIA?
    P: (geen reactie)
    I: Kent u de betekenis van die naam?
    P: Ja.[9]
    I: De geheime dienst van Amerika, hè?
    P: Ja, ja.

I: Bent u erbij geweest?
P: Ja.
I: Hebben ze daar experimenten met u uitgevoerd?
P: (geen reactie).
I: Gemarteld?
P: Nee.
I: Geïndoctrineerd?
P: Ja.
I: Hebben ze u gezegd dat het absoluut verboden is om te praten?
P: Nee.
I: Bent u vrij om te praten?
P: (geen reactie).
I: Want u bent in erg gevaarlijke situaties geweest, niet dan?
P: (geen reactie).

In de interviews die Bastiaans met de gedrogeerde Shunter voert, klinkt voortdurend het idee door dat Shunter een gehersenspoelde geheim agent is die zijn identiteit niet mag prijsgeven. Rob van zijn kant schrijft verhalen die bij dat idee aansluiten. De penthobarbital-sessies leveren echter geen informatie op waarmee de achtergrond van Rob Shunter zich laat vaststellen. Rob blijft klagen over totaal geheugenverlies en over de emotionele leegte die dat met zich meebrengt. In de maanden na de penthobarbital-sessies komt Shunter op eigen kracht met een straatnaam in Parijs. De vreemdelingenpolitie rechercheert op basis van die informatie en kan dan eindelijk de ware identiteit van Rob Shunter vaststellen: hij werd in 1956 in Parijs geboren als Emil Mestel, in 1980 overleed zijn moeder en in 1981 werd hij voor het laatst in Parijs gezien. De Franse staat verstrekte nooit een paspoort aan Emil/Rob. Een agent van de vreemdelingenpolitie neemt Shunter mee naar de straat waar hij ooit woonde en confronteert hem met oude kennissen. Dat lokt bij Shunter geen enkele blijk van herkenning uit. Tot op de dag van vandaag houdt hij vol dat zijn complete autobiografie tot aan 1985 verdwenen is en dat hij zich meer Rob Shunter dan Emil Mestel voelt. Sinds zijn ontslag uit het psychiatrische ziekenhuis woont Shunter zelfstandig. Hij werkte in de horeca en momenteel houdt hij zich bezig met het bouwen van websites.

Sven Howard en de CIA

De documentairemakers Rens Oomens en André Bannenberg maakten in 2002 een prachtig portret van Rob Shunter.[10] Via hen kwamen wij in contact met hem. In het voorjaar van 2002 nodigden wij hem uit om naar ons laboratorium te komen. Hij stemde in en verstrekte ons ook zijn medische dossier.

We hadden daardoor inzage in ontslagbrieven, correspondentie tussen Rob en zijn artsen en beschrijvingen van de hypnose- en penthobarbital-sessies. De relevante informatie daaruit hebben we hiervoor samengevat. Een dag lang gaven we Shunter tests en schreven en praatten we met hem. De figuur laat onze bevindingen zien. Shunter bleek een bovengemiddelde intelligentie te hebben en hij presteerde excellent op een taak die het langetermijngeheugen meet (*15 Woorden Test*).[11] Maar hij deed het weer alarmerend slecht op de *Trailmaking Test*, een taak die functies van de voorste (frontale) hersenen meet. Bij deze taak moet de patiënt opeenvolgende letters en cijfers met elkaar verbinden: van a naar 1 en van 1 naar b enzovoort. En dat kon Shunter dus niet goed. Ook presteerde hij onder de maat op een test die het kortetermijngeheugen meet, de *Digit Span Test*. Hij deed het daar slechter op dan de getuige Mankema (hoofdstuk 2).

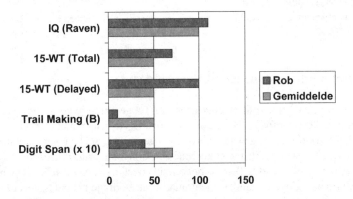

Het geheugen voor publieke gebeurtenissen van vóór 1985 was bij Shunter gestoord. Je hoeft met hem echt niet te praten over de studentenopstand in mei 1968. Dat kan hij niet plaatsen. Zijn geheugen voor nieuwsfeiten vanaf 1985 was in orde. Dus de Bijlmerramp zei hem wel wat. Op een test die het simuleren van klachten meet (*SIMS*; Merckelbach e.a., 2001; zie ook hoofdstuk 7), scoorde Shunter ver boven het criterium. Anders dan bijvoorbeeld Ina Post had hij de neiging om bizarre en uiterst zeldzame symptomen te rapporteren.

We onderwierpen Shunter ook aan een soort leugendetectortest (zie hoofdstuk 14). Daarbij keken we hoe hij lichamelijk reageerde op woorden die verwezen naar zijn oude of nieuwe identiteit. Shunter reageerde niet met hartslag-, ademhalings- of zweetklierreacties op woorden die verbonden waren met zijn nieuwe identiteit (Rob Shunter, Noranda enzovoort). Maar evenmin reageerde zijn lichaam op woorden die te maken hadden met zijn ware identiteit (Emil Mestel, Parijs enzovoort). Er was eigenlijk sprake van een totaal gebrek aan lichamelijke reactiviteit.[12]

Tijdens het gesprek met Shunter vielen ons drie dingen op. Om te beginnen dat hij een lichte verlamming aan de linkerkant van zijn lichaam had. Voorts maakte hij een laconieke indruk. Zo schreef hij dat hij zich nooit zorgen maakte om de toekomst en dat hij zich niet kon herinneren dat hij in de afgelopen jaren verdrietig of bang was. Tot slot viel op dat Shunter confabuleerde. Hij reageerde met grote stelligheid op fictieve namen die hem werden voorgehouden. Neem de volgende dialoog tussen ons (I) en Shunter (P).

> I: Wie is Sven Howard?
> P: Hij is een van de CIA-directeuren.
> I: En wie is Luce Whittaker?
> P: Oké, hij is alleen gelieerd aan de CIA. Hij deed onder andere onderzoek naar biologische wapens. Mijn herinneringen hierover zijn vaag.
> I: Wie is Louis Loggins?
> P: Hij is soldaat tweede klasse. Hij werd gemarteld en toen heeft hij gezegd wat hij wist.

Waar komt het geheugenverlies vandaan?

Rob Shunter heeft naar eigen zeggen een totale amnesie voor alles wat hij meemaakte vóór 1985. Heeft dit geheugenverlies te maken met een hersenletsel of een emotionele gebeurtenis of is het gesimuleerd? Het is verleidelijk om die vraag te stellen. Maar net als Michael Kopelman (2000) geloven wij dat die vraag misleidend is. Beter is het om de vraag te stellen in welke mate hersenbeschadigingen, emoties én simulatie een bijdrage hebben geleverd aan zijn geheugenklachten. Nadat neurologisch onderzoek met een CT-scan en een EEG niets had opgeleverd, geloofden Shunters artsen dat zijn amnesie wel een emotionele (dissociatieve) achtergrond moest hebben. Ook meenden ze dat ziektewinst – simulatie dus – van invloed was op de wijze waarop hij zijn geheugenklachten presenteerde. Deze interpretatie van het geval Shunter is om allerlei redenen zwak. Om te beginnen waren er aanwijzingen dat Shunters geheugenklachten met een hersenbeschadiging begonnen. De politiemannen die hem vonden hadden de indruk dat hij betrokken was geweest bij een vechtpartij. Het testpsychologisch onderzoek uit die tijd bood aanwijzingen voor een hersenletsel. En de vakliteratuur kent veel voorbeelden van patiënten bij wie een normale CT-scan gepaard gaat met hersenbeschadigingen die pas met andere beeldvormende technieken zichtbaar worden (Kopelman e.a., 1994).

Ons onderzoek leverde aanwijzingen op voor een forse organische component in Shunters geheugenklachten. We kunnen daar nog duidelijker over zijn. Zijn ontwrichte kortetermijngeheugen, zijn slechte prestaties op de

Trailmaking Test, maar ook zijn neiging om te confabuleren wijzen in de richting van een rechtszijdige beschadiging van de voorste hersengebieden (Weinstein, 1996; Kopelman, 1999). De verlamming aan de linkerkant van zijn lichaam, maar ook het totale gebrek aan lichamelijke reacties op emotionele woorden ondersteunen deze interpretatie. De afwezigheid van lichamelijke reacties op emotionele prikkels – in de literatuur spreekt men wel van *non-responding* – is door diverse auteurs in verband gebracht met beschadigingen van de rechtsfrontale hersenen (Tranel & Damasio, 1994).

Waarheidsserum

Op basis van het idee dat Shunters geheugenklachten een emotionele oorzaak hadden, onderging hij eerst sessies met hypnose en daarna penthobarbital. De oogst daarvan was een stortvloed aan mededelingen die cirkelden rondom militaire thema's. Uit alles blijkt dat zowel de dokters als de vreemdelingenpolitie die mededelingen serieus namen. De dokters gebruikten ze voortdurend als opstapje naar vervolgvragen. De politie stemde er haar identificatiepogingen op af. De mededelingen bleken uiteindelijk echter pseudoherinneringen. Dat is niet uitzonderlijk. De literatuur laat zien dat pseudoherinneringen vaker opduiken als men patiënten met geheugenklachten onderwerpt aan zulke sessies (Kopelman e.a., 1994). Wie zou menen dat we dit pas sinds kort weten heeft het mis. Dat patiënten onder hypnose gemakkelijk hun kritische zin verliezen voor wat herinnering en wat fantasie is, mag bekend worden verondersteld sinds het vaak geciteerde overzichtsartikel van de Canadese rechtspsychologe Marilyn Smith (1983).

Dat penthobarbital patiënten suggestibel maakt, in verwarring brengt en eerder een geheugenondermijnend dan een geheugenverbeterend effect heeft, weten we op grond van onderzoek dat goeddeels in de jaren veertig en vijftig werd verricht (Piper, 1993). Zo kregen proefpersonen in een experiment uit die jaren een verhaal te horen. Vervolgens werd hen op het hart gedrukt om nooit meer over dat verhaal te praten. Een dokter spoot de proefpersonen in met penthobarbital en begon hen uit te horen over het verhaal. Er waren twee soorten reacties. Er waren proefpersonen die helemaal niets loslieten. Maar er waren ook proefpersonen die gingen vertellen. Wat zij vertelden was echter zo fantastisch dat het verhaal op basis daarvan onmogelijk te reconstrueren viel. Professor Bastiaans had in principe kennis kunnen hebben van dit experiment. Het werd bijvoorbeeld in geuren en kleuren beschreven in een populair boek van de Engelse psycholoog Hans Jürgen Eysenck (1957). Maar Bastiaans kende dit soort onderzoek blijkbaar niet. Hij zal wel de *Manchurian Candidate* (1962) met Frank Sinatra hebben gezien. In die Koude-Oorlogthriller ging het inderdaad om een Amerikaanse militair die door de vijand is gehersenspoeld, maar dat heeft verdrongen.[13]

Bastiaans had een freudiaanse achtergrond. In de beste traditie van de Weense wonderdokter was hij ervan overtuigd dat mensen nare herinneringen verdringen. Zodoende was Bastiaans hevig geïnteresseerd in medicamenten waarvan werd gezegd dat ze de verdringing tijdelijk konden opheffen. Tot in de jaren negentig van de vorige eeuw gebruikte Bastiaans op deze wijze penthobarbital of LSD bij de behandeling van patiënten met oorlogstrauma's. Het idee daarachter stamde al uit de tijd rond de eerste wereldoorlog. Toen ontdekte de Amerikaanse arts Arthur Lovenhart per toeval dat zwijgzame patiënten meer gingen praten als zij een lichte dosis van het slaapmiddel sodium amytal kregen toegediend. Die observatie bracht zijn collega's op twee nieuwe ideeën over de toepassing van sodium amytal en aanverwante stoffen zoals penthobarbital. Een ervan betrof de behandeling van getraumatiseerde soldaten. Het idee was dat met behulp van deze middelen verdrongen frontervaringen weer naar boven konden worden gehaald. Dat zou het herstel bespoedigen. De tweede toepassing betrof de forensische praktijk. Vanaf de jaren dertig van de vorige eeuw kende Amerika een groep fanatieke politieambtenaren en gerechtspsychiaters, die stellig meenden dat men met deze medicamenten gedetailleerde verklaringen kon ontlokken aan zwijgzame verdachten. In die sfeer ontstond het begrip *waarheidsserum*. Enig wetenschappelijk bewijs voor de werkzaamheid van het waarheidsserum is er niet (Kihlstrom, 1998). Dat was ook de conclusie van een commissie van de Gezondheidsraad, die zich in de jaren tachtig over de methode van Bastiaans boog. Dat met die methode wel brisante confabulaties zijn uit te lokken bewees het geval van het Eerste-Kamerlid Eibert Meester. Hij herinnerde zich tijdens zijn behandeling bij Bastiaans weer allerlei heldhaftige verzetsdaden, maar nader onderzoek wees uit dat ze kant noch wal raakten (Snelders, 2000).

Groot vertrouwen

Het geval van Shunter is tekenend voor het grote vertrouwen dat Nederlandse psychiaters uit de school van Bastiaans tot voor kort stelden in het geheugenverbeterende effect van penthobarbital (Koerselman, 1996). Dat vertrouwen was zo sterk dat het middel ook voor forensische doeleinden werd aangewend. Nog in 1988 speelde in ons land het geval van een man die ervan werd verdacht een andere man na een avondje stappen om het leven te hebben gebracht. De verdachte beweerde zich niets van het delict te kunnen herinneren. De psychiater die er door justitie bij werd gehaald meende dat het geheugenverlies het gevolg was van massieve verdringing van de gebeurtenissen. Met instemming van de verdachte werd besloten hem in een penthobarbital-roes te brengen. En warempel, in die toestand herinnerde de verdachte zich weer dat hij het slachtoffer de keel had dichtgeknepen. De psychiater meldde dat met deze bekentenis de hele zaak rond was. De rechtbank vond dat kennelijk ook, want die oordeelde op grond van de via penthobarbital opgediepte 'herinneringen' dat de verdachte bewust het slachtoffer had gewurgd. De rechtbank veroordeelde de verdachte wegens doodslag tot twee jaar gevangenisstraf. In hoger beroep kwam het Hof op grond van hetzelfde materiaal tot een iets andere conclusie: doodslag en ontslag van alle rechtsvervolging. Zowel deze zaak als het geval van Shunter zijn recent en verontrustend genoeg om het volgende nog eens te benadrukken: als geheugenverbeterend middel schiet penthobarbital hopeloos tekort (Horselenberg e.a., 2002).[14]

Shunters onder hypnose en penthobarbital verkregen beelden getuigen van een zekere grandeur. Ze gaan over Shunter als commando die geheime missies vervulde in Indonesië, Vietnam en Rusland. Ze doen denken aan fragmenten uit een James Bondfilm. Daarmee illustreren ze de stelling van de Amsterdamse psycholoog Wouter Gomperts (1996) dat zulke pseudo-herinneringen gedijen op algemeen bekende verhalen en stereotypen.

Zwijgzaam

Patiënten die permanent hun mond houden – in jargon *mutisme* – komen zelden voor. Het is soms een begeleidingsverschijnsel van beschadigingen van de voorste delen van de hersenen, maar het kan ook een gesimuleerd symptoom zijn. De Engelse specialist William Lishman (1998) geeft het hilarische voorbeeld van een mutistische patiënt die werd gewantrouwd door zijn arts. Deze vond een collega bereid om de patiënt te schaduwen. Zodra de patiënt het spreekuur had verlaten en plaats had genomen in een treincoupé, bleek hij zo geanimeerd te kunnen praten dat hij zijn medepassagiers tot lachsalvo's bracht. Wij sluiten niet uit dat ook Shunters mutisme tot op zekere hoogte een vorm van simulatie is. Zijn hoge scores op een simulatietest laten in elk geval zien dat hij de neiging heeft om atypische en zeldzame symptomen te rapporteren. Aan de andere kant rijst de vraag welk voordeel Shunter zou hebben bij een al meer dan vijftien jaar aanhoudende onwil om te praten. Vaststaat dat hij grote angst koesterde om ook zijn herinneringen van ná 1985 te verliezen en dat schriftelijke communicatie hem hielp om deze vast te leggen. Vaststaat ook dat hij aan de hypnose- en penthobarbital-sessies gemakkelijk het idee kon overhouden dat praten voor hem als ex-geheimagent gevaarlijk was. En vaststaat ten slotte dat voor een intelligente patiënt die confabuleert zelfverkozen zwijgzaamheid een handige strategie is om jezelf in toom te houden. Welk aandeel elk van deze factoren in Shunters huidige toestand heeft weten wij niet. Maar dat ze ooit hebben bijgedragen aan wat nu zijn normale habitus is geworden, vinden we aannemelijk. Daarmee is zijn mutisme meer dan een simpele poging om een of ander voordeel te behalen.

Pathologisch toerisme

Sinds de Franse arts Philippe Tissié (1852-1935) aan het einde van de negentiende eeuw de term *fugue* in het psychiatrische vocabulaire introduceerde, wordt hij vooral gebruikt ter aanduiding van gedesoriënteerde patiënten die op reis gaan (Hacking, 1999). *Pathologisch toerisme* werd het vroeger ook wel genoemd. Zoals we in hoofdstuk 12 zullen zien, menen dokters tot op de dag van vandaag dat aan de geografische verplaatsingen van fugueurs een psychotrauma en verlies van autobiografische kennis voorafgaat.[15] Er bestaat een lange traditie om de fugue te zien als een ultieme poging van slachtoffers om het hoofd te bieden aan uiterst belastende gebeurtenissen (Stengel, 1941; Kaszniak e.a., 1988). Volgens deze opvatting moet de therapeut de dolende patiënt helpen zijn traumatische herinneringen te hervinden. Het verhaal van Rob Shunter lijkt op het eerste gezicht een schoolvoorbeeld van een fugue: een man maakt oorlogscalamiteiten mee, verliest zijn geheugen, gaat zwerven en belandt zo op de Amsterdamse Wallen. Gevalsbeschrijvingen van fugues staan echter nog een andere, maar nooit onderzochte interpretatie toe. Wie een klap op zijn hoofd krijgt in een vreemde omgeving is dubbel gehandicapt, want de geheugenstoornis laat zich niet remediëren door vertrouwde *ophaalcues* (de eigen straat, familieleden enzovoorts). Anders gezegd: het verblijf in een vreemde omgeving zou de oorzaak van slechts langzaam opklarend geheugenverlies kunnen zijn in plaats van omgekeerd.

Recente publicaties over uit de hand gelopen geheugenstoornissen laten zien dat deze interpretatie zo gek nog niet is. Zo beschreven Riccardo Barbarotto en zijn collega's (1996) een Siciliaanse vrouw die op haar werk viel, vervolgens in een kortdurende coma raakte, en daarna hardnekkig geheugenverlies kreeg. Kort voordat ze viel, was deze vrouw naar Noord-Italië verhuisd. Haar geheugenverlies trad dus in een vreemde omgeving op. Iets vergelijkbaars was aan de orde in het door de Engelse neuropsychologe Sarah Mackenzie Ross (2000) gerapporteerde geval. Daarin ging het om een vrouw die aan langdurig geheugenverlies leed sinds zij op haar werk een openslaande deur tegen haar hoofd had gekregen. Toen dat gebeurde was ze pas kort in Engeland. Ze had het grootste deel van haar leven doorgebracht op het continent. Deze gevalsbeschrijvingen doen vermoeden dat een vreemde omgeving ontwrichtend kan werken op het herstel van geheugenverlies. Dat een nieuwe omgeving psychiatrische complicaties met zich mee kan brengen, weten we ook op grond van wat wel het *Stendhal-syndroom* wordt genoemd, naar de Franse schrijver die in 1817 decompenseerde tijdens zijn bezoek aan Florence (Fried, 1988).

Iatrogeen

Voor zover wij het kunnen overzien is het geval van Rob Shunter uniek. Nergens in de literatuur treft men geheugenverlies aan dat zo omvangrijk en tegelijkertijd zo hardnekkig is. In de meest extreme gevallen die werden gerapporteerd hield het geheugenverlies 21 maanden aan (De Renzi e.a., 1995) respectievelijk drie jaren (Mackenzie Ross, 2000) aan. De vraag rijst waarom Shunters geheugenverlies permanent werd. Onze stelling luidt dat dit voor een deel het resultaat is van de wijze waarop hij door de dokters werd behandeld. De dokters maakten met hun hypnose en penthobarbital het geheugenprobleem groter in plaats van kleiner. Met een chic woord heten door dokters veroorzaakte problemen *iatrogeen*.[16]

Onze reconstructie van het geval-Shunter is als volgt. Patiënten met een hersenletsel zijn suggestibel (Lishman, 1998). De getuige Mankema in hoofdstuk 2 is daarvan een griezelig voorbeeld. Shunter liep een letsel op aan zijn rechtsfrontale hersenen. Hij zal een extra risico hebben gelopen. Want hij kreeg vanwege het letsel last van geheugenverlies in een omgeving waarin hij niets en niemand kende. Ribots wet had daarom veel tijd nodig om in werking te treden. De oude herinneringen kwamen niet onmiddellijk terug. Nog voordat Ribots wet echter een kans kreeg, werd Shunter al blootgesteld aan hypnose- en penthobarbital-sessies. Tijdens die sessies voorzagen de dokters hem van desinformatie. Uiteindelijk kon hij zich beter vinden in het vooral onder penthobarbital tot stand gekomen verhaal over de geheim agent die niet mocht praten dan in zijn ware identiteit. Na jaren zijn nieuwe existentie op dat spectaculaire verhaal te hebben gebouwd, heeft hij er momenteel geen enkel belang meer bij om terug te keren naar zijn ware en waarschijnlijk meer prozaïsche biografie.

De Duitse psycholoog Hans Markowitsch (1996) wees erop dat het rechterdeel van de voorste hersenen – de rechtsfrontale hersenen – de hand heeft in twee dingen die nauw met elkaar verwant zijn. De rechtsfrontale hersenen spelen een sturende rol bij het ophalen van autobiografische herinneringen. En ze orkestreren emoties. Als iemand een beschadiging oploopt aan de rechtsfrontale hersenen, dan wordt hij laconiek, zonder dat overigens te willen. Zo iemand is aangewezen op zijn linksfrontale hersenen om herinneringen op te halen, wat vaak niet zal lukken. Dat zet aan tot een emotieloze en zakelijke stijl van herinneren. In die toestand krijgen pseudo-herinneringen een kans om wortel te schieten, vooral als dokters een emotioneel gekleurd scenario daarvoor aanreiken (Kopelman, 1999). Want een emotioneel stereotype kan de patiënt nog wel begrijpen. En hij heeft er wellicht ook behoefte aan. Als de patiënt die stereotiepe fictie accepteert als autobiografische waarheid, dan heeft hij nog minder dan hij had. Dan is er sprake van een iatrogene verergering van het geheugenverlies.

PATIËNTEN

9. Fantastisch verstrooid

De twee veertienjarige vriendinnen zaten op de fiets en reden samen naar school. Ze spraken over een groot artikel dat die morgen op de voorpagina van de krant had gestaan. Het ging over een verkrachtingszaak. 'Als zoiets je overkomt, is dat verschrikkelijk,' had de ene vriendin tegen de andere gezegd. Van die reactie was de andere vriendin – Kelly – weer erg geschrokken. Een aantal jaren later vertelt ze aan de politie daarover het volgende:

> 'Toen wij spraken over dat krantenartikel kwam bij mij alles weer boven. Ineens realiseerde ik me dat het niet in de haak was wat de buurman bij mij deed toen ik zeven was. Hij liet mij seksboekjes zien, liep naakt in zijn huis rond als ik er was, betastte mij en één keer heeft hij mij verkracht.'

Als Kelly aangifte doet van verkrachting door haar buurman gaat het al geruime tijd slecht met haar. Aanvankelijk zijn het vooral haar schoolprestaties die achteruitgaan. En wel zodanig dat zij een klas moet doubleren, wat ook weer te maken heeft met haar spijbelgedrag. Het spijbelen wordt op zeker moment zo erg dat Kelly op verzoek van de conrector een gesprek heeft met een jeugdverpleegkundige van de GGD. Met haar praat Kelly over haar slechte concentratie, haar nachtmerries, haar eigen lichaam dat zij afstotelijk vindt en over de slechte verhouding met haar ouders. Kelly vertelt dat ze tijdens het spijbelen vaak maar wat doelloos rondloopt en achteraf niet meer weet waar zij precies is geweest. Pas tegenover deze verpleegkundige laat Kelly voor het eerst iets los over de buurman. De verkrachting waarvan zij het slachtoffer zou zijn geworden beschrijft Kelly in zeer algemene termen: 'Ik weet het allemaal niet meer precies'. Op aanraden van de verpleegkundige en in samenspraak met haar ouders en de conrector gaat Kelly naar een psychiater. Die is duidelijk in zijn diagnose: Kelly's concentratieproblemen, haar onvermogen om precies te vertellen wat de buurman destijds bij haar deed, maar ook haar afkeer van haar eigen lichaam, het zijn allemaal *dissociatieve* symptomen. Zij zijn het gevolg van het misbruik waarvan Kelly ooit slachtoffer werd. De psychiater meent bovendien dat Kelly er profijt van heeft als zij aangifte zou doen bij de politie. Hij schrijft aan de huisarts van Kelly:

> 'Haar onassertieve houding ten opzichte van de vroegere dader, welke nog steeds in de buurt woont, is opvallend. Ook de ouders ondernemen niets te-

gen deze man, zolang Kelly geen signaal geeft. Een snelle radicale juridische procedure met ontzag voor het slachtoffer, zou meer resultaten afwerpen dan de huidige straffeloosheid, machteloosheid.'

Dat advies volgen Kelly en haar ouders op. Zij doen alsnog hun beklag bij de politie over de vroegere buurman. Hun aangifte wordt niet alleen ondersteund door de psychiater, maar ook door een arts van de GGD. In een brief laat deze jeugdarts aan de politie weten: 'Bij Kelly is sprake van dissociatieve kenmerken waarvoor zij momenteel psychiatrische hulpverlening krijgt en die passen bij een psycho-seksueel trauma, in casu seksueel misbruik.'

DES

Wanneer psychiaters het hebben over dissociatie, dan doelen zij op ontregelingen in het bewustzijn, het geheugen en de waarneming.[1] Deze ontregelingen zouden zich manifesteren in de vorm van concentratieproblemen, geheugenklachten en stoornissen in de lichaamsbeleving. In de psychiatrie gebruikt men vragenlijsten om deze symptomen in kaart te brengen. De meest bekende is de *Dissociative Experiences Scale*, alom afgekort tot DES (Bernstein & Putnam, 1986). De DES is gebaseerd op de aanname dat dissociatieve symptomen sterk met elkaar samenhangen en een unieke groep van psychiatrische verschijnselen vormen. Net zoals je typische symptomen van de dwangneurose hebt, zou je ook typische dissociatieve symptomen hebben. De DES bestaat dan ook uit 28 items die elk verwijzen naar één bepaald dissociatief symptoom. De patiënt of proefpersoon moet aangeven in welke mate hij of zij bekend is met dat symptoom. Voorbeelden zijn 'sommige mensen gaan wel eens zo op in een film of televisieprogramma dat ze zich niet meer bewust zijn van de gebeurtenissen om hen heen' en 'sommige mensen vinden wel eens nieuwe dingen tussen hun spullen waarvan ze zich niet kunnen herinneren dat ze die gekocht hebben.' Als iemand aangeeft deze ervaringen uit eigen ondervinding te kennen, dan zeggen psychiaters dat de persoon dissociatieve symptomen heeft. Als zulke symptomen ruimschoots voorhanden zijn, dan lijdt de patiënt aan een dissociatieve stoornis.[2] Dat is althans de heersende opvatting in de literatuur. En dat was ook de diagnose die de psychiater bij Kelly stelde.

Toen de psychiater Kelly's klachten in verband bracht met seksueel misbruik bevond hij zich in het goede gezelschap van menig vakgenoot. Want over de herkomst van dissociatieve symptomen hebben de meeste psychiaters en psychologen een uitgesproken opvatting. Volgens die opvatting zijn traumatische jeugdervaringen de oorzaak van dissociatieve symptomen. In hun overzichtsartikel schrijven de Amerikaanse psychologe Catharine Classen en haar collega's (1993) bijvoorbeeld dat 'een belangrijke, maar vaak over het hoofd geziene consequentie van trauma het optreden van dissociatieve verschijnselen is'. De gerenommeerde psychiater Frank Putnam en zijn collega's (1996) sluiten zich hierbij aan. Zij zeggen: 'Ontelbare klinische studies hebben aangetoond dat verhoogde niveaus van dissociatie verband houden met een antecedent trauma.' Wij halen juist deze auteurs aan omdat zij niet de minsten in hun vak zijn. En omdat zij zich onbewimpeld uitlaten over wat oorzaak en wat gevolg is: traumatische ervaringen zijn de oorzaak en dissociatieve symptomen hun gevolg. Dat is de trauma-dissociatiedoctrine. Maar klopt die doctrine ook?

Janet

De trauma-dissociatiedoctrine kent een lange en rijke traditie in de psychiatrie. In een notendop beschreven begint die traditie bij de Engelse chirurg Eric Erichsen die in zijn *On Railway and Other Injuries of the Nervous System* (1866) betoogde dat zelfs lichte spoorwegongevallen subtiele hersenbeschadigingen kunnen veroorzaken. Die zouden op hun beurt weer ten grondslag liggen aan allerlei vage klachten van de slachtoffers. Het was de Parijse psychiater Jean Martin Charcot – ook wel de Napoleon van de neurosen genoemd – die het idee van het subtiele trauma oppikte en in verband bracht met hysterische symptomen. Charcot was de chef van het grote psychiatrische ziekenhuis Salpêtrière, dat grote bekendheid verwierf vanwege de vele hysterische patiënten – bijna uitsluitend vrouwen – die er verbleven. Om zulke patiënten systematisch te kunnen bestuderen richtte Charcot een psychologisch laboratorium in zijn ziekenhuis in. Dat laboratorium werd geleid door zijn leerling Pierre Janet (1854-1947), die in zijn proefschrift *L'automatisme psychologique* (1889) een volgende en beslissende draai aan het onderzoek zou geven. Janet kwam daarin met het idee dat ook een emotionele gebeurtenis een traumatische uitwerking op de hersenen kan hebben en dan een 'desaggregatie' oftewel dissociatie van psychische processen kan veroorzaken. Dan kan het gebeuren dat de patiënt allerlei dingen doet en er later geen enkele herinnering meer aan heeft. Zo beschrijft Janet het geval van de zeer gelovige mevrouw D., die op zekere dag het slachtoffer werd van een morbide grap. Een vreemde man klopte bij haar aan en maakte haar wijs dat haar echtgenoot was overleden: 'Maak een bed klaar, men brengt uw man die dood is.' Daarop zou mevrouw D. zijn gaan schreeuwen en een soort epileptische aanval hebben gekregen. Dagen later wist zij zich niets meer van dit voorval te herinneren.[3]

Janet benadrukte dat dissociatieve symptomen een functie hebben. Patiënten vergeten niet zomaar iets. Ze vergeten het traumatische voorval en langs die weg proberen zij er mentaal aan te ontsnappen. Dit idee is tot op de huidige dag springlevend onder psychiaters en psychologen. Zo zeggen de Amerikaanse psychologen Beth Gershuny en Julian Thayer (1999) in hun vaak geciteerde overzichtsartikel: 'Dissociatie werkt zodanig dat we geen introspectieve toegang meer hebben tot bepaalde thema's en aldus beschermt het ons tegen de impact van wat er is gebeurd. Pijnlijke en met het trauma verbonden emoties en herinneringen raken uitgewist.' Dat klinkt alsof dissociatieve symptomen nuttig zijn, maar therapeuten zijn er ook van overtuigd dat zij herstel in de weg staan als ze te lang aanhouden.

De ideeëngeschiedenis achter het begrip dissociatie laat overigens ook zien hoe psychiaters en psychologen vanaf de tweede helft van de negentiende eeuw een steeds ruimere betekenis aan het begrip trauma gaven. Was het oorspronkelijk een term waarmee uitsluitend werd gedoeld op een duidelijk waarneembare beschadiging ten gevolge van een ongeval, via Charcot ('functionele verwonding van de hersenen') en Janet ('idee-fixe') wordt het dan geleidelijk aan een begrip dat ook kan staan voor een psychische verwonding.

Krachtige samenhang?

De trauma-dissociatiedoctrine mag dan een lange traditie hebben, maar dat op zichzelf zegt nog niets over haar wetenschappelijke merites. Hoe populair deze doctrine ook onder moderne psychiaters is, er vallen serieuze kanttekeningen bij te plaatsen. Om te beginnen veronderstelt de trauma-dissociatiedoctrine dat er een krachtige samenhang bestaat tussen traumatische jeugdervaringen en dissociatieve symptomen. In tientallen wetenschappelijke studies is gekeken naar die samenhang. In al deze studies werden zogeheten correlaties berekend. Een correlatie is een statistische grootheid waarmee men de sterkte van de relatie tussen twee factoren in maat en getal kan uitdrukken.[4] Sommige onderzoekers vonden inderdaad forse correlaties tussen door mensen zelf gerapporteerde jeugdtrauma's en hun dissociatieve symptomen (bijvoorbeeld Nijman e.a., 1999). Maar andere onderzoekers vonden correlaties die toch aan de magere kant blijven. Een goed voorbeeld is het onderzoek van de Amerikaanse psychologen Michael DiTomasso en Donald Routh (1993). Het was gebaseerd op een omvangrijke steekproef van studenten. De studenten vulden de eerder genoemde DES in, maar ook vragenlijsten die betrekking hadden op seksueel misbruik en mishandeling in de jeugd. De correlatie tussen seksueel misbruik en de DES was 0.21. Die tussen mishandeling en de DES was 0.18. Dat zijn niet bepaald imposante correlaties.

Een andere tekortkoming van de trauma-dissociatiedoctrine heeft te maken met haar aanname dat het verband tussen jeugdtrauma's en dissociatie nogal direct is. Dat is een twijfelachtige aanname, wat weer het beste te illustreren valt aan de hand van een concreet onderzoek. De psycholoog Michael Nash en zijn collega's (1993; zie ook Mulder e.a., 1998) vergeleken twee groepen van vrouwelijke psychiatrische patiënten met elkaar: vrouwen die zeiden dat ze voor hun 17de levensjaar waren misbruikt en vrouwen die zulke ervaringen niet rapporteerden. Patiënten die misbruikervaringen rapporteerden scoorden hoger op allerlei vragenlijsten over dissociatie. Op het eerste gezicht is dat mooi in overeenstemming met het idee dat trauma leidt tot dissociatieve symptomen. De onderzoekers stelden hun patiënten echter ook allerlei vragen over het gezin waaruit zij kwamen. Zij vonden dat het verband tussen traumatisering en dissociatie verdwijnt als men rekening houdt met dat gezin van herkomst. Niet het hebben meegemaakt van een trauma, maar het opgroeien in een ontwricht gezin is daarom volgens de onderzoekers de bron van latere dissociatieve klachten.

In het veel gelezen leerboek van de Nederlandse psychotherapeut Ellert Nijenhuis (1994) heet het een feit 'dat er een sterke samenhang bestaat tussen trauma en dissociatie'. Maar het onderzoek dat wij hiervoor bespraken leidt tot een andere conclusie. Die luidt dat de samenhang tussen trauma en dissociatie lang niet altijd zo sterk en zo direct is als sommige psychiaters en psychotherapeuten ons willen doen geloven. Men kan het ook zo samenvatten: in de niet altijd even sterke samenhang tussen zelf gerapporteerde jeugdtrauma's en dissociatie resoneren andere factoren (bijvoorbeeld gezinsmoeilijkheden) mee.

Holocaust en dissociatie

Een volgende tekortkoming van de trauma-dissociatiedoctrine betreft haar onvermogen om een aantal anomalieën te verklaren. Neem de studie van de Amerikaanse onderzoekster Rachel Yehuda en haar collega's (1996), waarin het ging om inmiddels bejaarde mensen die de concentratiekampen van de nazi's hadden overleefd. De traumatische voorgeschiedenis van deze holocaustslachtoffers is boven elke twijfel verheven. In deze groep bleken echter de aard en de intensiteit van de oorlogstrauma's niet samen te hangen met dissociatieve symptomen. Ook de auteurs zelf stonden daar nogal versteld van. Zij noteren dan ook dat hun bevinding in strijd is met het in de psychiatrie heersende dogma dat trauma tot dissociatie leidt.

In hoofdstuk 6 bespraken we eigen onderzoek naar Nederlanders die in een jappenkamp hadden gezeten. Tijdens dat onderzoek vulde deze groep ook vragenlijsten in die gingen over posttraumatische stresssymptomen (PTSS) en over dissociatie. Als de trauma-dissociatiedoctrine klopt, dan verwacht men in deze groep een innige samenhang tussen PTSS-klachten en dissociatieve symptomen. Die bleek er echter niet te zijn. Onze proefpersonen hadden wél last van PTSS, maar niet van dissociatie (Merckelbach e.a., 2003).

Een ander voorbeeld van een met de trauma-dissociatiedoctrine maar moeilijk te rijmen bevinding treft men aan in het artikel van de Amerikaanse psychologen Barbara Sanders en Marina Giolas (1990). Zij beschrijven hoe zij hun adolescente psychiatrische patiënten de DES lieten invullen alsook een vragenlijst die ging over traumatische jeugdervaringen en gezinssfeer. De correlatie tussen zelf gerapporteerd seksueel misbruik en dissociatieve symptomen bedroeg slechts 0.26. Maar die tussen negatieve gezinssfeer en dissociatieve symptomen was 0.50. Dit patroon doet sterk denken aan de hiervoor aangehaalde resultaten van Nash en collega's. Sanders en Giolas gingen echter nog een stap verder door een onafhankelijke beoordelaar te laten kijken naar het statusmateriaal van de jeugdige patiënten. Dat materiaal bestond uit politierapporten, schoolverslagen enzovoorts. De beoordelaar had de opdracht dit materiaal te taxeren op aanwijzingen voor een traumatische voorgeschiedenis. Vreemd genoeg bleken deze 'traumascores, gebaseerd op ziekenhuisdossiers' negatief samen te hangen met dissociatieve symptomen: hoe minder aanwijzingen voor seksueel misbruik te vinden waren in het statusmateriaal van de patiënt, hoe meer dissociatieve symptomen de patiënt op de DES rapporteerde. Blijkbaar hangen trauma en dissociatie wel met elkaar samen als men afgaat op wat patiënten zélf vertellen over hun traumatische voorgeschiedenis, maar hangen zij niet met elkaar samen als men uitgaat van objectief statusmateriaal. Dat is een ongerijmdheid waarmee ook Sanders en Giolas (1990) slecht uit de voeten kunnen. Onherroepelijk rijst de vraag wat die veelgebruikte DES nu eigenlijk meet.

Fantastisch verstrooid

De DES werd destijds door de psychiaters Eve Bernstein en Frank Putnam (1986) geïntroduceerd als een instrument om dissociatieve symptomen te meten. Deze psychiaters dachten dat het daarbij ging om abnormale ervaringen. Inmiddels hebben diverse auteurs hierover hun twijfels geuit. De aan de universiteit van Harvard verbonden psychiater Fred Frankel (1990; 1996) zegt zo over de DES: 'Als men goed kijkt naar de 28 items van deze schaal, dan wordt duidelijk dat ongeveer tweederde te maken heeft met de manier waarop de respondent herinneringen ophaalt, zijn aandacht richt, zijn voorstellingsvermogen gebruikt of zijn gedrag stuurt.' Frankel stelt zich dus op het standpunt dat de DES gebrek aan mentale efficiëntie oftewel verstrooidheid meet. In de psychologie is verstrooidheid beter bekend onder de naam *cognitive failures*. Wie tot veel cognitive failures neigt, vergeet zijn eigen telefoonnummer, laat dingen uit zijn handen vallen of laat – zoals de grote cellist Yo-Yo Ma overkwam – zijn muziekinstrument van 3 miljoen euro in de kofferbak van een taxi liggen. Dat zijn vervelende ervaringen, maar ze behoren niet tot het domein van de psychiatrie.[5]

Een andere visie op de DES is te vinden bij de Canadese historicus Ian Hacking (1995). Hij verzucht: 'Een aantal studies vond hoge niveaus van dissociatie bij studenten. Laat dat zien dat studenten abnormaal zijn? Of laat het zien dat jonge mensen nu eenmaal dagdromen en mentaal geabsorbeerd raken door waar ze mee bezig zijn? Ik zou ertegen opzien als ik les moest geven aan studenten die lager dan 15 op de DES scoren.' Hacking meent dus dat de DES vooral fantasierijkheid (*fantasy proneness*) meet. Mensen met een rijk fantasieleven hebben levendige dagdromen en kunnen goed acteren, maar opnieuw zijn dat geen psychiatrische fenomenen (Lynn & Rhue, 1988). Dat neemt niet weg dat mensen die *fantasy prone* zijn behoorlijk gekke dingen kunnen doen. Zoals de 69-jarige Willy W., die in zijn jonge jaren doodgraver was geweest en daar een militair uniform aan had overgehouden. In de jaren negentig verscheen hij daarmee op herdenkingsdiensten en zijn verhalen over het Ardennenoffensief waarin hij als generaal een rol zou hebben gespeeld waren zo imposant, dat hij in de Tsjechische stad Pilzen als een bevrijder werd ingehaald en gehuldigd.[6]

Overlap

Om na te gaan in welke mate fantasierijkheid en verstrooidheid samenhangen met de dissociatieve symptomen, voerden wij twee studies uit (Merckelbach e.a., 1999). Beide waren gebaseerd op steekproeven van studenten. En in beide werd gebruikgemaakt van standaardvragenlijsten om dissociatie, verstrooidheid en fantasierijkheid te meten. Dissociatieve symptomen werden natuurlijk in kaart gebracht met de DES. Verstrooidheid werd gemeten met een vragenlijst van de Engelse psycholoog Donald Broadbent. Zijn *Cognitive Failures Questionnaire* vraagt bijvoorbeeld hoe vaak men verkeersborden over het hoofd ziet en hoe vaak men per ongeluk tegen mensen opbotst. Mensen die hoog op zulke items scoren blijken vaker bij ongevallen betrokken te zijn. Dat is ook de reden waarom de Engelse RAF deze test gebruikt bij het selecteren van haar gevechtspiloten.

Fantasierijkheid werd in ons onderzoek gemeten met een test die de sympathieke naam van *Creatieve Ervaringen Vragenlijst* draagt. Daarin komen items voor als 'ik verveel me nooit, omdat ik altijd aan het fantaseren sla als dingen saai worden' en 'als ik aan iets kouds denk, dan krijg ik het ook echt koud'. Amateurtoneelspelers scoren hoog op zulke items, maar ook bezoekers van paranormale beurzen. En medische studenten die na een college over hersentumoren de huisarts bezoeken omdat zij ervan overtuigd zijn geraakt zelf ook een tumor te hebben. Al deze mensen hebben één ding met elkaar gemeen: zij zijn goede verhalenvertellers en kunnen anderen en zichzelf daarmee op sleeptouw nemen.

De speculaties van Fred Frankel en Ian Hacking over wat de DES meet blijken te kloppen. Want in beide studies vonden wij dat fantasierijkheid en verstrooidheid redelijk sterk correleren met álle symptomen van de DES. We praten dan over correlaties in de orde van grootte van de 0.50. Overigens vertoonden fantasierijkheid en verstrooidheid onderling geen samenhang.

De aanhangers van de trauma-dissociatiedoctrine hebben wel een verklaring voor dit soort bevindingen. Zij wijzen erop dat de door de DES gemeten symptomen nogal divers van aard zijn. Sommige daarvan zouden overlappen met normale eigenschappen als verstrooidheid en fantasierijkheid, die men vooral bij studenten aantreft. Andere symptomen zouden echter wel degelijk kwaadaardig zijn. Men zou ze vooral bij psychiatrische patiënten aantreffen (Ross e.a., 1991). Komt de overlap tussen dissociatie, fantasierijkheid en verstrooidheid dan misschien alleen bij studenten voor? Met die vraag in het achterhoofd deden wij vervolgonderzoek. Daarbij gingen wij na of deze overlap ook is aan te treffen bij gezonde kinderen of bij opgenomen psychiatrische patiënten. En dat was steeds het geval: hoe meer dissociatieve symptomen, hoe verstrooider en hoe fantasierijker. Dat is een universele regel (Muris e.a., 2003).

In een ander onderzoek bestudeerde onze Maastrichtse collega Robert Horselenberg een groep van 43 mensen die vanwege depressies of angstklachten in behandeling gingen bij reïncarnatietherapeuten. Tijdens een dergelijke behandeling brengt de therapeut de cliënt onder hypnose en neemt hem of haar dan mee naar vorige levens. Het idee hierachter is dat de problemen die men in het hier en nu ervaart een gevolg zijn van een trauma in het hiervoormaals.[7] Ten tijde van het onderzoek hadden de cliënten er twaalf hypnose-sessies opzitten en daarbij hadden zij gemiddeld vijf verschillende herinneringen aan trauma's in vorige levens opgediept. Zo'n 40 procent van hen geloofde dat die herinneringen accuraat waren. De groep bleek redelijk hoog te scoren op dissociatieve symptomen en fantasierijkheid en die twee eigenschappen liepen wederom mooi met elkaar in de pas. Interessant was ook deze bevinding: hoe meer dissociatieve symptomen en hoe fantasierijker de cliënt, des te excentrieker zijn of haar herinneringen aan het hiervoormaals. Zo was er een cliënt die zich herinnerde dat hij de persoonlijke slaaf van Cleopatra was geweest en bij een aanslag op haar leven een pijl in zijn oog had gekregen. Dat, zo vermoedde deze man, was de oorzaak van zijn huidige hoofdpijnklachten. Hij bleek hoog te scoren op dissociatie en fantasierijkheid.[8]

Hoe verhouden de hier besproken onderzoeksbevindingen zich tot de trauma-dissociatiedoctrine van de psychiaters? Als men toch wil vasthouden aan hun doctrine betekent het dat door mensen zelf gerapporteerde trauma's wél, maar in officiële dossiers opgetekende trauma's niet aan dissociatieve symptomen voorafgaan. En dat dissociatieve symptomen aan de ene kant leiden tot fantasierijkheid en aan de andere kant tot verstrooidheid. Wie dit bijgestelde trauma-dissociatiemodel op zich laat inwerken, komt al snel tot de conclusie dat het onsamenhangend is (zie figuur).

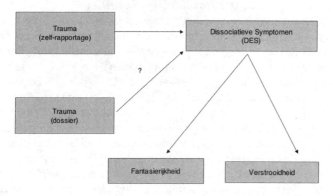

Ja, dat heb ik ook

Als men van dit model een samenhangend geheel wil maken, moet men zich allereerst de vraag stellen wat het betekent dat dissociatieve symptomen zo sterk overlappen met fantasierijkheid en verstrooidheid. Neem het tamelijk solide verband tussen dissociatie en fantasierijkheid.[9] Het zou kunnen dat mensen die hoog scoren op de dissociatieve symptomen van de DES vanwege hun fantasierijkheid tot confabulatie neigen. Dat is de tendens om met een positief antwoord – 'ja, dat heb ik ook' – te reageren op de meest uiteenlopende en zelfs onwaarschijnlijke items (zie bijvoorbeeld Roediger e.a., 1993). In eigen onderzoek (Merckelbach e.a., 2000a) gingen we die kwestie na door aan studenten zestig triviale, maar wel zeer gedetailleerd beschreven jeugdgebeurtenissen voor te leggen. Ze waren van het type:

> 'Ik kwam uit school. Het was winter. Ik mocht nog even van mijn moeder buiten spelen. Mijn moeder was het avondeten aan het maken. Toen vond ik in het schijnsel van een lantaarnpaal een prachtige ring.'

Studenten moesten aangeven of zij de gebeurtenissen ooit hadden meegemaakt. Natuurlijk is het best mogelijk dat proefpersonen een klein aantal

– zeg een vier- of vijftal gebeurtenissen – ook echt hebben meegemaakt. Maar je confabuleert als je op een groot aantal items reageert met 'ja, dat heb ik ook meegemaakt'. Wij vonden dat hoe hoger studenten scoren op de DES, des te vaker zij van deze triviale gebeurtenissen zeggen dat ze die hebben meegemaakt. Deze samenhang bleek geheel op rekening van fantasierijkheid geschreven te kunnen worden. Dissociatie en confabulatie ('ja, dat heb ik ook') zijn dus met elkaar verbonden via fantasierijkheid. Wie een rijke fantasie heeft, ziet blijkbaar sneller mogelijkheden om de meest uiteenlopende gebeurtenissen een plaats te geven binnen zijn levensverhaal.

Deze uitkomst staat niet op zichzelf. Hoge scores op de DES hangen bijvoorbeeld ook samen met het rapporteren van veel tegenslagen op *Bad Things Scales*. Dat is een vragenlijst waarin triviale teleurstellingen figureren als 'men heeft mij te weinig wisselgeld teruggegeven' (Johnson e.a., 1995; Irwin, 1998). In dezelfde lijn ligt de bevinding dat mensen met dissociatieve symptomen vaker dan anderen UFO's zien, contact onderhouden met overledenen en voorspellende dromen hebben. Er bestaat, met andere woorden, een behoorlijk sterk verband tussen dissociatieve symptomen en paranormale ervaringen (Ross & Joshi, 1992; Wolfradt, 1997). Mensen met veel dissociatieve symptomen zeggen trouwens ook nogal eens bizarre ervaringen van het volgende type te hebben: 'ik heb gemerkt dat mijn schaduw wild beweegt, ook al houd ik me stil' en 'soms wanneer ik een telefoonnummer noteer, merk ik dat de cijfers achterstevoren op papier komen, ofschoon ik dat helemaal niet wil' (Merckelbach & Smith, 2003).[10] Dat soort onderzoeksresultaten wordt pas begrijpelijk als men zich realiseert dat dissociatieve symptomen hand in hand gaan met een levendige fantasie.

White Christmas

Men schat dat ongeveer 10 procent van de bevolking een levendige fantasie heeft. Het effect hiervan op de uitkomsten van grootschalig bevolkingsonderzoek wordt zwaar onderschat. Neem het voorbeeld van hallucinaties. Lange tijd dachten dokters dat hallucinaties vrij typisch zijn voor ernstige psychiatrische aandoeningen zoals schizofrenie. Totdat onderzoekers vragenlijsten over hallucinaties gingen uitzetten in de algemene bevolking en vonden dat een niet-triviale minderheid – inderdaad 10 procent – van de ondervraagden beweerde uit eigen ondervinding zulke hallucinatoire belevingen te kennen. Dat bracht veel psychiaters en psychologen tot de overtuiging dat er een continuüm moet bestaan tussen het normale voorstellingsvermogen en schizofrene hallucinaties. Een meer voor de hand liggende verklaring voor deze bevinding biedt echter de 'ja-dat-heb-ik-ook'-routine van het fantasierijke contingent in de algemene bevolking.[11]

Iedereen kent Bing Crosby's *I'm dreaming of a white Christmas*. Wij lieten een honderdtal studenten dat lied horen terwijl zij ons laboratorium binnenkwamen. Vervolgens werd de muziek afgezet en luisterden de studenten via een hoofdtelefoon naar een bandje met witte ruis. Van tevoren vertelden we de studenten dat, afhankelijk van het toeval, Bing Crosby al dan niet op het bandje stond. We zeiden ook, dat als het lied erop stond het alleen onder de waarnemingsdrempel te horen zou zijn. Zodra de studenten het lied duidelijk meenden te horen, moesten ze een knop indrukken. In werkelijkheid werd alleen maar witte ruis via de hoofdtelefoon aangeboden. Toch begon een dikke 30 procent van de studenten op de knop te duwen, daarmee aangevend dat zij het Bing Crosbylied hoorden. Het zal de lezer inmiddels niet verwonderen dat deze studenten hoog scoorden op de *Creatieve Ervaringen Vragenlijst* die fantasierijkheid meet. In feite zeiden deze studenten: 'Ja, dat hoor ik ook' (Van de Ven & Merckelbach, 2003).

Carla en Jan hebben een hond

Ook over de samenhang tussen DES en verstrooidheid valt het nodige te zeggen. Mensen die zichzelf verstrooid vinden, vellen een negatief oordeel over hun eigen geheugen. Zij wantrouwen hun geheugen. Vanwege hun *memory distrust* (Gudjonsson, 1992) slaan ze het geheugen van anderen hoger aan. Dat zou hen wel eens bevattelijk kunnen maken voor informatie die door anderen wordt aangedragen, ook als die onjuist is. Dit brengt ons dicht in de buurt van wat psychologen suggestibiliteit noemen. Op grond van deze overwegingen verwacht men een verband tussen dissociatieve symptomen, verstrooidheid en suggestibiliteit.

In twee experimenten onderzochten wij (Merckelbach e.a., 1998; 2000b) dit verband met de *Gudjonsson Suggestibility Scale* (Gudjonsson, 1992). Dit instrument kwam ook al ter sprake in hoofdstuk 7, toen we het hadden over de valse bekentenis van Ina Post. Deze door de Londonse psycholoog Gisli Gudjonsson ontwikkelde schaal is een gestandaardiseerde procedure om suggestibiliteit te meten. Het komt erop neer dat de proefpersoon een verhaaltje hoort dat als volgt begint:

'Carla en Jan zijn gelukkig getrouwd. Zij zijn beiden rond de dertig en hebben drie kinderen: twee jongens en een meisje. Zij wonen in een kleine bungalow...'

Na het volledige verhaal te hebben gehoord, krijgen proefpersonen allerlei vragen voorgeschoteld. Sommige vragen zijn goed te beantwoorden. Zoals: Heet het echtpaar Carla en Jan? Hebben zij drie kinderen? Andere vragen zijn ronduit misleidend. Zo wordt gevraagd of het gezin een hond of een kat heeft, terwijl dat in het hele verhaal niet ter sprake komt. Wie 'hond' of 'kat' zegt, krijgt een punt voor suggestibiliteit. De mate waarin de proefpersoon zich laat beïnvloeden door zulke misleidende vragen, valt dus prima te kwantificeren.

In onze experimenten vonden wij een significante samenhang tussen de op deze wijze berekende suggestibiliteit van proefpersonen en hun met de DES gemeten dissociatieve symptomen.[12] Zoals te verwachten was, vonden wij ook dat de samenhang tussen suggestibiliteit en dissociatie voor een flink deel wordt gedragen door hoe verstrooid proefpersonen zichzelf vinden. Hoe hoger proefpersonen scoren op de dissociatieve symptomen van de DES en hoe verstrooider zij zichzelf achten, des te meer staan zij open voor de suggestieve vingerwijzingen van anderen.

Genen

Dissociatie gaat dus hand in hand met fantasierijkheid en verstrooidheid. Fantasierijkheid zet aan tot een positieve antwoordtendens ('Ja, dat heb ik ook'), terwijl verstrooidheid mensen suggestibel maakt ('Carla en Jan hebben een hond'). Nou en? Als men wil vasthouden aan de trauma-dissociatiedoctrine van de psychiaters, dan zijn al deze bevindingen te rubriceren als late gevolgen van jeugdtrauma's. De redenering luidt dan dat mensen die als kind zijn getraumatiseerd op latere leeftijd niet alleen last krijgen van dissociatieve symptomen, maar ook fantasierijk en verstrooid worden, met alle gevolgen – Ja, dat heb ik ook en Carla & Jan hebben een hond – van dien. Resultaten uit de hoek van de gedragsgenetica maken deze redenering echter onwaarschijnlijk. Gedragsgenetici zijn geïnteresseerd in hoe sterk eigenschappen in onze genen liggen verankerd. Daarbij bedienen zij zich vaak van onderzoek bij eeneiige en twee-eiige tweelingen. Eeneiige tweelingen zijn in genetisch opzicht identiek aan elkaar, maar twee-eiige tweelingen delen 50 procent van hun genetische materiaal. Als eeneiige tweelingen ten aanzien van een bepaalde eigenschap aanmerkelijk sterker op elkaar lijken dan twee-eiige tweelingen, dan kan men dus zeggen dat die eigenschap althans voor een deel genetisch vastligt. Dat geldt bijvoorbeeld voor intelligentie en neuroticisme. Het is dan moeilijk voorstelbaar dat zulke eigenschappen enkel het gevolg zijn van omgevingsfactoren zoals opvoeding of jeugdtrauma's. Hoe ligt dat voor fantasierijkheid en verstrooidheid?

Mensen verschillen in hoe goed zij verhalen kunnen vertellen en hoe creatief ze zijn. De aanwijzingen stapelen zich op dat zulke verschillen met onze genen te maken hebben. Een team van Zweedse en Amerikaanse wetenschappers keek bijvoorbeeld naar de fantasierijkheid van 552 tweelingparen, waarvan de leden ofwel in hetzelfde gezin ofwel in verschillende gezinnen opgroeiden. Samen of apart opgroeien bleek niets uit te maken voor de mate waarin tweelingen qua fantasierijkheid op elkaar leken. Wat wel uitmaakte was of de tweelingen een- of twee-eiig waren. Eeneiige tweelingen leken wat betreft hun fantasierijkheid veel meer op elkaar dan twee-eiige tweelingen. Individuele verschillen in fantasierijkheid zijn daarmee voor een belangrijk deel genetische ruis.[13]

Dat wil niet zeggen dat extreme ervaringen geen enkel effect op fantasierijkheid hebben. In een al wat oudere studie vond de Israëlische psychologe Netta Dor-Shav (1978) dat de overlevenden van Auschwitz en Treblinka die zij onderzocht een 'gebrekkige creativiteit' aan de dag legden. Die formulering klinkt respectloos, maar de auteur bedoelde ermee dat de holocaust van deze slachtoffers stille en in zichzelf gekeerde mensen had gemaakt. Dat beeld past niet bij dat van de fantasierijke persoon die vaak en graag over zijn trauma vertelt. Het was precies op grond hiervan dat de zo spannend opgeschreven holocaustmemoires van de Zwitserse auteur Binjamin Wilkomirski door kenners van het genre verdacht werden gevonden. Lawrence Langer, een holocaustexpert bij uitstek, zei over Wilkomirski's memoires: 'Echte holocaustslachtoffers zijn niet in staat om zo goed te vertellen over hun ervaring.' Met het geval van Wilkomirski zullen we ons in hoofdstuk 11 nog uitgebreid bezighouden.

Mensen verschillen in de mate waarin zij tijdens een vergadering wegdromen, namen vergeten, spullen kwijtraken en tegen anderen oplopen. Ook verstrooidheid lijkt een forse genetische component te hebben. Baanbrekend op dit terrein is het werk van de Amsterdamse hoogleraar Dorret Boomsma. Zij baseert zich daarbij op gegevens uit het *Nederlands Tweelingen Register*. Boomsma (1998) liet jonge tweelingen die in dit register waren ingeschreven de vragenlijst van Broadbent invullen en vond dat verstrooidheid voor ongeveer 50 procent wordt bepaald door erfelijk materiaal. Boomsma: 'Tweelingen die in hetzelfde gezin zijn opgegroeid lijken in hun verstrooidheid niet meer op elkaar dan tweelingen die apart van elkaar, in verschillende gezinnen, zijn opgegroeid. Waar je bent opgevoed en door wie, heeft nauwelijks invloed.' Maar opnieuw is dat één kant van de medaille. Extreme ervaringen zoals slaapgebrek kunnen iemand behoorlijk verstrooid maken. Zo zijn automobilisten die zeventien uur lang niet hebben geslapen net zo weinig alert als een dronken persoon die achter het stuur zit. Geschat wordt dat 30 tot 40 procent van de ongevallen waarbij vrachtwagens betrokken zijn toe te schrijven is aan slaapgebrek.[14]

Hiervoor zeiden we dat dissociatieve symptomen een sterke verwantschap vertonen met fantasierijkheid en verstrooidheid. Maar als die twee eigenschappen voor een flink deel genetisch bepaald zijn, dan verwacht men iets dergelijks eigenlijk ook bij dissociatieve symptomen. Omdat zij toegang hadden tot het Tweelingenproject van de *University of British Columbia* kon een Canadese onderzoeksgroep een aantal jaren geleden de proef op de som nemen. Zij lieten meer dan driehonderd een- en twee-eiige tweelingen de DES invullen. Vervolgens keken de onderzoekers of de testuitslagen van eeneiige paren meer met elkaar overeenkwamen dan die van twee-eiige paren. Dat was het geval. De resultaten hadden eigenlijk niet duidelijker kunnen zijn: 'Genetische factoren verklaren ongeveer de helft van de variatie in de DES-scores,' aldus de auteurs (Jang e.a., 1998).[15]

Het zit in de genen. Vanuit wetenschappelijk oogpunt is dat een wat onbevredigende verklaring. De vraag is via welke schakel fantasierijkheid, verstrooidheid en dissociatie met de genen te maken hebben. De Maastrichtse psycholoog Timo Giesbrecht (2004) heeft daar een interessante theorie over. Volgens Giesbrecht bestaat de kritische schakel uit een ontwrichte slaap-waakcyclus. Sommige mensen worden daar nu eenmaal mee geboren. Zo'n ontwrichte cyclus leidt tot slaapgebrek en dat maakt mensen verstrooid. En het leidt ertoe dat droomachtige ervaringen de waaktoestand binnendringen. Dat maakt fantasierijk. En wie fantastisch verstrooid is, scoort vanzelf hoog op de DES. Op dit moment bestaat de slaaptheorie over dissociatie nog voornamelijk uit aannames. Maar als de voortekenen niet bedriegen, gaan we nog veel horen over deze theorie (zie ook Watson, 2001).

Dit alles leidt tot een volgende kanttekening bij de trauma-dissociatiedoctrine en wat ons betreft gaat het dan om de belangrijkste kanttekening die er überhaupt te plaatsen valt. Als fantasierijkheid, verstrooidheid en zelfs dissociatie zo'n sterke genetische component hebben, dan is het onzinnig om ze te beschouwen als de exclusieve gevolgen van een jeugdtrauma. Dan ligt het eerder voor de hand om ze op te vatten als oorzaken. Maar oorzaken van wat?

Poppers

Het wetenschappelijke fundament van de trauma-dissociatiedoctrine bestaat uit onderzoek waarin normale proefpersonen of patiënten de DES invullen en tevens retrospectieve oordelen vellen over of zij in hun jeugd een trauma hebben meegemaakt. Beide soorten informatie worden vervolgens met elkaar in verband gebracht. De matige of sterke correlaties die dat oplevert, worden ten slotte in termen van oorzaak en gevolg geïnterpreteerd.

Zoals de psychiaters Harrison Pope en James Hudson (1995) echter in hun scherpzinnige overzichtsartikel laten zien, is het afleiden van causale verbanden uit correlaties een hachelijke onderneming. Een van de beruchte voorbeelden die zij geven komt uit de beginfase van het aidsonderzoek. De ontdekking dat aids correleerde met het inhaleren van zogenoemde poppers leidde toen tot de theorie dat deze poppers immuunreacties onderdrukken en langs die weg aids veroorzaken. Later bleek deze theorie een dwaalspoor. Causale verbanden ontlenen aan onderzoek waarin alleen naar correlaties werd gekeken is dus gevaarlijk. Aan de andere kant is het vaak praktisch niet haalbaar om een andere werkwijze te volgen. De vraag die dan moet worden gesteld, is hoe plausibel rivaliserende interpretaties van een en dezelfde correlatie zijn. Als het om de correlatie tussen jeugdtrauma's en dissociatie gaat, lijkt het veilig om jeugdtrauma's als een antecedent van dissociatieve symptomen op te vatten. De proefpersoon of patiënt heeft immers nu last van zulke symptomen en zegt vroeger een trauma te hebben meegemaakt. Wat ligt er dan meer voor de hand dan te veronderstellen dat het een aan het ander vooraf is gegaan?

De figuur hieronder toont een rivaliserende en op het eerste gezicht minder waarschijnlijke theorie. Volgens deze theorie leidt dissociatie tot het rapporteren van jeugdtrauma's. Die interpretatie wint echter aan waarschijnlijkheid als men bedenkt dat het in het onderzoek dat hier ter discussie staat nooit gaat om jeugdtrauma's als zodanig, maar om oordelen die respondenten terugblikkend vellen over de aanwezigheid van zulke jeugdtrauma's.[16] Dit soort retrospectieve oordelen kunnen gecorrumpeerd raken door confabulatie en suggestibiliteit. Hiervoor bleek dat uitgerekend deze fenomenen via fantasierijkheid en verstrooidheid gekoppeld zijn aan dissociatie. De trauma-dissociatiedoctrine is zo aanvechtbaar, omdat zij voorbijgaat aan de mogelijkheid dat dissociatie via fantasierijkheid en verstrooidheid aanzet tot ja-dat-heb-ik-ook-antwoorden op vragenlijsten over jeugdtrauma's (Tillman e.a., 1994; Merckelbach & Muris, 2001). De raadselachtige bevindingen van Sanders en Giolas (1990) worden plotseling stukken begrijpelijker indien men bereid is deze mogelijkheid onder ogen te zien. Als dissociatieve symptomen de accuraatheid van retrospectieve oordelen aantasten, is het immers goed denkbaar

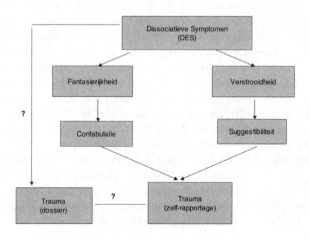

dat deze symptomen wel samenhangen met subjectieve oordelen over jeugd-trauma's, maar niet met objectief dossiermateriaal over dergelijke trauma's.

Alleen met behulp van onderzoek waarin getraumatiseerde en niet-ge-traumatiseerde kinderen over een langere periode worden gevolgd valt de-finitief op te helderen in welke mate trauma leidt tot dissociatie en in welke mate het omgekeerde het geval is. Zulk onderzoek is kostbaar en tijdrovend en zal wel om die reden tot nog toe niet zijn gedaan.[17]

Zeer vaak waar

Wat moet men zich voorstellen bij een causaal verband dat loopt van disso-ciatie naar het rapporteren van jeugdtrauma's? Het gaat om subtielere dingen dan proefpersonen of patiënten die zich te buiten gaan aan wilde verhalen over hun jeugd. Om dat te begrijpen is het goed om een veelgebruikte maat voor het rapporteren van jeugdtrauma's nader te bekijken. We hebben het dan over de *Childhood Trauma Questionnaire* (CTQ; Bernstein e.a., 1997), in Nederland ook wel bekend onder de naam *Jeugd Trauma Vragenlijst*. Deze lijst bevat items als 'tijdens mijn jeugd ben ik door iemand uit mijn gezin zo hard geslagen dat ik naar de dokter of naar het ziekenhuis moest gaan' en 'tij-dens mijn jeugd geloof ik seksueel misbruikt te zijn'. Respondenten beoorde-len de items met behulp van een 5-puntsschaal die loopt van nooit waar (1) tot zeer vaak waar (5). Volgens haar ontwerpers is de CTQ een betrouwbaar instrument voor het opsporen van jeugdtrauma's. Het is om die reden dat de CTQ nogal eens wordt gebruikt in het onderzoek naar dissociatie.[18]

Als de ontwerpers van de CTQ spreken over de betrouwbaarheid van hun instrument, dan doelen zij op een specifieke vorm van betrouwbaarheid, na-melijk de zogeheten *concurrente validiteit*. Wat betekent dat? Het betekent dat de ontwerpers vonden dat hoge CTQ-scores van patiënten prima correspon-deren met de indrukken die therapeuten hebben over de traumatische voor-geschiedenis van deze patiënten (Bernstein e.a., 1997). Sceptici hebben erop gewezen dat dit een tautologische vorm van betrouwbaarheid is (bijvoor-beeld Good, 1995). Als een patiënt eerst aan zijn psychiater vertelt ooit mis-bruikt te zijn en vervolgens hoog scoort op de CTQ, maakt dat zijn misbruik-verhaal nog niet waar. De sceptici krijgen bijval uit de hoek van studies waarin de CTQ werd vergeleken met traumavragenlijsten die niet een 5-puntsschaal, maar een ja/nee beoordelingsschaal hanteren. Dan blijkt er na-melijk bij zo'n 25 procent van de patiënten een discrepantie te ontstaan tus-sen de instrumenten over de vraag of een respondent nu wel of niet een voorgeschiedenis van seksueel misbruik heeft (Lipschitz e.a., 1999). De CTQ komt daarbij vaker tot de conclusie dat er wél sprake is van misbruik, terwijl ja/nee-instrumenten voorzichtiger zijn in hun oordeel.

In zijn overzichtsartikel wees de Duitse psycholoog Norbert Schwarz (1999) erop dat respondenten bij vragenlijsten vaak voor de taak staan om op vaag geformuleerde vragen – hoe vaak heeft u lichamelijke klachten? – antwoord te geven. Respondenten gebruiken dan de beoordelingsschaal van een vragenlijst om achter de betekenis van de vage vragen te komen. Indien een beoordelingsschaal de optie zeer vaak waar hanteert, dan gaan respondenten ervanuit dat het fenomeen dat zij op zijn frequentie moeten beoordelen eerder de allure van hoofdpijn dan van een hartaanval heeft. Langs deze liberale lijn zullen respondenten de betreffende vraag dan interpreteren en beantwoorden.[19]

Ook traumavragenlijsten zoals de CTQ bevatten naast concrete items nogal wat vage en breed geformuleerde items. Voorbeelden uit die laatste categorie zijn: 'Tijdens mijn jeugd geloof ik lichamelijk mishandeld te zijn geweest' en 'tijdens mijn jeugd had ik het gevoel dat iemand in mijn gezin me haatte'. Ook hier zullen respondenten de beoordelingsschaal (nooit waar tot aan zeer vaak waar) gebruiken om vragen van hun dubbelzinnigheid te ontdoen. Het zijn vooral de dissociatieve en dus fantasierijke respondenten die erin slagen veel uiteenlopende gebeurtenissen onder een ruime definitie van deze vage items te brengen. En dus scoren zij hoog op de vage items van traumavragenlijsten. De correlatie tussen dissociatieve symptomen en scores op vage traumavragen is inderdaad aanmerkelijk sterker dan die tussen dissociatie en concreet geformuleerde traumavragen (Merckelbach & Jelicic, 2004).

Do you know if something like this happened to you?

Er bestaat ook onderzoek waarin men de traumatische voorgeschiedenis van patiënten in kaart probeerde te brengen met een interview. Neem het onderzoek van de Amsterdamse psychologen Nel Draijer en Willie Langeland (1999) dat in het gezaghebbende *American Journal of Psychiatry* verscheen. Daarin zeiden de onderzoekers het volgende tegen hun psychiatrische patiënten:

'Tegenwoordig is het duidelijk dat veel vrouwen, maar trouwens ook mannen in hun jeugd negatieve seksuele ervaringen hebben gehad. Weet je of zoiets jou ook is overkomen (do you know if something like this happened to you)?'

Op deze wijze vonden Draijer en Langeveld dat patiënten met dissociatieve symptomen ook veel seksuele trauma's rapporteren. Zij interpreteren dat als steun voor de trauma-dissociatiedoctrine. De alternatieve verklaring is dat dissociatieve en daarom verstrooide en suggestibele patiënten zich verplicht voelen om met negatieve seksuele ervaringen op de proppen te komen.

Dat mensen met dissociatieve symptomen gekke dingen kunnen gaan zeggen als zij op een subtiele manier worden aangemoedigd, bewijst ook het fascinerende experiment van de geheugenonderzoekers Ira Hyman en James Billings (1998). Hun proefpersonen waren 66 gewone studenten. Zij spraken allereerst met de ouders van de studenten over allerlei jeugdgebeurtenissen in het leven van hun inmiddels volwassen kinderen. Er werden herinneringen opgehaald aan vakanties, feestjes en andere memorabele gebeurtenissen. In de daaropvolgende fase kregen de studenten steekwoorden voorgelegd die verwezen naar ofwel herinneringen die de ouders eerder hadden beschreven, ofwel een fictief incident ('je was vijf jaar en tijdens een huwelijksreceptie stootte je limonade om die vervolgens op het pak van de vader van de bruid kwam'). De studenten werden op twee achtereenvolgende dagen geïnterviewd over de steekwoorden. Zij werden daarbij aangemoedigd om die steekwoorden te visualiseren. De studenten verkeerden in de waan dat ook de fictieve steekwoorden afkomstig waren van hun ouders.

De vraag was of de studenten met een herinnering aan de fictieve steekwoorden op de proppen zouden komen. Tijdens de eerste sessie reageerden twee van de 66 studenten met een pseudo-herinnering op de fictieve steekwoorden. Tijdens de tweede sessie kwamen achttien proefpersonen (27 procent) met een gedetailleerde herinnering aan het fictieve incident. Deze proefpersonen scoorden hoog op de dissociatieve symptomen van de DES. In de voetsporen van Hyman en Billings zijn ook andere onderzoekers nagegaan of het visualiseren van en fantaseren over een fictieve gebeurtenis ertoe leidt dat dissociatieve mensen last krijgen van levendige pseudo-herinneringen. Dat blijkt zo te zijn (Paddock e.a., 1998; Heaps & Nash, 1999).

Mijn baby, mijn baby!

In laboratoriumonderzoek van de Maastrichtse psychologe Ingrid Candel werd aangetoond dat er maar weinig voor nodig is om mensen met dissociatieve symptomen grove geheugenfouten te laten maken. In haar onderzoek luisterden studenten die hoog of juist laag scoorden op de dissociatieve symptomen van de DES naar een aangrijpend verhaal. Het ging over een net afgestudeerde student die voor het eerst in zijn leven een belangrijk sollicitatiegesprek heeft. Het verhaal werd in de jij-vorm aangeboden:

'De nacht voor het gesprek lig je in bed te woelen. Het is pas tegen de morgen als je inslaapt. Als je weer je ogen opendoet en je wekker ziet, blijkt dat je je hebt verslapen. Vlug kleed je je aan en spring je in de auto. Je geeft plankgas om nog op tijd voor het gesprek te komen. Al rijdend door de stad kom je bij een stoplicht dat net op oranje springt. Je waagt de gok, maar dan zie je een vrouw met een kinderwagen over de zebra komen. Je remt uit alle macht en je hoort geschreeuw en de vrouw roept mijn baby, mijn baby.'

Enige tijd nadat ze het verhaal hadden gehoord, moesten proefpersonen het in hun eigen woorden navertellen. Als het waar is dat dissociatieve symptomen een defensieve functie hebben, dan verwacht men dat proefpersonen die hoog op de DES scoren zich weinig van dit verhaal kunnen of willen herinneren. In de terminologie van hoofdstuk 1 verwacht men in deze groep zeer onvolledige herinneringen: *omissies* dus. Zijn dissociatieve symptomen echter niet anders dan bijverschijnselen van fantastische verstrooidheid, dan verwacht men vooral inaccurate herinneringen oftewel *commissies* aan te treffen bij dissociatieve personen. Candel vond dat personen met veel of weinig dissociatieve symptomen niet verschillen in de volledigheid van hun herinneringen. Proefpersonen met veel dissociatieve symptomen gingen zich echter wel vaker te buiten aan inaccurate beschrijvingen van het verhaal. Ze voegden allerlei dingen toe die onjuist waren. Blijkbaar hebben deze proefpersonen last van hun rijke fantasie als ze het verhaal moeten navertellen (Candel e.a., 2003). Deze bevinding staat niet op zichzelf. Ook andere onderzoekers vonden markante geheugenvervormingen bij mensen met dissociatieve symptomen (Eisen & Lynn, 2001).

En dus?

Even dreigde het somber uit te zien voor Kelly's buurman. Er lag niet alleen een aangifte van Kelly tegen hem, maar ook waren er voor hem ongunstige verklaringen van een psychiater en een GGD-arts. De strekking van die verklaringen was dat Kelly's dissociatieve symptomen er wel degelijk op wezen dat zij als kind een ernstig trauma had meegemaakt. Deze deskundigen meenden dus dat men aan Kelly's hoge DES-scores een sterk argument voor de geloofwaardigheid van haar misbruikbeschuldigingen kon ontlenen. Die redenering volgt een radicale variant van de trauma-dissociatiedoctrine, namelijk een die ervan uitgaat dat dissociatieve symptomen dan en alleen dan optreden als er sprake is geweest van een traumatisch voorval. In logische termen wordt hier een zwakke implicatie omgezet in een sterke implicatie. Vanzelfsprekend gelden voor deze radicale variant van de trauma-dissociatiedoctrine alle kanttekeningen die wij hiervoor noemden. Op verzoek van de rechter-commissaris in deze zaak somden we al die kanttekeningen nog eens op. In onze brief aan de rechter-commissaris benadrukten we dat de door de deskundigen omarmde trauma-dissociatiedoctrine problematisch is omdat 1. de samenhang tussen trauma en dissociatie lang niet altijd sterk is; 2. er in die samenhang allerlei andere factoren (bijvoorbeeld familieomstandigheden) mee resoneren;

3. er bevindingen zijn gerapporteerd die zich slecht laten rijmen met de opvatting dat trauma leidt tot dissociatie; en 4. niet uit te sluiten valt dat de causale relatie van dissociatie naar trauma loopt in plaats van andersom. We sloten af met de conclusie dat het wetenschappelijke fundament van de trauma-dissociatiedoctrine zo zwak is dat zij geen plaats in de rechtszaal behoort te hebben. De zaak tegen de buurman werd op grond daarvan geseponeerd.[20]

De trauma-dissociatiedoctrine spreekt tot de verbeelding. Het is een oude, simpele en elegante theorie die veel psychiaters tot het harde kennisbestand van hun vak rekenen. Dat verklaart waarom die doctrine regelmatig in de rechtszaal opduikt. Dat gebeurt overigens niet alleen bij zedenzaken, maar ook als psychiaters zich moeten buigen over het bizarre gedrag van daders. Een akelig voorbeeld is dat van Lee Boyd Malvo, de handlanger van de man die als sluipschutter verantwoordelijk was voor tien dodelijke schietpartijen rondom Washington in oktober 2002. De psychiaters die Malvo op verzoek van zijn advocaten onderzochten oordeelden dat de zeventienjarige Malvo aan een dissociatieve stoornis leed. Hij zou zwaar door de sluipschutter zijn

gemaltraiteerd en zelfs gehersenspoeld, vervolgens dissociatieve symptomen hebben gekregen en in die toestand hand- en spandiensten hebben verleend bij de moordpartijen. De jury trapte daar niet in, ook al omdat zij van beter geïnformeerde psychologen te horen kreeg dat Malvo prachtige verhalen kan vertellen die hij doorspekt met zelfbedachte citaten uit de werken van Spinoza en Kant.[21]

10. 137 alters en twee tuchtzaken

Dit hoofdstuk heeft twee hoofdpersonen. Een daarvan is Diane.[1] Zij kwam uit een zeer christelijk gezin. Behalve uit Diane en haar ouders bestond het gezin uit een oudere en een jongere broer. Rond haar dertiende ontstonden er problemen. Diane ervoer een toenemende spanning tussen de ingetogen sfeer die er in het gezin heerste en haar opstandige gedachten. Typerend is het volgende incident. Op een dag krijgt Diane om een futiliteit ruzie met haar oudere broer. Hij slaat haar, en wel zo dat Diane haar neus breekt. Zij is daar razend over. Maar van haar wordt geëist dat zij haar broer vergeeft, zoals dat een goede christen betaamt. 'Diezelfde avond heb ik hem vergeven,' schrijft zij in haar dagboek. Maar die vergiffenis is louter formeel. Wanneer zij jaren later over deze ruzie vertelt, blijkt ze nog steeds woedend. De ruzie heeft bovendien nog een ander gevolg, maar daarover straks meer.

De ruzie speelde zich af in een gezin dat onder grote spanning stond. Toen Diane dertien jaar was, werd zowel bij haar moeder als bij haar jongere broer een aangeboren spierziekte vastgesteld. Dat bracht het gezin in grote beroering. Bij het verwerken hiervan ontving de familie geen enkele hulp. Diane besefte maar al te goed hoe het met haar moeder en broer zou aflopen. Op negenjarige leeftijd had zij haar oma aan diezelfde ziekte zien sterven. Dit alles leidde ertoe dat Diane neerslachtig werd en wel zo erg dat zij een zelfmoordpoging deed door twintig tabletten paracetamol tegelijk in te nemen. Niet duidelijk is hoe serieus die poging moet worden genomen. Het is onwaarschijnlijk dat twintig van zulke tabletten tot de dood leiden.[2] Bovendien vertelde Diane haar moeder de volgende ochtend wat zij gedaan had, waarna haar moeder de huisarts te hulp riep. Dit incident is wél de eerste aanwijzing dat Diane de ziekte van haar moeder en broer zwaar opnam.

Vanwege haar gebroken neus moest zij enige tijd later een kleine operatie ondergaan. De dokter vond het echter verstandig om eerst met behulp van genetisch onderzoek te bepalen of ook Diane de spierziekte in aanleg had. De uitslag van dit onderzoek liet maanden op zich wachten, maanden die zij in martelende onzekerheid doorbracht. Dat meldt Diane achteraf, want haar doorgaans bijna dagelijks bijgehouden dagboek vertoont voor die periode een gat van enkele maanden. Toen ten slotte de uitslag kwam en bleek dat Diane de spierziekte niet zou krijgen, voelde zij in eerste instantie grote opluchting. Maar die sloeg al snel om in een intens schuldgevoel: waarom haar moeder en broertje wel en zij niet? 'Ik begon mezelf te haten,' schrijft zij in haar dagboek. Dat is overigens geen ongebruikelijke reactie, zo leert de medische literatuur (Tibben e.a., 1990).

Alsof er twee Dianes zijn

Als Diane veertien jaar is, raakt zij sterk gepreoccupeerd met haar lichaamsgewicht. Met een gewicht van ongeveer 54 kilo en een lengte van ongeveer 170 cm is haar gewicht aanvankelijk niet abnormaal. Bijna een jaar later is haar gewicht gedaald tot 50 kilo. Zij begint laxeerpillen te slikken. Die worden op zekere dag ontdekt door haar moeder. De moeder raadpleegt opnieuw de huisarts, die Diane verwijst naar het RIAGG. Daar heeft zij een gesprek met een psychiater. Diane probeert uit te leggen wat het probleem is: innerlijke verscheurdheid. Terwijl zij volgens het geloof van haar ouders de ziekte van haar moeder en broer gelaten moet aanvaarden, is zij innerlijk woedend op de God die dit toelaat. Zij krijgt de indruk dat de psychiater het allemaal niet zo goed begrijpt. In een poging om de psychiater haar probleem uit te leggen, bedenkt Diane dan op eigen kracht een metafoor: 'Het is of er in mij twee Dianes zijn, Diane-1 en Diane-2. Diane-1 is gelovig, oppassend en meegaand. Diane-2 lichtzinnig, opstandig en vooral woedend.' De RIAGG-psychiater vindt die metafoor alarmerend en verwijst Diane naar de psychiatrische kliniek De Ruyghorst. Op 5 januari 1994 vindt een eerste gesprek plaats tussen Diane en de psychotherapeuten van De Ruyghorst. De psychiater van het RIAGG is daarbij aanwezig. Men besluit Diane voor observatie op te nemen. Dat gebeurt op 15 februari 1994. Van meet af aan vermoeden de hulpverleners dat Diane een langdurige behandeling zal behoeven. Enige tijd later wordt zij dan ook op een daarin gespecialiseerde afdeling van De Ruyghorst geplaatst.

Bij aankomst op die afdeling worden Diane de huisregels uitgelegd. Daartoe behoort ook 'krassen en bonken zijn verboden'. Zij begrijpt die regel niet, maar al snel maken haar medepatiënten haar duidelijk dat met 'krassen en bonken' zelfbeschadiging – automutilatie – wordt bedoeld. Het krassen wordt haar zelfs door haar medepatiënten voorgedaan. Precies tien dagen na opname (op 25 februari), zo weten wij uit haar dagboek, begint Diane zelf met krassen; eerst af en toe, maar daarna steeds vaker. Op 2 maart schrijft zij: 'Ga zo weer krassen. Als straf voor mijn vreetbuien.' De (nimmer uitgevoerde) vermageringsplannen volgen elkaar met grote regelmaat op. Zo ook de vreetbuien, het krassen en het slikken van laxerende middelen en paracetamol.

Om preciezer vast te stellen wat er met haar aan de hand is, doen een psycholoog en een psychiater van De Ruyghorst diagnostisch onderzoek bij Diane. Twee maanden na haar opname (in april 1994) rapporteren zij daarover. Dat deze specialisten het van meet af aan voor mogelijk hielden dat Diane aan een meervoudige persoonlijkheidsstoornis (MPS) leed, blijkt uit de rapportage van de psycholoog.[3] Zijn conclusie is dat Diane daar niet aan lijdt. Wél constateert hij een zekere 'gespletenheid' bij haar. Die schrijft hij toe aan een 'loyaliteitsprobleem ten aanzien van de ziekte van haar moeder en haar broer'. Voorts constateert hij 'suïcidale kenmerken, een eetprobleem en automutilatie'.[4] De psycholoog wijst bovendien op haar 'bovengemiddelde intelligentie'.

Ook de psychiater doet een duit in het zakje. Hij diagnosticeert 'anorexia en bulimia'.[5] Tevens signaleert hij 'hysterieforme angsttoestanden die bijna psychotisch' zijn. Op het moment dat de psycholoog en de psychiater de resultaten van hun onderzoek rapporteren, heeft de metafoor van de twee persoonlijkheden vastere vormen aangenomen in Dianes hoofd. Zo schrijft ze op 8 maart in haar dagboek:

'Ik heb gezegd dat ik in m'n hoofd een ladenkast heb met alles daarin wat erg, niet leuk, verdrietig, vervelend, dom (is), kortom alles waaraan ik niet denken wil, verleden en heden. Zij, Diane-2, hoort bij de ladenkast, ze haalt er dingen uit en zegt die op momenten dat ik er kwetsbaar voor ben.'

Het citaat laat zien dat Diane bedreven is in zelfanalyse. Dat blijkt ook uit dagboekpassages die zij neerschrijft in de laatste dagen van maart. Zij geven een complexe schets van Dianes persoon, die nu blijkbaar in vier aparte werelden uit elkaar valt:

(1) 'de ik zoals men me ziet en die probeert te presteren; (2) de Diane van mijn dagdromen, die de naam Melissa draagt; (3) de kast die alles bevat wat weggeduwd is door Diane; en (4) de dingen die niet kloppen, de stem, de vreemde (...). Ik heb in principe twee kanten: een slechte en een goede. (...) M'n droomwereld hoort eigenlijk bij wereld 3 en 4. Ik heb daar verschillende persoonlijkheden. (...) Miep zei tijdens het gesprek dat ik vast en zeker nog weinig had gezegd. Eigenlijk is dat wel zo.'

Miep Rijziger

Diane maakt een ontwikkeling door waarbij zij dat wat eerst alleen nog maar een metafoor was (de twee Dianes) hoe langer hoe meer voor tastbare werkelijkheid gaat houden. Die ontwikkeling wordt aangemoedigd door Miep Rijziger, een maatschappelijk werkster van De Ruyghorst. Uiteindelijk zullen de hulpverleners van De Ruyghorst alsnog bij Diane een meervoudige persoonlijkheidsstoornis (MPS) vaststellen. Miep Rijziger speelt in dat voortschrijdende inzicht een belangrijke rol. Zij wordt Dianes therapeute.

Als aanhangster van de trauma-dissociatiedoctrine (zie hoofdstuk 9) is Miep Rijziger ervan overtuigd dat er meer achter de problemen van Diane schuilgaat. Volgens deze doctrine is MPS een extreme vorm van dissociatie, waar je niet zomaar last van krijgt. Dissociatie heeft volgens therapeuten als Miep Rijziger alles te maken met jeugdtrauma's (Boon & Draijer, 1993). Zij menen dat als mensen op jonge leeftijd blootstaan aan ernstige trauma's hun persoonlijkheid verbrokkelt. Zodra dat een feit is, heeft de patiënt MPS. De herinneringen aan het trauma worden dan opgeborgen in één deel van de persoonlijkheid (*alter*), zodat de andere persoonlijkheidsdelen er minder last van hebben. Soms dringen de getraumatiseerde alters zich echter toch op de voorgrond. Als dat gebeurt, gaat de patiënt zich vreemd gedragen. MPS is dus een halfslachtige manier om een jeugdtrauma te 'vergeten'. Wat was het jeugdtrauma in het geval van Diane? Met de hulp van Miep Rijziger gaat Diane daarnaar speuren.

Medio april 1994 denkt Diane even het trauma te hebben gevonden. Vlak voor haar opname heeft zij met haar ouders een reis gemaakt. Op de heenweg heeft zij in het vliegtuig een jongen ontmoet, waar zij een groot deel van de reis naast is gaan zitten. Ze speculeert over de vraag of die jongen haar misbruikt kan hebben: 'Die jongen in het vliegtuig, die heeft me ook gevingerd, (...) ik heb hem toen afgetrokken. Terwijl m'n ouders schuin achter ons zaten.' Dat Diane zelf ook wel inziet dat hier haar fantasie met haar op de loop dreigt te gaan, blijkt hieruit dat zij op 15 april in haar dagboek schrijft: 'Ik ben nog nooit misbruikt, wel in m'n droomwereld.'

Inmiddels verslechtert haar toestand in hoog tempo. Zij krast en snijdt zo erg dat zij enige tijd in de separeer moet doorbrengen. Naar aanleiding daarvan noteert zij: 'Ik haat mezelf omdat ik gezond ben en jullie die klote, domme, rot-, te gek voor woorden spierziekte hebben.' Deze dagboeknotitie maakt duidelijk dat Diane in deze periode nog steeds zeer bezig is met haar oorspronkelijke probleem, ook al voldoet dat volgens de trauma-dissociatiedoctrine niet als oorzaak van haar ziekte.

Welk trauma haar MPS dan wél heeft veroorzaakt, blijft voorlopig onopgehelderd. Maar op een dag kijkt Diane samen met medepatiënt Petra naar een tv-uitzending over Yolanda uit Epe. In deze rechtszaak stonden de ouders van Yolanda, maar ook een aantal andere mensen terecht op verdenking van grof seksueel misbruik waarvan Yolanda en haar zus het slachtoffer zouden zijn geweest. Yolanda beschuldigde hen er bijvoorbeeld van dat zij 23 illegale abortussen bij haar hadden uitgevoerd (Wagenaar, 1996).[6] Na de documentaire te hebben gezien, vertelt Petra dat ook zij ooit seksueel werd misbruikt. In de dagen daarna schrijft Diane in haar dagboek passages die doen vermoeden dat zij de grens tussen werkelijkheid en toneelspel uit het oog begint te verliezen: 'Ik ga zo acteren, geloof ik. Petra zal wel vreemd opkijken. (...) Aan tafel werd ik ineens iemand anders.' Diezelfde dag komt zij in haar dagboek terug op het incident in het vliegtuig: 'Ik denk dat ik toch op de een of andere manier ben aangerand door die jongen in het vliegtuig, zo voel ik het nu toch. Petra is meerdere malen verkracht. (...) Ik begin te begrijpen dat ik in het vliegtuig mezelf niet was.'

Praten met Diane-2

Zo is de toestand als de staf van De Ruyghorst op 19 mei 1994 een behandelplan voor Diane opstelt. De psychiater die haar eerder onderzocht meldt nu het volgende: 'Hoewel er soms enigszins bizar aandoende verschijnselen zijn, is ervoor gekozen te spreken van een karakterneurotische ontwikkeling en niet van een psychotische stoornis, dissociatieve stoornis of ernstige persoonlijkheidsstoornis.'

Therapeute Miep Rijziger krijgt opdracht om de individuele gesprekstherapie te richten 'op de zwakke integratie van de persoonlijkheid'. Voorts zal Diane psychomotorische therapie krijgen van Patricia de Boer. Karakterneurotische ontwikkeling of niet, de therapeuten Miep en Patricia stevenen regelrecht af op een *full blown* MPS. Op 6 juli meldt Patricia tijdens een bespreking aan haar collega's dat 'de twee Dianes in de therapie (...) heel herkenbaar' zijn. En Miep zegt in haar therapieverslag over de periode 6 juli tot 27 september:

> 'Af en toe mag ik even contact hebben met Diane-2. Ze realiseert zich geleidelijk dat die samenhangt met woede. Ze vindt het heel angstig dat de 'nuchtere Diane' daar helemaal geen grip op heeft.'

Miep merkt in dit verslag ook op dat Diane 'zienderogen achteruitgaat' en dat 'steeds weer herinneringen aan vroeger (worden) getriggerd.' Dianes dagboekaantekeningen gaan in die weken echter overwegend over haar eetprobleem. Zij beschrijft steeds meer vreetbuien, steeds meer laxeerpillen en steeds erger krassen. De oorzaak van de MPS is nog steeds niet opgelost. Na opnieuw vermeld te hebben dat Petra veelvuldig seksueel misbruikt is en dat ook een andere medepatiënt drie keer is aangerand, schrijft Diane het op 30 mei 1994 nog eens duidelijk in haar dagboek: 'Ik ben nooit seksueel misbruikt.'

Opa deed me pijn

Op 23 juni meldt het dagboek dat therapeute Miep haar tijdens de gesprekstherapie voor het eerst vraagt om tussen de alters te switchen: 'Miep wil graag met Diane-2 praten over de waaroms. Ze vraagt Diane-2 waarom ze bepaalde dingen zegt. Ik vind het heel moeilijk allemaal.' Op advies van Miep begint Diane haar alters in kaart te brengen. Voor wie de MPS-literatuur kent is dat helemaal geen vreemd advies. Zo geeft de Duitse therapeute Michaela Huber (1997) in haar boek de volgende richtlijn: 'De therapeute verzoekt de cliënte om met hulp van haar alters eens op te schrijven wie er allemaal zijn. Het is bijzonder nuttig wanneer de cliënte al een dagboek heeft aangeschaft waarin de alters kunnen noteren wat hen invalt.'[7] Diane lukt dat zo goed dat zij het nodig vindt om er een complex kaartsysteem van aan te leggen. Op de eerste pagina daarvan legt Diane ook uit wat het doel is van het systeem: 'Zodat Miep kan zien wie bij de categorieën horen.'

In het kaartsysteem blijken 137 verschillende alters voor te komen. Die zijn verdeeld over 27 soorten en vier leeftijdscategorieën.[8] Vrijwel al deze alters hebben meisjes- of jongensnamen. Het kaartsysteem geeft ook een korte typering van hun functie. Zo vinden wij bij de verdrietigen in de leeftijd van vier tot acht jaar: 'Anon: het riddertje dat vecht; Marissa: die veel verdriet heeft; en Anouk: huilt veel, is geplaagd op school, niemand houdt van haar.' Het kaartsysteem is niet helemaal af, want er is nog een lege categorie: die van de flashbacks, door Diane ook wel flitsen genoemd.

Inderdaad, de flashbacks moeten nog komen. Nog steeds is er geen afdoende verklaring voor de MPS. Eerder legden we al uit wat het probleem is. Volgens de trauma-dissociatiedoctrine vindt MPS haar oorzaak in ernstig seksueel misbruik tijdens de kinderjaren. Het incident met de jongen in het vliegtuig voldoet niet aan die omschrijving. Het heeft niet lang genoeg geleden plaatsgevonden en is niet ernstig genoeg geweest. Op 15 oktober 1994 komt ook op dit punt een doorbraak. Diane – of volgens haar dagboek eigenlijk haar alter Brigitte – speculeert over de mogelijkheid 'dat opa haar pijn heeft gedaan'. Zij laat daar echter meteen op volgen:

'Maar dat kan niet. (...) De vader van mijn vader. Dit verzin ik, dat moet wel. Dat beeld, ik wil het niet. Dit is nep, dat is niet met me gebeurd. Ik huilde op zijn begrafenis toen ik acht was, laat staan dat hij dat deed. Nee, nee, nee. Wat verzint die Brigitte domme dingen. Rot toch op, dit wil ik niet.'

Enkele weken later (op 6 november) is haar weerzin echter gebroken en schrijft zij nogal laconiek: 'Vroeger ben ik mishandeld door opa. Het doet veel pijn. Maar ja.'[9]

Terug naar huis

In december 1994 is de cirkel rond. De diagnose MPS is nu door Diane en haar behandelaars volkomen aanvaard en de oorzaak ervan opgehelderd. Dat blijkt ook uit een brief van De Ruyghorst aan de RIAGG-psychiater die Diane een jaar eerder naar De Ruyghorst verwees. Die brief is gedateerd op 31 januari 1995. Wij citeren eruit:

'Aan de hand van Dianes uitingen werd geleidelijk aan duidelijk dat we bij Diane te maken hebben met een meervoudige persoonlijkheidsstoornis. (...) Het wordt zaak om een oorzaak in het ontstaan (...) te zoeken. Bij een meervoudige persoonlijkheidsstoornis is er vrijwel altijd sprake van vroege, dat wil zeggen voor het vijfde jaar plaatsgevonden traumatische ervaringen. Diane kwam met verklaringen die wezen naar haar inmiddels overleden grootvader (...). Deze grootvader zou haar seksueel misbruikt hebben vanaf haar babytijd tot ongeveer haar zevende jaar.'

Deze brief werd trouwens door de psychiater van De Ruyghorst geschreven omdat Diane op 12 december 1994 die instelling verliet. De brief legt ook uit wat daarvoor de reden was. 'Haar therapeuten meldden dat Diane dagelijks veel triggers kreeg aangeboden, die tot plotselinge dissociaties en zelfbeschadigend gedrag leidden. Diane zou beter af zijn tussen gezondere mensen, die gezondere appèls op haar zouden kunnen doen.' Hier wordt met zoveel woorden gezegd dat de behandeling is mislukt. Diane houdt wel nog contact met de therapeuten van De Ruyghorst. De terugkeer naar huis lijkt ondertussen een gunstig effect te hebben. Op 3 januari 1995 meldt Diane in haar dagboek: 'Ik ben al een maand thuis. 't Bevalt me prima.' Omdat zij iets om handen wil hebben gaat zij bij een supermarkt werken. In die tijd krijgt zij ook een vriend. Bijna een jaar later, eind 1995, verbreekt Diane het contact met de therapeuten van De Ruyghorst. Zij is inmiddels erg ontevreden over de therapie. Wellicht speelt ook een rol dat de Ruyghorst-therapeuten maar door willen gaan op het thema van opa.

Al in een vroeg stadium lichtten de Ruyghorst-therapeuten de ouders van Diane in over haar MPS. Zij hielden de ouders ook voor wat dat betekende: vroegkinderlijke trauma's. Nog weer later werden de ouders van Diane bijgepraat over de rol van opa. Dat alles bracht grote spanningen teweeg in het gezin.

Crombag schrijft een brief

De tweede hoofdpersoon in dit hoofdstuk is de Maastrichtse emeritus hoogleraar rechtspsychologie Hans Crombag. Hij liet zich vanaf 1995 regelmatig uit over hoe psychotherapeuten hun patiënten kunnen opzadelen met pseudo-herinneringen aan seksueel misbruik (Wagenaar & Crombag, 1995; Crombag & Merckelbach, 1996). Zo kwam het dat op 13 oktober 1995 Dianes vader een brief schreef aan Hans Crombag. Daarin beschrijft de vader Dianes ziektegeschiedenis in grote lijnen. De vader vraagt vervolgens of hij de diagnose van MPS en het bijbehorende seksuele misbruik door opa serieus moet nemen. Crombags schriftelijke antwoord aan vader luidt: 'Dat uw dochter ernstige psychische problemen had en waarschijnlijk nog heeft, lijdt weinig twijfel. Dat zij ooit door een inmiddels overleden familielid seksueel is misbruikt, kan niet geheel worden uitgesloten, maar haar in therapeutische sessies doorgegeven flitsen vormen daarvoor geen voldoende aanwijzing.' In zijn brief geeft Hans Crombag de vader van Diane ook een advies. Verwijzend naar de op dat moment toenemende verwijdering tussen Diane en de De Ruyghorsttherapeuten schrijft hij: 'Het is hoopvol dat haar leven onlangs een wending ten goede lijkt te hebben genomen. Die ontwikkeling zou versterkt kunnen worden door met zachte hand het contact met haar huidige therapeute los te maken en haar in plaats daarvan in contact te brengen met een behoorlijke psychiater.'

Enige maanden na de breuk met De Ruyghorst laat Diane aan Crombag weten met hem te willen praten. Aldus geschiedde en bij een van de zeer uitvoerige gesprekken die volgden (mei 1997) was een van ons (H.M.) aanwezig. Wij konden toen met eigen ogen constateren dat Diane een intelligent en artistiek meisje was dat helder kon praten over haar ervaringen. Zij zei de diagnose MPS niet langer serieus te nemen. Ook zei zij niet langer te geloven ooit door haar grootvader seksueel te zijn gemolesteerd. Diane vertelde verder dat zij nog steeds in behandeling was bij een psycholoog, maar dan een psycholoog die geen binding had met De Ruyghorst. 'Waarom praat je dan nog steeds met een psycholoog?' vroegen wij. 'Omdat ik nog steeds zit met de spierziekte van mijn moeder en mijn broer,' luidde het antwoord.[10] En zo was Diane terug bij waar het allemaal mee begon: het treurige feit dat haar moeder en haar broer aan een ongeneeslijke ziekte leden en dat zij daarbij machteloos moest toekijken. Diane gaf ons volledige inzage in het door haar bij De Ruyghorst opgevraagde medische dossier. En we mochten ook haar dagboeken en andere notities – waaronder het kaartsysteem van haar alters – bestuderen.

Kritisch artikel

Op basis van al dat materiaal schreef Hans Crombag samen met een van ons een artikel over Diane (Crombag & Merckelbach, 1997; 2000). De strekking ervan was dat haar geval de iatrogene oorsprong van MPS treffend illustreert. Met een iatrogene ziekte wordt een ziekte bedoeld die door de dokter of de therapeut is veroorzaakt. Hoe zat dat dan in het geval van Diane? Natuurlijk kampte zij met een eetstoornis en een depressie. En natuurlijk voelde zij zich innerlijk verscheurd. Geholpen door haar artistieke talent bedacht ze daarvoor de metafoor van de twee Dianes. Het was die metafoor die haar fataal werd. Want de therapeuten van De Ruyghorst namen de metafoor letterlijk en verhieven deze tot uitgangspunt van hun behandeling. Diane werd op haar alters aangesproken. Diane werd ook geleerd hoe zij haar problemen en stemmingswisselingen als uitingen van haar alters moest zien.[11]

Wat is er tegen om het idee van alters en MPS te gebruiken als een handzame metafoor voor de tegenstrijdige gevoelens en diverse problemen van de patiënt? Daar is tegen dat deze metafoor haar eigen dynamiek krijgt en de aandacht afleidt van redelijk te behandelen problemen van de patiënt. Bij Diane kreeg het systeem van alters zo'n afmeting dat het de therapeutische gesprekken volkomen domineerde. Haar eetproblemen en vooral het probleem van de ziekte in haar familie, in haar dagboekaantekeningen prominent aanwezig, kwamen uiteindelijk tijdens de therapie nauwelijks meer ter sprake. Aldus onderstreept het geval van Diane de opmerking die de Canadese psychiater Harold Merskey (1992) ooit maakte: 'De diagnose MPS sluit andere diagnoses niet uit, maar leidt wel sterk de aandacht daarvan af.'

Een ander bezwaar heeft te maken met de trauma-dissociatiedoctrine die MPS-specialisten aanhangen. Op grond van die doctrine gaan zij op zoek naar misbruikervaringen waar de patiënt geen weet van heeft. De patiënt wordt geacht te lijden aan *dissociatieve amnesie* voor het misbruik. In hoofdstuk 6 bespraken we de wankele wetenschappelijke basis van dat begrip. Niettemin geloven MPS-therapeuten dat de patiënt geen bewuste toegang meer heeft tot misbruikherinneringen omdat die opgeslagen liggen in een of ander alter. Doel van de behandeling is dan ook de dissociatieve amnesie te laten opklaren. Wanneer de patiënt eenmaal is ingewijd in deze doctrine, kan het gemakkelijk gebeuren dat hij of zij fantasieën voor feiten gaat aanzien. Dat geldt eens te meer als de patiënt over creatieve talenten beschikt. Zo ging het ook, zij het aanvankelijk wat moeizaam, bij Diane. De treurige uitkomst was de 'herinnering' dat haar acht jaar tevoren overleden grootvader haar seksueel misbruikt zou hebben.

Wij vonden het destijds belangrijk om het geval van Diane in de vakliteratuur te beschrijven omdat het liet zien wat wij al eerder in algemene termen over MPS hadden beweerd: dat MPS een vorm is die de patiënt, met hulp van therapeuten, media en medepatiënten leert geven aan op zichzelf reële klachten, een vorm die deze klachten eerder verergert dan verhelpt. En dat de vastbeslotenheid waarmee sommige therapeuten jacht maken op de seksuele jeugdtrauma's van hun MPS-patiënten sociale ontwrichting tot gevolg kan hebben (Crombag & Merckelbach, 1996; Merckelbach e.a., 1996; Merckelbach & Crombag, 1997). We benadrukten die kanttekeningen destijds zo zwaar omdat er halverwege de jaren negentig in ons land betrekkelijk luchtig werd gedaan over de iatrogene achtergrond van MPS. Zo schreven de therapeuten Suzette Boon en Onno van der Hart (1994) in die dagen: 'Voor de iatrogene schepping van MPS (...), zoals wel eens naïef wordt verondersteld, zijn (...) geen aanwijzingen gevonden.' Het was ook in februari 1995 dat in opdracht van de *Inspectie voor de Gezondheidszorg* het rapport *Meervoudige Persoonlijkheidsstoornis* verscheen. In dat rapport werd beweerd dat MPS heel vaak voorkomt en dat de stoornis waarschijnlijk wordt ondergediagnosticeerd. Deze uitspraken deelden in het gezag van de hoge opdrachtgever. Er was dringend wat tegenwicht nodig. Vandaar het artikel over de barre tocht van Diane door de psychotherapeutische wildernis van De Ruyghorst.

De Ruyghorst slaat terug

De vader van Diane diende in 1996 bij het Medisch Tuchtcollege een klacht in tegen de verantwoordelijke psychiater van De Ruyghorst. Het ging hem daarbij vooral om de ingrijpende gevolgen die het verhaal over opa had gehad. Het Medisch Tuchtcollege was het met de vader eens dat maatschappelijk werkster Miep Rijziger tegenover Diane 'suggestief uitnodigend is opgetreden, mogelijk om de diagnose bevestigd te zien'. Het College maakte er dit voorbehoud bij: 'Daarvoor kan de aangeklaagde arts, hoewel eindverantwoordelijk, echter niet direct een verwijt worden gemaakt.' Verder constateerde het Medisch Tuchtcollege dat de Ruyghorst-therapeuten 'weinig professioneel' optraden toen zij de ouders van Diane op stellige toon inlichtten over het veronderstelde misbruik door opa. Maar al die tekortkomingen achtte het college toch ook weer niet zo ernstig. Daarom wees het de klacht van de vader af.

De tuchtzaak en het artikel over Diane moeten de directeur van De Ruyghorst zeer hebben ontstemd. Want op 6 oktober 1998 diende hij bij het College van Toezicht van het *Nederlands Instituut van Psychologen* (NIP) een klacht in tegen Hans Crombag. De klacht betrof de brief die de Maastrichtse hoogleraar ooit aan de vader van Diane schreef. Daarin liet Hans Crombag zich kritisch uit over De Ruyghorst en adviseerde de vader om de behandelcontacten met die instelling met 'zachte hand' te ontmoedigen.[12] Het college oordeelde dat Crombags kritiek op de behandeling in De Ruyghorst 'goed onderbouwd' was. Anderzijds vond het dat Hans Crombag met zijn brief toch 'de grenzen van zorgvuldigheid en collegialiteit niet voldoende in acht heeft genomen (...). Naar het oordeel van het college zijn deze uitspraken te generalistisch, ongefundeerd en met onvoldoende wetenschappelijke distantie gedaan (...). De positie van hoogleraar brengt mee dat een voorbeeld dient te worden gegeven. Daarin past dat men extra zorgvuldig is in zijn uitlatingen.'

Daarom verklaarde het college de klacht van de directeur gedeeltelijk gegrond en legde het Hans Crombag als maatregel een waarschuwing op.[13] In de ogen van het college had de Maastrichtse hoogleraar met zijn brief aan de vader de volgende regel uit de beroepscode overtreden: 'De psycholoog onthoudt zich van gedragingen waarvan hij weet of redelijkerwijs kan of kon voorzien dat zij het aanzien van de collega's (...) zullen schaden.'

Het is interessant om de beide tuchtzaken met elkaar te vergelijken. Op het eerste gezicht lijkt er een wereld van verschil tussen het medisch college dat de klacht tegen de Ruyghorst-psychiater niet gegrond vond en het psychologisch college dat de klacht tegen de hoogleraar Crombag wel gegrond vond. Wie goed kijkt ziet echter frappante overeenkomsten. Beide colleges oordeelden dat er forse kritiek mogelijk was op de behandeling die Diane ten deel viel in De Ruyghorst. Het medisch college vond dat die kritiek vooral voor rekening moest komen van maatschappelijk werkster Miep Rijziger en niet de psychiater. Het psychologisch college vond dat die kritiek niet zo verwoord had mogen worden als de hoogleraar Crombag dat in zijn brief aan de vader deed omdat het de reputatie van zijn vakgenoten in De Ruyghorst aantastte. Het leidende principe achter beide uitspraken was zodoende collegialiteit: de psychiater is niet verantwoordelijk voor het werk van zijn collega Miep Rijziger en de hoogleraar Crombag is wel verantwoordelijk voor de potentiële schade die hij de reputatie van De Ruyghorst toebrengt.

Afrekencultuur

Volgens experts is er in ons land een juridische afrekencultuur aan het ontstaan. Daarin bestaan ongelukkige tegenslagen en toevallige complicaties niet langer. Het gaat om nalatigheid en tekortschieten en aan wie dat moet worden toegerekend. De juridische afrekencultuur laat ook het medische bedrijf niet langer onberoerd. In die ontwikkeling speelt het Angelsaksische voorbeeld van de uiterst actieve letselschadeadvocaat een inspirerende rol. In het Verenigd Koninkrijk besteedt men ongeveer 10 procent van het gezondheidszorgbudget aan het betalen van schadeclaims tegen dokters. Het gaat om kosten die in de honderden miljoenen euro's lopen. Maar ook de medische vooruitgang en de toenemende levensverwachting leveren hun bijdrage aan de afrekencultuur doordat zij aanzetten tot hoge verwachtingen bij het publiek over wat medici vermogen. Het teleurstellen van deze verwachtingen wordt afgestraft met tuchtrechtelijke of civielrechtelijke acties van de patiënt tegen de dokter (Giard, 2001b; Hugh & Tracy, 2002).

De andere kant van het verhaal is dat diagnostische dwalingen en ernstige medische missers op een schaal voorkomen die men tot voor kort voor onmogelijk hield. Zo wordt geschat dat jaarlijks tussen de 44 000 en 98 000

Amerikanen ten gevolge van medische fouten sterven. Ook het verwisselen van laboratoriumuitslagen komt regelmatig voor en administratieve fouten bij het opnemen van de patiëntengegevens kunnen in de tientallen procenten lopen (Giard, 2001a). Bij tucht- maar ook letselschadezaken spelen daarom altijd de volgende twee kwesties: heeft de dokter wel een fout gemaakt? En als hij die gemaakt heeft, was het dan domme pech of een fout die vermijdbaar was op grond van het vakmanschap dat men van de dokter kan verlangen? Ook de wet vindt dat vakmanschap een belangrijk criterium. Zij zegt: 'De hulpverlener moet bij zijn werkzaamheden de zorg van een goed hulpverlener in acht nemen en handelt daarbij in overeenstemming met de op hem rustende verantwoordelijkheid, voortvloeiende uit de voor de hulpverleners geldende professionele standaard.'[14]

Maar wat is de professionele standaard? Hoe dient bijvoorbeeld een hulpverlener te handelen als hij geconfronteerd wordt met een patiënte als Diane? Een precies antwoord daarop is niet te vinden in de leerboeken. In het geval van een klacht bij het Medisch Tuchtcollege staat het aangeklaagde artsen vrij om een deskundige collega te laten oordelen over hun vakmanschap. Dat deed ook de psychiater die door de vader van Diane werd aangeklaagd. Deze dokter wendde zich tot een hoogleraar in de psychiatrie en verzocht hem om op basis van het dossier tot een uitspraak te komen over de werkwijze van De Ruyghorst in het geval van Diane. De hoogleraar psychiatrie oordeelde dat er geen enkele reden is 'om vraagtekens te plaatsen bij de kwaliteit van de in De Ruyghorst verrichte diagnostiek'.[15] Dat professorale oordeel bracht de aangeklaagde Ruyghorst-psychiater vervolgens ter kennis van het Medisch Tuchtcollege met het verzoek om het vooral mee nemen in haar afwegingen. Misschien dat het Medisch Tuchtcollege dat ook wel deed, want zij vond 'dat er weinig bedenkingen zijn te maken tegen de wijze waarop de bedoelde diagnose tot stand is gekomen'.

Psychologie van het tuchtrecht

Over deskundigen zoals de hoogleraar psychiatrie in dit voorbeeld is het nodige geschreven. In het algemeen wordt hun kwaliteit niet bijster hoog aangeslagen: het zijn partijdeskundigen die vanwege hun betrokkenheid de opdrachtgever al snel naar de mond zullen praten (Posner e.a., 1996). De aangeklaagde Ruyghorst-psychiater was trouwens zo slim om een hoogleraar te consulteren, die zelf eerder in een artikel over MPS het volgende schreef: 'ontwikkelt zich bij uitstek bij kinderen die het slachtoffer zijn van langdurig lichamelijk en seksueel misbruik (bijvoorbeeld Wilbur, 1984).'[16]

Wellicht was het herstel van Diane ook van invloed op het gunstige oordeel dat de hoogleraar psychiatrie over de werkwijze van De Ruyghorst velde.

Nadat Diane De Ruyghorst had verlaten ging het immers steeds beter met haar. Uit onderzoek blijkt dat deskundigen die het vakmanschap van hun collega's moeten beoordelen zich sterk laten leiden door de uitkomst van een zaak. Een grappig onderzoek is dat van de anesthesist Robert Caplan. Hij schotelde zijn collega's een groot aantal echte zaken voor, waarbij hij echter de uitkomst systematisch varieerde. Een zaak ging bijvoorbeeld over hoe een aangeklaagde anesthesist was omgegaan met een luchtwegcomplicatie bij de patiënt tijdens de operatie. Alle beoordelaars kregen hetzelfde dossier over hun aangeklaagde collega te zien. De ene groep van beoordelaars kreeg echter te horen dat de patiënt er een permanente hersenbeschadiging aan had overgehouden. De andere beoordelaars kregen te horen dat de patiënt een licht neurologisch letsel van tijdelijke aard had opgelopen. In het tweede geval kwamen de beoordelaars aanmerkelijk vaker tot het eindoordeel dat de anesthesist prima had gehandeld (Caplan e.a., 1991). Het fenomeen dat deskundigen zich sterk door een positieve of negatieve uitkomst laten leiden als zij terugblikkend een oordeel moeten vellen over het vakmanschap van hun collega's heet *hindsight bias.*[17]

Hoe is een hindsight bias te vermijden als men een oordeel moet uitspreken over het vakmanschap van een collega? Op zijn minst zijn twee stappen nodig. De eerste stap is dat men een uitvoerige samenvatting maakt van het dossier waarbij geen melding wordt gemaakt van de afloop van de zaak. De tweede stap bestaat eruit dat men die beschrijving samen met een aantal andere beschrijvingen voorlegt aan andere deskundigen, met het verzoek om telkens een oordeel uit te spreken over het vakmanschap dat in de beschreven zaken aan de dag werd gelegd. Zou men enkel de zaak waar het om gaat aan deskundigen voorleggen, dan is het nog steeds denkbaar dat hun oordeel vertroebeld raakt door hindsight bias. De deskundigen zouden immers kunnen menen dat het een bijzonder beoordelingsgeval met complicaties moet zijn, dat daarom extra aandacht vereist (Giard, 2000).

In het geval van Diane zou de samenvatting grofweg als volgt kunnen luiden: 'Patiënte is een adolescente vrouw met depressieve klachten en een eetstoornis. Zij maakt zich grote zorgen over een medisch probleem waarmee enkele familieleden te kampen hebben. Patiënte wordt opgenomen op een afdeling waar veel seksueel misbruikte medepatiënten wonen. Patiënte wordt aangemoedigd om haar problemen te bespreken in termen van verschillende alters. Zij wordt uitgenodigd om de alters op papier te beschrijven. Alters worden tijdens de therapeutische sessies rechtstreeks aangesproken. Met patiënte wordt gesproken over mogelijke jeugdtrauma's. Gaandeweg de behandeling hervindt zij een herinnering aan seksueel misbruik. Bij patiënte wordt uiteindelijk de diagnose MPS gesteld.'

Goed vakmanschap

Wij weten niet hoe het oordeel van Nederlandse psychiaters zou uitvallen als men hen te midden van allerlei andere zaken de casus van Diane zou voorleggen.[18] Voor Amerikaanse psychiaters durven we wél een gok te wagen. In de tijd dat de zaak van Diane speelde, vroeg de Amerikaanse psychiater Harrison Pope (1999) honderden van zijn collega's naar hun mening over de wetenschappelijke status van de diagnose MPS. Slechts een kleine minderheid van de ondervraagden (25 procent) vond dat deze stoornis een sterke wetenschappelijke basis had. Daarom vermoeden we dat de ruime meerderheid van de Amerikaanse psychiaters een afkeurend oordeel zouden hebben geveld over het vakmanschap van de Ruyghorst-therapeuten in het geval van Diane.

De hoogleraar psychiatrie die het bij het Medisch Tuchtcollege opnam voor de verantwoordelijke Ruyghorst-therapeut dacht er anders over. Hij schreef in zijn vriendelijke rapport het volgende over de diagnose MPS: 'De diagnose is evenwel in die zin gevestigd (...) dat er heel frequent over wordt gepubliceerd in toonaangevende wetenschappelijke psychiatrische tijdschriften.' Die mededeling is nogal misleidend. Een groot gedeelte van de vakliteratuur over MPS bestaat nu juist uit ongewoon felle discussies tussen voor- en tegenstanders van de diagnose. Dat was in het midden van de jaren negentig het geval (zie bijvoorbeeld Simpson, 1995). En dat is tot op de dag van vandaag nog steeds zo.[19] Het minste dat zich daarom laat vaststellen is dat het om een zeer controversiële diagnose gaat. De inzet van het debat tussen voor- en tegenstanders is overigens niet zozeer of MPS-patiënten wel echt ziek zijn. Iedereen erkent dat de meeste MPS-patiënten te kampen hebben met serieuze problemen. Het debat gaat over de vraag hoe authentiek de *vorm* is waarin die problemen worden gepresenteerd. Zijn de alters 'echt' of zijn ze aangeleerd? De voorstanders beweren dat de alters echt zijn en dat hun aanwezigheid wijst op jeugdtrauma's. De tegenstanders zeggen dat de alters aangeleerd zijn en dat MPS het best te beschouwen is als een rollenspel waarin de patiënt door toedoen van de therapeut verzeild raakt. Dat rollenspel voelt echt aan. Het is als met voetbal. Voetbal is echt, maar het is ook een spel.

Dat patiënten alters kunnen aan- en afleren laat de al wat oudere gevalsbeschrijving van de gedragstherapeut Robert Kohlenberg (1973) zien. Het ging om een eenenvijftigjarige patiënt die al jaren op een psychiatrische afdeling verbleef. Hij fungeerde daar als modelpatiënt. De man werd vaak aan bezoekers getoond omdat hij een raar ziektebeeld had. Daarom kreeg hij ook altijd veel aandacht van nieuwe arts-assistenten. Kort gezegd kwam het erop neer dat de patiënt voortdurend tussen drie alters aan het switchen was. Alter 'hoog' was een hyperactieve en praatgrage man, alter 'midden' was een betrekkelijk normaal persoon en alter 'laag' was een slome, depressieve patiënt.

Kohlenberg besloot alter 'hoog' en alter 'laag' volstrekt te negeren, maar alter 'midden' te gaan belonen. Als de patiënt zich volgens alter 'midden' gedroeg, kreeg hij kaartjes die hij later kon inwisselen tegen sigaretten, frisdrank en snoep. Die benadering werd twintig dagen lang consequent volgehouden en ondertussen hield Kohlenberg bij hoe vaak zich de drie alters tijdens gesprekken met de patiënt manifesteerden. Het cumulatieve resultaat is in de figuur te zien. Alters 'hoog' en 'laag' verdwenen als sneeuw voor de zon, en alter 'midden' kreeg de overhand. Kohlenberg schreef: 'Het is niet zo zinvol om MPS als een opsplitsing van de persoonlijkheid te zien. Het heeft meer te maken met hoe mensen met zo'n diagnose worden bejegend.'

De ontwikkeling die Kohlenbergs patiënt doormaakte is het spiegelbeeld van wat er met Diane in De Ruyghorst gebeurde. Als men zou moeten oordelen over het vakmanschap waarmee de Ruyghorst-therapeuten Diane behandelden, dan doet Kohlenbergs artikel er toe, al was het maar omdat het zo oud is en ook de Ruyghorst-therapeuten er kennis van hadden kunnen nemen.

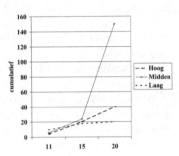

Nadelen en voordelen

Dat brengt ons bij een punt dat betrekkelijk los staat van de wetenschappelijke controverse over MPS en dat meer te maken heeft met elementaire *bedside manners* van dokters en therapeuten. Wie wil oordelen over het vakmanschap waarmee een collega een minderjarige patiënte als Diane heeft behandeld, moet zich allereerst de vraag stellen of die collega de patiënte en haar ouders heeft voorgelicht over de nadelen en voordelen van de therapie. Werden Diane en haar ouders voorgelicht over de risico's van de therapie die Diane bij Miep Rijziger kreeg? Heeft men hen erop gewezen dat het therapeutisch praten met alters ertoe kon leiden dat Diane zelf hardnekkig ging vasthouden aan die alters? En dat er een gerede kans bestond dat Diane pseudo-herinneringen aan misbruikervaringen zou krijgen als men haar bij voortduring daarover onderhield? Lang voordat het geval van Diane zich afspeelde, werd er in de vakliteratuur gewaarschuwd voor deze risico's. Dat deden zelfs auteurs die sympathie koesterden voor de diagnose MPS. Zo wees een vooraanstaande Amerikaanse psychiater in het begin van de jaren tachtig op het magische – tegenwoordig zou men zeggen fantasierijke – denken van MPS-patiënten. Dat talent maakt deze patiënten kwetsbaar en met voldoende aanmoediging kan men bewerkstelligen dat zij 'de angst voor molestatie gaan beleven als een feit dat ze ooit zijn misbruikt,' aldus deze psychiater. De risico's waren dus al lang en breed bekend (Cannell e.a., 2001).

Zo kwam het ook dat Amerikaanse psychiaters halverwege de jaren negentig tijdens rechtszaken bakzeil haalden als zij door ex-MPS-patiënten werden aangeklaagd vanwege het uitlokken van pseudo-herinneringen. De eerste grote zaak was die in 1995 tegen de psychiater Diane Humenansky. Deze psychiater had ex-patiënte Vynette Hamanne jaren daarvoor laten opnemen met de diagnose MPS. Hamanne was zich tijdens de behandeling gaan herinneren hoe zij door haar oma en andere familieleden was misbruikt. Zij confronteerde haar familieleden hiermee, maar ging later toch sterk twijfelen aan de juistheid van haar herinneringen. Uiteindelijk beschuldigde zij Diane Humenansky van grove nalatigheid. Dat verwijt werd door de jury geaccepteerd. Hamanne incasseerde een schadevergoeding van 2,6 miljoen dollar. Dat de jury zo toeschietelijk was, had minder te maken met de controverse rond MPS, maar meer met het feit dat Humenansky de patiënte niet had gewezen op de voor- en nadelen van haar behandeling.[20]

Wat hadden Humenansky en de Ruyghorst-therapeuten Hamanne en Diane moeten vertellen over de voordelen van hun aanpak? Dat is moeilijk te zeggen. Er is in de serieuze literatuur geen enkele studie te vinden die aantoont dat patiënten zoals Diane profijt hebben van een behandeling à la De Ruyghorst. Er zijn wel studies die aantonen dat patiënten zoals Diane baat kunnen hebben bij een gedragstherapeutische behandeling al dan niet in combinatie met medicijnen. Maar die strategie koos men in De Ruyghorst niet.

Onkundig gelaten over de voor- en nadelen van de Ruyghorst-aanpak richtte de vader van Diane zich tot Hans Crombag om het oordeel van een onafhankelijke expert te horen. Die beschouwde het als zijn plicht om de vader te adviseren naar een andere therapeut voor zijn dochter uit te kijken. Hij kon zich hierin gesterkt voelen door de ethische code van de Europese Federatie van Psychologen (EFPPA, 1996). Deze code stelt dat psychologen verplicht zijn om het professionele handelen van anderen kritisch te volgen en in het geval van ernstige twijfel daarover actie te ondernemen. Dat het advies van Hans Crombag aan de vader van Diane door het tuchtcollege van het *Nederlands Instituut voor Psychologen* (NIP) niet op prijs werd gesteld, is daarom in eerste instantie verwonderlijk. Maar wie oog heeft voor de positie van deze beroepsvereniging begrijpt haar tuchtcollege beter. Het NIP is immers een pleitbezorger van de meest uiteenlopende therapievormen.

Onder auspiciën van het NIP

Het NIP biedt zo onderdak aan de 450 leden tellende sectie 'Lichaamsgericht Werkende Psychologen'. In oktober 1999 organiseerde deze sectie een congres onder auspiciën van het NIP. Tijdens dat congres konden de deelnemers diverse workshops volgen, waaronder een over 'beperkende gedachtepatronen'. De congresfolder zei er dit over: 'Waaruit bestaat de lichamelijke component van zo'n beperkende gedachte en wat zijn de psychische gevolgen? Met technieken uit de bio-energetica, ademwerk, primal en een meditatieve benadering van lichaamservaring wordt de cliënt begeleid. Zo ontwaakt hij/zij uit de beperkingen van bepaalde gedachten en beelden die opgeslagen liggen in het lichaam.'

Er was tijdens het congres ook een workshop over 'spreken met mijn lijf'. De hierbij behorende beschrijving in de congresfolder luidde: 'Veroordeling, afwijzing en terugtrekken van essentie als bron van psychische en psychopathologische problemen kunnen ook geheeld worden via het lichaam. Holistic pulsing gaat ervanuit dat we ons niet met pijn en gezwoeg door oude trauma's hoeven heen te werken, maar dat overgave aan genieten, zachtheid en subtiele beweging een genezend effect hebben. Heling (therapie) ligt in de aanvaarding, aandacht en aanwezigheid, begrippen die ook bij focusing centraal staan.'

De Nederlandse psycholoog Iman Baardman (1999) ondernam een poging om de wetenschappelijke rationale achter de aanpak van de Lichaamsgericht Werkende Psychologen duidelijk te maken. In zijn artikel treft men opmerkingen aan als: 'Kaufman heeft een positieve relatie kunnen aantonen tussen spanning in de onderbenen en het ontbreken van ouderlijke steun in de kinderjaren.' Veel verder dan dat kwam Baardman niet. Met het voorbeeld van de Lichaamsgericht Werkende Psychologen in het achterhoofd is het niet zo vreemd dat het tuchtcollege van het NIP Miep Rijziger als een professioneel handelende collega van Hans Crombag beschouwde. Vervolgens was het alleen maar consequent om Hans Crombag een waarschuwing op te leggen omdat hij zich zo kritisch uitliet over Miep Rijziger.

Een brein, twee alters

'Af en toe mag ik even contact hebben met Diane-2', schreef Miep Rijziger in haar therapieverslag. Miep Rijziger nam Diane-2 nogal letterlijk. Ze zal hebben gemeend dat er in Dianes hoofd echt twee alters waren. Diane-2, de persoonlijkheid die alles wist van het misbruik, en Diane-1, de normale persoonlijkheid die zo nuchter kon blijven omdat ze geheugenverlies (amnesie) voor het trauma had.

Misschien hebben Miep Rijziger en haar collega's op 10 februari 2004 weer even gedacht aan Diane-1 en Diane-2. Want op die dag meldde de online-versie van het gezaghebbende *Nature* een doorbraak in het onderzoek naar MPS.[21] Het blad besprak Gronings onderzoek waarin MPS-patiënten in een

PET-scanner werden gelegd. De patiënten kregen neutrale of traumatische herinneringen te horen terwijl ze in de ene of de andere alter-toestand verkeerden. In de ene toestand – zeg Diane-2 – konden zij zich de traumatische ervaringen wél herinneren. In de andere toestand – Diane-1 – niet. Ondertussen werden er plaatjes van hun brein gemaakt. De onderzoekers vonden dat de hersenen van de patiënten grote veranderingen lieten zien, afhankelijk van de alter die de boventoon voerde. Dat gold vooral als de patiënten met de traumatische herinneringen werden geconfronteerd. In de Diane-1-toestand ging dan het netwerk in de achterste regionen van hun brein plat. Zoals in hoofdstuk 2 ter sprake kwam, zijn deze hersengebieden verantwoordelijk voor de visuele component van het autobiografische geheugen. Die gebieden werden weer actief als de patiënten in de Diane-2-toestand kwamen. De Groningse auteurs schrijven dan ook dat in de dominante persoonlijkheidstoestand (Diane-1) de toegang tot de visuele bouwstenen van traumatische herinneringen geblokkeerd zijn. 'Onze resultaten laten zien dat het mogelijk is dat een menselijk brein twee bewustzijnstoestanden kan genereren,' aldus de auteurs (Reinders e.a., 2003).

Het kan ook zijn dat de Ruyghorst-therapeuten op 8 december 1999 een aha-Erlebnis hadden. Want op die dag was het de *New Scientist* die een absolute doorbraak in het onderzoek naar de meervoudige persoonlijkheid meldde.[22] Ook toen ging het om een MPS-patiënt die op commando van de ene naar de andere alter kon switchen. En ook bij deze patiënt werden plaatjes van het brein gemaakt. De Amerikaanse psychiaters die het onderzoek uitvoerden gebruikten daarvoor echter een andere techniek, namelijk functionele Magnetische Resonantie Imaging (fMRI). De psychiaters ontdekten dat als de patiënt in de Diane-1-toestand schoot en dus geheugenverlies voor het trauma had, de hippocampus gedeactiveerd raakte (Tsai e.a., 1999). Ze schrijven: 'We moeten de mogelijkheid onder ogen zien dat de hippocampus de motor achter alterswitches is.' In hoofdstuk 2 stonden we uitvoerig stil bij de belangrijke betekenis van deze hersenstructuur voor het geheugen.

Dat de Ruyghorst-therapeuten bekend waren met het onderzoek van de Amerikaanse arts Morton Prince is vrijwel uitgesloten. Daarvoor is het te oud: het stamt al uit 1908. In dat jaar meldde deze arts trots dat als een MPS-patiënt van de ene naar de andere alter switcht, er ook een dramatische verschuiving in de zweetklieractiviteit van de handpalmen valt te constateren. De Groningse onderzoekers verwezen in hun artikel uit 2004 niet naar het onderzoek van de psychiater Tsai en zijn collega's uit 1999, die op hun beurt weer niet verwezen naar het onderzoek van Prince uit 1908. Omdat ze blijkbaar niet bekend waren met elkaars werk, meenden de Groningers, maar ook Tsai en de zijnen, dat zij een doorbraak in het onderzoek naar MPS tot stand hadden gebracht. Telkens was de boodschap dat alters meer zijn dan metaforen: alters bestaan echt. Die boodschap appelleerde aan het romantische thema van dr. Jekyll & mr. Hyde en leverde zodoende vermeldingen op in *Nature* en *New Scientist.*

De ontbrekende controlegroep

Bestaan alters echt als je kunt aantonen dat ze hun eigen biologische profiel – bijvoorbeeld hun eigen patroon van hersenactiviteit – hebben? Die vraag is een variant op de vraag wanneer je nu eigenlijk van een alter spreekt. Hebben normale mensen één alter? En zit die als een mannetje – een homunculus – aan de touwtjes in ons brein te trekken? Er is bijna geen persoonlijkheidspsycholoog meer te vinden die dat nog gelooft. Begrippen als alter of persoonlijkheid verwijzen naar abstracties. Ze staan voor de neiging van mensen om zich op een bepaalde manier te gedragen. Iemand met een verlegen persoonlijkheid is vaak, maar niet altijd, verlegen. En de ene persoon kan meer verlegen zijn dan de ander. De alter of persoonlijkheid is dus geen homunculus die er wel of niet zit, maar een glijdende schaal, die van zwak naar sterk loopt (Merckelbach e.a., 2002). En natuurlijk heeft die glijdende schaal met de hersenbiologie te maken.

In het vorige hoofdstuk constateerden we dat dissociatieve symptomen zoals ook MPS-patiënten die hebben een sterke overlap vertonen met fantasierijkheid. Mensen die in deze eigenschap uitblinken zijn doorgaans gezond. Voorbeelden daarvan zijn op elke toneel- , kunst- of filmacademie in ruime mate te vinden. Wat zou er zijn gebeurd als de Groningse onderzoekers, de psychiater Tsai of de arts Prince een controlegroep van toneelspelers in hun studies hadden betrokken? Stel dat je tegen een toneelspeler zegt dat hij zich nu eens in Diane-1 en dan weer in Diane-2 moet inleven. En stel dat je dan met PET- of fMRI-plaatjes van zijn hersenen zou maken. Wij denken dat er markante veranderingen in het brein te zien zouden zijn. Op grond daarvan concluderen dat elke toneelspeler meerdere alters in zijn brein moet hebben, is absurd.

In een eigen onderzoek lieten we 28 studenten naar het laboratorium komen. Ze hoorden een aangrijpend verhaal over een verkeersongeluk en moesten zich daarin inleven. Later kregen ze de opdracht om twee rollen te spelen. De ene rol was die van Diane-1, de amnestische alter die geheugenverlies voor het verhaal had. De andere rol was die van Diane-2, de traumatische alter die het verhaal heel erg goed kende. Terwijl de studenten zich in een van beide rollen inleefden, confronteerden wij hen met woorden die naar het verhaal over het ongeluk verwezen of emotionele controlewoorden zoals kanker en ziekte. Tegelijkertijd maten we met elektrodes de zweetklierreacties van hun handpalmen (huidgeleiding) op de woorden. De figuur op blz. 192 laat de resultaten zien. Als de proefpersonen zich in de toestand van de traumatische alter bevonden, reageerden zij even sterk op de emotionele controle-woorden als op de traumatische woorden van het verhaal. Maar als proefper-sonen de rol van de amnestische alter speelden, reageerden zij aanmerkelijk minder op de traumatische woorden van het verhaal dan op de emotionele controlewoorden. Hier was dus sprake van deactivatie. Het biologische net-werk ging plat. Dit effect was vooral sterk bij proefpersonen die hoog scoor-den op fantasierijkheid. Betekent het dat onze proefpersonen een amnesti-sche alter in hun hoofd hadden zitten? Wij denken dat zij op overtuigende wijze een rol konden spelen. Zo overtuigend, dat dit zelfs in hun lichamelijke reacties tot uiting kwam. *C'est tout* (Merckelbach & Rasquin, 2001).

De eerder aangehaalde therapeute Michaela Huber beweerde ooit dat een van haar MPS-patiënten afhankelijk van haar alter-toestand schoenmaat 37, 38 of 39 had. Als het gaat om de vraag of alters echt zijn, overtuigt dat verhaal niet. Ook – en misschien wel vooral – fantasten zijn zover te brengen dat zij wisselende schoenmaten gaan rapporteren. De hersenplaatjes uit Groningen of van de psychiater Tsai zijn evenmin overtuigend. Wat ze te betekenen heb-ben, valt alleen uit te maken als ze naast de hersenplaatjes van rollenspelende fantasten worden gehouden.

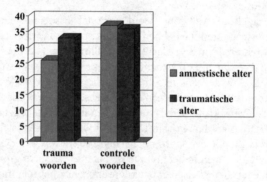

Kenneth en Steve

Kenneth Bianchi was een tamelijk intelligente jongen die veel dagdroomde en op de lagere school al opviel door zijn creatieve talenten. Hij was echter ook lui en zo kwam het dat zijn academische carrière spaak liep. Enige tijd probeerde hij zich staande te houden door zich uit te geven als psycholoog en onder die noemer praktijk te voeren. Ook dat liep op een mislukking uit. Na-dat hij de banden met zijn neef Angelo had aangehaald, kwam hij pas echt op het verkeerde pad. Kenneth en Angelo maakten 's nachts jacht op vrouwen. De slachtoffers werden seksueel misbruikt, gemarteld en vermoord. In totaal vermoordde het duo – dat berucht werd onder de naam Hillside stranglers –

veertien vrouwen. In 1978 werd Kenneth door de politie van Los Angeles gearresteerd. Tijdens de verhoren wist hij zich niets meer van de moorden te
herinneren. Daarom lieten de agenten de psychiater John Watkins komen.
Hij bracht Kenneth onder hypnose. In die toestand trad er een andere alter
naar voren. Het was Steve, de agressieve alter van Kenneth. Steve bekende een
aantal moorden, maar voegde eraan toe dat hij had gehandeld in opdracht
van zijn neef Angelo.

Men haalde er een tweede psychiater bij. Ook die vond
dat Kenneth Bianchi aan MPS leed. Hij betwijfelde of
Kenneth wel toerekeningsvatbaar was.[23] De derde deskundige – de psycholoog en hypnose-specialist Martin
Orne – dacht er anders over. Hij suggereerde tijdens zijn
gesprekken met Kenneth Bianchi dat echte MPS-patiën-
ten meer dan twee alters hebben. En prompt kreeg Bianchi er een aantal alters
bij. Orne wees er ook op dat alter Steve niet erg consequent was: Steve had het
over 'hij' en niet 'ik' als hij beschreef hoe de slachtoffers werden vermoord.
Kenneth Bianchi biechtte uiteindelijk op dat hij zijn MPS speelde (Kihlstrom
e.a., 1993).

De zaken pakten gunstiger uit voor Billy Milligan. Hij stond terecht wegens ontvoering, roof en verkrachting. Ook hij beweerde aan MPS te lijden,
waarbij één alter verantwoordelijk was voor de vergrijpen en de andere tien
(later 24) alters er geen weet van hadden. De jury oordeelde dat Billy *not guilty by reason of insanity* was. Hij werd in een psychiatrische kliniek behandeld,
die hij na enige tijd verliet om zijn brood als kunstenaar te gaan verdienen.

In de afgelopen jaren speelden zich in de Amerikaanse rechtszalen tientallen
van dit soort zaken af. Daarbij cirkelden de discussies steeds rond de vraag of
de alters die de verdachten beweerden te hebben wel echt waren. Want als ze
echt zijn, staat de deur naar ontoerekeningsvatbaarheid wagenwijd open.
Voor de advocaten van zulke verdachten is het Groningse onderzoek een ware uitkomst. Zij kunnen, met de hersenplaatjes van alters in de hand, goede
sier maken. Men kan laten zien dat ze 'echt' zijn. In Nederland beperken de
juridische geschillen rondom MPS zich vooralsnog tot civielrechtelijke zaken.
Zo was er het geval van de vrouw die haar huisraad kort en klein sloeg, maar
toch een beroep deed op haar inboedelverzekering. Zij hield haar verzekering
voor dat niet zij, maar een van haar alters tekeer was gegaan.[24]

Het zou misplaatst zijn om uit gevallen zoals die van Kenneth Bianchi af te
leiden dat MPS-patiënten simulanten zijn. Het tegendeel is het geval: de overgrote meerderheid van de MPS-patiënten heeft serieuze psychiatrische klachten. Het is zoals in een vooraanstaand tekstboek werd opgemerkt: als een gezond iemand kan doen alsof hij een gebroken been heeft, dan is het ronduit

stom om daaruit te concluderen dat alle patiënten met een gebroken been simulanten zijn.[25] Wat zaken zoals die van Kenneth Bianchi en Billy Milligan wél laten zien is dat virtuozen een zodanig overtuigende demonstratie van MPS kunnen geven, dat zij door gerechtspsychiaters voor bonafide patiënten worden gehouden. Dat past bij de opvatting dat MPS een rollenspel is waar patiënten met serieuze problemen helemaal in op kunnen gaan.

Geen amnestische barrières

Wat juristen er verder ook van mogen denken, met hersenplaatjes laat zich niet vaststellen of alters 'echt' zijn. Het hele vraagstuk van wat alters nu precies voorstellen kan beter op een andere manier worden benaderd. Wie met Miep Rijziger ervan uitgaat dat alters meer zijn dan metaforen, zal menen dat de ene alter herinneringen kan herbergen waar de andere alter geen weet van heeft. Wie echter gelooft dat alters metaforen zijn, zal zo'n gescheiden boekhouding in het geheugen voor onmogelijk houden. Het aardige is dat dit meningsverschil via onderzoek te beslechten valt. Dat is inmiddels ook gebeurd.

De Utrechtse psychologe Rafaële Huntjens voerde samen met haar collega's onderzoek uit waarin het geheugen van MPS-patiënten systematisch onder de loep werd genomen. Zo liet Huntjens MPS-patiënten een lijst met woorden leren als zij in hun ene alter-toestand verkeerden. Als ze vervolgens in een andere alter-toestand kwamen, leerden ze een tweede lijst woorden. Uren later, terwijl ze nog steeds in die andere alter-toestand verkeerden, ondergingen de patiënten een herkenningstest. Die bestond uit nooit geleerde woorden, maar ook woorden van de eerste en de tweede lijst. Als alters echt zijn, dan verwacht men dat in die andere alter-toestand alleen de woorden uit de tweede lijst worden herkend. De patiënt zou amnesie moet hebben voor woorden uit de eerste lijst. Maar dat is niet wat Huntjens vond. In hun tweede alter-toestand herkenden de patiënten ook – en zelfs op ruime schaal – woorden die zij eerder in hun eerste alter toestand hadden geleerd. Er bestaan blijkbaar geen amnestische barrières tussen alters (Huntjens, 2003). Dan heeft het ook geen zin om alters letterlijk te nemen.

Via een iets andere weg kwamen de Amerikaanse psychologen John Allen en William Iacono (2001) tot eenzelfde conclusie. Zij lieten MPS-patiënten zes woorden leren in de ene alter-toestand. Als de patiënt dan naar een andere alter switchte werden er zes nieuwe woorden geleerd. Daarna werd er een serie van woorden aangeboden waaronder de twaalf eerder geleerde woorden. Ondertussen maten de onderzoekers hersengolven bij de patiënten. Allen en Iacono waren vooral geïnteresseerd in golven die vanaf 300 milliseconde na elk woord optreden. Deze golven zijn een manifestatie van bewuste herkenning. Terwijl de MPS-patiënten zich in hun tweede alter-toestand bevonden, reageerden zij met duidelijke herkenningsgolven op de woorden die in de eerste alter-toestand waren geleerd. De conclusie ligt voor de hand: objectieve tests laten zien dat alters van elkaars handel en wandel op de hoogte zijn, ook al menen MPS-patiënten oprecht dat dit niet het geval is. Alters zijn dus metaforen waarin de patiënt gelooft. Dat brengt ons terug bij de vraag wat de zin ervan is als hulpverleners zulke metaforen bij hun patiënten gaan aanmoedigen.

Retractor

Diane had een tijdlang serieuze problemen: tegenstrijdige gevoelens over de in haar familie heersende ziekte, depressiviteit en een eetstoornis. Dat zij deze problemen niet op eigen kracht aankon en daarvoor hulp zocht bij een therapeut, is begrijpelijk. Dat die therapeut gespecialiseerd bleek in de behandeling van MPS was een ongelukkig toeval. In relatief korte tijd leerde Diane de rol van MPS-patiënt spelen. Het was het voorbeeld van haar medepatiënten en de jacht op alters van haar therapeute, die haar in die rol deden groeien. Want zodra Diane zich wist los te maken van deze beïnvloedingsbronnen verdween het beeld in rap tempo. In een nog later stadium nam ze afstand van haar misbruikherinneringen. Dat maakt haar tot een zogenoemde *retractor*.

Diane voldoet in allerlei opzichten aan het beeld van de retractor zoals wij dat uit de literatuur kennen: patiënten gaan in therapie vanwege een depressie, een eetstoornis, angstklachten, familiale problemen of een combinatie daarvan. Ze komen terecht in een therapeutisch circuit waar de trauma-dissociatiedoctrine de boventoon voert, worden afhankelijk van dit therapeutische netwerk en hervinden in die context traumatische herinneringen, die het ziektebeeld verder compliceren. De Amerikaanse psychiaters Harold Lief en Janet Fetkewicz (1995) merkten over de retractors die zij interviewden op: 'Een generalisatie die op al deze patiënten van toepassing is, is dat deze patiënten zieker werden van hun behandeling.' Ontworstelen de patiënten zich aan dit therapeutische milieu, dan gaat het beter met hen en gaan zij uiteindelijk ook twijfelen aan de authenticiteit van hun hervonden trauma (Nelson & Simpson, 1994; Lief & Fetkewicz, 1995; De Rivera, 1997).

Er zijn therapeuten die weinig geloof hechten aan de verklaringen van retractors. Zij vragen zich af waarom in een geval als dat van Diane het misbruikverhaal minder betrouwbaar zou zijn dan haar latere ontkenning daarvan. Op zichzelf is die kanttekening terecht. Maar onderzoek van de Engelse psycholoog James Ost (Ost e.a., 2001, 2004) laat zien dat er een behoorlijke asymmetrie bestaat tussen de omstandigheden waaronder patiënten herinneringen aan misbruik hervinden en de omstandigheden waaronder diezelfde patiënten later afstand nemen van deze herinneringen. Ost interviewde Engelse en Amerikaanse retractors. Steeds vertelden zij hem ongeveer hetzelfde verhaal. Dat kwam erop neer dat zij onder invloed van een charismatische therapeut en medepatiënten en geïnspireerd door media-aandacht voor het onderwerp een herinnering aan misbruik hervonden.[26] De sociale druk tijdens de behandeling om met een dergelijke herinnering voor de dag te komen was groter dan de druk die zij later voelden om van die herinnering weer afstand te nemen. Het vergde maanden van psychotherapie om tot een misbruikherinnering te komen. Volledig afstand nemen van die herinneringen was echter een proces van jaren.

In hoofdstuk 7 schreven we over het fenomeen van valse bekentenissen. We wezen erop dat hervonden misbruikherinneringen en valse bekentenissen op elkaar lijken. Afgesneden zijn van je gebruikelijke sociale omgeving speelt bij beide een belangrijke rol. In het geval van Diane was het de psychiatrische afdeling die haar isoleerde van thuis. In het geval van Ina Post was het een politiecel. Wie in die context onzeker wordt over zijn eigen geheugen en oog in oog komt te staan met een autoriteit die op stellige toon zegt te weten hoe het zit, loopt een aanmerkelijk risico om pseudo-herinneringen te ontwikkelen (Ost, 2001). In het geval van Diane kwam de misbruikherinnering moeizaam tot stand, maar uiteindelijk geloofde ze er vast in. De herinnering werd, zoals dat in jargon heet, geïnternaliseerd. In het geval van Ina Post kwam de valse bekentenis al na een aantal dagen, maar ze geloofde er nooit in.

Mensen die van hun vertrouwde omgeving worden geïsoleerd, zijn kwetsbaar. Dat laat het verhaal van Diane, maar ook dat van Ina Post en zelfs Rob Shunter (hoofdstuk 8) en Wilfred Mankema (hoofdstuk 3) zien. We kennen dit fenomeen trouwens ook uit andere delen van de psychologie. Berucht is het *Standford Prison Experiment*, waarbij studenten vrijwillig ofwel de rol van gevangene, ofwel de rol van cipier op zich namen. De psycholoog die het experiment had opgezet, Philip Zimbardo, wilde nagaan hoe dit rollenspel zich over een periode van twee weken zou ontvouwen. Daarvoor had hij de kelder van een faculteitsgebouw in Standford laten inrichten als gevangenis. De gevangenen bleven er de klok rond, terwijl de cipiers er in roosters van acht uur dienst deden. Al na zes dagen moest Zimbardo het experiment afbreken. Cipiers die in het dagelijkse leven een reputatie als pacifist hadden op te houden, bleken zich in de kelders van Standford te ontpoppen als schofterige types die de gevangenen intimideerden. Een aantal gevangenen kreeg al na 36 uur last van oncontroleerbare huilbuien. Zimbardo's rollenspel liep helemaal uit de hand, maar hij beschouwde het niet als mislukt: 'De studenten hadden allemaal een belangrijke les geleerd: onderschat nooit de sociale druk die kan uitgaan van een situatie waarin mensen met elkaar moeten praten en onderhandelen.' Die les is ook nuttig voor wie op een psychiatrische afdeling of in een politiecel belandt (Haney e.a., 1973).

Kwetsbaar

Sommige auteurs beweren dat patiënten met pseudo-herinneringen aan misbruik heel gewone mensen uit hele gelukkige gezinnen zijn (De Rivera, 1997). Het zouden de omstandigheden in de therapie zijn die deze mensen zouden opzadelen met zulke pseudo-herinneringen. Amerikaanse experts houden van die redenering. Het maakt de aansprakelijkheidskwestie in rechtszaken overzichtelijk: de therapeut of de psychiater is verantwoordelijk voor de omstandigheden en dus is hij of zij aansprakelijk. De waarheid is gecompliceerder. In de afgelopen jaren hebben psychologen op grote schaal onderzoek gedaan naar hoe men bij proefpersonen pseudo-herinneringen kan uitlokken. Dat heeft twee conclusies opgeleverd. De eerste is dat men met technieken als hypnose, schrijfoefeningen, droominterpretaties en imaginatie inderdaad zulke herinneringen kan uitlokken. Maar de tweede is dat lang niet alle proefpersonen daarvoor gevoelig zijn. Het is altijd een subgroep van ergens tussen de 30 procent en 40 procent die door de knieën gaat. De overige proefpersonen blijken tamelijk ongevoelig voor het manipulerende effect van al deze technieken. Toegegeven, deze percentages gelden voor gezonde, intelligente studenten (Eisen & Lynn, 2001; Loftus, 2003). We willen best aannemen dat ze hoger liggen bij patiënten die naar een therapeut gaan omdat zij last hebben van depressieve gevoelens of andere klachten. Maar dan nog geldt dat sommige patiënten kwetsbaarder zijn dan anderen. We weten ook welke eigenschappen kwetsbaar maken, want daarover ging het vorige hoofdstuk: fantasierijkheid en verstrooidheid. Het vervelende van die eigenschappen is dat ze zo sterk overlappen met dissociatieve ervaringen. En dat therapeuten dissociatieve ervaringen in verband brengen met jeugdtrauma's. Als de patiënt zich geen jeugdtrauma's kan herinneren, dan zoekt de therapeut ernaar met hypnose, schrijfoefeningen, droominterpretatie en tutti quanti. Nog zeer onlangs liet een enquête onder 190 Nederlandse hulpverleners zien dat velen van hen gespitst zijn op het naar boven halen van traumatische herinneringen bij hun patiënten. Circa 30 procent van de hulpverleners gebruikte daarvoor droominterpretatie, imaginatie ('geleide fantasie') of regressietherapie. In haar in 2004 uitgekomen rapport plaatste een adviescommissie van de Gezondheidsraad daar een waarschuwende kanttekening bij. De commissie schreef: 'Een suggestieve werkwijze van de therapeut als de patiënt herinneringen ophaalt, vormt door haar sturende werking het grootste risico voor het ontstaan van fictieve herinneringen (...). Dit speelt met name een rol als een verklaring voor klachten wordt gezocht, bijvoorbeeld in een verondersteld traumatisch verleden. Therapeuten die ervan overtuigd zijn dat aan bepaalde klachten vrijwel zeker verborgen herinneringen aan seksueel misbruik in de jeugd ten grondslag liggen, kunnen in hun benadering suggestief gericht zijn op het oproepen van dit soort herinneringen.'[27]

Wat een deskundige zou moeten doen als hem om raad wordt gevraagd door de vader van een minderjarige patiënt die in handen is gevallen van zulke therapeuten, meldt het rapport van de Gezondheidsraad niet. Maar het ligt toch voor de hand om dan de vader te adviseren met zachte hand het therapeutische contact tussen dochter en therapeut te ontmoedigen.

Hoe het afliep

Het laatste dat wij hoorden van Diane was dat ze ging trouwen, dat schreef ze in een briefje. Daarin meldde ze ook dat het goed met haar ging. Hans Crombag nam de waarschuwing van de Commissie van Toezicht van het NIP voor kennisgeving aan. Enige jaren later zegde hij na meer dan dertig jaren zijn lidmaatschap van deze beroepsvereniging op. In een brief aan het NIP liet hij weten dat hij maar moeilijk lid kon zijn van een club die ook onderdak bood aan Lichaamsgericht Werkende Therapeuten. Sinds 2001 is Hans Crombag met emeritaat, maar hij werkt gewoon door aan een nieuw boek, dat hij samen met de Leidse hoogleraar Willem Albert Wagenaar schrijft.

11. Gefantaseerd verleden

In de nazomer van 1995 moet Binjamin Wilkomirski één lange piekervaring hebben gehad.
De Duitse kwaliteitsuitgever Suhrkamp bracht
Bruchstücke uit, een boek waarin Wilkomirski
beschrijft hoe hij als kind twee Duitse concentratiekampen overleefde. Het boek maakte vrijwel direct een diepe indruk op het grote publiek
en de recensenten. Binnen de kortste keren waren allerlei uitgevershuizen bereid om vertalingen voor hun rekening te nemen. En, inderdaad, *Bruchstücke* kende negen vertalingen,
waaronder het bij Bert Bakker uitgegeven *Brok-
stukken*. Daar hield Wilkomirski's zegetocht echter niet op. De voormalige
klarinetleraar en amateur-historicus ontving een prijs van de stad Zürich en
ook viel hem de prestigieuze *Prix Mémoire de la Shoah* ten deel.

Wilkomirski trad op in Israëlische documentaires over jeugdige slachtoffers
van de holocaust en hij deed mee aan fundraising parties ten behoeve van het
Holocaust Memorial Museum in Washington. In zijn publieke optredens werd
hij aangemoedigd door de lof die hij kreeg toegezwaaid van vooraanstaande
experts. Zo noemde de Amerikaanse historicus Daniel Goldhagen – zelf de
auteur van het standaardwerk *Hitler's Willing Executioners: Ordinary Ger-
mans and the Holocaust* (1996) – Wilkomirski's boek 'een klein meesterwerk'.
Andere recensenten vergeleken het met de dagboeken van Anne Frank. Daarin school voor een deel ook de fascinatie van het publiek voor Wilkomirski.
Terwijl Anne Frank de holocaust niet overleefde, was in Wilkomirski's boek
een overlevende aan het woord. Ondanks de afschuwelijke scènes die het beschreef, had het boek in zekere zin een happy end: Wilkomirski kon het allemaal nog navertellen. En hoe.

Ik ben geen schrijver

Op de eerste pagina van *Bruchstücke* zegt Wilkomirski over zijn vroegste ervaringen dat ze zijn vastgelegd 'in precieze kiekjes van mijn fotografisch ge-

heugen'.[1] Een paar zinnen later merkt hij dit op: 'Ik ben geen dichter of schrijver. Ik kan alleen maar woorden proberen te gebruiken om zo exact mogelijk te schetsen wat ik zag.' De lezer bereidt zich dan ook voor op een ongekuiste getuigenverklaring. Wat volgt is een relaas dat begint met de vlucht uit het vooroorlogse Riga en via de kinderbarakken van Majdanek en Birkenau eindigt bij harteloze stiefouders in het benepen Zwitserland van de jaren vijftig.

Wilkomirski beschrijft zijn ervaringen in ultrakorte zinnen die vaak in de tegenwoordige tijd zijn gesteld. De gruwelijke boodschap contrasteert met die kinderlijke manier van schrijven. Maar juist vanwege zijn eenvoud is *Bruchstücke* een ideaal voorleesboek. Tijdens zijn vele optredens was het overigens nooit Wilkomirski zelf die voorlas. Hij volstond met het spelen van een joodse melodie op zijn klarinet. Een acteur nam het voorlezen voor zijn rekening.

Dan waren er nog de vele interviews die Wilkomirski aan journalisten gaf. In één daarvan werd hem gevraagd hoe hij er toch in was geslaagd jarenlang als brave Zwitser door het leven te gaan. Wilkomirski: 'Ik probeerde een goede toneelspeler te worden en zo precies als mogelijk te imiteren, zodat niemand iets van mijn ware identiteit zou merken.'[2]

Alleen als toerist

De mediabelangstelling voor Wilkomirski nam in de zomer van 1998 een onverwachte wending. De jonge schrijver Daniel Ganzfried liet in *Die Weltwoche* weten dat Wilkomirski alleen als toerist de concentratiekampen van Majdanek en Birkenau had gezien.[3] Ganzfried had wat speurwerk in de Zwitserse archieven verricht. Daar ontdekte hij dat Wilkomirski rond 1946 niet in Polen verbleef, maar gewoon als Bruno Doessekker in de omgeving van Zürich leefde. Wilkomirski kwam in 1941 als kind van de ongetrouwde Yvonne Grosjean ter wereld. De moeder werd niet in staat geacht voor haar kind te zorgen. Na wat heen en weer geschuif tussen pleegfamilies en kindertehuizen kwam Wilkomirski uiteindelijk terecht bij het kinderloze artsenechtpaar Doessekker, wier naam hij vanaf 1947 droeg. Ganzfried schilderde Wilkomirski af als mediageile maniak. Hij verweet de uitgevers en recensenten dat zij zijn verhaal kritiekloos hadden geaccepteerd.

Ganzfrieds verhaal sloeg in als een bom. Revisionistische historici grepen de gelegenheid aan om luidruchtig te verkondigen dat het geval Wilkomirski nog eens aantoonde hoe onbetrouwbaar holocaustslachtoffers zijn.[4] Maar er waren ook serieuze journalisten die het werk van Ganzfried grondig overdeden. Een goed voorbeeld is de reportage van Philip Gourevitch in *The New Yorker*.[5] Gourevitch sprak uitvoerig met criticus Ganzfried, maar ook met Wilkomirski en de mensen uit zijn omgeving. Het resultaat pakte alleen nog maar ongunstiger uit voor Wilkomirski. Zo bleek een oude school-vriendin Wilkomirski vooral in herinnering te hebben als een verwende jongen die voortdurend loog. Wilkomirski's boezemvriend, de psychotherapeut Elitsur Bernstein, vertelde hoe hij in 1979 klarinetlessen nam bij Wilkomirski. In dat jaar verkeerde Wilkomirski in een diepe crisis. Hij had last van nachtmerries en allerlei lichamelijke klachten. De psychotherapeut Bernstein interpreteerde Wilkomirski's klachten als zogenaamde *body memories*, dat wil zeggen primitieve en daardoor moeilijk toegankelijke herinneringen aan een trauma. Hij raadde Wilkomirski aan om zijn nachtmerries op te schrijven. Toen eenmaal voor beide vrienden vaststond dat de akelige dromen hun wortels in de holocaust hadden, bezochten zij gezamenlijk vele concentratiekampen.

Na deze beschrijving meende de Amerikaanse journalist Mark Pendergrast wel te weten wat er met Wilkomirski aan de hand was: Wilkomirski had zich van de wijs laten brengen door pseudo-herinneringen waarin hij zelf oprecht geloofde, maar die hem uiteindelijk waren aangepraat door psychotherapeut Bernstein en zijn collega's.[6]

Weer een paar stappen verder

Is Wilkomirski een gladde leugenaar, zoals Ganzfried beweert? Of is hij een labiele man die onder invloed van psychotherapie fantasie en werkelijkheid door elkaar is gaan halen, zoals Pendergrast meent? Aan Wilkomirski zelf zijn die vragen niet besteed. Hij houdt tot op de huidige dag vol dat hij uit Riga komt, de kampen heeft overleefd en dat de Zwitserse autoriteiten hem op enig moment via de geboortepapieren van Bruno Grosjean hebben gelegaliseerd. De echte Bruno Grosjean zou naar Amerika zijn geëmigreerd. 'Voor het overige staat het iedereen vrij om mijn boek als fictie te lezen,' aldus Wilkomirski.

Toen hij dát zei, vond *Liepman AG*, het literaire agentschap dat *Bruchstücke* aan *Suhrkamp* en andere uitgeverijen had doorverkocht, het welletjes. Het gaf historicus Stefan Maechler de opdracht de zaak tot op de bodem uit te zoeken. Maechler sprak met klasgenoten, oud-leraren, vrienden en psychotherapeuten van Wilkomirski. Ook spitte hij meters archieven door. Het eindresultaat was het 372 pagina's tellende *The Wilkomirski Affair: A Study in Biographical Truth* dat in 2001 verscheen. In zijn boek bevestigt Maechler wat zijn voorgangers Ganzfried en Gourevitch vonden, maar hij komt ook nog een paar stappen verder in de reconstructie van de hele affaire.

Zo hoort Maechler van de ex-vrienden van Wilkomirski dat die zich pas op latere leeftijd hevig ging interesseren voor de holocaust. Daarbij speelden een documentaire over de kampbewaarders van Majdanek en Jerzy Kosinski's roman De *geverfde vogel* (1965) een sleutelrol. Al voor die tijd was hij hopeloos door de mand gevallen omdat hij leugenachtige verhalen vertelde over een fatale ziekte waaraan hij zou lijden. Ook ontdekte Maechler dat Wilkomirski nog in 1981 aanspraak had proberen te maken op de erfenis van zijn inmiddels gestorven moeder Yvonne Grosjean. Bij nadere beschouwing bleek bovendien een groot aantal details in *Bruchstücke* niet te corresponderen met de historische feiten. Wilkomirski beweerde bijvoorbeeld dat hij en zijn familie in de winter van 1941 met een boot waren ontsnapt uit Riga. Dat zou hals over kop zijn gebeurd omdat handlangers van de nazi's in Riga jacht maakten op joodse mensen. 'Pas op, militia!' zou de kleine Wilkomirski mensen hebben horen roepen. Een vlucht per boot via de Golf van Riga in de winter wordt echter door experts voor onmogelijk gehouden. Het begrip militia raakte pas met de komst van de Russen – dus veel later dan 1941 – in zwang. Wilkomirski schreef dat hij van Majdanek naar Birkenau werd getransporteerd, maar opnieuw achten historici dat een absurd verhaal. En zo gaat het maar door.

Maechler wist ook te achterhalen hoe Wilkomirski aan zijn naam kwam. In 1972 bezocht de toen nog Bruno Doessekker geheten Wilkomirski samen met Poolse vrienden een concert van de violiste Wanda Wilkomirska. De vrienden vonden dat Bruno een treffende gelijkenis met haar vertoonde en later ging Bruno's fantasie met deze anekdote op de loop.

De meest ontluisterende passages in Maechlers boek zijn gewijd aan de ontmoetingen tussen Wilkomirski en Laura Grabowski. Na een kortstondige carrière als schrijfster van boeken over satanisch ritueel misbruik, begon Grabowski zich aan het einde van de jaren negentig te etaleren als holocaustslachtoffer.[7] In die hoedanigheid maakte zij tijdens een fundraising party kennis met Wilkomirski. Grabowski viel Wilkomirski huilend in de armen omdat zij hem meende te herkennen uit Birkenau: *he is my Binje!* Wilkomirski op zijn beurt herkende Grabowski. Dit feest van herkenning bleek uiteindelijk pijnlijk omdat Laura Grabowski in 1941 in Tacoma (Washington) het levenslicht zag.

Giftige cocktail

Maechlers reconstructie van de affaire-Wilkomirski is overtuigend. De conclusie die eruit voortvloeit is ondubbelzinnig: Wilkomirski is geen holocaustslachtoffer. En toch blijft Maechlers analyse psychologisch gezien aan de oppervlakkige kant. Hij heeft weinig oog voor de sociale thermiek waarin Wilkomirski verzeild raakte. Een mislukte en depressieve muzikant met een uitgesproken belangstelling voor de holocaust loopt per toeval een psychotherapeut tegen het lijf die hem aanmoedigt om zijn nachtmerries op papier te zetten omdat ze zouden verwijzen naar een moeilijk toegankelijk trauma. Samen bezoeken zij concentratiekampen en langzaam groeien de notities van Wilkomirski uit tot een boek waarvan specialisten zeggen dat het authentiek is. Achter deze samenvatting gaat een uiterst giftige cocktail schuil, een cocktail die in staat is formidabele pseudo-herinneringen uit te lokken.

Waaruit bestaat die cocktail? Er is een gevolg (depressie), daar wordt door een psychotherapeut een plausibele oorzaak (trauma) voor aangereikt. De oorzaak is niet direct zichtbaar vanwege een soort traumatisch geheugenverlies (dissociatieve amnesie). Zegt de therapeut. Maar door het bezoeken van de plaats waar het trauma zich afspeelde, krijgt de oorzaak reliëf (holocaust) en worden weggezakte beelden weer toegankelijk. Als die beelden eenmaal op papier zijn gezet en het papier een publiek document is geworden, is er geen weg meer terug.

Elk ingrediënt in deze cocktail draagt op zich bij aan het ontstaan van pseudo-herinneringen. In hoofdstuk 6 hadden we het al over de diepgewortelde neiging van mensen om naar aanleiding van tegenslagen op zoek te gaan naar grote oorzaken in de eigen autobiografie. Zeker als er een zogenaamde deskundige aan te pas komt, kan deze zoektocht eindigen in de hardnekkige overtuiging dat men een ongelukkige jeugd *moet* hebben gehad (Dawes, 1994). Het opzoeken van de plaatsen waar die ongelukkige jeugd zich zou hebben afgespeeld, kan deze overtuiging vervolgens laten evolueren tot een levendig beeld. Dat sluit aan bij het portret dat de Britse rechtspsycholoog Gisli Gudjonsson (1996) schetst van onschuldige verdachten die een valse bekentenis aflegden. Vaak speelt een bezoek dat de onschuldige verdachte bracht aan de plaats delict een sleutelrol in zulke bekentenissen. Dat was bijvoorbeeld aan de orde in het geval van Ina Post (hoofdstuk 7). Ten slotte: het op schrift stellen en publiek maken van de levendige beelden manoeuvreert de betrokkene in een situatie waarin hij – mochten er nog twijfels zijn – nog maar moeilijk afstand daarvan kan nemen. De beelden krijgen dan de status van herinneringen. Dat is precies de reden waarom het schrijven over wat er vroeger gebeurd zou *kunnen* zijn – in jargon heet dat *journalling* – een riskante vorm van psychotherapie is.[8]

In eigen onderzoek lieten we studenten een goed verhaal schrijven over een gebeurtenis, waarvan ze eerder hadden gezegd dat zij die nooit hadden meegemaakt. Over andere onwaarschijnlijkheden schreven de proefpersonen geen verhaal. Dat waren de controlegebeurtenissen. Na afloop beoordeelden de proefpersonen opnieuw beide categorieën gebeurtenissen op hun waarschijnlijkheid. De proefpersonen gebruikten daarvoor een 7-puntsschaal, die liep van 1 = 'is mij echt nooit overkomen' tot aan 7 = 'is mij zeker weten wel overkomen'. Zoals de figuur op blz. 204 laat zien gingen de proefpersonen de gebeurtenissen die ze op papier hadden gezet voor meer waarschijnlijk houden dan de controlegebeurtenissen. Toegegeven, dit inflatoire effect van schrijven op de subjectieve waarschijnlijkheid is niet dramatisch. Maar daar staat tegenover dat in ons experiment gezonde proefpersonen slechts één keer een kort verhaal schreven. Als het om langdurige schrijfsessies met labiele mensen gaat, mogen we daarom aannemen dat journalling de potentie heeft om pseudo-herinneringen uit te lokken (Horselenberg e.a., 2000).

De sociaal-psychologische literatuur verklaart waar het inflatoire effect van schrijven vandaan komt. Als iemand op de een of andere manier ertoe gebracht kan worden om dingen op te schrijven die onwaarschijnlijk zijn, dan ontstaat *dissonantie*. Dat is een onaangenaam gevoel waaraan de persoon op twee manieren een einde kan maken. Een manier bestaat eruit dat men het papier met de onwaarschijnlijkheden vernietigt. Maar als dat papier ondertussen in handen is van een therapeut, rechercheur, onderzoeker of uitgeverij, dan staat enkel nog de tweede weg open. En die is dat men zelf alsnog accepteert dat de onwaarschijnlijke verhalen authentieke herinneringen zijn (Spanos, 1996).

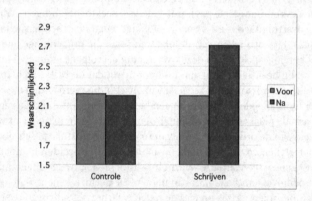

Fantasten

Niet iedereen die verzeild raakt in het hiervoor geschetste scenario zal uitgroeien tot een Wilkomirski. Er is een bepaald type persoonlijkheid vereist om zo ver te geraken. Wie hierop zicht wil krijgen, doet er goed aan om te zoeken naar gevallen die een zekere verwantschap vertonen met de zaak-Wilkomirski. Maar bestaan zulke gevallen wel? De historicus Maechler wekt de indruk dat de zaak-Wilkomirski absoluut uniek is. Psychologen weten wel beter. In het genre van de verzonnen holocaustervaringen is er bijvoorbeeld het onsmakelijke verhaal van de Zweedse schrijfster Barbro Karlén, die meent dat zij de reïncarnatie van Anne Frank is.[9] Ook Karlén kwam tot dat inzicht na een diepe crisis, ook zij schreef een boek over haar pseudo-herinneringen en ook zij staat voor volle zalen om haar verhaal te vertellen. Of neem het vaderlandse geval van Friedrich Weinreb (1910-1988), de man die fantaseerde over zijn verzetsdaden tijdens de Duitse bezetting. Later gaf hij zich in Nederlands-Indië uit als arts. In die rol behandelde hij bij voorkeur jonge vrouwen (Grüter, 1997). Complexer is het geval van de pedagoog Bruno Bettelheim (1903-1990). Hij zat ooit in het concentratiekamp Buchenwald, maar vertelde er later verhalen over die aantoonbaar onjuist waren. Zoals hij ook loog over zijn goede contacten met Sigmund Freud, zijn eredoctoraten en zijn miraculeuze behandelingen van autistische kinderen (Pollak, 1997).

Historici zoals Maechler, die menen dat Wilkomirski uniek is, kunnen veel baat hebben bij de lectuur van Burkett en Whitley's (1998) standaardwerk over de Vietnam-veteranen. De militair-historicus B.G. Burkett is zelf een Vietnam-veteraan. Hij stoort zich mateloos aan het beeld dat de Amerikaanse media verbreiden over zijn lotgenoten: dat het kreupele, onaangepaste mensen zouden zijn. Het tegendeel is waar. De meeste Vietnam-veteranen zijn uitstekend functionerende burgers. De meerderheid van hen gelooft op een bepaalde manier baat te hebben gehad bij hun oorlogservaringen. Om dat te onderbouwen schreef Burkett samen met de onderzoeksjournaliste Glenna Whitley een lijvig boek. Daarin besteden zij nogal wat aandacht aan de *phony vets*, een fenomeen waar we in hoofdstuk 5 kort bij stilstonden. Het gaat om mensen die beweren dat zij een posttraumatische stressstoornis (PTSS) hebben overgehouden aan hun frontervaringen in Vietnam, maar die daar in werkelijkheid nooit hebben gevochten. Het zijn leugenaars 'die hun leugens zo vaak hebben verteld dat ze er zelf in zijn gaan geloven,' schrijven Burkett en Whitley. Ze voegen eraan toe: 'Velen zijn goed in het manipuleren van mensen; ze zijn zeer bedreven in het vertellen van verhalen. Hun ouders of hun partners hebben hun leugenachtige verhalen vaak volkomen geaccepteerd.'

Wat de Karléns, de Weinrebs, de Bettelheims, de *phony vets* en de Wilkomirski's met elkaar verbindt, is een eigenschap die in de psychologische literatuur te boek staat als *fantasierijkheid*. Ook dat fenomeen kwamen we al eerder tegen en wel in hoofdstuk 9. In de Engelse literatuur heet fantasierijkheid *fantasy proneness*. Die term werd ooit bedacht door de Amerikaanse hypnose-onderzoekers Sheryl Wilson en Theodore Barber (1983) naar aanleiding van hun diepte-interviews met mensen die een onbedwingbare neiging hadden om op te gaan in hun dagdromen en fantasieën. Wilson en Barber ontdekten dat deze personen virtuozen zijn in het spelen van rollen. Zo ging een van hun proefpersonen naast een medepassagier in de bus zitten en vertelde hem dat zij een eskimo was. De medepassagier moest vervolgens luisteren naar een lang en gedetailleerd verhaal over het barre leven van de eskimo's in Alaska, een verhaal dat volkomen gefabriceerd was.

De oude schoolvrienden van Wilkomirski die Maechler sprak, bevestigen dat Wilkomirski een geboren verhalenverteller was. Zo zegt een van hen: 'Hij bezat een enorme fantasie en dat maakte hem onderhoudend. Maar het verleidde hem ook tot het vertellen van veel verhalen die geen enkel verband hielden met de realiteit.'[10] Het eerder aangehaalde citaat uit een interview met Wilkomirski laat zien dat hijzelf een rudimentair besef heeft van zijn neiging om rollen te spelen. Is Wilkomirski dan een leugenaar of iemand die in zijn eigen verzinsels gelooft? Waarschijnlijk allebei. Fantasten beginnen als leugenaar en door anderen te overtuigen, overtuigen zij uiteindelijk zichzelf. Dat is ook een conclusie die Maechler dicht benadert als hij het volgende opmerkt: 'Video-opnames en ooggetuigenverslagen van Wilkomirski's publieke optredens schetsen het beeld van een man die euforisch werd van zijn eigen verhaal.'[11]

Fotografische fragmenten

Bij het beantwoorden van de vraag hoe het zover met Wilkomirski heeft kunnen komen, veronderstelt de historicus Maechler dat Wilkomirski tijdens zijn eerste levensjaren wel degelijk een trauma opliep. Het verblijf in kindertehuizen en bij ruwe pleeggezinnen zou daarvoor hebben gezorgd. De amorfe en non-verbale herinneringen die Wilkomirski aan deze tijd had, zou hij later hebben getransformeerd tot een holocaustverhaal, aldus Maechler. Zijn redenering is dat *Bruchstücke* een authentieke indruk op het publiek maakte, omdat er een getraumatiseerde auteur aan het woord was. Maechler lijkt aan te nemen dat jonge slachtoffers gefragmentariseerde, maar wel fotografische herinneringen aan hun trauma bewaren, die op latere leeftijd via psychiatrische symptomen de kop opsteken. Hij betoont zich hier een aanhanger van de trauma-dissociatiedoctrine. Waarom die doctrine aanvechtbaar is hebben we in hoofdstuk 9 uiteengezet. Nu volstaan we met de opmerking dat slachtoffers van een emotioneel trauma taaier en veerkrachtiger zijn dan Maechler vermoedt (zie hiervoor Masten, 2001). En dat hun latere beschrijvingen van hetgeen zij ooit meemaakten meer verhalend en minder fotografisch zijn dan hij voor mogelijk houdt (Merckelbach e.a., 2003).

Waarom neemt Maechler überhaupt aan dat Wilkomirski een traumatische voorgeschiedenis moet hebben? Toch vooral omdat Wilkomirski ontspoorde. Hier trapt Maechler in dezelfde val als Wilkomirski: een in het oog springend gevolg (mislukking) moet ook een grote oorzaak (trauma) hebben. Zoals het eerder aangehaalde citaat uit zijn boek laat zien, baseerde

Wilkomirski zijn zoektocht naar die oorzaak op het idee dat traumaherinneringen fragmentarisch en fotografisch zijn. Het was vanuit dit discutabele uitgangspunt – dat ook Maechler tot het zijne maakt – dat de nachtmerries van Wilkomirski uiteindelijk de vorm van een holocaustverhaal kregen.

Dat zo'n verhaal authentiek overkomt, heeft – afgezien van het dramaturgisch talent van Wilkomirski – te maken met de *truth bias* van het lezerspubliek. Wie een verhaal goed wil begrijpen, moet er om te beginnen van uitgaan dat het verhaal klopt (Gilbert e.a., 1993). Begrijpen is in eerste instantie voor waar aannemen. Ondanks grote inspanningen kan zelfs Maechler zich niet meer helemaal hieraan onttrekken.

Congressen

De historicus Maechler laat steken vallen als het om de psychologische demontage van Wilkomirski gaat. Maar van de kant van psychologen is enige bescheidenheid op haar plaats. Het duo Wilkomirski-Bernstein was per slot van rekening kind aan huis bij hun congressen. Daar gaf het duo lezingen over hoe traumaslachtoffers met gefragmentariseerde herinneringen weer een complete autobiografie kunnen verwerven als zij terzijde worden gestaan door een therapeut die hen voedt met historische details. Het duo beweerde op deze wijze tientallen holocaustpatiënten met groot succes te hebben behandeld.[12] Maechler laat in zijn boek zien dat de door Wilkomirski en Bernstein gepresenteerde patiëntenbeschrijvingen zijn vervalst en de therapeutische successen gelogen. Maar nog erger is dat tijdens de vele congressen waar het duo optrad geen van de toehoorders de voor de hand liggende opmerking maakte dat Wilkomirski's geval in strijd is met het principe van *infantiele amnesie*. Wilkomirski beschrijft in geuren en kleuren hoe hij als tweejarige Riga ontvluchtte, maar mensen hebben geen herinneringen – zelfs geen gefragmentariseerde – aan hun eerste levensjaren (Howe & Courage, 1997). Als psychologen en psychiaters hun vak niet serieus nemen, waarom zou een historicus als Maechler dat dan wel moeten doen?

Een ander voorbeeld: getuige X1

Het waren de bladen *Humo* en *De Morgen* die in de eerste maanden van 1998 getuige X1 bij het Belgische publiek introduceerden. Dat publiek kon alleen maar huiveren, want het ging per slot van rekening om georganiseerd kindermisbruik, rituele babymoorden, *snuff movies* en de seriemoordenaar Marc Dutroux. Over Dutroux wist X1 te vertellen dat hij samen met zijn kompaan

Michel Nihoul al in het midden van de jaren tachtig als kindermoordenaar actief was. En dat in opdracht van baronnen, burgemeesters en hooggeplaatste politici. Want in de versie van de 27-jarige X1 of, zoals ze werkelijk heet, Regina Louf, was Dutroux maar een kleine jongen die als handlanger fungeerde van een goed georganiseerd netwerk van pedofielen. X1: 'Dutroux was een accidentje. De werkelijkheid was veel erger, veel groter, veel gruwelijker.'

Humo en *De Morgen* presenteerden niet alleen het kale relaas van X1, maar namen daarover ook een standpunt in. De journalisten van deze bladen beijverden zich ervoor dat de Belgische justitie het verhaal van X1 serieus nam. Hoe anders kon X1 tijdens haar verhoor bij de politie de naam van een van Dutroux' honden noemen? Die was alleen in kleine kring bekend. Hoe anders wist zij allerlei intieme details te vertellen over de moord op Christine van Hees en die op Katrien de Cuyper, zaken die zich in respectievelijk 1984 en 1991 afspeelden? X1 beweerde van beide moorden ooggetuige te zijn geweest. Sterker nog, ze zou daaraan medeplichtig zijn. Over de moord op Christine van Hees zei ze: 'Ze hebben Christine van Hees afgemaakt (...). Dutroux en Nihoul bonden haar op een speciale manier vast. Ik moest een mes in haar vagina steken (...). Uiteindelijk hebben ze haar verbrand.' En over de moord op Katrien de Cuyper: 'Ik vermoordde Katrien de Cuyper tijdens een seksfeest in een kasteeltje ten noorden van Antwerpen.' Zowel de politieagenten die haar ondervroegen als de Belgische journalisten die haar interviewden waren onder de indruk van de stelligheid waarmee X1 haar verhaal bracht. *De Morgen*: 'Ze twijfelt niet. Met een morbide gemak noemt ze namen van vroegere klasvriendinnen die haar verhaal ten dele kunnen bevestigen (en dat doen ze ook), geeft ze geheime adressen op van notabelen (ze kloppen), beschrijft ze interieurs (ze kloppen).'[13]

In haar contacten met politie en pers maakte X1 er geen geheim van dat ze aan een psychiatrische stoornis leed. Ze zou last hebben van een meervoudige persoonlijkheid (MPS). Zoals de lezer inmiddels weet (hoofdstuk 10), past dat volgens veel deskundigen perfect in het beeld van iemand die jarenlang seksueel is misbruikt. Een van die deskundigen is de Leuvense hoogleraar psychiatrie Karel Pyck, die X1 college liet geven aan zijn studenten.

Ook de Nederlandse pers besteedde in de eerste maanden van 1998 uitvoerig aandacht aan de getuigenis van X1. Zo nam *de Volkskrant* het 'ze-kloppen'-verhaal van *De Morgen* integraal over. En Sonja Barend interviewde X1. In België was toen inmiddels een polemiek ontstaan tussen gelovers en niet-gelovers, een polemiek die met name tussen de diverse kranten woedde. Het meest directe gevolg daarvan was dat X1 een lijvig nevendossier werd in de zaak-Dutroux. De Belgische justitie zag zich door alle commotie gedwongen om op ruime schaal speurwerk te verrichten en het onderzoek in allerlei door X1 genoemde, maar onopgeloste zaken te heropenen.

Hoe het begon

Hoe kwam X1 bij de Belgische justitie terecht? Daarover is ze heel openhartig. Volgens X1 had ze aanvankelijk nauwelijks door hoe zwaar ze in haar jeugd was getraumatiseerd. Jarenlang verkeerde ze in de veronderstelling dat haar jeugd normaal was verlopen: 'Ik leek een perfect gelukkig kind.' Tot het moment dat X1, inmiddels bijna volwassen, iemand hoorde vertellen over de symptomen van kindermisbruik en zij zich realiseerde dat zij al die symptomen in ruime mate bezat. 'Ik dook in de boeken om uit te zoeken wat er met me scheelde. In de Engelse literatuur vond ik *Three Faces of Eve* en *When Rabbit Howls*, toen de enige boeken over MPS.' X1 stelde zich vervolgens onder behandeling van een psychotherapeute: 'Ze gaf me een test waaruit bleek dat ik inderdaad MPS had. Toen kon ik eraan werken. Ik ben inmiddels bijna tien jaar in behandeling bij die therapeute. Ze heeft me enorm vooruit geholpen. Ik had ongeveer 169 alters met verschillende namen en leeftijden.'

Met hulp van haar psychotherapeute hervindt X1 haar jeugdherinneringen en ze ziet dan pas wat er allemaal is voorgevallen. Haar moeder en grootmoeder maakten deel uit van een crimineel netwerk dat vrouwen prostitueerde en vooraanstaande burgers chanteerde met kinderseks. Die kant ging het ook met X1 uit:

'Voor je gebruikt wordt in zo'n netwerk, is er zoiets als een trainingsperiode: opleiding, conditionering. Zoals bij een hondje, hè: zitten, liggen, pootje geven. Wennen aan pijn (...). Ik was nog niet eens één jaar, en toch, als iemand met z'n vingers knipte, hield ik onmiddellijk op met huilen.'

Als in de zomer van 1996 de Belgische televisie de eerste beelden uitzendt van Dutroux' arrestatie krijgt X1 een aha-erlebnis. Ze meldt zich bij onderzoeksrechter Jean-Marc Connerotte, die op dat moment de zaak-Dutroux onder zijn beheer heeft. Connerotte sluist X1 door naar Patrick de Baets, een politieman die uit het fiscale opsporingswerk komt en die de financiële handel en wandel van Dutroux rechercheert. De Baets en zijn collega's verhoren X1 langdurig. Ze worden echter door de Brusselse onderzoeksrechter Jean-Claude van Espen van dit onderzoek 'afgehaald' omdat hun verhoren van X1 weinig professioneel zouden zijn. Het is in deze fase dat X1 naar de pers stapt en haar verhaal doet. Eerst anoniem, maar later met naam en toenaam.

Humo en *De Morgen* vrezen dat er sprake is van een doofpotoperatie. Uit het terzijde schuiven van De Baets en collega's zou een 'overdreven en verdacht krampachtig verlangen spreken om X1 over de hele lijn als mogelijke getuige ongeloofwaardig te maken'. De onderste steen moet boven, vinden beide bladen. Inmiddels is X1 door een college van Leuvense psychiaters onderzocht. Deze experts komen in hun kort verslag tot de conclusie dat X1 aan MPS lijdt en dat massief seksueel misbruik daarvoor verantwoordelijk is. Haar verklaringen dienen dan ook 'zeer ernstig te worden genomen', aldus de psychiaters. Wel maken ze enig voorbehoud bij de accuratesse van haar herinneringen. In heel voorzichtige bewoordingen leggen ze uit dat die mogelijk beïnvloed zijn door de lectuur van MPS-boeken, door de jarenlange psychotherapie en door de intensieve gesprekken met rechercheur De Baets.

Het door de Leuvense psychiaters uitgebrachte *Deskundig verslag van getuige X1* doet het voorkomen alsof MPS een courante diagnose is. Ook wekt het de indruk dat alle psychiaters het erover eens zijn dat seksueel misbruik de oorzaak is van MPS. Zoals we in de hoofdstukken 9 en 10 zagen, gaat het hier echter om nogal omstreden opvattingen. Het zou relevant zijn geweest om te weten of X1 tot het slag mensen behoort dat suggestibel is of dat neigt tot fantasterij. We zeiden al eerder dat de discutabele diagnose van MPS vaak wordt aangetroffen bij suggestibele en fantasierijke personen.[14] Er bestaan bovendien psychologische tests waarmee deze eigenschappen in kaart te brengen zijn. In de kliniek mag men ze misschien ongebruikt laten. Maar als de betrouwbaarheid van getuigenverklaringen op het spel staat, kan men zich zo'n verzuim niet permitteren. Voor een getuige kunnen suggestibiliteit en fantasierijkheid immers fatale eigenschappen zijn.

De Leuvense experts bedienden zich niet van tests om de suggestibiliteit en fantasierijkheid van X1 te meten. Zij beperkten zich tot een indringend gesprek met X1. Dat gesprek duidden ze gewichtig aan als een 'klinisch-psychiatrisch onderzoek'. Opmerkelijk is ook dat de psychiaters in hun rapport vergeten uit te leggen dat de gearticuleerde herinneringen die X1 zegt te hebben aan haar eerste levensmaanden simpelweg onmogelijk zijn. Hiervoor kwamen we het fenomeen van infantiele amnesie al tegen. Infantiele amnesie is de totale afwezigheid van betrouwbare herinneringen aan de eerste levensjaren. Wie, zoals X1 of Wilkomirski, met grote stelligheid verhalen opdist over die periode, confabuleert.

Alters verhoren

De Leuvense psychiaters maakten evenmin een grondige analyse van de verhoorsessies die rechercheur De Baets had met getuige X1. Die verhoren werden op video vastgelegd en waren daarmee in principe toegankelijk voor nader onderzoek. Dat ze nader onderzoek verdienen is ondertussen wel duidelijk. Het verhoor dat De Baets met X1 op 13 november 1996 had duurde bijvoorbeeld van 22.55 uur 's avonds tot 6.55 uur 's morgens.[15] In dat verhoor spreekt De Baets de alters Kelly en Hoop van X1 aan. Die zouden getuige zijn geweest van de moord op Christine van Hees. Er worden X1 tien portretten (p) getoond, waaronder de foto van Christine. De verhoorder (V) vraagt of ze de goede foto wil aanwijzen:

V: Mijn collega zal de map doorbladeren en u zegt ja.
X1: Niks, alstublieft, oh.
V: We kunnen het samen doen.
X1: Het enige dat ik weet is dat ik vanaf vandaag zal moeten beginnen vechten met mijn persoonlijkheden. Ik kan het niet.
V: Probeer het.
X1: Ik kan het niet.
V: Laat iemand anders het proberen. Help ons (...).
V: Doe een laatste inspanning en wijs ze aan.
X1: P10. Wat?
V: Ik weet het niet. Wat hebt u gezegd?
X1: Heeft u het niet gehoord? P10. Mag ik nu naar huis?

Portret 10 is de verkeerde foto, maar toch schrijven De Baets en collega's later in hun proces-verbaal dat X1 de goede foto herkende. X1, of beter haar alters, zouden bij het portret van Christine paniekerig hebben gereageerd. Er was in de optiek van De Baets derhalve sprake van, zeg maar, een non-verbale herkenning.

De fiscaal-rechercheur overtrad diverse regels die bij het horen van getuigen in acht moeten worden genomen. Het verhoor van X1 was niet alleen onverantwoord lang, maar het speelde zich ook 's nachts af. Bovendien toonde De Baets zich ontevreden met foute of terughoudende antwoorden van X1. Vragen werden dan herhaald, zodat X1 een nieuwe gok kon wagen. Verder ging De Baets nogal selectief te werk bij het interpreteren van de identificatiepogingen van X1: evident foute herkenningen werden goede herkenningen door selectief op het non-verbale gedrag van X1 te letten.

Maanden extra speurwerk van onderzoeksrechter Paule Somers naar de dwarsverbanden tussen X1, Christine van Hees en Dutroux laat weinig heel van de verklaringen van X1. Zo weet Somers de hand te leggen op de presentielijsten van de school die X1 bezocht ten tijde van de moord op Christine van Hees. Daaruit blijkt dat X1 de dag van de moord op Christine gewoon in de schoolbanken zat. Het is al even droevig gesteld met haar verhaal over de moord op Katrien de Cuyper. Die moord situeert X1 acht maanden te vroeg in de tijd. Bij haar beschrijving van het kasteel waar de moord zou hebben plaatsgevonden maakt ze kapitale fouten.

Blijft staan dat volgens de processen-verbaal van De Baets X1 een aantal zeer intieme details over in elk geval de moord op Christine wist te vertellen. Maar die processen-verbaal werden zelf object van strafrechtelijk onderzoek. Er werd gefluisterd dat De Baets X1 met deze details zou hebben gevoed om zo haar getuigenis beter te laten uitkomen.

Baron en consul

Exit X1 als betrouwbare getuige dus. Als de parketten van Antwerpen en Brussel echter eind april 1998 tijdens een persconferentie melden dat X1 is afgeschreven als getuige, wordt dat nieuws overschaduwd door de kortstondige ontsnapping van Marc Dutroux. Een merkwaardige asymmetrie in de berichtgeving is het gevolg. Onthullingen over complotten van hooggeplaatste kindermoordenaars doen het nu eenmaal beter dan artikelen waarin dat soort primeurs weer worden afgeschoten. Voor de Belgische pers was en is de zaak-Dutroux een *blessing in disguise*. Er waren dagen bij dat primeurs over de zaak-Dutroux alleen al in Wallonië 50 000 extra verkochte kranten opleverden. Heel wat keren bleken die primeurs pure verzinsels te zijn. Zo speelde precies een jaar voordat X1 ten tonele verscheen het drama rond de Belgische vice-premier Elio di Rupo. Via de door onderzoeksrechter Connerotte geïnstalleerde kliklijnen – de groene telefoon – meldde zich de 22-jarige Olivier Trusnach die pikante, maar ook zeer belastende verhalen wist te vertellen over het liefdesleven van de vice-premier. Di Rupo zou Trusnach hebben misbruikt toen hij – Trusnach – vijftien was. Binnen de kortste keren portretteerde de pers Di Rupo als een pedofiel en eiste men zijn aftreden. Trusnach werd echter ontmaskerd als een harde fantast die zich eerder als baron en als consul van de Seychellen had uitgegeven.

In de jacht op onthullingen speelde de Belgische krant *De Morgen* een prominente rol. Binnen enkele weken na de arrestatie van Dutroux in de zomer van 1996 kwam het blad met uitgebreide artikelen over satanisch ritueel misbruik. De zaak-Dutroux fungeerde daarbij als springplank voor bizarre verhalen over internationaal opererende satanbendes die zich te buiten zouden gaan aan kannibalisme, illegale abortussen en andere gruwelijkheden. Vaak ging het om verhalen van patiënten die pas onder invloed van hypnose tot de ontdekking kwamen dat ze het slachtoffer waren van zulke bendes. *De Morgen* liet ook psychotherapeuten aan het woord, die uitlegden waarom hypnose zo belangrijk is. 'In dit soort gevallen is hypnose een mogelijkheid om contact te krijgen met de persoonlijkheid waarin alle gruwelijke herinneringen opgeslagen liggen,' vertelt bijvoorbeeld een therapeut met de naam Dirk Vanmarcke. Hij voegt eraan toe dat het lang duurt vooraleer 'slachtoffers van dergelijk misbruik echt gaan beseffen wat hen overkomen is'.[16]

De pers moedigde de Belgische justitie op deze wijze aan om te speuren naar de connecties tussen Dutroux en satanische netwerken. Dat deden de Belgische politiemensen ook al omdat professor Karel Pyck dat dringend adviseerde. Het speurwerk leverde uiteindelijk niets tastbaars op. Die uitkomst viel van meet af aan te verwachten. Lang voor de zaak-Dutroux was satanisch ritueel misbruik een thema in Engeland en de Verenigde Staten, maar ook in Nederland. In al die landen werden commissies aan het werk gezet die het fenomeen moesten onderzoeken. Steeds luidde de conclusie dat er geen enkel forensisch bewijs bestaat voor satanische netwerken. Wel viel op dat verhalen over satanisch ritueel misbruik telkens uit de koker kwamen van een kleine, maar zeer luidruchtige groep therapeuten, die cursussen over het thema volgden en suggestieve technieken (hypnose) bij hun patiënten aanwendden.

De Amerikaanse onderzoekster Bette Bottoms (1996) legde contact met deze therapeuten. In haar omvangrijke onderzoek probeerde ze bij hen tastbare evidentie voor satanische sekten te vinden. Veel verder dan een handjevol therapeuten dat beweerde met eigen ogen de voodoopoppetjes en satanische tatoeages van hun patiënten te hebben gezien, kwam Bottoms niet. Haar conclusie – 'het bewijs is onthutsend zwak' – maakte ze publiek lang voordat in België de discussie over X1 losbrandde. Aan zulke buitenlandse ervaringen gingen de hoogleraar Pyck, de journalisten van *De Morgen* en, op hun gezag weer, de Belgische justitie voorbij.

Piet in de poep

Opvallend is dat enkele hoofdrolspelers in de klucht rond X1 oudgedienden zijn. *Humo, De Morgen* en professor Pyck figureren ook in de zaak van Notaris X, een zaak die begon in 1983 met een ogenschijnlijk eenvoudige echtscheiding tussen notaris X en zijn vrouw. Daarbij krijgt de moeder de voogdij over de zoontjes Wim en Jan, terwijl Notaris X bezoekrecht heeft. Kort na deze regeling dient de vrouw een aanklacht in wegens seksueel misbruik van Wim en Jan door hun vader. De aanklacht groeit in de loop van de tijd. Uiteindelijk komt het erop neer dat Notaris X lid zou zijn van een nazi-netwerk dat kinderen op rituele wijze maltraiteert. De plaats delict wordt door de kleine Jan de Salsa-Parillakamer genoemd. Vele strafrechtelijke procedures tegen Notaris X volgen. Telkens wordt hij vrijgesproken; telkens ook ontneemt de rechtbank de moeder de voogdij en wijst die in het belang van de kinderen aan de vader toe.

Dat de moeder evenzogoed doorgaat met het aanspannen van procedures en verspreiden van verhalen over satanisch ritueel misbruik waaraan haar ex-man zich schuldig zou maken, houdt nauw verband met de hulp die zij krijgt van *De Morgen* en professor Pyck. De Belgische journalist Paul Koeck laat in zijn boek over de kwestie zien hoe *De Morgen* aanzet tot een volksgericht, onder andere door een solidariteitsoproep te plaatsen van het 'Komittee Wim en Jan'.[17] Sympathisanten van dat comité belagen Notaris X en verspreiden affiches met zijn naam. De Antwerpse politie grijpt in en verwijdert de affiches, maar dat komt haar in *De Morgen* op het verwijt van partijdigheid te staan. Het idee dat er een conservatief complot bestaat dat de rechtsgang obstrueert, was ook al in die dagen een favoriet thema in deze krant.

En dan de bijdrage van professor Karel Pyck (P). Hij benoemt zichzelf tot expert in de zaak en op verzoek van de moeder interviewt hij de destijds zesjarige Jan (J). Dat ging zo:

P: Vroeger zijn er ook dingen gebeurd die minder prettig waren, eh?
J: Ja.
P: weet je dat nog?
J: Neen.
P: Zijt ge het al vergeten?
J: Ja.
P: Ja. Wat weet ge er nog van?
J: Niets.
P: Niets?
P: Ik denk niet dat je ze allemaal vergeten bent, die dingen van vroeger. Misschien wel iets dat je liever vergeet, eh?
J: Ik ben het allemaal vergeten.
P: Dat was toen gij met uw papa naar boven moest.
J: Ja.
P: Deed hij jullie dan pijn ook?
J: Ja.
J: Bij mij heeft hij piet in de poep gestoken en dan hier gebokst (wijst op zijn zij) en piet in mijn mond ook.

Pyck raakt op grond van zulke interviews er '100 procent' van overtuigd dat de aanklacht van de moeder waar is. Hij belt herhaaldelijk de politie om deze ertoe aan te sporen de 'vluchtgevaarlijke' Notaris X te arresteren.

Het verhoren van kinderen is een kunst apart (Bruck e.a., 1998). Karel Pyck verstond die kunst niet. Toch heeft zijn verhoor van Jan verdienste voor de vakliteratuur. Want bijna nergens zijn in zo'n gecondenseerde vorm zoveel fouten aan te treffen als in dat verhoor: ontkennende antwoorden worden niet geaccepteerd, vragen worden herhaald zodat het jongetje Jan het gevoel krijgt dat hij een ander antwoord moet geven en aan de lopende band worden suggestieve wenken gegeven.[18] Het 'piet in de poep'-verhaal van kleine Jan duikt overigens telkens in stereotype vorm op als zijn moeder of een van haar sympathisanten hem onderhoudt over Notaris X. In de afwezigheid van zijn moeder en tegenover onafhankelijke experts herhaalt Jan voortdurend dat hij het verhaal op aandrang van zijn moeder vertelt, maar dat het natuurlijk niet waar is. Het raadsel van de Salsa-Parillakamer wordt ten slotte ook opgelost. Terwijl de moeder en professor Pyck peinzen over de satanische connotaties van het woord, blijkt het te komen uit Jans lectuur van het onverbeterlijke *De Smurfen en de Krwakakrwa*.

Bob Talbert en Othello

De Morgen en professor Pyck trokken geen lering uit het debacle rond Notaris X, want in het geval van getuige X1 maken ze precies dezelfde blunders. Ook dan weer verspreiden ze op basis van slechte verhoren en in de totale afwezigheid van bewijsmateriaal complottheorieën over satanische netwerken. De schade die daarmee wordt aangericht treft natuurlijk direct de beschuldigden: Notaris X en Belgische politici die deel uit zouden maken van het netwerk. De sociaal-psychologische literatuur leert dat voor hen een volledige rehabilitatie er nooit meer inzit, simpelweg omdat het publiek weinig ontvankelijk is voor rectificaties. Sprekend is het onderzoek waarin proefpersonen berichten te lezen krijgen over een fictieve persoon, Bob Talbert, die bij nader inzien geen connecties blijkt te hebben met de maffia. *Talbert geen lid van de maffia*, luiden de koppen boven het verhaal. Proefpersonen houden dan toch een slechte indruk aan Bob Talbert over (Gilbert e.a., 1993).

De schade die wordt aangericht heeft ook een maatschappelijke dimensie. Wie lezers aanmoedigt om vooral te denken in complottheorieën, leert hen dat tegenargumenten niet bestaan en dat opponenten deel uitmaken van het netwerk. De paranoia wordt tot argument verheven. In die stijl van redeneren is ontbrekend bewijsmateriaal het gevolg van een doofpotoperatie, krijgen knulligheden in het opsporingswerk een diepere betekenis, en zijn magistraten die corrigerend ingrijpen medeplichtig. Complottheorieën zijn altijd waar. Dat verklaart ook hun aantrekkingskracht. Het resultaat is een nooit meer weg te nemen wantrouwen jegens het justitieapparaat.

Voor de psychologie is X1 een levendige illustratie van een aantal bekende fenomenen. Om te beginnen het verschijnsel dat bij elke opzienbarende misdaad er altijd wel mensen zijn die zich als getuige of dader bij de politie melden, terwijl ze feitelijk niets met de zaak te maken hebben.[19] In hoofdstuk 7 hadden we het er al kort over. Veelal gaat het bij dit soort spontane bekentenissen om mensen die behoorlijk in de war zijn of die een graantje willen meepikken van de publiciteit. Hun bekentenissen vallen dan ook snel door de mand. Anders wordt het als er sprake is van iemand die op gedecideerde toon een gedetailleerd verhaal vertelt met veel 'omdats' en 'daaroms'. Dan kan een fenomeen optreden dat door psycholoog Massimo Palmarini het *Othello-effect* werd gedoopt.[20] Er is niemand die gelooft dat de Verenigde Staten binnen afzienbare tijd Polen zullen binnenvallen. Krijgen proefpersonen echter een scenario voorgelegd waarin meer realistische elementen voorafgaan aan deze fictieve gebeurtenis, dan schatten ze de kans op deze gebeurtenis aanmerkelijk hoger in. Een dergelijk scenario zou als volgt kunnen gaan: vanwege de economische malaise winnen de communisten de verkiezingen in Polen. Er breekt sociale onrust uit. De Paus gaat naar Polen om te bemiddelen. Hij wordt op last van de communistische leiders gearresteerd. Europa en de Verenigde Staten besluiten in te grijpen.

In het verhaal van X1 fungeerden Dutroux en de moorden op Christine van Hees en Katrien de Cuyper als realistische schakels tussen autobiografische fictie. Door het Othello-effect dat zo ontstond lieten *De Morgen* en Pyck zich inpakken. Zelf zien ze dat natuurlijk anders.

Dutroux als gewone psychopaat

Een Belgische politieman die Marc Dutroux in de cel ondervroeg over zijn autozwendel vertelde ons: 'Het is zo'n aardige man. Bijna niet te geloven dat hij dit allemaal op zijn kerfstok heeft.' De uitspraak doet in de verte denken aan wat de sociologe Hannah Arendt ooit over nazi-coryfee Adolf Eichmann schreef. Zij was erbij aanwezig toen hij zich uiteindelijk in 1961 in Jeruzalem voor zijn misdaden moest verantwoorden. Dat hij een gewone kleinburger was – de banaliteit van het Kwaad – frappeerde Hannah Arendt nog het meest. Hoe kan het absolute kwaad zo'n gewoon gezicht hebben?

De zaak-Dutroux roept ook associaties op met het onderzoek van Patrick Leman dat wij in hoofdstuk 1 bespraken. Hij gaf proefpersonen beschrijvingen van succesvolle en minder succesvolle moordaanslagen op politici. Daarna werden de proefpersonen uitgenodigd om te speculeren over hoe het allemaal zover had kunnen komen. Bij een succesvolle moordaanslag dachten de proefpersonen automatisch in de richting van een complot. Zij hadden de sterke neiging om te redeneren volgens het principe dat grote gevolgen – moord – ook grote oorzaken – complot – moeten hebben.

Vlak na de moord op Pim Fortuyn tierden ook in ons land de complottheorieën welig. De meest gedurfde, maar daarom niet minder populaire theorie was dat Pim Fortuyn opeens erg opzag tegen de functie van minister-president. Omdat hij bovendien aan een *J.F.-Kennedysyndroom* leed, had Fortuyn in het geheim Volkert van der G. gecontracteerd om hem een heroïsche dood te bezorgen. Die theorie kon alleen maar de ronde doen omdat mensen het moeilijk te begrijpen vonden dat achter een groot gevolg – de moord op Fortuyn en alles wat daarna gebeurde – een betrekkelijk simpele oorzaak schuil ging. Die oorzaak bestond uit een milieuactivist die op Pim Fortuyn toestapte en hem doodschoot.

Ook de zaak-Dutroux roept de vraag op hoe het zover kon komen dat een sjoemelende klusjesman kinderen ontvoerde, verkrachtte en doodde. De publieke opinie verwachtte achter dit gruwelijke gevolg een oorzaak van formaat te zien. Dat Dutroux wat louche randfiguren om zich heen had verzameld en samen met hen jacht had gemaakt op de kinderen, voldeed niet aan de voorstelling die men zich maakte van een 'grote oorzaak'. Getuigen die zich aandienden met spectaculaire verhalen waarin Dutroux als marionet van hoge omes werd afgeschilderd, konden daarom op meer gehoor rekenen. In de ogen van het publiek schetsten deze getuigen tenminste een oorzaak die qua afmeting paste bij het gevolg. Zo was het ook met getuige X1. Haar complotverhaal sloot beter aan bij de belevingswereld van de doorsnee krantenlezer dan dat over een min of meer solistisch opererende psychopaat, die ook nog redelijk normaal oogt. Het soms klunzige optreden van de politie in de zaak-Dutroux deed de rest. De politie had Dutroux meer dan eens laten lopen en had de nabestaanden van zijn slachtoffers soms wel erg bruusk te woord gestaan. Dat maakte de theorie dat Dutroux onderdeel was van een netwerk welhaast onweerstaanbaar.

Een fiks gedeelte van de opsporingscapaciteit ging op aan het zoeken naar getuigen die de contouren van dat netwerk precies konden beschrijven. Het werden allemaal nevendossiers in de zaak-Dutroux. Dat was nog wel het meest tastbare gevolg van het circus rond X1: het voor de rechter brengen van Marc Dutroux stagneerde jarenlang. Het proces tegen Marc Dutroux en zijn handlangers begon daardoor pas in maart 2004. In de aanloop naar het proces probeerde Dutroux zelf de theorie van het grote netwerk nieuw leven in te blazen. Via een brief aan VRT-journaliste Caroline van den Berghe riep Dutroux de nabestaanden van de meisjes die hij had vermoord op om vooral door te gaan met hun pogingen om de grote 'manipulators' te ontmaskeren. Tijdens de vierde dag van zijn proces herhaalde Dutroux dat hij had samengewerkt met een bende 'waarin politiemensen met een vrij hoge rang zaten'. Zijn advocaat kondigde aan X1 als getuige te zullen oproepen. De strategie is duidelijk: hoe meer de rechters en juryleden geloof gaan hechten aan het grote netwerk als oorzaak, hoe onbeduidender de rol van Dutroux wordt en des te milder zijn straf zal uitvallen.[21]

Ook de sterreporter van de *De Morgen*, Douglas de Coninck, probeerde met zijn jongste boek *Dode getuigen: Dertig mensen die niet zullen spreken op het proces Dutroux* (2004) opnieuw aandacht te vragen voor het netwerk. In Nederland toonde het programma *Zembla* in maart 2004 twee documentaires van Toni Boumans over X1. Zembla: 'X1 beschikte namelijk over daderkennis (…). De onderzoekers vertellen in *Zembla* hoe hun onderzoek verliep en hoe zij van hogerhand intern steeds meer tegenwerking kregen.' En dat allemaal onder de sexy titel *De X Dossiers*. Spannend![22]

12. Fugue

Ze werd 'wakker' op een bank in het Maastrichtse villapark.[1] Een toevallig passerende politieagent sprak haar aan en toen pas merkte ze dat ze niet meer wist wie ze was en waar ze vandaan kwam. Ze sprak weliswaar Duits, maar het was Duits met een overduidelijk accent. Het voelde niet aan als haar moedertaal, zou ze later zeggen. De agent nam de vrouw mee naar het bureau. Ze had geen papieren bij zich. Preciezer gezegd: ze bleek helemaal geen persoonlijke bezittingen te hebben.

Achtereenvolgens ontfermden de politiearts, de vreemdelingenpolitie en de Immigratie- en Naturalisatiedienst zich over de vrouw. In de talloze gesprekken die deze instanties met haar voerden, was er geen moment dat de vrouw zich iets kon herinneren van haar achtergrond. Men kwam zodoende niet verder dan de volgende vaststelling: de vrouw was blank, haar leeftijd moest rond de dertig zijn, ze sprak Duits met een niet nader te typeren accent en ze verkeerde in een goede lichamelijke conditie. Er waren geen aanwijzingen voor een drugs- of alcoholprobleem. De vrouw had wél forse geheugenklachten. Van de gehele periode vóór haar ontwaken in het villapark kon zij zich niets, zelfs geen fragment, herinneren. Ofschoon de vrouw klaagde over hoofdpijn, vond de politiearts geen aanwijzingen voor een neurologische aandoening. Ze was wel erg bang geweest voor het medisch onderzoek, zo meldde de arts.

Myra

De vrouw kreeg een plaats toegewezen in een asielcentrum en omdat ze toch met een naam moest worden aangesproken, ging ze zichzelf Myra noemen. Die naam kwam ook in haar voorlopig legitimatiedocument te staan. Op medewerkers en andere mensen ter plaatse, maakte Myra tijdens haar verblijf in het centrum een sympathieke indruk. Men roemde haar hulpvaardigheid, haar bescheidenheid en haar vriendelijkheid. Haar autobiografisch geheugen kwam echter niet terug. Pogingen van de vreemdelingenpolitie om haar identiteit te achterhalen bleken vruchteloos. Myra zelf vertelde de politie dat zij op een avond naar het NOS-journaal zat te kijken en toen filmbeelden van Warschau zag. Op dat moment zou zij bij zichzelf een sterk gevoel van herkenning hebben bespeurd. De vreemdelingenpolitie rechercheerde daarom uitgebreid in de Poolse bestanden, maar vond geen aanknopingspunten. In het asielcentrum ging men er echter van uit dat Myra ergens uit Oost-Europa kwam.

Myra volgde een cursus Nederlands en na enkele maanden sprak zij de taal redelijk. Ook sloot ze met succes een cursus boekhouden en bedrijfsadministratie af. De zo vergaarde kennis kon Myra goed gebruiken toen ze na anderhalf jaar penningmeester van de Limburgs-Poolse Vriendschapsvereniging werd. Maar nog steeds wist ze niet wie ze was en waar ze vandaan kwam. Myra wilde dat eigenlijk ook niet weten. Maar er was één vervelende complicatie: een permanente verblijfsvergunning kon ze alleen maar krijgen als ze duidelijkheid kon verschaffen over hetzij haar herkomst, hetzij haar medisch onvermogen die herkomst op te helderen.[2]

Wandertrieb

Konden wij haar geheugen doormeten en dan op papier zetten dat ze het kwijt was? Met dat verzoek belde Myra ons op. Ze wilde een dergelijke verklaring aan de rechter overleggen in de hoop dat ze dan alsnog in aanmerking voor een permanente verblijfsvergunning kon komen. Ze had ons telefoonnummer van een psychiater die regelmatig het asielcentrum bezocht. Met deze psychiater had Myra een vertrouwensband. Wij vertelden Myra dat wij onderzoekers en geen hulpverleners waren. We waren graag bereid om haar geheugen te testen, maar we wilden niet bij voorbaat toezeggen daarover een verklaring op papier te zetten. Dat was het voorlopige einde van ons eerste contact met Myra.

Weken later werden we gebeld door haar psychiater. Hij meldde dat Myra al sinds het begin van haar verblijf in het asielcentrum ernstige geheugenklachten had. Tijdens de eerste weken had ze zelfs elementaire vaardigheden opnieuw moeten leren: hoe je met mes en vork moet eten en hoe je moet douchen. De psychiater vertelde ook dat Myra weigerde om naar een neuroloog te gaan. Ze had een fobische angst voor ziekenhuizen en witte jassen. Af en toe ging ze dolen en keerde dan pas na een aantal uren terug, zonder dat ze kon vertellen waar ze was geweest. Ze zou ook vaak angstaanjagende dromen hebben. Die gingen over doktoren en injecties. De psychiater hield het erop dat Myra een getraumatiseerde Balkanvluchteling was. Hij vermoedde dat zij aan *dissociatieve fugues* leed. Zoals in hoofdstuk 8 al ter sprake kwam, zegt de psychiatrische literatuur over patiënten met die aandoening dat zij vanwege een emotionele gebeurtenis hun autobiografische herinneringen zijn verloren. Dat verlies is zo omvangrijk dat de patiënten ook hun identiteit kwijtraken. Dat kan enige tijd aanhouden en gaat vaak samen met doelloos heen en weer gereis oftewel *Wandertrieb*, zoals de oude Duitse psychiaters het noemden (Loewenstein, 1991; Spiegel e.a., 1993).[3] Zijn telefonisch exposé besloot de psychiater met het verzoek of wij eens naar het geheugen van Myra wilden kijken.

Myra komt later

En dus maakten we een afspraak met Myra. Ze zou op maandagmorgen om 11.00 komen. Ze was bereid een aantal neuropsychologische tests te ondergaan. Althans, dat zei ze aan de telefoon. Die maandagmorgen kwam Myra niet. Het liep diezelfde dag al tegen 17.00 uur toen zij zich bij ons meldde, met zweet op haar voorhoofd. Ze maakte een verwarde indruk. Ze vertelde dat ze de weg kwijt was geraakt en urenlang had rondgedoold door Maastricht. Tijdens het gesprek dat volgde leek Myra niet erg op haar gemak. Ze wilde geen neuropsychologische tests ondergaan. Ze wilde evenmin praten over haar geheugenverlies. Ze zei doodsbang te zijn voor dokters en die mededeling herhaalde ze diverse malen, ook nadat we haar duidelijk hadden gemaakt dat we geen medisch onderzoek zouden verrichten. Na enig heen en weer praten was ze wel bereid een viertal vragenlijsten in te vullen. Maar dan moest de kous daarmee ook af zijn.

We gaven Myra de *Dissociative Experiences Scale* (DES; zie hoofdstuk 9). Deze schaal vraagt naar symptomen als geheugenverlies en verwarring over de eigen identiteit. Het zijn symptomen die volgens psychiaters horen bij de dissociatieve fugue. We vroegen Myra ook of ze de *Cognitive Failures Questionnaire* (CFQ; zie hoofdstuk 9) van de Engelse psycholoog Donald Broadbent en collega's (1982) wilde invullen. De CFQ somt verschijnselen op die te maken hebben met een gebrekkige cognitieve controle of, in gewoon Nederlands, verstrooidheid: dat soort dingen als het vergeten van afspraken, het over het hoofd zien van stoplichten en het uit de handen laten vallen van gebruiksvoorwerpen. De patiënt moet aangeven in welke mate hij in het dagelijkse leven hiervan last heeft. Myra vulde vervolgens de *Structered Inventory of Malingered Symptomatology* (SIMS) van de Amerikaanse psycholoog Glenn Smith (zie ook hoofdstuk 8) in.[5] Deze SIMS geeft een lange opsomming van bizarre symptomen zoals verlamde spieren en nooit ophoudende stemmen in het hoofd. Als ze er al niet om moeten lachen, halen psychiatrische patiënten over zulke symptomen hun schouders op. Maar mensen die een psychiatrische stoornis proberen voor

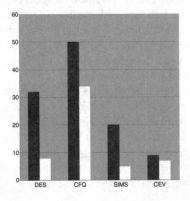

te wenden zeggen er last van te hebben. Dat is bijvoorbeeld aan de orde bij seksuele delinquenten, die hun delict proberen te verontschuldigen door te beweren dat ze ziek zijn in hun hoofd (Cima e.a., 2003).

Ten slotte vulde Myra onze eigen *Creatieve Ervaringen Vragenlijst* (CEV; zie hoofdstuk 9) in. Dat is een vragenlijst die de kenmerken van fantasierijkheid meet. De CEV bevat items als 'Ik verveel me nooit, omdat ik altijd aan het fantaseren sla als dingen saai worden'. Zoals eerder gezegd: mensen die hoog op zulke items scoren zijn virtuozen in het rollenspel.

Nadat Myra de vragenlijsten had ingevuld, vertrok ze met de mededeling dat zij graag van ons hoorde of we op grond van de uitslagen alsnog bereid waren een brief te schrijven ter ondersteuning van haar verzoek om een verblijfsvergunning.

Gekke scores

Natuurlijk waren we bereid Myra te helpen. Maar haar testuitslagen bleken wel erg vreemd uit te pakken. De figuur op blz. 221. laat de scores van Myra zien en bevat ook enkele referentiewaarden. Terwijl gemiddelde DES-scores van gezonde volwassenen rond de 10 schommelen, scoorde Myra op de DES veel hoger dan het afkappunt van 20. Boven die waarde gaan de psychiatrische alarmbellen rinkelen (bijvoorbeeld Gast e.a., 2001). De Amerikaanse psychologe Eve Bernstein Carlson meent dat als iemand zo hoog op de DES scoort, er een dikke kans bestaat dat hij in aanmerking komt voor de diagnose dissociatieve fugue of aanverwante stoornissen (Bernstein Carlson e.a., 1993). Blijkbaar had Myra dus veel last van dissociatieve verschijnselen, waaronder het zeldzame symptoom van zichzelf soms niet kunnen herkennen in de spiegel (item 11).

Myra is zeer verstrooid, want op de CFQ haalde zij een score van 50. Dat is merkwaardig hoog als men bedenkt dat gezonde volwassenen een gemiddelde CFQ-score van rond de 35 hebben en alleen patiënten met een vergevorderde alzheimerdementie in de buurt van Myra's waarde komen (Wagle e.a., 1999). Trouwens: hoe kan iemand die op grote schaal dingen zegt te vergeten en die beweert vaak verward en snel afgeleid te zijn, een boekhoudcursus met succes doorlopen? Hoe kan zo iemand penningmeester van een vereniging met 110 leden worden?

Wellicht schetste Myra een te pessimistisch beeld van haar cognitieve vermogens. Dat achter dit pessimisme een strategie schuilging, deed haar SIMS-score vermoeden. Die was 20, terwijl bij 17 het afkappunt ligt. Wie boven de 17 scoort, laadt de verdenking op zich een ordinaire simulant te zijn (Smith & Burger, 1997). Myra's CEV-score van 9 leek op het eerste gezicht niet ver uit te komen boven de gemiddelden die men vaak in de normale bevolking vindt. Aan de andere kant: Myra vulde slechts 15 van de 25 CEV-vragen in, zodat er een redelijke kans bestaat dat haar werkelijke CEV-score in de buurt komt van die van acteurs (11 of meer; zie Merckelbach e.a., 1998). Een van de CEV-items die Myra omarmde luidt: 'Soms speel ik alsof ik iemand anders ben en dan ga ik helemaal in die rol op.'

Singh Varma

Zou het kunnen dat Myra de rol van een patiënt met ernstig geheugenverlies speelt? Alles kan natuurlijk. We wezen er al eerder op (hoofdstuk 4) dat de meeste dokters denken dat het veinzen van symptomen niet vaak voorkomt (Gerson, 2002). Daar zouden zij best gelijk in kunnen hebben. Zeker weten doen we dat echter niet. Het punt is namelijk dat dokters vaak slecht zijn in het ontmaskeren van neppatiënten. Amusant is nog altijd het onderzoek van de Amerikaanse psycholoog David Rosenhan (1973), die zijn studenten naar psychiatrische inrichtingen stuurde. De studenten deden het voorkomen als-of ze een stem hoorden die telkens 'leeg, leeg' zei. Voor het overige gedroegen de studenten zich normaal. Toch werden ze met een verdenking van schizo-frenie opgenomen. Ze hadden de grootste moeite om weer uit de inrichtin-gen te komen. De meest onthutsende fase in het onderzoek trad in toen Ro-senhan de psychiaters waarschuwde dat in de komende maanden simulerende patiënten zich aan de poorten van hun inrichtingen zouden melden. Dat gebeurde niet, maar psychiaters gingen een dikke 20 procent van de echte patiënten wel als simulanten beschouwen.

Zijn dokters anno 2005 beter in staat neppatiënten te ontmaskeren dan in de jaren zeventig van de vorige eeuw? Wij kennen geen literatuur die in deze richting wijst (zie voor een overzicht Jelicic e.a., 2003). We kennen wél allerlei eigentijdse neppatiënten, die uiteindelijk alleen maar door de mand vielen omdat ze het te bont maakten. Het bekendste voorbeeld in ons land is dat van het Tweede-Kamerlid Tara Singh Varma. In de zomer van 2001 werd Singh Varma, die beweerde aan een fatale vorm van borstkanker te lijden, door de pers ontmaskerd als een simulant. Weken later liet de psychiater van Singh Varma weten dat ze leed aan een posttraumatische stressstoornis (PTSS).[6] Die aandoening zou haar zo verward hebben gemaakt dat zij enge ziektes ging voelen die er niet waren. Politici uit de omgeving van Singh Varma werd achteraf het verwijt gemaakt dat zij Singh Varma maar haar gang hadden la-ten gaan. Wie *Tara* (2002) van Jet Homoet en Metje Postma ziet, begrijpt hoe onredelijk dat verwijt is. Deze documentaire toont Singh Varma voor- en na-dat ze door de mand viel. De regisseur Jet Homoet zei over de opnamen: 'Voorafgaand aan *Tara* heb ik een film gemaakt over de eerste BOM-moeder, die kanker had. Nadat ik dat had meegemaakt, dacht ik van Tara: dat klopt. Zij zonderde zich ook af, was soms heel erg overstuur, heel zenuwachtig, allemaal dingen die ik herkende. Bovendien twijfel je niet aan iemand die zegt dat-ie kanker heeft.'[7] Dat na het demasqué van Singh Varma een dokter met een nieuwe aandoening voor haar op de proppen kwam, bewijst dat ook dokters het blijkbaar moeilijk vinden te accepteren dat ze door hun patiënten worden belazerd. Precies dat maakt het onmogelijk erachter te komen hoe omvangrijk het contingent neppatiënten is.[8]

Volgens het handboek van de Amerikaanse psychiaters, de *Diagnostic and Statistical Manual* (DSM-IV; APA, 1994), moet men op het veinzen van symptomen bedacht zijn als de patiënt er mogelijk iets mee te winnen heeft, als er een sterke discrepantie bestaat tussen de klachten en het feitelijk functioneren, als de patiënt niet goed meewerkt aan onderzoek omdat hij bang is om door te mand te vallen en als de patiënt antisociale trekken vertoont. Op antisociaal gedrag heeft niemand Myra ooit kunnen betrappen. Het tegendeel is waar: Myra staat bekend als een bescheiden en hulpvaardige vrouw.

Maar aan alle andere kenmerken die de DSM-IV opsomt, voldoet Myra ruimschoots. Ze heeft iets te winnen, namelijk een officiële verklaring die haar aanvraag voor een verblijfsvergunning ondersteunt. Ze rapporteert cognitieve klachten in een omvang die slechts bij demente bejaarden voorkomt, maar volgt wél boekhoudcursussen. En ze onttrekt zich als het even kan aan onderzoek naar haar geheugenfuncties. Maakt dat alles Myra tot een simulant? Misschien heeft ze haar autobiografische geheugen voor een deel verloren, is ze écht bang voor medisch onderzoek en zijn haar extreme scores bedoeld om ons daarvan te overtuigen.

Hughlings Jackson

'Ihr... ihr... wie ein Faustschlag,' zegt Cristoforo Golisch in Luigi Pirandello's novelle *Toccatina* (1906) tegen zijn dokter. Na zijn hersenbloeding spreekt hij geen fatsoenlijk woord Italiaans meer, ofschoon hij in Rome geboren en getogen is. Golisch valt terug op het Duits dat hij lang geleden als kind sprak met zijn ouders, emigranten die ooit vanuit Duitsland naar Italië kwamen. Het geval van Golisch is realistische fictie, want ook in de neurologische vakliteratuur zijn wel patiënten beschreven bij wie een hersenbeschadiging een nieuw verworven taal wegvaagt, maar een lang geleden geleerde moedertaal spaart (Lebrun, 1995). Het principe dat 'het nieuwe sterft voor het oude' doet denken aan Ribots wet (hoofdstuk 8), die zegt dat oude herinneringen taaier zijn dan jonge herinneringen. Een neurologische versie van dat principe werd sterk gepropageerd door een tijdgenoot van Ribot, de Britse neuroloog John Hughlings Jackson (1835-1911). Hughlings Jackson be-

dacht de tot op de dag van vandaag gehanteerde term *dissolutie*. Hij verwijst naar het verschijnsel dat recent verworven vaardigheden het meest kwetsbaar zijn en het eerste zullen verdwijnen na een hersenbeschadiging (Meares, 1999).

Uitgaande van het principe van dissolutie kan het niet zo zijn dat Myra haar moedertaal verloor, maar haar meer recent verworven Duits behield. In het universum van Hughlings Jackson is het evenmin denkbaar dat een patiënt vergeet hoe hij met mes en vork moet eten, maar wel met de afstandsbediening van de tv kan omgaan. Wie zulk een onwaarschijnlijke constellatie van gebreken vertoont, is erop uit om de omgeving te misleiden. Men zou kunnen tegenwerpen dat het maar de vraag is of Hughlings Jacksons principe van dissolutie voor tweetalige patiënten geldt. Dat is een terechte kanttekening. Want al lijkt de hoofdpersoon uit Pirandello's novelle een overtuigende illustratie van dissolutie, de empirische waarheid is soms een slag gecompliceerder. Zo laat het onderzoek van Franco Fabbro (2001) bij tweetalige Italianen zien dat hersenbeschadigingen vaak zowel de ene als de andere taal ontwrichten.[9] Er zijn ook wel gevallen beschreven van patiënten die vanwege een hersenbeschadiging met een vreemd accent gingen praten (Moen, 2000). Wat echter nooit voorkomt is dat een patiënt de moedertaal compleet kwijtraakt en een vreemde taal in optima forma behoudt. In die zin mogen we op gezag van Hughlings Jackson beweren dat Myra's symptomen onmogelijk en derhalve gesimuleerd zijn. Dat is de wraak van Hughlings Jackson: niet-ingewijde simulanten lopen het risico dat zij symptomen veinzen die vaktechnisch gezien onmogelijk zijn.

Nog meer onwaarschijnlijkheden

Myra verblijft al een dikke twee jaar in een asielzoekerscentrum. Tegen de psychiater, maar ook tegen de medewerkers van dat centrum heeft ze bij herhaling verklaard dat tot op heden geen enkele autobiografische herinnering is teruggekeerd. Ook dat mag onwaarschijnlijk heten. In hoofdstuk 8 hadden we het er al over dat het aantal jonge patiënten bij wie het autobiografische geheugen compleet verdween om jarenlang niet meer terug te komen op de vingers van één hand te tellen is. Neem patiënten die lijden aan een ernstige dementie of aan het syndroom van Korsakow. Zij hebben voornamelijk last van wat anterograde amnesie heet: het onvermogen om nieuwe herinneringen vast te leggen. Zo'n anterograde amnesie gaat vaak hand in hand met retrograde amnesie.[10] Dat betekent dat de patiënt ook moeite heeft met het ophalen van oude herinneringen, dat wil zeggen herinneringen van voor de aanvang van de ziekte. De retrograde amnesie is echter zelden of nooit volledig. Voor demente en Korsakowpatiënten blijven vooral vroege jeugdherinneringen redelijk goed toegankelijk (Kopelman, 2002).

Myra weet de namen van haar medebewoners. Ze herkent haar psychiater en ze weet haar weg naar de Pools-Nederlandse vriendschapsvereniging te vinden zolang ze geen fugue-aanval heeft. Het is dus uitgesloten dat Myra met een anterograde amnesie kampt. Niets wijst erop dat Myra lijdt aan een hersenstoornis. Zou haar retrograde amnesie dan dissociatief van aard kunnen zijn? Bij de gevallen die onder dit kopje in de literatuur zijn beschreven, klaarde de retrograde amnesie binnen weken of in elk geval maanden op. De onbetwiste autoriteit in deze literatuur is de Londense psychiater Michael Kopelman. Hij bestiert sinds jaar en dag een psychiatrische afdeling die recht tegenover een van de grotere metrostations ligt. Hierdoor heeft Kopelman ruime ervaring met geheugengestoorde patiënten die via de metrolijnen bij zijn afdeling aanspoelen. Kopelmans (2002) vingerwijzing in gevallen zoals die van Myra luidt: 'Fugue-toestanden duren een paar uur of hoogstens een paar dagen. Als ze langer duren, rijst altijd de verdenking van simulatie.'

De merkwaardige testscores van Myra staan dus niet op zichzelf. Ook tegenover haar medebewoners en haar psychiater speelt Myra de rol van een patiënt. Haar verhaal over de geheugenflarden aan Warschau zijn mogelijk als dwaalspoor bedoeld. Dat begrepen wij pas toen wij – met Myra's instemming – haar spraak lieten horen aan een Poolse linguïst. Hij kon het accent niet precies thuisbrengen, maar achtte het uitgesloten dat Myra uit Oost-Europa kwam.

Onsympathiek

Myra is – daar zijn wij inmiddels van overtuigd – een simulant. Toch aarzelen we om dat begrip te gebruiken, want het heeft een onsympathieke bijklank. In meerdere opzichten zijn de negatieve connotaties ook onterecht. Om te beginnen berust de associatie die het kookboek van de Amerikaanse psychiaters – de DSM-IV – legt tussen simulatie en antisociaal gedrag op een pijnlijk misverstand. Het zal best zo zijn dat antisociale personen de neiging hebben om hun medemens te manipuleren. Maar dat maakt nog niet iedereen die anderen manipuleert door een ziekte voor te wenden tot een antisociaal persoon. Dat laat trouwens ook empirisch onderzoek zien. Zo gaven de Amerikaanse psycholoog Norman Poythress en zijn collega's (2001) aan gevangenen een vragenlijst over antisociale eigenschappen en de eerder genoemde SIMS met haar bizarre symptomen. De onderzoekers berekenden vervolgens of er een samenhang bestond tussen antisociale antwoorden en het claimen van bizarre symptomen. Die bleek er gewoonweg niet te zijn.[11]

Een mogelijk nog belangrijk punt is dat mensen die een geheugendefect si-

muleren hun loopbaan vaak starten met een heuse hersenstoornis. De al eerder genoemde Kopelman (2000) beschrijft een aantal van dat soort gevallen:
patiënten die vanwege een klap op hun hoofd of een andere neurologische
complicatie te kampen krijgen met tijdelijke geheugenproblemen, maar dan
gaandeweg hun herstel bemerken dat het voorwenden van zulke problemen
zo zijn voordelen kan hebben. Bij Rob Shunter (hoofdstuk 8) zagen we ook
vloeiende overgangen tussen echte, aangeprate en gesimuleerde geheugenstoornissen. Het woord 'simulant' doet geen recht aan die vloeiende overgangen.

Dat begrip doet evenmin recht aan de uitzichtloze situatie waaraan simulanten vaak proberen te ontsnappen. De door Kopelman en collega's (1994)
beschreven vrouw die in een metrostation uit haar fugue ontwaakte, kan wat
dat betreft model staan. Net als Myra hield de vrouw vol dat zij zich helemaal
niets meer kon herinneren van haar achtergrond. Na een jaar kon haar herkomst echter worden achterhaald. Zij bleek uit de VS te komen. Het huwelijk
van de vrouw was uitermate problematisch geweest. Ook was ze in het verleden behandeld vanwege een depressie en een overdosis drugs.[12] Op een dag
had de vrouw voor haar man en dochter een briefje neergelegd met de mededeling: 'I can't live like this any longer.' Daarna was ze vertrokken om, naar eigen zeggen, zeven dagen later in een Londens metrostation wakker te worden
zonder autobiografisch geheugen. Maar gedurende deze amnestische periode had ze wel brieven naar haar elfjarige dochter geschreven. We zouden niet
gek staan te kijken als Myra's levensgeschiedenis er ook een is die ze liever vergeet.

Fugue

In de moderne psychiatrie wordt de dissociatieve fugue geportretteerd als
een aandoening waarvan de essentiële bouwstenen traumatisering en identiteitsverlies zijn. Het is, om met de woorden van psychiater Richard Loewenstein (1991) te spreken, een symptoom 'dat voortkomt uit intrapsychische de-
fensiereacties op doorgaans extreem overweldigende of traumatische
omstandigheden'. Dat klinkt zwaar en om zijn analyse kracht bij te zetten verwijst Loewenstein naar oudere artikelen waaruit zou blijken dat frontsolda-
ten frequent last hebben van fugues. De historicus Ian Hacking (1998) herlas
die artikelen en komt tot een radicaal andere taxatie van wat er aan de hand
was: de eerste fugueurs waren dienstplichtigen die genoeg hadden van hun
soldatenbestaan en die met een fugue op een elegante manier probeerden
weg te komen uit hun kazerne. In Frankrijk en Duitsland accepteerden de
militaire rechtbanken de diagnose soms als een excuus voor desertie. Hadden
deze mannen dan geen trauma? Jawel, maar niet in de betekenis die Loewen-

stein voor ogen staat. De negentiende-eeuwse fugueurs hadden vaak een voorgeschiedenis waarin hersenbeschadigingen ten gevolge van een ongeluk of epilepsie een belangrijke rol speelden. Dat blijkt trouwens bij modernere fugueurs niet anders te zijn.[13] Maar emotioneel getraumatiseerd? Nou nee. Hacking (1998): 'De feiten rechtvaardigen de theorie van een posttraumatische fugue niet, tenzij trauma ontevredenheid betekent.'

Het favoriete classificatiesysteem van de Amerikaanse psychiaters, de DSM-IV, kent een aantal ziektecategorieën waarbij problemen met de eigen identiteit op de voorgrond staan. Wie last heeft van *gender-dysfore* gevoelens streeft naar een andere geslachtsidentiteit. En wie lijdt aan een meervoudige persoonlijkheid (hoofdstuk 10) wisselt frequent van identiteit. De dissociatieve fugue is een variant op dit thema waarbij de patiënt geen toegang zegt te hebben tot zijn persoonlijke voorgeschiedenis en dus identiteit. Maar wat is het verschil tussen geen voorgeschiedenis hebben en geen voorgeschiedenis willen hebben? Voor de buitenwacht is dat verschil nauwelijks waarneembaar.

Wat ons betreft laat het geval van Myra twee dingen zien. Om te beginnen laat het zien dat in weerwil van alle pejoratieve associaties die ze oproepen, simulanten aardige, maar ook ongelukkige mensen kunnen zijn die krampachtig zoeken naar een praktische oplossing voor een aanzienlijk probleem. In de tweede plaats illustreert haar geval dat fugue en gesimuleerd identiteitsverlies verontrustend veel op elkaar lijken. Het gaat vaak om vertwijfelde mensen die op basis van een eerder opgelopen hersenbeschadiging weten wat het is om geheugenproblemen te hebben en die vervolgens voorwenden, om het hoofd te bieden aan de problemen waarmee ze worstelen.

LEUGENAARS EN DESKUNDIGEN

13. Weet er niets meer van, edelachtbare

Je hebt verdachten die ontkennen dat ze iets gedaan hebben. Je hebt ook verdachten die zeggen dat zij zich niets meer kunnen herinneren van wat ze gedaan hebben. Dat laatste komt regelmatig voor. Hieronder volgt een kleine collage van voorbeelden die wij de afgelopen jaren in allerlei kranten tegenkwamen. Het eerste voorbeeld is dat van een 37-jarige verdachte uit het Brabantse Oosterhout tegen wie vijf jaar gevangenisstraf en TBS werd geëist. De krant vervolgt: 'Hij wordt ervan verdacht in september vorig jaar een 22-jarige stadgenoot te hebben doodgestoken die in 1999 het zoontje van de man seksueel had misbruikt. Advocaat M. Schonfeld van de verdachte vroeg om vrijspraak omdat er sprake zou zijn van psychische overmacht. "Ik zal het wel gedaan hebben, maar daar kan ik me niets meer van herinneren," zei de verdachte gisteren op de zitting.'[1]

Het Brabantse geval vertoont overeenkomsten met een zaak die zich in Maastricht afspeelde. Daarbij schoot Hassanein El F. (30) de ex-man van zijn vrouw dood. De krant: 'Het gezin ging al jaren gebukt onder de terreur en het stalkgedrag van de ex-man. De rechter haalde ook het rapport van de psycholoog aan, waarin El F. als een heel normaal begaafde man zonder stoornissen wordt beschreven. Volgens de psycholoog is er bij de verdachte, die zich weinig kan herinneren van de schietpartij zelf, sprake van een acute stressstoornis op het moment dat hij de trekker overhaalde. Wat volgens de rechter kan betekenen dat de wilsvrijheid van El F. in sterke mate beperkt was.'[2]

Moeilijker invoelbaar is het gedrag van de Somaliër Sayid A. (28). Hij liet zijn eenjarige nichtje vanaf de balustrade van een flatgalerij te pletter vallen. Het krantenbericht: 'Iemand die zoiets doet moet wel heel erg in de war zijn, dachten ze bij het Pieter Baan Centrum, waar Sayid zeven weken werd geobserveerd. En inderdaad, zo bleek uit hun onderzoek, kampt de verdachte met schizofrenie van het paranoïde type. Zelf zei de verdachte zich niets meer te kunnen herinneren.'[3]

Eveneens bizar is het drama dat zich nog niet zo lang geleden binnen de muren van een verzorgingstehuis voltrok. De krant noteert: 'Een 80-jarige demente bewoner van het psychogeriatrische verpleeghuis Hogewey in Weesp is deze week om het leven gebracht door zijn 81-jarige eveneens ernstig demente kamergenote. De hoogbejaarde verdachte leeft volgens de directeur van de Hogewey door haar geestelijke toestand net als alle andere bewoners van het verpleeghuis in het verleden. Haar kortetermijngeheugen functioneert niet meer en ze weet daarom niet wat ze heeft gedaan.'[4]

Syndroom van *Mumenthaler*

Deze krantenknipsels geven een eerste indruk van het soort zaken waarin verdachten zeggen aan geheugenverlies te lijden. Om te beginnen gaat het vaak om levensdelicten. Er is nog een andere categorie die hiervoor niet ter sprake kwam, maar die wel moet worden genoemd. Dat zijn overtredingen die gênant zijn. Een voorbeeld is de Maastrichtse advocaat die doorreed na een aanrijding met een fietser. Hij zei later dat hij zich het voorval niet kon herinneren vanwege een lichte epilepsie waaraan hij zou lijden.[5] Een ander voorbeeld is dat van de 84-jarige inwoner uit Vaals die zijn buurmeisje een tongzoen probeerde te geven, maar zich dit later niet meer voor de geest kon halen omdat hij dement zou zijn.[6]

Een volgend kenmerk van zaken waarin verdachten aan geheugenverlies zeggen te lijden, is dat er veel psychologisch vocabulaire aan te pas komt. Verdachten hebben niet alleen geheugenverlies, maar zij lijden ook aan epilepsie, dementie, acute stress, schizofrenie van het paranoïde type enzovoort. Soms zijn de syndromen zo exotisch dat zelfs kenners van de literatuur ze niet thuis kunnen brengen. Neem het *syndroom van Mumenthaler*. Voorzover wij konden nagaan had het zijn première in een civiele zaak die in 1999 voor de Maastrichtse rechtbank diende. Het ging om een politiemedewerker die zijn ontslag betwistte. De achtergrond daarvan was dat de man zijn auto als vermist had opgegeven nadat hij er even daarvoor de gevel van café De Tribunal mee had geramd. Het verweer van de ontslagen politiemedewerker was dat hij die avond mosselen had gegeten en vervolgens een blackout had gekregen. Daardoor zou hij de macht over het stuur hebben verloren en tegen de gevel zijn gereden. Door de klap van de aanrijding zou hij aan tijdelijk geheugenverlies hebben geleden. In die toestand zou hij zijn auto als gestolen hebben opgegeven. De man nam een psychiater mee die verklaarde dat het verhaal 'naadloos past bij de klassieke beschrijving van Mumenthaler'.[7] Of dit indruk op de rechter heeft gemaakt, weten we niet.

Weer een ander kenmerk van de hier beschreven zaken is dat de psychologische termen die erin opduiken geen willekeurige vaktermen zijn. Het zijn termen die raken aan juridische ideeën over opzet en schuld. Men zou het ook zo kunnen zeggen: van deze psychologische termen gaat de suggestie uit dat de verdachte buiten zijn wil om iets strafbaars deed.[8] Daarmee samenhangend – en dat is het laatste kenmerk van de zaken waar we het hier over hebben – worden de psychologische begrippen vaak op gezag van een deskundige ingebracht. Meestal is het een dokter die de rechter komt vertellen dat de verdachte zich niets meer kan herinneren omdat hij aan de een of andere aandoening leed.

In jargon heet het type geheugenverlies waar we het hier over hebben *dader-amnesie*. Het meer neutrale *delict-gerelateerde amnesie* wordt ook wel gebruikt. Zoals we al in de eerdere hoofdstukken schreven, bestaat amnesie in soorten en maten. Zo lijdt een patiënt met het syndroom van Korsakow ook aan amnesie. Het probleem van deze patiënt is vooral dat hij geen nieuwe informatie kan vasthouden. Dat maakt dat de patiënt bijna alles vergeet van wat hij 's morgens in de krant heeft gelezen, maar wel nog redelijk kan vertellen over hoe het vroeger was. Deze vorm van geheugenverlies heet *anterograde amnesie* en is behoorlijk anders dan het geheugenverlies waaraan sommige verdachten zeggen te lijden (zie hoofdstuk 2 en ook O'Connor & Verfaillie, 2002). Misschien met uitzondering van de zwaar demente bejaarde die hiervoor ter sprake kwam, zijn verdachten met geheugenverlies over het algemeen goed in staat om nieuwe informatie vast te houden. Zij herinneren zich het politiebureau, ze herinneren zich de rechter-commissaris en ze kennen de naam van hun advocaat. Hun probleem is – dat zeggen ze althans – dat zij zich een specifiek voorval uit het verleden niet meer kunnen herinneren. Hun geheugenverlies is dus naar achteren gericht en om die reden lijkt er sprake te zijn van een *retrograde amnesie* (hoofdstuk 6).

Hoe vaak?

Verdachten die zeggen te lijden aan retrograde amnesie zijn sinds jaar en dag een bekend verschijnsel. Zo begint de beroemde Duitse neuroloog Hugo Liepmann in 1910 zijn opstel over geheugenstoornissen met de volgende verzuchting: 'Alleen al dit jaar had ik de gelegenheid om niet minder dan vijf verdachten te zien die zeiden dat zij hun geheugen kwijt waren.' Liepmann adviseerde om zulke verdachten te wantrouwen. Hun geheugenklachten kunnen immers een vorm van tactiek zijn. Als je verdachte bent, dan is zeggen dat je je niets kunt herinneren een handige manier om je te onttrekken aan een politieverhoor. Maar hoe zit dat dan met veroordeelde criminelen? Hoe vaak komt bij hen retrograde amnesie voor? In een al wat ouder Engels onderzoek interviewde de psychiater A. Leitch (1948) 51 veroordeelde moordenaars. Hij vond dat 14 van hen geheugenverlies voor het delict zeiden te hebben. De Engelse onderzoekers Pamela Taylor en Michael Kopelman (1984) deden dat werk later over bij 34 moordenaars en vonden dat 8 van hen geheugenverlies claimden. Nog weer later interviewde de rechtspsycholoog Gisli Gudjonsson samen met zijn collega's (1989) 64 IJslandse criminelen die vanwege zware geweldsdelicten vastzaten. Dit keer beweerden 20 van hen aan geheugenverlies te lijden. Men kan dus zeggen dat ongeveer 25 procent van de criminelen die zich schuldig hebben gemaakt aan ernstige delicten – vaak levensdelicten – zich beroept op geheugenverlies (zie ook Pyzsora e.a., 2003).

In eigen onderzoek keken we naar hoe vaak Nederlandse TBS-patiënten en vergelijkbare Duitse patiënten die op basis van de zogenaamde *Maßregelvollzug* (vergelijkbaar met onze TBS) vastzaten geheugenverlies voor hun delict claimden. De totale groep omvatte 308 patiënten. Daarvan beweerden er 72 (23 procent) geen herinnering aan het delict te hebben. We keken ook naar de verschillen tussen patiënten die wel en patiënten die geen geheugenverlies zeiden te hebben. Wat opviel was dat diegenen die geheugenverlies claimden ouder waren, meer eerdere veroordelingen achter de rug hadden en vaker een drugs- of alcoholprobleem hadden. Het waren dus vooral de oude rotten in het vak die zeiden aan geheugenverlies te lijden (Cima e.a., in druk).

En wie?

Dat brengt ons bij de vraag wie het zijn die geheugenverlies beweren te hebben voor het misdrijf waaraan ze schuldig werden bevonden. Waar vrijwel iedereen het over eens lijkt, is dat daders die geheugenverlies claimen vaak onder invloed van drank en/of drugs tot hun delict kwamen. Voor de rest is de literatuur over hun persoonlijkheid nogal verwarrend. Grofweg treft men twee soorten portretten aan. Het ene is dat van de zielige, introverte, dommige persoon die onder druk van de omstandigheden zich aan een delict te buiten gaat (Gudjonsson e.a., 1999a; Parwatikar e.a., 1985; Taylor & Kopelman, 1984). In dat verband is wel gesuggereerd dat timide mensen sneller overrompeld raken door bedreigende omstandigheden. Dit zou tot een soort neurologische kortsluiting leiden, die zich dan weer uit in een delict waarvoor de persoon later geheugenverlies heeft (Gudjonsson e.a., 1999a). Het probleem met deze theorie is die van het kip en het ei. We willen best aannemen dat sommige daders met geheugenverlies stille en timide mensen zijn, maar misschien werden zij dat wel vanwege de misdaad die ze pleegden en de vervelende gevolgen – veroordeling, gevangenis enzovoort – die dat had.

Een tweede portret dat men in de literatuur aantreft is dat van de manipulatieve en theatrale crimineel die stelselmatig zijn verantwoordelijkheid probeert te bagatelliseren door zichzelf als slachtoffer te presenteren (Sadoff, 1974; Cima e.a., 2003). Dit portret komt dicht in de buurt van de visie dat het bij uitstek psychopate daders zijn die met (malafide) claims van geheugenverlies komen aanzetten. Het probleem met deze opvatting is dat er zo weinig hard bewijs voor bestaat (Poythress e.a., 2001). Maar tot nog toe is er ook nog weinig onderzoek gedaan naar de vraag of psychopaten virtuozen in het veinzen van geheugenklachten zijn. Dat het daarvoor de hoogste tijd wordt, laten gevallen zien waarin het geclaimde geheugenverlies een opstapje naar volgende delicten bleek te zijn. Neem het Canadese geval van de 31-jarige Maggie MacDonald. Zij bracht tijdens een ruzie haar man om het leven omdat die haar jarenlang zou hebben mishandeld. Maggie MacDonald kon zich niets herinneren van de ruzie en werd – tot grote tevredenheid van allerlei lobbygroepen – vrijgesproken. Een jaar later vermoordde ze haar tweede man. Ze  vond hem te veel op haar eerste man lijken. Maggie MacDonald verdween voor 18 jaren achter de tralies, kwam in 1984 vrij en schreef in 1987 een boek over haar gewelddadige carrière (*The Violent Years of Maggie MacDonald*). Nog weer later zag ze de Heer.[9]

Er bestaan ook wel directere aanwijzingen dat vooral daders die geheugenverlies claimen gewelddadig uit de hoek kunnen komen. Zo bestudeerden de Canadese psychiaters Dominique Bourget en John Bradford (1995) twintig zedendelinquenten die zich in hun kliniek meldden met het verhaal dat ze amnesie voor hun vergrijp hadden. Ze vergeleken deze groep met veroordeelde zedendelinquenten die hadden bekend of juist hardnekkig ontkenden. De zedendelinquenten die aan geheugenverlies zeiden te lijden, hadden aanmerkelijk agressievere delicten, waaronder verkrachting en lustmoord, op hun naam staan.

Wat daders zelf zeggen

In een ongepubliceerde studie legden we aan 37 betrekkelijk willekeurig uitgekozen gedetineerden een aantal vragen voor over het fenomeen van amnesie. Tien van hen (27 procent) zeiden het fenomeen uit eigen ervaring te kennen. Deze tien zaten vast vanwege ernstige geweldsdelicten (moord, doodslag, zware mishandeling en diefstal met geweldpleging). Vier van hen beweerden veel gedronken te hebben toen zij het delict pleegden. Aan de 37 gedetineerden werd ook de vraag voorgelegd of zij andere gedetineerden kenden die geheugenverlies voor hun delict claimden. De ruime meerderheid – 23 van de 37 ondervraagden (62 procent)- kende inderdaad anderen die zoiets beweerden. Maar slechts 7 van hen (19 procent) geloofden dat dit geheugenverlies bonafide was. Volgens de 7 had het geheugenverlies in zulke zaken te maken met overmatig alcoholgebruik en sterke emoties. Opmerkelijk aan deze gegevens is de asymmetrie die er in zit: gedetineerden zijn kritischer over andermans dan over hun eigen geheugenverlies (Schrijen, 2001).

Uit Zweeds onderzoek onder gedetineerden komt hetzelfde beeld naar voren. Zo werd in een enquête onder 83 moordenaars en zedendelinquenten gevraagd of men daders die geheugenverlies zeggen te hebben daarin kan vertrouwen. Slechts 2 procent vond dat dat verstandig was. Maar in diezelfde groep beweerde wel 23 procent geheugenverlies voor het eigen delict te hebben. In een tweede enquête onder 88 moordenaars werd opnieuw gevonden dat rond de 20 procent van hen geheugenverlies voor de moord claimde. Deze groep werd hierover nader onderhouden. Net als Maggie MacDonald vertelden deze daders dat zij zich de uren voor en na de moord scherp konden herinneren. Enkel de moord zelf was uit hun geheugen gewist. Het geheugenverlies werd dan ook beschreven als één groot zwart gat. Men was ook vrij stellig over het geheugenverlies: geen enkele hint zou kunnen helpen om het geheugenverlies te doen opklaren.

Niet lullen, maar voetballen

Het geheugenverlies waaraan verdachten of daders zeggen te lijden kent verschillende verschijningsvormen. Sommige daarvan zijn geloofwaardiger dan andere. Om te beginnen is er wat in jargon genoemd wordt de organische amnesie. Dat is het type geheugenverlies dat we eerder tegenkwamen bij Mankema (hoofdstuk 2) en Rob Shunter (hoofdstuk 8). Wat de precieze oorzaak ervan ook is, organische amnesie duidt op een ziek of ontregeld brein dat informatie niet meer goed kan opslaan. Dat probleem verdwijnt zodra het brein zich heeft hersteld.

Juristen vinden organische amnesie interessant omdat het iets kan betekenen voor de toerekeningsvatbaarheid van de verdachte. Scherper gezegd: juridisch gezien is organisch geheugenverlies enkel betekenisvol voorzover aannemelijk is dat de verdachte ook al een ziek brein had toen hij het delict pleegde. We komen op dit punt nog terug. Er is nog een ander mogelijk raakpunt met het Wetboek van Strafrecht en dat is artikel 41. Dat artikel handelt over noodweer en noodweer-exces. Neem het bepaald niet hypothetische geval van de verdachte die eerst een klap van het slachtoffer moest incasseren, daardoor een hersenkneuzing opliep, gedesoriënteerd raakte, dodelijk terugsloeg en later zei zich niets meer te kunnen herinneren. In een dergelijke zaak had de kwestie van noodweer aan de orde kunnen komen.[10]

Hoe geloofwaardig is het verhaal van de verdachte die zegt een organische amnesie voor zijn delict te hebben? Dat hangt van geval tot geval af. Het is zeer wel mogelijk dat de 81-jarige vrouw die haar kamergenoot doodde zich dat niet meer kan herinneren omdat zij zwaar dement was. Of deze vrouw inderdaad een geheugenstoornis vanwege een dementie had, laat zich trouwens met neuropsychologische tests vaststellen.[11] Dat iemand na een forse klap op het hoofd toch nog doelgerichte actie kan ondernemen – bijvoorbeeld terugslaan – maar later niets meer daarvan afweet, bestaat ook. Denk aan de voetballer die tijdens de wedstrijd een hersenkneuzing oploopt, gewoon verder speelt, een goal maakt en zich daar later niets meer van herinnert.[12]

Het is zelfs mogelijk dat iemand in een slaapwandelende toestand een moord pleegt en daar later niets meer van weet. Vooral in de Amerikaanse literatuur zijn zulke gevallen uitgebreid beschreven. De meest geloofwaardige zijn die waarbij verdachten een jarenlange geschiedenis van slaapproblemen achter de rug hadden voordat zij op een nacht, zonder aanwijsbaar motief, een familielid doodstaken of doodschoten (Oswald & Evans, 1985; Fenwick, 1993; Jacobs, 2003). Soms valt ook te documenteren dat de verdachte tijdens zijn slaap afwijkende hersenactiviteit vertoont. Het komt er dan op neer dat in de eerste twee uren na het inslapen hersengebieden die doelgerichte handelingen in gang zetten wel actief worden, maar dat hersengebieden die zulke handelingen controleren uitgeschakeld blijven. Die discrepantie, die overigens nooit langer dan dertig minuten aanhoudt, zou ten grondslag kunnen liggen aan agressieve uitbarstingen van sommige slaapwandelaars.[13]

Biertje?

Iemand met een ziek brein kan een delict plegen en daar later organische amnesie voor hebben. Maar zulke gevallen zijn zeldzaam. Zij kunnen hooguit een fractie verklaren van het toch aanzienlijke percentage van zware criminelen dat geheugenverlies zegt te hebben. Een belangrijke overweging daarbij is de volgende. Als het brein zo ontregeld is dat het geen informatie meer opslaat, dan kan het meestal ook niet meer de doelgerichte actie ontplooien die nodig is voor een misdaad. Dit voorbehoud geldt bijvoorbeeld voor verdachten die zeggen dat zij onder invloed van drugs of alcohol een delict hebben gepleegd en dat vergeten zijn. Het gaat hier om een onwaarschijnlijk scenario, omdat hoge doses drugs of alcohol die het geheugen platleggen ook de motorische hersencentra lam zullen leggen (Kalant, 1996).

In een eigen studie vroegen we aan 256 volwassenen of ze door het drinken van alcohol wel eens een blackout hadden gehad. Ongeveer de helft kende het fenomeen. Deze respondenten gaven aan dat zij bij die gelegenheid gemiddeld vijftien drankjes binnen vier uur hadden gedronken. Ofschoon men voorzichtig moet zijn met zulke rapportages, corresponderen de genoemde aantallen met een bloedalcoholconcentratie van 2,6 promille. Zulke concentraties zijn aanmerkelijk hoger dan de concentraties die men in menig strafdossier tegenkomt (Van Oorsouw e.a., 2004). Neem dat van de 32-jarige Arnhemmer die op de morgen van 6 november 1997 naar het café toog en daar tot ver in de middag verbleef, ondertussen tien biertjes drinkend. Later ging hij naar de flat van zijn vriendin en kreeg daar ruzie met haar. De vriendin probeerde tot woede van de man weg te lopen. 'Ik heb wat gepakt en dat bleek achteraf een mes. Ik kwam weer bij mijn positieven toen ik haar geheel en al onder het bloed bij de koelkast zag liggen. Toen heb ik ook zelf de politie gebeld.' De psychiater die in dit geval de rechtbank moest voorlichten over de persoon van de verdachte verklaarde dat er sprake was geweest van een *alcoholautomatisme*. De psychiater legde dat als volgt uit: 'Dit is een toestand waarin redelijk complexe handelingen worden uitgevoerd buiten de controle van de eigen wil en waarvoor later amnesie bestaat.'[14] De psychiater besefte blijkbaar niet dat de bloedalcohol-concentratie van deze geroutineerde drinker onder de 1,0 promille lag toen hij zijn vriendin met een mes levensgevaarlijk verwondde. Een dergelijke concentratie is echt ontoereikend voor een blackout.[15]

Een betere interpretatie is dat de Arnhemmer met het verhaal over de blackout zijn verantwoordelijkheid voor het delict probeerde te bagatelliseren. Dat een beroep op alcoholgebruik een dergelijke functie kan hebben, kwam ook in ons eigen onderzoek naar voren. Daarin keken we naar automobilisten die vanwege een aanrijding of opvallend weggedrag door de politie waren aangehouden. In al deze gevallen werden de automobilisten meegenomen naar het bureau voor een bloedproef. Zodoende konden we drie soorten informatie met elkaar in verband brengen: de objectief vastgestelde alcoholpromillages, of de automobilisten verantwoordelijk waren geweest voor een ongeval en of zij daarvoor een blackout claimden. De automobilisten met zo'n claim hadden geen hoger promillage dan diegenen zonder zo'n claim (respectievelijk 1,8 en 1,9). Diegenen die zeiden een blackout te hebben waren wel aanmerkelijk vaker betrokken bij een ongeval dan diegenen zonder blackout (respectievelijk 85 procent en 35 procent).

Spannende seks

Op 23 mei 2001 deed Janet Charlton haar minnaar Danny O'Brien de handboeien om en blinddoekte hem. Maar in plaats van de spannende seks die O'Brien verwachtte, pakte Charlton een bijl en sloeg hem daarmee twintig keer op het hoofd en de schouders. O'Brien bloedde dood. Pas zes weken later meldde Charlton het drama bij de Engelse politie. Ze zei dat ze het aanvankelijk helemaal had verdrongen. Pas later waren de gruwelijke herinneringen teruggekeerd. Janet Charlton beweerde dat zij tot haar daad was gekomen

omdat O'Brien vlak daarvoor had gedreigd haar driejarig dochtertje te vermoorden. Toen Charlton terechtstond, liet haar advocaat diverse deskundigen opdraven. Een daarvan was de Londense geheugenspecialist professor Michael Kopelman. Hij beweerde dat het wel degelijk voorkomt dat mensen in een toestand van totale radeloosheid een delict begaan dat zij later vergeten. Charlton werd in eerste aanleg wegens doodslag tot vijf jaar gevangenisstraf veroordeeld, maar in hoger beroep werd die straf tot drieënhalf jaar teruggebracht.[16]

In het geval van Janet Charlton staat niet de organische amnesie ter discussie – er was immers geen sprake van een hersenziekte – maar een vorm van geheugenverlies die een emotionele achtergrond zou hebben. In jargon spreekt men van dissociatieve amnesie, een begrip dat we uitvoerig bespraken in hoofdstuk 6. Terwijl organische amnesie een goed gedocumenteerd verschijnsel is, duidt de term dissociatieve amnesie op een hypothetische toestand waarin handelingen, bewustzijn en herinneringen ontkoppeld (gedissocieerd) zouden zijn geraakt. De oorzaak daarvan is al even hypothetisch en stoelt op het volgende idee: als een fysieke klap tot geheugenverlies kan leiden, dan moet dat ook gelden voor een mentale klap.[17] Die behoort dan wel de allure van een traumatische gebeurtenis of, zoals sommige auteurs het noemen, een *red-out* te hebben. Want alleen de hoogoplopende emoties – *reds* – die kenmerkend zijn voor trauma's kunnen later leiden tot geheugenverlies, aldus de aanhangers van deze hypothese (Swihart e.a., 1999).

Het juridische aanknopingspunt voor dit type geheugenverlies is artikel 40 van het Wetboek van Strafrecht. Dat artikel handelt over psychische overmacht. Juristen beschrijven psychische overmacht als 'een van buiten komende kracht, dwang of drang waartegen weerstand bieden redelijkerwijs niet mogelijk is. Daarbij wordt het externe karakter van de kracht, dwang of drang in de literatuur en de rechtspraak benadrukt.'[18] Kon Janet Charlton geen weerstand bieden aan haar neiging om O'Brien met een bijl te doorklieven toen die dreigde haar kind te vermoorden? En dichter bij huis: verkeerde de Oosterhoutse verdachte in psychische overmacht, toen hij de man tegenkwam die zijn zoontje had misbruikt? Hoe zat het met Hassanein El F., die op de ex-man van zijn vrouw schoot? In al deze gevallen probeerden de verdachten aannemelijk te maken dat zij in een toestand van psychische overmacht tot hun daad kwamen door te wijzen op hun geheugenverlies.

Volgens de experts die in dissociatieve amnesie geloven, is deze vorm van geheugenverlies het gevolg van een ophaalprobleem. Vanwege een acute bedreiging verkeert het brein in een staat van hyperactivatie. Geheugeninformatie wordt dan wel opgeslagen, maar zodra de persoon in een minder turbulente toestand komt, wordt deze informatie moeilijk toegankelijk. De informatie kan niet worden opgehaald. Sommige auteurs spreken in dit verband wel van *toestandsafhankelijk geheugen* en leggen ook een relatie met alcoholgebruik: de informatie over het delict zou pas terugkomen als de persoon weer in een geagiteerde en licht beschonken toestand aan het delict terugdenkt (Porter e.a., 2001; Swihart e.a., 1999).

Sympathieke dader

De lezer weet nu hoe sommige psychiaters denken over de hypothese van dissociatieve amnesie. Maar bestaat het ook dat iemand dissociatieve amnesie heeft voor een ernstig delict dat hij pleegde? Ja, zegt Michael Kopelman (1995), die als getuige-deskundige optrad in de zaak van Janet Charlton. Zijn belangrijkste argument is dat verdachten die aan dit type geheugenverlies zeggen te lijden vaak zelf de politie inlichten. Daar komt bij dat zij zelden een vluchtpoging ondernemen. Kopelman (1995): 'Dat maakt een verklaring van het geheugenverlies in termen van veinzen minder plausibel.'

Echt sterk is Kopelmans argument niet. Want voor de verdachte die zich geconfronteerd weet met een overmaat aan belastend bewijs kan het veinzen van geheugenverlies juist grote voordelen hebben. Door te zeggen dat je niets meer weet, kun je om te beginnen op een coöperatieve manier van je zwijgrecht gebruikmaken. Bovendien bestaat de gerede kans dat men een dokter als deskundige bij jouw zaak betrekt. Als die ervan overtuigd raakt dat er sprake is van dissociatieve amnesie, zal hij in zijn rapport aan de rechter de situatie waarin het delict plaatsvond portretteren als een *red-out* of trauma. Indien dat gebeurt, verwerf je als verdachte de sympathieke status van slachtoffer. Als het toch tot een veroordeling plus TBS komt, dan kun je je in de TBS-kliniek onttrekken aan therapiesessies waarin hulpverleners over het delict willen praten. Je weet er immers niets meer van af.

Los van deze overwegingen is de wetenschappelijke evidentie voor dissociatieve amnesie ronduit zwak (McNally, 2003). Een van de pijlers waarop het stoelt, is het idee van het toestandsafhankelijke geheugen. Dat idee werd aan een directe test onderworpen door de Canadese onderzoeker A.S. Wolf (1980). Zijn proefpersonen waren vijf veroordeelde moordenaars die beweerden dat zij zich helemaal niets meer konden herinneren van het delict, onder meer omdat ze te veel alcohol gedronken zouden hebben. Wolf voerde hen dronken. De vraag was of de proefpersonen in deze toestand hun herinneringen aan het delict zouden hervinden. Dat gebeurde niet. De proefpersonen raakten geagiteerd en werden agressief, maar hielden vol dat zij zich niets van hun delict konden herinneren. Geen toestandsafhankelijk geheugen dus.[19]

Een andere pijler onder het concept van dissociatieve amnesie is het idee dat slachtoffers niet alleen door een fysieke, maar ook door een mentale klap geheugenverlies kunnen oplopen. Zoals we ook al in hoofdstuk 6 constateerden, is dat idee echter zeer omstreden (Pope e.a., 1998). Als ergens mentale klappen werden uitgedeeld, dan was het wel in de concentratiekampen van de nazi's en de Japanners. Zou het fenomeen van dissociatieve amnesie op enige schaal voorkomen, dan verwacht men het aan te treffen bij de overlevenden van die kampen. Maar daar wordt het niet gezien (Kuch & Cox, 1992; Yehuda e.a., 1996). Zoals we in hoofdstuk 6 zagen is eerder het tegendeel waar: overlevenden hebben maar al te scherpe herinneringen aan deze kampen en gaan daar ook onder gebukt. Het feit dat zij weinig praten over hun tijd in de kampen betekent niet dat zij aan dissociatieve amnesie lijden. Er is groot verschil tussen ergens liever niet over willen praten en ergens geen herinneringen aan hebben (McNally, 2003). Dat onderscheid is ook in de rechtszaal van belang, maar het staat dokters die zich buigen over zaken waarin daders amnesie claimen niet altijd even helder voor ogen. Ondertussen mogen we veilig aannemen dat het aantal daders dat niet wil praten over het delict vele malen groter is dan het aantal daders dat aan dissociatieve amnesie lijdt, zo dat laatste überhaupt al voorkomt. Want welbeschouwd is er geen enkele reden te bedenken waarom een dader geheugenverlies zou hebben voor zo'n unieke en indringende ervaring als iemand anders van het leven beroven.[20]

Nog meer simulanten

Lange tijd gold Sirhan Sirhan als een schoolvoorbeeld van dissociatieve amnesie. De man die op 5 juni 1968 Robert Kennedy doodschoot, beweerde later zich er niets meer van te herinneren. Pas toen Sirhan onder hypnose werd gebracht en in een geagiteerde gemoedstoestand raakte, zou hij zich hebben herinnerd hoe hij Kennedy doodschoot in de keuken van het Ambassador hotel in Los Angeles. Eenmaal uit hypnose waren de herinneringen weer weg. Sirhan zit zijn levenslange straf nog steeds uit. Dat zijn geheugen-verlies geen indruk op de jury maakte is maar goed. Later kwam namelijk vast te staan dat Sirhan zijn geheugenver-  lies had geveinsd. Zo beschreef Sirhan tijdens een gesprek met een van zijn advocaten hoe hij Kennedy in de ogen keek vlak voordat hij schoot. 'Waarom heb je hem dan niet tussen de ogen geraakt?' vroeg zijn advocaat. 'Omdat de *son of a bitch* op het laatste moment zijn hoofd draaide,' was het antwoord van Sirhan (Moldea, 1995).[21]

Nog spectaculairder is het geval van Rudolf Hess, die tijdens de Neurenbergse processen beweerde dat hij zich helemaal niets meer kon herinneren van de jaren dat hij als hooggeplaatst politicus actief was in het Derde Rijk. Hess werd door een dozijn psychiaters onderzocht. Unaniem oordeelden zij dat Hess inderdaad leed aan een ernstige amnesie. Zijn geheugenverlies zou een emotionele achtergrond hebben. Nog weer later gaf Hess toe dat hij de psychiaters om de tuin had geleid en dat hij om tactische redenen zijn amnesie had voorgewend (Gilbert, 1971).

Sirhan en Hess zijn voorbeelden van de derde variant van amnesie, namelijk *geveinsde amnesie*. Daders die hun amnesie veinzen proberen anderen wijs

te maken dat zij zich hun misdaad niet meer kunnen herinneren. Soms proberen zij een organische amnesie te imiteren. Dat is aan de orde in de zich nog steeds voortslepende zaak van Scott Falater. De 44-jarige Falater uit Arizona bracht zijn vrouw een aantal jaren geleden 44 messteken toe en verdronk haar vervolgens in het zwembad. 'Hij deed 't zonder een bewuste gedachte. Hij deed het omdat hij slaapwandelde,' zei zijn advocaat Michael Kimerer aan het begin van het proces tegen Falater.[22] Maar die opmerking sloeg nergens op. Slaapwandelepisodes duren hooguit een halfuur, terwijl Falater vijftig minuten bezig was met het om het leven brengen van zijn vrouw. Daar kwam bij dat zijn handelingen werden gadegeslagen door een buurman. Falaters gedrag bleek een logica te vertonen die slecht past bij de gedesoriënteerde staat waarin slaapwandelaars zich doorgaans bevinden. Zo was hij in de weer met het wegwerken van zijn bebloede kleding. Bovendien vond men in het slaaplaboratorium bij Falater geen aanwijzingen voor hersenactiviteit die op een neiging tot slaapwandelen zou kunnen duiden (Jacobs, 2003). Daarin schuilt ook het gevaar voor degene die organische amnesie probeert te veinzen. Omdat deze vorm van amnesie in principe via neuropsychologische tests en andere metingen – zoals het electro-encefalogram (EEG) – op zijn plausibiliteit valt te onderzoeken, loopt de simulant het risico te worden ontmaskerd. Zo beschouwd is het voor simulanten verstandiger om dissociatieve amnesie te veinzen.

Hitchcock

Onderzoek van de Canadese psycholoog Nicholas Spanos demonstreert dat als mensen zich moeten verantwoorden voor een grove misstap, zij betrekkelijk snel op het idee komen om geheugenverlies te simuleren. Spanos' onderzoek bestond uit een simpel rollenspel, dat kort gezegd als volgt verliep. Studenten moesten zich inbeelden dat zij verdacht werden van moord en verkrachting en dat het forensische bewijs tegen hen overweldigend was. Vervolgens kregen zij een gesprek met een psychiater. Als de psychiater 'de verdachte' daarvoor de ruimte gaf, kwam de laatste binnen de kortste keren met een verhaal op de proppen dat de contouren van een dissociatieve amnesie had (Spanos e.a., 1987; Rabinowitz, 1989). Dat in het nauw gebrachte personen snel grijpen naar zulke verhalen heeft voor een deel te maken met het feit dat dissociatieve amnesie via films als Hitchcock's *Spellbound* (1945) deel uitmaakt van een wijdverbreide folklore. Voor menige verdachte komt daar nog bij dat hij op grond van zijn excessief alcohol- of drugsgebruik wel weet hoe een blackout aanvoelt. Dat verklaart waarom wij in onze eigen studie vonden dat claims van geheugenverlies vooral worden aangetroffen bij recidivisten die een alcohol- of drugsprobleem hebben (Cima e.a., in druk). Ondertussen zijn de imitaties die verdachten of veroordeelden van geheugenverlies proberen te geven vaak beroerd. Een patiënt met bonafide geheugenverlies zal doorgaans zeggen dat hij zich sommige fragmenten wél kan herinneren en dat extra vingerwijzingen hem helpen om weggezakte herinneringen te activeren. Simulanten zijn daarentegen nogal dogmatisch over hun geheugenverlies: zij claimen dat het totaal en onomkeerbaar is (Christianson & Merckelbach, 2004; Kihlstrom & Schacter, 2000). Een aardig voorbeeld is de Bosnisch-Servische generaal Radislav Krstic die in 2000 terechtstond voor het Joegoslavië-tribunaal in Den Haag. Krstic werd door de aanklagers van het tribunaal aan de tand gevoeld over zijn ontmoeting met een Servische officier in Srebrenica op de dag dat deze moslimenclave door de troepen van Krstic onder de voet werd gelopen. Krstic betwistte die ontmoeting, totdat de aanklagers hem foto's van de ontmoeting lieten zien. 'Het komt door mijn slechte gezondheid dat ik me niet meer alle details kan herinneren,' zei Krstic daarop. Een echte patiënt met geheugenverlies zou kijkend naar dergelijk fotomateriaal een aha-erlebnis hebben gehad.[23]

Verdachten die amnesie veinzen hoeven niet bij voorbaat op ongeloof te rekenen. Dat heeft te maken met de diepgewortelde overtuiging van leken en dokters dat mensen onaangename herinneringen verdringen. Soms zijn het de verdachten zelf die zich door deze overtuiging laten meeslepen en oprecht gaan geloven dat zij een dissociatieve amnesie hebben voor een delict dat zij nooit pleegden. Zo beschrijft de rechtspsycholoog Gisli Gudjonsson (1999b) de zaak van een soldaat die door de politie indringend werd onderhouden over de moord op een veertienjarig meisje. Tijdens de verhoren kwam uitvoerig ter sprake waar de soldaat twee maanden eerder, ten tijde van de moord, zoal was geweest. Net als bij Ina Post (hoofdstuk 7) het geval was, vond de verdachte het moeilijk om daarover precies te zijn. Geholpen door dokters die hem onderzochten, ging hij nadenken over of hij misschien de moord op het meisje had verdrongen. Hij ging dromen over het slachtoffer, kreeg visioenen van haar en zei uiteindelijk: 'Ik moet het gedaan hebben, want ik kan een plaatje van haar zien.' Hij legde een bekentenis af en op basis daarvan werd hij veroordeeld. Later ging hij twijfelen aan zijn bekentenis en in hoger beroep werd hij vrijgesproken. Het is een prachtig voorbeeld van hoe een verdachte zelf in de hypothese van dissociatieve amnesie kan gaan geloven.

Kopstoot

Het is maar zeer de vraag of er zoiets als dissociatieve amnesie voor een delict bestaat. Als het voorkomt, is het zo zeldzaam als vogelpoep in een koekoeksklok. Het komt wél, zij het niet vaak voor dat een dader organische amnesie voor zijn delict heeft. Geveinsde amnesie is *all over the place* omdat het tot het standaard reactiepatroon van mensen behoort, die zich voor een ernstige misstap moeten verantwoorden.[24] Dat is, de vakliteratuur over het onderwerp samenvattend, de stand van zaken.

Men zou denken dat dokters daarmee rekening houden op het moment dat zij als getuige-deskundige onderzoek doen bij een verdachte die geheugenverlies zegt te hebben. Maar naar onze indruk houden dokters er een andere prioriteit op na en wel een die absolute voorrang geeft aan het idee van dissociatieve amnesie. Illustratief is de zaak van de gevangenbewaarder die in augustus 2001 met zijn busje een jonge crimineel bij een jeugdinrichting moest afleveren. Daar aangekomen krijgt de bewaarder van de jongen een forse kopstoot. De bewaarder slaat terug, weet daar later niets meer van en moet zich bij de politierechter verantwoorden voor zijn gedrag. De advocaat van de bewaarder gooit het over de boeg van psychische overmacht en twee psychiaters onderbouwen dat verweer. Na onderzoek concluderen zij dat de blackout van de bewaarder een dissociatieve reactie was. De politierechter veroordeelt de bewaarder wegens openlijke geweldpleging tot een maand voorwaardelijk en overweegt daarbij het volgende: 'De samenleving moet erop kunnen vertrouwen dat iemand met zo'n belangrijke functie als die van u niet terechtkomt in de situatie van psychische overmacht.'[25]

In de Hollywoodfilm *Shattered* (1991) gaat een auto een paar keer over de kop, waarna de bestuurder bewusteloos wordt afgevoerd naar de intensive-careafdeling van een ziekenhuis. Terwijl hij daar ligt, zegt de dokter tegen de vrouw van de patiënt over diens comateuze zwijgzaamheid: 'Dat is nu wat wij een dissociatieve amnesie noemen.' Aan die groteske opmerking – en aan Bobby (hoofdstuk 2) – doet het optreden van de psychiaters in de zaak van de gevangenbewaarder denken. Want ging het hier wel om dissociatief geheugenverlies? Naar onze mening niet. De psychiaters hadden de advocaat en de rechter moeten wijzen op de serieuze mogelijkheid van organische amnesie. Het is immers goed denkbaar dat iemand die een kopstoot krijgt een hersenletsel oploopt en in de nasleep daarvan dingen doet die hij zich later niet kan herinneren. In tegenstelling tot de uitleg van de psychiaters is dit een toetsbaar scenario. Het had met neuropsychologische tests op zijn merites kunnen worden beoordeeld. Stel dat een forse hersenkneuzing bij de verdachte aantoonbaar zou zijn, dan had de advocaat zich misschien kunnen afvragen of het optreden van zijn cliënt een vorm van noodweer-exces was.

300 milliseconde is lang

De zogenoemde Assense wurgmoord biedt hilarische voorbeelden van dokters die de wetenschappelijke literatuur over geheugenverlies aan hun laars lappen. Het ging in deze zaak om een echtelijk drama dat zich in augustus 2001 afspeelde. De beide echtelieden waren verwikkeld in een scheidingsprocedure en zo ontstond op een avond een hevige woordenwisseling tussen beiden. Daarbij zou de vrouw de man hebben beschuldigd van incest met hun dochter. 'Zijn oren begonnen te suizen en het werd hem zwart voor de ogen. Toen hij weer bij zijn positieven kwam, lag zijn vrouw dood op de grond en zat hij naast haar, met zijn handen losjes om haar keel. De man zei tijdens de rechtszitting zich niets meer van de verwurging te kunnen herinneren.'[26] Een psychiater en een klinisch psycholoog bogen zich in opdracht van de officier van justitie over dit geval van geheugenverlies. Later kwam daar op verzoek van de Assense rechtbank nog een zenuwarts bij. De drie deskundigen waren unaniem in hun oordeel: de verdachte leed aan dissociatieve amnesie en hij kon ten tijde van het delict zijn wil niet meer bepalen. De rechtbank maakte die redenering tot de hare en sprak de man vrij.[27]

Hieronder staan we wat langer stil bij de deskundigen in deze zaak. Allereerst de psychiater. Hij concludeert:

'In de kern is er sprake van een primitief menselijke, maar ook dierlijke reactie. Indien iemand zich ernstig bedreigd voelt, treden deze reacties onmiddellijk op en vinden grotendeels los van de cognitieve controles plaats. Het is een min of meer reflexmatig reageren als overlevingsmechanisme. Bij betrokkene lijkt er sprake van zo'n reflexmatige (vecht)reactie. Betrokkene kan zich het gebeurde niet herinneren, behalve zacht gillen in de verte. In psychiatrische termen was er sprake van een acute dissociatieve reactie.'

Deze deskundige lijkt ervan uit te gaan dat een incestbeschuldiging een acute bedreiging oplevert. Laten we hem voor het moment in die discutabele aanname volgen. Is het dan zo dat een acute bedreiging een lichamelijke reactie kan ontlokken die zich onttrekt aan het bewustzijn van de bedreigde persoon? Jazeker. De Amerikaanse neurobioloog Joseph LeDoux (1997) liet dat in zijn onderzoek zien. Hij toonde aan dat er twee paden in de hersenen zijn waarlangs emotionele informatie kan worden omgezet in een handeling. Het ene, hoog in de hersenen gelegen pad – de zogeheten cortico-amygdalaroute – verwerkt informatie op een grondige, bewuste, maar dus ook langzame manier en initieert dan pas een handeling. In acuut bedreigende situaties is dit pad te traag. In zulke situaties wordt informatie *quick and dirty* via het dieper in de hersenen gelegen thalamo-amydalapad verwerkt. Dat pad kan een handeling ogenblikkelijk en dus onbewust initiëren. Het deskundigenbericht van de psychiater in de Assense zaak is duidelijk schatplichtig aan het werk van LeDoux. Maar de psychiater vergeet een toch wel cruciaal punt in zijn analyse mee te nemen. Dat is dit: ook al wordt in een acuut bedreigende situatie een handeling onbewust geïnitieerd, na 300 milliseconde raakt de bedreigde

persoon volkomen doordrongen van wat hij aan het doen is en kan hij tegen-
maatregelen nemen (McNally, 2003). De Assense wurgmoord duurde aanmerkelijk langer dan 300 milliseconde, want de ruzie begon in de woonkamer en de verwurging vond plaats in de tuin.

Freuds hydraulica

De klinisch psycholoog die optrad in de Assense zaak legt in zijn deskundigenbericht een iets ander accent. Hij schrijft over de verdachte:

> 'Hij verkeerde in een verkokerde toestand van een overweldigende agressie-
> uitbarsting, een dissociatieve reactie. De agressieontlading vond plaats nadat
> betrokkene jarenlang veel onlustgevoelens heeft onderdrukt en toen op de
> bewuste avond het slachtoffer kwetsende verwijten en bedreigingen uitte ging
> betrokkene geheel door het lint.'

Het bericht van deze deskundige is duidelijk geïnspireerd door Sigmund
Freud. Freud huldigde namelijk een hydraulische opvatting over agressie: als
agressie wordt onderdrukt, zal het accumuleren en op zeker moment leidt
dat tot een explosie. In de academische psychologie kent deze opvatting sinds
enige tijd geen aanhangers meer. Daar is een goede reden voor. Want ofschoon het hydraulische model intuïtief plausibel is, laat onderzoek zien dat
mensen die hun woede moeten inhouden op de langere termijn ook minder
agressief zijn dan mensen die hun woede mogen uiten (bijvoorbeeld Bushman e.a., 1999).[28] In haar overzichtsartikel vond de publiciste Carol Tavris
(1988) de wetenschappelijke kredietwaardigheid van het hydraulische model
zo belabberd dat zij de volgende, ietwat onhandig geformuleerde conclusie
trok: 'Het is tijd om een kogel door het hart van deze theorie te schieten.'
Waarom de psycholoog de Assense rechtbank opscheepte met het hydraulische model is dan ook raadselachtig. Het kan niet zijn omdat hij zijn vakliteratuur serieus nam.

Cryptisch

De zenuwarts in de Assense zaak bestrijkt in zijn rapport niet alleen de medische, maar ook de juridische aspecten van het drama. Om met dat laatste te
beginnen, schrijft hij over de verdachte:

> 'Hij was ten tijde van het delict en de minuten daaraan voorafgaande niet in
> staat zijn wil en handelen te bepalen conform inzichten in de maatschappelij-

ke onaanvaardbaarheid van zijn dissociatieve en agressieve *acting out*. Het kan, met andere woorden, betrokkene niet worden verweten dat hij min of meer plotseling en op basis van genoemde heftige gemoedsbewegingen en reacties in een toestand van ernstige dissociatie terechtkwam.'

De deskundige gaat hier ongevraagd op de stoel van de rechter zitten. We vermoeden dat de Assense magistraten dat niet erg hebben gevonden. Want het medische deel van zijn deskundigenrapport is zeer cryptisch. Psychiatrische leken –zoals rechters nu eenmaal zijn – zouden makkelijk de indruk kunnen krijgen dat er iets heel belangrijks in staat, terwijl het feitelijk wartaal is. Zo meldt de zenuwarts over de verdachte:

'Daarenboven heeft hij ook tijdens het delict min of meer primitief-intentioneel en consequent gehandeld, dat wil zeggen het meeslepen en verwurgen van zijn echtgenote, conform de heftige (maar verdrongen) woede en afkeer ten aanzien van de door hem als bedreigend ervaren realiteit (verlating). Daarin worden primitieve en ontremde infantiele hechtingsreacties in de zin van aanklampen en vasthouden zichtbaar, zoals dat in minder agressieve zin overigens ook bij jonge primaten in de eerste levensfase postnataal onder situaties van dreiging en stress kan worden geobserveerd.'

Wij citeerden zo uitvoerig uit de rapporten van de deskundigen in de Assense zaak om duidelijk te maken dat de hypothese van dissociatieve amnesie sterk bij hen leefde. Ondertussen vond geen van de drie deskundigen het nodig om te toetsen of de verdachte zijn amnesie misschien wel veinsde. Dat is des te opmerkelijker omdat er goede instrumenten bestaan waarmee zo'n toets valt uit te voeren (Merckelbach e.a., 2002). Met dat alles in het achterhoofd vinden ook wij dat de vrijspraak van de verdachte getuigt van lef.[29]

De Utrechtse slaapwandelzaak

Dat het ook anders kan laat de Utrechtse slaapwandelzaak zien. Daarbij gaat het om een minderjarig meisje dat 's nachts een bij haar logerende vriendin met een mes steekt. De vriendin loopt daardoor ernstig letsel op. Vlak daarna wordt het meisje door de politie voor verhoor meegenomen. Tijdens de eerste verhoren zegt zij nauwelijks herinneringen te hebben aan het incident. Ze beschrijft hoe ze volstrekt verward wakker werd naast haar bloedende vriendin. Het is pas in de daaropvolgende dagen dat de herinneringen aan de gebeurtenis langzaam terugkomen. Het meisje vertelt dan dat ze tijdens het delict 'droomde dat een inbreker alles deed, terwijl ik het zelf deed'.

Ook hier buigen zich drie deskundigen over de zaak. Zij voeren tests uit en maken een precieze reconstructie van de voorgeschiedenis van het meisje. Het meisje wordt zelfs een aantal nachten ter observatie opgenomen, waarbij men haar hersenactiviteit in kaart brengt. Uit dit alles blijkt dat in de familie van het meisje slaapstoornissen voorkomen. Al eerder heeft zij tijdens het slaapwandelen doelgericht, maar bizar gedrag tentoongespreid. Bij een zo'n gelegenheid knipt het meisje bijvoorbeeld haar eigen haren af. Het meisje heeft sinds kort een baan in de horeca met onregelmatige werktijden. Op de avond van het drama heeft zij alcohol gedronken en sigaretten gerookt. Dat alles zal tot een ontwrichting van haar toch al labiele slaap-waakcyclus hebben bijgedragen.

Het drama zelf voltrekt zich binnen twee uur nadat het meisje is gaan slapen en neemt slechts luttele minuten in beslag. Er is geen enkel motief om de logerende vriendin met een mes te lijf te gaan. Al deze ingrediënten voldoen aan de eisen die de wetenschappelijke literatuur stelt aan slaapwandelen en aanverwante stoornissen. Anders dan de Assense deskundigen voelen de Utrechtse deskundigen zich gehouden aan die literatuur. En anders dan de Assense experts zijn ze terughoudend in hun oordeel. In deze zaak, zo schrijven ze, bestaat er de reële mogelijkheid dat het meisje tijdens het slaapwandelen tot haar daad is gekomen. De Utrechtse rechtbank volgt de deskundigen in die redenering en voegt daar op eigen gezag deze overweging aan toe: 'Hieruit wordt afgeleid, dat de verdachte niet willens en wetens heeft gehandeld nu zij verkeerde in een toestand van diepe slaap waardoor van onbewustheid sprake was en dientengevolge van wilsgerichtheid ook geen sprake kan zijn'. De rechters spreken het meisje vrij.[30]

Tautologie

Het vonnis van de Utrechtse rechtbank voert helder voor ogen waarom juristen het geheugenverlies van verdachten überhaupt een punt van relevantie vinden. In hun opvatting zegt geheugenverlies immers íéts over of de verdachte willens en wetens tot zijn daad kwam. Wat precies, daarover verschillen de rechtsgeleerden van mening. Een radicale opvatting is te vinden bij het *Bundesgerichtshof.* Dit Duitse rechtscollege schijnt te denken dat elke vorm van geheugenverlies erop duidt dat de verdachte het delict zonder opzet pleegde.[31] Maar op grond van wat wij hiervoor schreven valt snel in te zien waarom dit onhoudbaar is. Elk paard heeft vier poten, maar niet alles wat vier poten heeft is een paard. Zo is ook met het geheugenverlies van verdachten en daders. Iemand die vanwege slaapwandelen of een hersenkneuzing half bewusteloos is en in die toestand een delict begaat, zal later geheugenverlies hebben voor dat delict. Maar lang niet elke verdachte of dader die later geheugenverlies claimt, zal ten tijde van het delict in zo'n toestand hebben verkeerd. Wij zeiden het al: het veinzen van amnesie behoort tot het vaste repertoire van mensen die zich voor iets onoorbaars moeten verantwoorden.

De rechters die zich bogen over de Assense wurgmoord zagen dit ook wel in. In haar vonnis schreef de Assense rechtbank dat geheugenverlies niet zonder meer betekent dat de verdachte ten tijde van het delict in een willoze toestand verkeerde. Om vast te stellen of van zo'n willoze toestand ten tijde van de wurging sprake was, riepen de Assense rechters nu juist de hulp van een aantal deskundigen in. De vraag rijst of deze deskundigen zich wel realiseerden wat van hen werd verwacht. Wij vrezen van niet. Onze reconstructie is dat de deskundigen het geheugenverlies van de verdachte automatisch classificeerden als een vorm van dissociatieve amnesie. Vervolgens herleidden zij op grond van een tautologische redenering die dissociatieve amnesie tot een dissociatieve reactie ten tijde van de verwurging. Want hoe wisten de deskundigen dat de verdachte in een dissociatieve toestand verkeerde toen hij zijn vrouw wurgde? Omdat de verdachte later zei aan geheugenverlies te lijden. En waarom leed hij dan later aan geheugenverlies? Omdat hij in een dissociatieve toestand was toen hij zijn vrouw wurgde. De laatste stap van de redenering bestond eruit dat de deskundigen de dissociatieve reactie ten tijde van het delict gelijkstelden aan een willoze toestand van de verdachte. Dat is een vertaalslag van het psychologische naar het juridische domein die naar onze mening nooit te maken valt. Dat heeft ermee te maken dat de psychologie geen zinnig woord te zeggen heeft over de vrije wil.

Vrije wil

In de juridische beschrijving van de werkelijkheid komen rationele mensen op basis van hun vrije wil tot hun handelingen. Als die handelingen een overtreding van de wet inhouden, dan kunnen mensen daarvoor worden gestraft. Als zij de wet overtreden, maar er geen sprake is van vrije wil, dan behoort het tot de juridische mogelijkheden om hen niet te straffen.

Of verdachten wel of niet vanuit hun vrije wil handelden, moeten juristen maar vaststellen. Psychologen en psychiaters kunnen dat niet. In hun beschrijving van de werkelijkheid komt het brein op basis van routines tot handelingen. Net zoals het hart volgens bepaalde principes bloed pompt, zo initiëren de hersenen volgens cognitieve regels gedrag. Die regels zijn de neerslag van de genetische bagage en de leergeschiedenis van een individu. Een gezonde persoon is zich bewust van het resultaat van deze regels – het overte gedrag – , maar de regels zelf onttrekken zich aan introspectie (Waldbauer & Gazzaniga, 2001). Hebben mensen dan geen bewustzijn? Jawel. Maar het is zoals de Maastrichtse rechtspsycholoog Hans Crombag (2001) in een prachtig essay schreef: 'Je zou de positie van het bewustzijn kunnen vergelijken met die van een commentator bij een documentairefilm. Hij beschrijft, hopelijk correct al is dat lang niet zeker, wat er te zien is, zonder op het getoonde enige invloed te hebben, laat staan het te veroorzaken. Zo kan men in veel gevallen ons bewustzijn zien als een commentator bij wat ons brein om geheel eigen redenen doet of ons laat doen.' In deze beschrijving van de realiteit heeft het begrip vrije wil geen enkele plaats. Toen u gisteren langs de bank liep en die niet beroofde, had dat te maken met de wijze waarop uw brein is gesocialiseerd en geconditioneerd. De vraag of daaraan een wilsakt voorafging – 'nee, vandaag beroof ik geen bank' – is vanuit het perspectief van de psychologie een volstrekt overbodige. De psycholoog of psychiater die deze vraag toch gaat beantwoorden creëert alleen maar verwarring. In de deskundigenberichten van de Assense wurgmoord heeft de lezer daarvan wat fraaie staaltjes gezien.

Wat moet een deskundige een rechtbank vertellen over, om maar weer een paar andere voorbeelden te noemen, de moeder die niet meer weet dat ze haar dertienjarige dochter heeft geprobeerd te wurgen, de Rotterdamse buschauffeur die zich niet meer kan herinneren dat hij een 53-jarige man op het zebrapad overreed, de verdachte F.Ö. die geheugenverlies heeft voor de schietpartij bij muziekcafé Bacchus in Gorinchem of de verpleegkundige Lucia de B. wier geheugen voor de vele sterfgevallen op de ziekenhuisafdeling waar zijn werkte lijkt te zijn gewist?[32] Er zijn eigenlijk maar drie dingen die een deskundige met droge ogen over zulke zaken kan beweren. Ten eerste, dat geheugenverlies claimen nog niet hetzelfde is als geheugenverlies hebben. Ten tweede, dat bij mensen die zich in de nesten hebben gewerkt geheugenverlies spelen een vaak verkozen rol is. Ten derde, dat organische amnesie soms voorkomt en in principe via bijvoorbeeld psychologische tests te onderzoeken valt. Als na onderzoek blijkt dat de verdachte organische amnesie heeft voor het delict, dan kan er sprake zijn geweest van een bewustzijnsstoornis ten tijde van het delict. Of daarmee ook de vrije wil werd aangetast, is voor psychologen en psychiaters een onbeantwoordbare vraag.

14. Geheugendetector

Een paar jaar geleden werden wij vlak voor de kerstdagen gebeld door een Brusselse advocaat. Hij verdedigde een jonge man die ervan werd verdacht zijn vriendin te hebben vermoord. De Belgische justitie had een Zuid-Afrikaanse politieman laten invliegen om de hardnekkig ontkennende verdachte aan de leugendetector – ook wel polygraaf genoemd – te leggen.[1] Dat pakte lelijk uit voor de verdachte. De advocaat kon geen touw vastknopen aan het verslag van de Zuid-Afrikaanse polygrafist. Hij zou het wel even naar ons faxen. Of we er dan snel naar wilden kijken, want zijn cliënt moest binnenkort voor het Assissenhof terechtstaan. Jammer genoeg ontbrak het ons op dat moment aan tijd om de zaak ter hand te nemen.

Pas maanden later – de verdachte was ondertussen veroordeeld – hadden we de gelegenheid om eens nauwkeuriger naar het werk van de Zuid-Afrikaan te kijken. We schrokken van wat we zagen. De polygrafist (P) had allerlei vragen aan de verdachte (V) gesteld. De vragen waren van het volgende type:

P: Zijn wij in Brussel?
V: Ja.
P: Is het licht aan?
V: Ja.
P: Weet u met zekerheid wie uw vrouw vermoord heeft?
V: Nee.
P: Is het vandaag woensdag?
V: Ja.
P: Heeft u uw vrouw vermoord?
V: Nee.
P: Bent u ooit gewelddadig tegen anderen geweest?
V: Nee.

Met een *Axciton Gerekenariseerde Instrument* had de polygrafist de lichamelijke reacties van de verdachte op de vragen geregistreerd. Het ging om zijn zweetsecretie, ademhaling en hartslag. Op grond van die reacties meende de expert het volgende te zien: 'De kandidaat se poligraaf toon dat hy tydens die beantwoording van die relevante vrage misleidend was.' Hoe wij ook tuurden op de uitdraai van het apparaat met de imposante naam, wij konden de Zuid-Afrikaan onmogelijk in zijn conclusie volgen.

Ooit gewelddadig geweest?

Dé leugendetector bestaat niet. Achter dit verzamelbegrip gaan allerlei verhoortechnieken schuil. Ze hebben hoogstens met elkaar gemeen dat tijdens het verhoor met een apparaat de lichamelijke reacties van de verdachte worden geregistreerd.[2] De Zuid-Afrikaanse specialist maakte gebruik van een methode die te boek staat als de techniek van de controlevragen (Lykken, 1998). De crux daarvan is dat de rechercheur de verdachte niet alleen vragen voorlegt die over het misdrijf gaan ('heeft u uw vrouw vermoord?'), maar ook irrelevante vragen ('zijn wij in Brussel?') en controlevragen die provocatief zijn ('bent u ooit gewelddadig tegen anderen geweest?'). De controlevragen zijn zo geformuleerd dat onschuldige verdachten – in een poging zichzelf vrij te pleiten – er ontkennend op zullen antwoorden. De aanname is dat onschuldige verdachten zich vooral zorgen maken over hun leugenachtige antwoorden op de controlevragen. Daarom zouden zij daarop sterkere lichaamsreacties vertonen dan op de delict-relevante vragen, die ze in alle oprechtheid immers met 'nee' kunnen beantwoorden. Voor schuldige verdachten zou het omgekeerde patroon gelden. In het geval dat hiervoor ter sprake kwam, reageerde de verdachte niet speciaal sterker op de delict-relevante dan op de controlevragen. Maar toch werd hij door de Zuid-Afrikaanse expert als schuldig afgeschilderd. Het leerde ons een eerste belangrijke les over leugendetectie in de justitiële context: vertrouw nooit op het woord van één specialist.[3]

Rekenen

Stel dat de Zuid-Afrikaan wél had gevonden dat de verdachte aanmerkelijk sterker reageerde op de 'heb-je-het-gedaan?'-vragen dan op de controlevragen. Waren wij het dan met hem eens geweest dat de verdachte schuldig was? Nou nee. De techniek van de controlevragen is namelijk gebaseerd op een omstreden aanname, namelijk dat wie liegt over belangrijke zaken ook sterk lichamelijk opgewonden zal zijn en vice versa. Juist bij dat vice versa duikt een groot probleem op. Het is immers goed voorstelbaar dat mensen om andere redenen opgewonden raken (Fiedler e.a., 2002). Neem bijvoorbeeld de onschuldige verdachte die de delict-relevante vragen onmiddellijk herkent als de meest cruciale vragen en zich ernstig zorgen gaat maken over zijn lichamelijke reacties daarop. Dat kan een uitslag opleveren die als twee druppels water lijkt op die van een schuldige verdachte.[4] Een leugendetector zal in dat geval de onschuldige verdachte als schuldig aanwijzen. Zo'n diagnostische misser noemt men een fout-positieve uitkomst. Hoe vaak komt deze uitkomst voor bij de controlevragen-techniek? De meest voorzichtige schatting is te vinden in het werk van de Canadese psychologen Cristopher Patrick en William Iacono (1991). Zij analyseerden hoe nauwkeurig deze techniek uitpakte bij 402 schuldige, maar ook onschuldige verdachten die door de politie waren opgepakt. Het goede nieuws was dat ongeveer 98 procent van de schuldige verdachten ook als schuldig uit de bus kwam. Het andere nieuws was dat 10 procent van de verdachten die later onschuldig bleken in een eerder stadium door de controlevragen-techniek als schuldig was aangewezen.[5]

Een fout-positief geval is dat van Steve Titus. Hij werd ervan verdacht een studente die langs de weg stond te liften te hebben ontvoerd en verkracht (Loftus, 1991). Het slachtoffer kon een goede beschrijving geven van de dader. Steve Titus voldeed in zekere mate aan dat signalement. Er waren echter twee problemen. Titus ontkende bij hoog en bij laag en bovendien had hij een alibi voor het tijdstip van de verkrachting, die om 19.30 uur zou hebben plaatsgevonden. Titus zag dan ook niet op tegen een test met een leugendetector. Toen het echter zover was, reageerde hij hevig op de cruciale vraag *did you rape Nancy van Roper on the 12th of October?* Bovendien meende het slachtoffer bij nader inzien dat de verkrachting een kwartier vóór 19.30 uur had plaatsgevonden. De lezer ziet het aankomen. Steve Titus werd veroordeeld. Maanden later bleek de onschuld van Titus: de echte dader kon worden aangehouden en legde een volledige bekentenis af. Titus kwam vrij, maar was een gebroken man en overleed korte tijd later aan een hartaanval.

Hoeveel is 10 procent?

De controlevragen-techniek levert 10 procent van zulke fout-positieve gevallen op. Is dat veel? Dat hangt sterk van de context af. Laten we eens aannemen dat deze techniek de bescheiden plaats van opsporingsmethode en niet van een in de rechtszaal erkend bewijsmiddel – zoals DNA – krijgt toegewezen. Dat is helemaal in de geest van de brief die de Belgische minister van Justitie onlangs aan zijn medewerkers liet uitgaan.[6] Daarin wordt benadrukt dat de controlevragen-techniek 'bij eenieder die iets met het onderzoek te maken heeft' kan worden toegepast als de kandidaten maar hun toestemming daarvoor geven. De uitkomsten van de test 'vormen noch het eindpunt, noch het doel van het onderzoek, maar enkel een extra hulpmiddel bij het onderzoek en moeten nauwgezet worden gestaafd door andere gegevens die het onderzoek heeft opgeleverd.' Dat klinkt behoedzaam, zeker, maar paradoxaal genoeg kan uitgerekend hier het fout-positieve percentage van 10 procent behoorlijk wat onheil aanrichten. Het punt is namelijk dat deze constructie de deur openzet voor toepassing op grote groepen verdachten waaronder veel onschuldigen. Die laatste groep zal ruimschoots meewerken omdat zij – net als Steve Titus – denkt niets te vrezen te hebben. Een eenvoudige rekensom kan het probleem duidelijk maken. Laten we aannemen dat de controlevragen-techniek op 10 complexe drugszaken wordt toegepast en dat daarbij 120 verdachten in beeld komen. Daarvan zijn twintig schuldig, maar de resterende 100 zijn onschuldige sukkels die zich wel eens in de sociale actieradius van drugsbaronnen ophouden. Uitgaande van de eerder vermelde percentages zullen de 20 schuldigen bij de controlevragen-techniek allemaal door de mand vallen. Dat was het goede nieuws. Maar de andere kant van de medaille is dat ook 10 van 100 (10 procent) onschuldige sukkels voor schuldig worden gehouden. Je kunt het ook anders zeggen: op elke drie keren dat de controlevragen-techniek iemand als schuldig aanwijst zit hij er een keer helemaal naast. Is 1 op de 3 veel? Wij vinden van wel. Een dokter die 1 op de 3 keer een volkomen gezond iemand met de diagnose kanker opzadelt zouden we niet als huisarts willen hebben. Dat brengt ons bij een volgende les over de leugendetector. Wie zich daarover een mening wil vormen doet er goed aan met de foutenmarge van deze techniek rekensommen te maken.

Dat lijkt een vanzelfsprekende opmerking, maar is het toch niet.[7] Zo gaf de Amerikaanse onderzoeker Ioannas Pavlidis (2002) onlangs in het vooraanstaande *Nature* een juichende beschrijving van een nieuwe leugendetector. Daarbij wordt met een camera de gezichtstemperatuur van verdachten gemeten. Op grond van een temperatuurstijging rond hun ogen kan 80 procent van de boeven worden gepakt. Omdat voor deze *thermal imaging* niet veel meer nodig is dan een geavanceerde camera, zag de auteur allerlei prachtige toepassingen in het verschiet liggen. Want zou het bijvoorbeeld niet mooi zijn om er op luchthavens grote massa's reizigers mee te screenen? Maar nu de rekensom. De techniek heeft een fout-positief percentage van 8 procent. Stel dat op een Arabische luchthaven per dag 5000 passagiers worden gescreend op het bezit van explosieven. En stel verder dat er elke dag 10 terroristen proberen te passeren, terwijl de overige 4990 reizigers onschuldig zijn. Van deze 10 terroristen zou de thermale camera er hooguit 8 weten te ontmaskeren. Van de 4990 onschuldige passagiers zouden er 399 als potentiële terrorist worden afgevoerd. In een realistische situatie is de thermale leugendetector dus een waardeloos instrument (zie ook Merckelbach, 2002).

Xerox trick

Op dit moment doet de Belgische politie geen beroep meer op Zuid-Afrikaanse experts, want zij heeft twee van haar eigen mensen in Canada zeer grondig laten scholen in de controlevragen-techniek. Eerlijk is eerlijk, de Belgische politie heeft inmiddels op dit terrein een grote expertise opgebouwd en behaalde ook een aantal opmerkelijke successen in dossiers die muurvast zaten. Zo was er het geval van de man die verdacht werd van roofmoord. Tientallen malen was hij ondervraagd, maar even zo vaak ontkende hij. Totdat de Belgische speurders hem aan de leugendetector onderwierpen. Toen ging hij door de knieën en kwam met een gedetailleerde bekentenis voor de dag. Dan was er nog de brandweerman die verdacht werd van pyromanie. Ook die bekende toen hij eenmaal een test met de leugendetector moest ondergaan. Deze gevallen zijn geen uitzondering. De Belgische cijfers laten zien dat ongeveer 1 op de 3 'schuldige' verdachten tijdens of vlak na de controlevragen-techniek spontaan gaat bekennen (De Winne, 2000). Logenstraft dit onze kritische opmerkingen over deze techniek? Wij vinden van niet. Welbeschouwd zijn zulke bekentenissen geen verdienste van de controlevragen-techniek. Denk aan de *xerox trick* die in sommige Amerikaanse filmkomedies opduikt. Daarbij wordt de verdachte via nutteloze elektriciteitssnoeren met een kopieermachine verbonden. Daaruit komt na enige tijd een blaadje rollen waarop met zwarte letters GUILTY staat en dan legt de verdachte een volledige bekentenis af. Ook de Belgische successen die we hiervoor beschreven vereisen strikt genomen geen echte leugendetector. Men zou kunnen volstaan met een lege, maar wel indrukwekkend ogende doos waaraan de verdachte via wat kabeltjes – de *bogus pipeline* – wordt gekoppeld. De intimiderende uitwerking van de leugendetector wordt om die reden ook wel het bogus-pipeline-effect genoemd (Roese & Jamieson, 1993).

Het bogus-pipeline-effect kent overigens een prachtige toepassing. Vanwege de enorme bedragen die zij jaarlijks kwijt zijn aan frauduleuze schadeclaims, horen de klanten van nogal wat Amerikaanse verzekeringsbedrijven tegenwoordig dat er een leugendetector 'meeloopt' als zij hun schade telefonisch willen melden. Dat heeft een afschrikkende werking op fraudeurs. Is er iets op tegen als ook rechercheurs handig gebruik maken van dit effect? Niet als het om schuldige verdachten gaat. Maar wie schuldig en wie onschuldig is weet men niet op voorhand. Dat was nu juist de reden om de hulp van een leugendetector in te roepen. Bij onschuldige, maar wel labiele verdachten kan het bogus-pipeline-effect uitpakken als een valse bekentenis en daar zit natuurlijk niemand op te wachten.

In 1974 trof de toen achttienjarige Peter Reilly bij thuiskomst zijn stervende moeder aan. Zij was zwaar mishandeld. De volgende dag werd Reilly aan een leugendetector gekoppeld. Daarbij reageerde hij sterk op vragen als *did you hurt your mother?* Reilly werd met die uitkomst geconfronteerd. Omdat hij niet twijfelde aan de leugendetector en begon te geloven dat hij zijn daad had verdrongen, legde hij uiteindelijk een bekentenis af. Even daarna trok hij die weer in, maar evenzogoed verdween Reilly voor een paar jaren achter de tralies. Pas toen tijdens een herziening van zijn zaak bleek dat er getuigen waren die Reilly een alibi konden verschaffen voor het tijdstip van de moord, werd hij vrijgesproken (zie Gudjonsson, 1996; Lykken, 1998). Zijn zaak doet denken aan die van de soldaat, die meende dat hij amnesie had voor de moord die hij gepleegd zou hebben op een meisje (zie hoofdstuk 13). Ook hij kwam met een valse bekentenis. De derde les is dan ook dat bekentenissen die verdachten afleggen nadat zij aan een leugendetector hebben gelegen weinig zeggen over de nauwkeurigheid van het apparaat.

Verstandige Duitsers

Lange tijd zag het ernaar uit dat ook in Duitsland de controlevragen-techniek vaste voet aan de grond zou krijgen. Aanvankelijk dook hier de techniek op in civiele zaken waarbij de ene ouder (vaak de ex-echtgenote) de andere ouder (vaak de ex-echtgenoot) van kindermishandeling beschuldigde en daarmee ook het gezag van de beschuldigde partij over de kinderen betwistte. Beschuldigde partijen en hun advocaten zochten nogal eens hun toevlucht tot de Keulse hoogleraar psychologie Udo Undeutsch. Hij meent dat met behulp van de controlevragen-techniek is vast te stellen of beschuldigingen in dit soort zaken hout snijden. Zijn bevindingen met deze methode werden aanvankelijk door de Duitse Kantonrechtbanken geaccepteerd. Veel Duitse juristen dachten dat het een kwestie van tijd was voordat de techniek ook haar entree in het Duitse strafrecht zou maken.[10] Daar is nu verandering in gekomen en wel zo dat het hoogste gerechtshof in Duitsland zelfs in civiele zaken de techniek voor ondeugdelijk houdt.[11] Eerder zeiden wij dat het afbreukrisico dat onschuldige verdachten bij de controlevragen-techniek lopen groter is dan het cijfer van 10 procent op het eerste gezicht doet vermoeden. Ook stelden we vast dat de successen van deze techniek niet altijd zijn wat ze lijken, want aan bekentenissen kan nu eenmaal een bogus-pipeline-effect ten grondslag liggen. Om al die redenen vinden wij het Duitse besluit verstandig.

In Nederland was het de aan de Van Mesdag Kliniek verbonden psycholoog Jos Buschman die nog niet zo lang geleden weer een geheel andere toepassing van de leugendetector voorstelde. Hij brak een lans voor de leugendetector als instrument waarmee valt na te gaan of zedendelinquenten rijp zijn om uit de TBS ontslagen te worden. Buschman: 'Ik vind echt dat we deze mogelijkheid serieus moeten onderzoeken. Dat zijn we verplicht aan de maatschappij. Als je ziet hoe vaak het fout gaat als deze mensen terugkeren in de maatschappij, dat is vreselijk.'[12] Buschmans idee komt uit de Verenigde Staten en Engeland, waar men de leugendetector inderdaad gebruikt om zedendelinquenten te screenen die met proefverlof gaan. Daarbij worden delinquenten vooral onderhouden over eventuele bizarre fantasieën. Als zij ontkennen die te hebben, terwijl de leugendetector toch uitslaat, wordt geconcludeerd dat de delinquenten nog niet toe zijn aan meer vrijheid. Sommige behandelaars beweren dat de leugendetector zedendelinquenten openhartiger en minder leugenachtig maakt en dat aldus recidives te voorkomen zijn.

De wetenschappelijke onderbouwing van dit soort beweringen is echter flinterdun. De successen die behaald zijn, hebben voor een belangrijk deel wederom te maken met het bogus-pipeline-effect (Cross & Saxe, 2001). Dat laatste is riskant: net zoals placebo-pillen hun werking verliezen naarmate zij vaker worden gebruikt, zal ook de intimiderende werking van de leugendetector wegebben zodra delinquenten eraan gewend raken. En dan is er een meer principieel punt. Wat betekent het eigenlijk als een tbs-er met een hartslagversnelling reageert op een vraag als 'heeft u nog wel eens seksuele fantasieën over jonge verpleegsters?' Misschien betekent het wel dat de tbs-er inderdaad zulke fantasieën heeft. Maar wat dan nog? Het onderzoek van eerst Jack Rachman en Padmal de Silva (1978) en later Paul Salkovskis en Jimm Harrison (1984) laat zien dat de overgrote meerderheid van de gezonde volwassenen bekend is met bizarre gedachten over seks en geweld. Niet het hebben van zulke gedachten is abnormaal, maar het gewelddadige gedrag dat erop kan volgen. Maar dat laatste meet de leugendetector natuurlijk niet, want de machine kan niet in de toekomst kijken. Het zouden overigens weleens de psychopatische delinquenten kunnen zijn die betrekkelijk stoïcijns reageren op vragen over hun fantasieleven en zodoende via de leugendetector een stap dichter bij hun vrijheid komen.[13]

Of het nu gaat om parlementaire enquêtes[14], de dreiging van terroristen (Rassin e.a., 2002) of potentieel gevaarlijke tbs'ers, er is altijd wel iemand die de leugendetector van harte aanbeveelt. Vanwege het technische aura dat rond het ding hangt, wordt het vrij gemakkelijk naar voren geschoven als oplossing voor taaie maatschappelijke problemen die met misleiding te maken hebben. Dat brengt ons bij een vierde les over de leugendetector: naarmate zulke problemen meer van doen hebben met bedoelingen, fantasieën en voornemens van mensen, zal de leugendetector minder geschikt zijn.

Hoe Puppe door de mand valt

Zijn er ook nog opbeurende lessen te leren over de leugendetector? Jazeker. Er bestaat een variant die tamelijk solide is. Die variant heeft niet de pretentie om te meten of iemand liegt, maar om vast te stellen of de persoon herinneringen aan het delict heeft, die hij liever verborgen houdt. In de literatuur wordt deze variant wel aangeduid als de *schuldige-kennistechniek* (Elaad, 1998; Ben-Shakhar e.a., 2002; Merckelbach & Boelhouwer, 2002). Dat is een kromme term, omdat kennis natuurlijk nooit schuldig kan zijn. Geheugendetector zou een betere naam zijn, omdat de inzet niet de leugenachtigheid of de bizarre fantasiewereld van de verdachte is, maar zijn intieme kennis van een delict.

De Russische neuropsycholoog Alexander Luria was een van de eersten die langs deze weg leugendetectie bedreef. Zijn experimenten in het midden van de jaren twintig waren gestoeld op het inmiddels algemeen geaccepteerde idee dat sommige prikkels een sterke signaalwaarde hebben en daarom on-willekeurige reacties oproepen (Luria, 1979). Wie zijn eigen naam hoort zal onwillekeurig opkijken. De details van een misdrijf hebben ook signaalwaar-de, althans voor diegenen die direct bij dat misdrijf zijn betrokken. Luria liet verdachten in een tang knijpen terwijl ze naar neutrale details of details van het misdrijf moesten luisteren. Bij schuldige criminelen ging het knijpen moeizamer zodra zij details over het delict hoorden. Tegenwoordig heeft de geheugendetector een wat andere opzet. Die valt het beste aan de hand van een voorbeeld te illustreren.

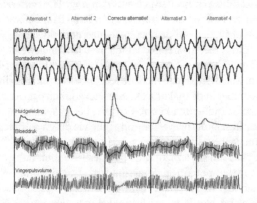

Stel dat de 52-jarige bouwvakker Gerard Puppe wordt verdacht van de ont-voering van het meisje Emma. Op de dag dat Emma verdween had ze een ro-de tas bij zich, droeg ze een zwarte jas met op de rugzijde de vetgedrukte tekst WAF en reed ze op een paarse fiets van het merk HOPSA. Puppe ontkent hard-nekkig iets met de zaak van doen te hebben. De opsporingsambtenaren twij-felen en daarom worden de lichamelijke reacties van Puppe gemeten terwijl hem de volgende vragen worden voorgelegd.

De tas van het meisje was 1. zwart; 2. geel; 3. rood; 4. blauw; of 5. paars.
De jas van het meisje was 1. geel; 2. zwart; 3. blauw; 4. rood; of 5. groen.
Op de achterkant van de jas stond 1. miauw; 2. boe; 3. tjilp; 4. waf; of 5. piep.
De fiets van het meisje was 1. rood; 2. zwart; 3. zilver; 4. groen; of 5. paars.
De fiets was van het merk 1. hopsa; 2. pointer; 3. luna; 4. fasty; of 5. gazel.

Puppe zegt voortdurend 'nee, weet niet', maar laat bij elke vraag telkens de sterkste lichamelijke reactie op het correcte alternatief zien (achtereenvol-gens de antwoordopties, 3, 2, 4, 5 en 1). Als dat de uitkomst is, dan heeft Pup-pe, in weerwil van wat hij zegt, wel degelijk intieme kennis over het geval van Emma.

Kleiner dan 0.1 procent

Wat de geheugendetector zo interessant maakt is dat de kans op fout-positieve uitkomsten op voorhand precies kan worden berekend. Voor elke vraag is de kans dat Puppe per toeval sterk reageert op het juiste antwoord 20 procent oftewel 1/5. De kans dat Puppe per toeval bij alle 5 de vragen steeds het sterkst op het correcte antwoord reageert, is 1/5 x 1/5 x 1/5 x 1/5 x 1/5 en ligt derhalve ver onder de 0.1 procent. Dat betekent dat men de techniek op grote groepen onschuldige verdachten kan toepassen voordat het probleem van de fout-positieve uitkomsten serieuze vormen aanneemt. Zo luidt ook de conclusie van allerlei overzichtsartikelen die in de afgelopen jaren over deze techniek werden gepubliceerd. Deze overzichten laten bovendien zien dat de bescherming die de geheugendetector aan onschuldige verdachten biedt niet ten koste gaat van zijn vermogen om verdachten met intieme kennis te identificeren. De Israëlische veiligheidsspecialist Eitan Elaad (1998) gooide bijvoorbeeld de gegevens van vijftien verschillende experimenten bij elkaar. Al die experimenten waren gebaseerd op zogenaamde *mock crimes*. Bij een mock crime moeten sommige proefpersonen een geënsceneerd delict plegen ('schuldigen') en anderen niet ('onschuldigen'). Vervolgens wordt iedereen aan de geheugendetector onderworpen. In totaal verzamelde Elaad gegevens over 299 proefpersonen die aan het apparaat hadden gelegen. Meer dan 80 procent van de schuldigen viel door de mand. De Canadese psycholoog Vance Mac-Laren (2001) deed de analyse van Elaad nog eens over, maar hij kon zich baseren op 22 mock crime-experimenten met in totaal 1247 proefpersonen. Opnieuw bleek de geheugendetector ongeveer 80 procent van de schuldigen te identificeren.

Enquêtes onder psychologen laten zien dat zij aanmerkelijk meer vertrouwen stellen in de geheugendetector dan in de controlevragen-techniek (Iacono & Lykken, 1997). Eigenlijk kan men zeggen dat er onder vakgenoten consensus bestaat over de positieve kwaliteiten van de geheugendetector. In de psychologische vaktijdschriften wordt dan ook regelmatig gepubliceerd over deze methode en vooral over hoe zij nog verder te verbeteren valt.[15] De geheugendetector kan dus goed op zijn merites worden beoordeeld en zijn foutenmarge is vooraf vast te stellen. Op grond van al deze overwegingen menen sommige auteurs dat de uitkomsten van de geheugendetector voldoen aan de scherpe eisen die het Amerikaanse federale strafrecht stelt aan bewijsmiddelen (Ben-Shakhar e.a., 2002).[16] Volgens deze auteurs is er geen enkel beletsel meer om de geheugendetector een volwaardige plaats in de strafrechtelijke bewijsvoering te gunnen.

Praktisch bezwaar

De Rotterdamse gezondheidswetenschapper Eric Rassin (Rassin e.a., 2002) meent dat aan de geheugendetector een praktisch bezwaar kleeft. De herkomst van de misdaadspecifieke kennis zou zo moeilijk te controleren zijn. Puppe kan wel reageren op de juiste antwoordalternatieven, maar als de details van het misdrijf uitgebreid in de kranten werden beschreven of tijdens eerdere verhoren aan Puppe werden prijsgegeven, dan hebben zijn sterke lichamelijke reacties op de juiste antwoordopties nauwelijks betekenis. Om die reden zou de geheugendetector maar zeer beperkt toepasbaar zijn, aldus Rassin.[17] Het Japanse voorbeeld laat zien dat deze kanttekening weinig overtuigend is. In dat land worden op jaarbasis een dikke vijfduizend verdachten aan de geheugendetector onderworpen (Hira & Furumitsu, 2002). Dat gebeurt steeds in een vroeg stadium van de opsporing, zodat de verdachte nog niet via perspublicaties of via politieverhoren kennis heeft kunnen nemen van delictspecifieke details. De verdachte moet trouwens zijn toestemming geven voor het onderzoek, dat meestal wordt uitgevoerd door psychologen die relatief los staan van het politieteam dat zich over de zaak buigt. In 39 procent van de onderzochte gevallen komen onderzoekers tot de conclusie dat de verdachte over delictspecifieke kennis beschikt. Dat enkele feit maakt een verdachte nog niet schuldig, maar de uitkomst van de geheugendetector kan door de Japanse strafrechter wel als bewijsmiddel worden gebruikt.

Beweren dat de geheugendetector in de praktijk moeilijk valt toe te passen, is zoiets als zeggen dat technisch sporenonderzoek op de plaats delict geen zin heeft omdat daar meestal zoveel mensen op de been zijn. De geheugendetector staat of valt met de manier waarop de politie haar onderzoek organiseert. Waarom dan toch heeft de geheugendetector zijn weg naar de Zuid-Afrikaanse, Canadese en Belgische polygrafisten nog niet gevonden? Voor een deel zit daar een platvloerse reden achter. De apparaten van deze specialisten zijn gebaseerd op software die niet voorziet in de geheugendetector. Men kan via die software de typische 'heb-je-het-gedaan?' vragen aan de verdachte voorleggen, maar niet de multiple-choicevragen die nodig zijn voor de geheugendetector. Tegelijkertijd zijn polygrafisten over het algemeen zeer gehecht aan hun apparaten. Soms komen daarbij ook commerciële belangen om de hoek kijken.[18]

En dan is er dit punt: voor de meeste polygrafisten is niet Japan, maar Noord-Amerika hét lichtende voorbeeld. Daar is leugendetectie in handen van een aparte kaste van experts. Zij verdienen hun brood met de leugendetector en zijn niet snel geneigd om de beperkingen ervan publiekelijk te erkennen. De uitgesproken voorkeur van deze groep voor de controlevragen-techniek hangt daarom zeker ook samen met de ruime toepassingsmogelijkheden ervan. Of het nu gaat om bedrijfsfraude, spionageverdenking of seksuele intimidatie, 'heb-je-het-gedaan?'-vragen kunnen in bijna elke situatie aan iemand worden gesteld. Dat ligt anders voor de geheugendetector. Die vereist dat de politie om te beginnen gedetailleerde kennis heeft over het misdrijf waarnaar zij onderzoek doet. Neem het geval van een 'moord zonder lijk'. Zolang de politie het vermoedelijke slachtoffer niet heeft weten te lokaliseren en dus ook niet weet of en hoe dat slachtoffer aan zijn einde kwam, is het in zo'n zaak onmogelijk om een eventuele verdachte aan de geheugendetector te onderwerpen. Maar 'heb-je-het-gedaan?'-vragen kunnen natuurlijk wel aan de verdachte en zelfs aan al zijn meer of minder verdachte vrienden worden gesteld. Vanwege het niet triviale risico op fout-positieve uitkomsten is ons punt nu juist dat die ruime toepassingsmogelijkheden eerder in het nadeel dan in het voordeel van de controlevragen-techniek spreken.

Wie kan ons helpen?

Op zondag 4 augustus 2002 verdwenen de tienjarige schoolmeisjes Holly Wells en Jessica Chapman uit het Engelse dorpje Soham. Een van de laatste personen die de meisjes had gezien was Ian Huntley, de conciërge van de school. Een filmploeg van Sky News interviewde de conciërge over de verdwijning. De aangeslagen Huntley blikte recht in de camera en zei: 'Ja, ja, het is absoluut een mysterie. En ik heb ook met veel mensen erover gesproken en wat iedereen zegt is dat zolang er geen nieuws is, er toch ook nog hoop blijft en daar klampen we ons maar aan vast.' Een week later werden de verminkte lichamen van de twee meisjes gevonden. Huntleys huis werd doorzocht. Toen werd duidelijk dat hij de meisjes in zijn badkuip had verdronken.[19] De vriendin van Huntley, de 25-jarige lerares Maxine Carr, bleek medeplichtig. Ook zij werd door een televisieploeg geïnterviewd voordat de lichamen werden ontdekt. De lerares had de meisjes ooit in de klas gehad. Ze zei tegen de journalisten: 'Het waren heerlijke meisjes. Ze waren zo grappig, ze zeiden nooit een kwaad woord over iemand.' Deze werkwoorden in de verleden tijd hadden de politie aan het denken moeten zetten, aldus Newman e.a. (2003).

Zelfs voor doorgewinterde rechercheurs is het moeilijk om leugenaars te betrappen. Dat demonstreerde de Brits-Nederlandse hoogleraar Aldert Vrij onlangs nog eens met een fraai experiment (Vrij & Mann, 2001). Daarin keken

52 Nederlandse politiemensen naar videobeelden van persconferenties waarin achterblijvers de hulp van het publiek inriepen bij het opsporen van hun vermiste partners. Het waren beelden waarbij op aangrijpende wijze een appel werd gedaan op televisiekijkers: wie kan ons helpen? Van de achterblijvers kwam later vast te staan dat zij eigenhandig hun partner hadden laten verdwijnen. Zij hadden tijdens de persconferenties dus met een stalen gezicht staan liegen. Van die informatie waren de politiemensen echter niet op de hoogte. Het was hun taak om te bepalen wie van de achterblijvers tijdens de persconferentie aan het liegen was. Als men leugenaars zou aanwijzen door een munt op te gooien, dan zou hoogstens 50 procent van de leugenaars worden ontmaskerd. In het onderzoek van Vrij deden de politiemensen het niet veel beter: zij wisten 57 procent van de leugenaars te ontmaskeren.

Mensen – en rechercheurs vormen daarop geen uitzondering – zijn dus ronduit slecht in het ontmaskeren van leugenaars. Wij beseffen dat zelf maar al te goed, want anders zouden we aanmerkelijk minder vaak liegen dan de gemiddelde twee keer per dag dat we er ons aan schuldig maken (DePaulo e.a., 2003). Dat is ook precies de reden waarom de leugendetector zo tot de verbeelding spreekt. Want of nu de hulp van de controlevragen-techniek of de geheugendetector wordt ingeroepen, de overgrote meerderheid van de leugenaars zal door de mand vallen. Maar als we het erover eens zijn dat politie en justitie niet alleen boeven moeten vangen, maar ook onschuldige verdachten moeten beschermen, dan is de conclusie dat de geheugendetector verre te verkiezen valt boven de controlevragen-test.

Zolang het op initiatief van de verdachte gebeurt, is er in de Nederlandse wet geen enkele bepaling te vinden die het gebruik van een leugendetector verbiedt. In ons land was het tot nog toe een handjevol advocaten dat de leugendetector onder de aandacht van de Hoge Raad bracht. In één geval ging het daarbij om een controlevragen-test die op verzoek van de advocaat en diens cliënt door de eerder genoemde professor Undeutsch was uitgevoerd. De test had een onbeslist resultaat opgeleverd. Dat werd door de raadsman als novum naar voren geschoven, omdat het de onschuld van zijn cliënt zou onderbouwen.[20] In een ander geval ging het onder meer om de klacht dat de lagere rechters het verzoek van de verdachte om te worden gehoord met een leugendetector niet hadden gehonoreerd.[21] Voor zover wij konden nagaan, was de reactie van de Hoge Raad op dit soort overwegingen er nooit een van principiële afwijzing. Wij zijn benieuwd wat er gebeurt als op een dag advocaten plots worden geconfronteerd met een leugendetector die zich tegen hun cliënt richt. Wij hopen dan dat het om een geheugendetector en niet om een controlevragen-test gaat. In alle gevallen zijn wij te consulteren, maar wel graag op tijd.

15. Hoge verwachtingen

In de voorafgaande hoofdstukken struikelden we over de experts. Soms was het een polygrafist, die bekeek of een verdachte intieme kennis over een misdaad bezat. Dan weer een psychiater, die oordeelde over het geheugenverlies van een delinquent. Of een therapeut, die onderzocht of een patiënt aan een meervoudige persoonlijkheid leed. Maar hoe zit het met het geheugen van de deskundigen zelf?

12

A   13   C

14

Deskundigen spreken oordelen uit. En mensen die iets moeten beoordelen laten zich leiden door wat zij eerder hebben gezien of gehoord. Daar is op zichzelf niets mis mee. De dokter die een leveraandoening bij zijn patiënt onderzoekt, moet zich vooral laten leiden door alle vakliteratuur die hij daarover eerder heeft gelezen. Maar vaak is eerdere kennis irrelevant, terwijl zij toch een stempel drukt op ons oordeel. Dat gebeurt zonder dat we daar erg in hebben. Neem dit symbool: *13*. Wie eerst de getallen 12 en 14 ziet, zal menen dat het een dertien is. Maar wie eerst de *A* en de *C* ziet, kan zeggen dat het een variant op de hoofdletter B is. Irrelevante kennis die in ons geheugen ligt opgeslagen heeft dus een effect op wat wij denken te zien. Soms is het ook de context die ons in een bepaalde richting stuurt. Zo bestaat er een beroemde foto van een rotsuitstulping boven de zee. Wie net een verhaal over de kerk heeft gehoord, ziet in die rots onmiddellijk het beeld van een heilige.

Ook de verwachtingen die deskundigen koesteren over een geval dat zij moeten beoordelen, liggen opgeslagen in hun geheugen. Daar blijft deze geheugeninformatie niet passief. Zij heeft een sterke, maar vaak onzichtbare invloed op het eindoordeel van de deskundigen. Dat noemt men in de psychologie het *verwachtingseffect*.

Pygmalion

Dat verwachtingseffecten zich bijzonder sterk kunnen manifesteren, wordt duidelijk als we kort stilstaan bij het klassieke experiment van de Amerikaanse psychologen Robert Rosenthal en Leonore Jacobson (1992). Zij namen bij een grote groep schoolkinderen een intelligentietest af. Vervolgens selecteerden de onderzoekers op een willekeurige manier de namen van een aantal kinderen. De leerkrachten van deze kinderen werd wijsgemaakt dat de geselecteerde kinderen laatbloeiers waren, die binnen enkele weken een stormachtige intellectuele groei zouden gaan doormaken. Aldus werd bij de leerkrachten een uitgesproken verwachting over willekeurig uitgekozen kinderen gecreëerd. Maanden later bleken de zogenaamde laatbloeiers echte laatbloeiers te zijn geworden. Ze hadden aanmerkelijk hogere rapportcijfers dan niet-geselecteerde kinderen. Bovendien vonden de leerkrachten de geselecteerde kinderen ook meer geïnteresseerd en beter gemotiveerd dan de niet-geselecteerde kinderen. Dat er ondanks een vergelijkbare uitgangspositie in het oog springende verschillen tussen geselecteerde en niet-geselecteerde kinderen ontstonden, had alles te maken met de manier waarop de leerkrachten de geselecteerde kinderen benaderden nadat zij – de leerkrachten – eenmaal zulke hoge verwachtingen over hen gingen koesteren. De geselecteerde kinderen werden vaker aangemoedigd, aan hen werd meer tijd besteed en ze kregen meer complimenten dan hun niet-geselecteerde klasgenoten.

Rosenthal en Jacobson noemden dit effect het *Pygmalion-fenomeen*. Zij ontleenden die naam aan het toneelstuk van Bernard Shaw (1916), waarin de taalkundige Henry Higgins erin slaagt om van de volkse Eliza Doolittle een gedistingeerde dame te maken. De boodschap van hun experiment is dat hoge verwachtingen ook bij specialisten tot een *self-fulfilling prophecy* kunnen leiden, zelfs als die hoge verwachtingen zijn gebaseerd op onjuiste of irrelevante informatie.[1] Dat self-fulfilling prophecies bestaan weet iedereen, maar dat zij ook het quasi-objectieve oordeel van specialisten kunnen vertroebelen is minder bekend.

Draaiende wormen

Hebben alleen pedagogen last van verwachtingseffecten? Nee, elke denkbare categorie van specialisten loopt het risico dat hun professionele oordeel op sleeptouw wordt genomen door verwachtingseffecten. Als de verwachtingen van medici over de werkzaamheid van een nieuw medicijn een rol spelen bij de genezing van patiënten, spreken we van een *placebo-effect*.[2] Als de positieve verwachtingen van managers over een bedrijfsreorganisatie tot meer tevredenheid bij werknemers leiden, is sprake van het *Hawthorne-effect*.[3] En als onderzoekers worden opgezadeld met de verwachting dat zij een bepaald fenomeen zeer frequent zullen gaan observeren, treedt het *observer-effect* op.

Een van de meest hilarische voorbeelden van het observer-effect werd beschreven door de psychologen Lucien Cordaro en James Ison (1963). Hun experiment verliep als volgt. Twee groepen studenten werd gevraagd exemplaren van een bepaald soort worm te observeren en het aantal bewegingen van de wormen te turven. De wormen werden willekeurig verdeeld over de twee groepen. Aan de ene groep werd verteld dat het type worm bekendstond om zijn vele contracties en draaiingen, terwijl de andere groep werd opgezadeld met de tegengestelde verwachting. De eerste groep telde bij de wormen vijf keer zoveel draaiingen en twintig keer zoveel contracties als de tweede groep.

Weer een andere naam waaronder het verwachtingseffect opduikt in de psychologische literatuur is het *halo-fenomeen*.[4] Het gaat daarbij om generalisaties die beoordelaars maken na kennis te hebben genomen van een enkele eigenschap van degene die wordt beoordeeld. Wie verneemt dat een sollicitant zeer intelligent is, zal ook geneigd zijn te denken dat de betrokkene aardig, rechtvaardig en zelfs aantrekkelijk is. Ook het *halo-fenomeen* mondt gemakkelijk uit in een self-fulfilling prophecy. Dat werd fraai gedemonstreerd in een onderzoek waarin sommige dokters in spé de instructie kregen om in een interview na te gaan of een patiënt inderdaad introvert was. Anderen kregen de opdracht om na te gaan of diezelfde patiënt inderdaad extravert was. Zij die zochten naar introverte kenmerken stelden geheel andere vragen – 'waarom vindt u het zo moeilijk om open te zijn tegenover anderen?' – dan diegenen die op zoek waren naar extraverte kenmerken – 'bent u op feestjes een echte gangmaker?'. Vanwege hun naar bevestiging zoekende interviewstijl concludeerde de eerste groep van beoordelaars aan het einde van de rit dat de patiënt introvert en de tweede groep dat diezelfde patiënt toch echt extravert was (Snyder, 1976).

Blind

De moraal van het verhaal tot nu toe is dat verwachtingseffecten vrijwel universeel zijn en dat zij daarom ook het oordeel van specialisten kunnen aantasten, vooral als die specialisten zijn aangewezen op subjectieve observaties. De verschillende versies van het verwachtingseffect die wij hiervoor beschreven mogen dan op het eerste gezicht onschuldig lijken, maar uiteindelijk zouden wij natuurlijk willen dat alle leerlingen een Pygmalion-effect ten deel valt. Wij zouden niet tevreden zijn met een dokter die ons een placebo voorschrijft of een manager die ons met een dure cursus opzadelt, enkel om een Hawthorne-effect te sorteren. Wij willen al helemaal niet beoordeeld worden door superieuren die last hebben van de vooroordelen die gepaard gaan met het halo-effect. En de bevindingen van wetenschappers wier waarneming vertroebeld werd door het observer-effect zouden wij als volstrekt waardeloos terzijde schuiven.

In de wetenschap dienen oordelen en de observaties waarop ze stoelen valide te zijn. Dat betekent dat verwachtingseffecten geëlimineerd moeten worden. Om dat te bereiken ontwikkelden wetenschappers een stelsel van methodologische richtlijnen. Een aantal daarvan is vrij voor de hand liggend. Zo wordt bij empirisch onderzoek van beoordelaars geëist dat zij *blind* zijn. Dat wil zeggen dat zij geen a-prioriverwachtingen mogen hebben over de uitkomsten en dat zij onbevangen aan hun onderzoek beginnen. Een tweede richtlijn is dat de observator zijn oordeel tot stand moet laten komen op basis van een gestandaardiseerd meetinstrument, om zo de speelruimte voor subjectieve oordelen in te perken. Een derde richtlijn luidt dat er een tweede, onafhankelijke observator moet zijn als ook maar enigszins getwijfeld kan worden aan de accuratesse van het meetinstrument. En een vierde richtlijn houdt in dat men alleen tot een valide conclusie kan komen als observaties worden afgezet tegen uitkomsten die gelden voor een referentie- of controlegroep.

Methodologische richtlijnen van dit type zijn niet vrijblijvend. Zij beschrijven de minimumeisen waaraan wetenschappelijk onderzoek moet voldoen, ook als dat in de praktijk plaatsvindt.[5] Zonder deze richtlijnen hebben verwachtingseffecten vrij spel en raken oordelen van experts erdoor gecorrumpeerd. Het is precies om die reden dat de farmaceutische fabrikant die beweert een nieuw middel tegen hoge bloeddruk te hebben, bij elk medisch vakblad wordt weggehoond als hij de enige is die gezien (maar niet gemeten) heeft dat een patiënt (wiens positie ten opzichte van een referentiegroep onduidelijk is) baat had bij het middel.

De forensische wetenschappen

Als politie en justitie forensische experts inschakelen, moeten zij als opdrachtgevers erop kunnen rekenen dat het deskundigenbericht van deze experts wetenschappelijk verantwoord is. De belangen die bij forensisch onderzoek op het spel staan doen niet onder voor de belangen die bij medisch onderzoek in het geding zijn. Het is daarom curieus dat forensische experts zich zo weinig gelegen laten liggen aan de methodologische eisen die gelden voor elke andere tak van wetenschappelijk onderzoek. Deze richtlijnen worden door de Amerikaanse rechtspsycholoog Michael Risinger en zijn collega's (2002) aangeduid als de *science of science*. Over het negeren daarvan schrijven ze: 'De forensische wetenschap is een van de weinige gebieden die niet heeft geprofiteerd van de *science of science*. Het grootste gevaar in de forensische wetenschap is daarom dat de observaties en conclusies van de onderzoeker worden beïnvloed door irrelevante informatie.'

Neem het voorbeeld van de forensische tandarts die moet nagaan of een beetafdruk op de huid van het slachtoffer overeenkomt met het gebit van de verdachte. Of de schriftexpert die moet vaststellen of een op de plaats delict aangetroffen dreigbrief correspondeert met het handschrift van de verdachte. Of de wapendeskundige die moet onderzoeken of een op de plaats delict zeker gestelde kogelhuls de unieke krassporen vertoont van het wapen van de verdachte. Al deze specialisten zijn aangewezen op visuele inspectie om hun vergelijkingen te maken. Zij komen op basis van hun subjectieve waarneming tot een oordeel. Dat schept ruimte voor verwachtingseffecten. Zulke effecten treden onherroepelijk op zodra deze specialisten kennis nemen van wat met een duur woord *domein-irrelevante informatie* heet. Domein-irrelevante informatie is informatie die voor het specialisme van de deskundige niet terzake doet. Een terloopse mededeling van de politie dat men tijdens huiszoeking bij de verdachte de beurs van het slachtoffer heeft aangetroffen, behoort voor de forensische tandarts, handschriftdeskundige of wapenexpert volstrekt irrelevant te zijn. Dergelijke informatie heeft niets te maken met de expertise van deze deskundigen. Zij is dus domein-irrelevant. Niettemin genereert zulke informatie uitgesproken verwachtingen omtrent het daderschap van de verdachte. Deze verwachtingen zullen daarom niet nalaten de subjectieve waarnemingen en daarmee het oordeel van de expert te kleuren. Anders gezegd, zodra de expert via de politie of de media kennis neemt van dit soort domein-irrelevante informatie is hij niet meer *blind*.

Een bedenkelijk voorbeeld van hoe domein-irrelevante informatie verwachtingseffecten kan creëren, biedt het geval van Bruno Hauptmann. Hij belandde in 1936 op de elektrische stoel omdat hij ervan werd verdacht de baby van Charles Lindbergh (zie ook hoofdstuk 7) te hebben ontvoerd. Het was de tot op de dag van vandaag in zijn kringen zeer gerespecteerde schriftdeskundige Albert Osborn die het handschrift van Hauptmann vergeleek met anonieme losgeldbrieven die Charles Lindbergh na de ontvoering had ontvangen. Osborn concludeerde aanvankelijk dat de beide handschriften niet met elkaar overeenkwamen. Osborn veranderde echter radicaal van mening toen hij vernam dat in Hauptmanns garage een grote hoeveelheid geld was gevonden. Hij zag nu treffende overeenkomsten tussen de handschriften en

bewerde dat Hauptmann de schrijver van de losgeldbrieven was. Ofschoon Hauptmann hardnekkig ontkende, werd hij ter dood veroordeeld.[6] Op welke schaal in ons land forensische experts worden blootgesteld aan domein-irrelevante informatie is moeilijk te zeggen. In de Verenigde Staten is de kwestie voortdurend onderwerp van discussie (Risinger e.a., 2002). Wellicht moeten wij ons ook op het pragmatische standpunt stellen dat het probleem van de domein-irrelevante informatie niet altijd te voorkomen of te beheersen valt. Domein-irrelevante informatie die aanzet tot sterke verwachtingen hoeft trouwens niet altijd uit een externe bron te komen. Domein-irrelevant is ook de ervaring van de expert dat in 90 procent van de gevallen er een overeenkomst is tussen de beetafdruk op het slachtoffer en het gebit van de verdachte, of tussen het handschrift van de dreigbrief en dat van de verdachte, of tussen de krassen op de kogelhuls en de loop van het wapen van de verdachte.[7] Ook die ervaring wekt verwachtingen: 'Hij zal wel de dader zijn.'

Evidence line-up

Het is heel goed mogelijk maatregelen te treffen die de invloed van verwachtingseffecten inperken. Een gestandaardiseerd en objectief meetinstrument is voor forensische tandartsen, handschriftexperts en wapendeskundigen een onbereikbaar ideaal. Maar zij kunnen hun oordeel wel toetsen aan dat van een onafhankelijke collega. Zonder op de hoogte te zijn van de conclusie kan die collega het vergelijkingswerk met hetzelfde materiaal overdoen. Als de collega tot dezelfde conclusie komt, pleit dat voor de betrouwbaarheid van die conclusie. Bovendien kunnen deze deskundigen hun onderzoek zo arrangeren dat er een referentiegroep bij betrokken wordt. Het idee daarachter is dat men niet alleen materiaal (handschrift, beetafdruk, kogel) van de verdachte, maar ook materiaal van anderen bestudeert, zonder te weten van wie welk materiaal afkomstig is. Als het materiaal van de verdachte er volgens de expert uitspringt, dan pleit dat opnieuw voor de betrouwbaarheid van de expert.

Zulke maatregelen worden lang niet altijd genomen door Nederlandse experts. Daar kan de van meineed verdachte L. over meepraten. Het Haagse Hof bezigde in zijn zaak het deskundigenbericht van een handschriftexpert als bewijsmiddel.[8] Deze expert constateerde na onderlinge vergelijking van een aantal handschriften, dat cruciale handtekeningen en bijschriften 'zeer wel mogelijk zijn geproduceerd door L'. Het gaat ons niet om de vraag of dit een juiste conclusie was. Onze kritiek richt zich op de weg waarlangs die conclusie werd bereikt. Die is onwetenschappelijk omdat de deskundige in kwestie zijn oordeel niet toetste aan dat van een blinde collega. Maar ook omdat de deskundige verzuimde om een referentie- of controlegroep in zijn analyse te betrekken. Hij volstond met het maken van vergelijkingen tussen het handschrift van L. en de handtekeningen en bijschriften waarvan het auteurschap door L. werd betwist.

Een gezond alternatief voor deze riskante werkwijze is de *evidence line-up.*

Analoog aan de procedure die geldt voor een fatsoenlijke Oslo-confrontatie, krijgt de expert daarbij geanonimiseerd materiaal voorgelegd waaronder materiaal van de verdachte, materiaal dat willens en wetens door de politie is gefabriceerd – de zogenaamde distractoren, vergelijkbaar met de figuranten in een Oslo-confrontatie – en materiaal van de plaats delict. Het zou bijvoorbeeld kunnen gaan om door de verdachte geschreven teksten, door de politie geschreven teksten en een anonieme dreigbrief. De deskundige weet niet uit welke bron het materiaal komt. Hij heeft enkel de opdracht om naar treffende overeenkomsten te speuren. Als de deskundige onder deze omstandigheden concludeert dat twee specimina sterk aan elkaar verwant zijn en het daarbij gaat om materiaal van de verdachte en dat van de plaats delict (bijvoorbeeld het handschrift van de verdachte en de dreigbrief), dan legt die conclusie wetenschappelijk gezien gewicht in de schaal. Dat is precies het geval omdat verwachtingseffecten door de evidence line-up zijn ingeperkt (zie Risinger e.a., 2002).

Echo

Forensische experts die op visuele inspectie moeten afgaan om tot een oordeel te komen, zijn vatbaar voor verwachtingseffecten. Om die reden behoren zulke experts bij voorkeur blind te zijn, dat wil zeggen vrij van domein-irrelevante informatie. Daarom ook behoort hun visuele inspectie plaats te vinden met behulp van een meetinstrument, behoort hun eindoordeel door een onafhankelijke collega te worden getoetst en behoort dat oordeel tot stand te komen met een evidence line-up. Wanneer aan geen van deze eisen wordt voldaan, kan het oordeel van zulke deskundigen onmogelijk aanspraak maken op de kwalificatie wetenschappelijk. In dat – naar wij vrezen alledaagse – geval rijst een bewijstechnisch probleem dat de rechter gemakkelijk over het hoofd ziet. Het gaat dan om de onafhankelijkheid van bewijsmiddelen. In het strafrecht is het een goed gebruik om verdachten niet op één bewijsmiddel – bijvoorbeeld één getuige – te veroordelen. Om tot een veroordeling te komen moeten rechters meerdere bewijsmiddelen hebben, die bovendien onafhankelijk van elkaar zijn. Verwachtingseffecten tasten op een ondoorzichtige manier die onafhankelijkheid aan. We illustreren dit aan de hand van een fictief voorbeeld dat wij ontlenen aan Michael Risinger en collega's (2002). Laten we aannemen dat een forensische tandarts de opdracht krijgt om na te gaan of een beetafdruk op de huid van het slachtoffer correspondeert met het gebit van de verdachte. Laten we voorts aannemen dat de tandarts per toeval hoort dat er een ooggetuige bestaat die gezien heeft hoe de verdachte het slachtoffer te lijf ging. Onder invloed van deze domein-irrelevante informatie wordt de kans groter dat de tandarts tijdens zijn visuele inspectie een overeenkomst meent waar te nemen tussen de afdruk en het gebit van de verdachte. Wanneer vervolgens een handschriftdeskundige kennis neemt van het positieve oordeel van de tandarts, dan zal de schriftexpert op grond van deze nieuwe domein-irrelevante informatie gemakkelijk een overeenkomst zien tussen de dreigbrief die het slachtoffer ontving en het handschrift van de verdachte. De deskundigenberichten van de tandarts en de handschriftexpert zullen op de rechter een onafhankelijke indruk maken, maar in feite zijn zij in hoge mate de echo's van het verhaal dat er een ooggetuige is.

Vingerafdrukken

Vergelijkbare problemen doen zich voor bij het zogenoemde dactyloscopische onderzoek, dat wil zeggen onderzoek naar vingerafdrukken. Daarbij speurt de dactyloscopist naar een overeenkomst – *match* – tussen de afdruk van de verdachte en een afdruk die op een wapen of op de plaats delict is gevonden. Dactyloscopisten zijn gewoon hun conclusie over een match in absolute termen te presenteren. De match bestaat en dan is geen twijfel mogelijk. Of de match is er niet. Die stelligheid is gebaseerd op de aanname dat vingerafdrukken uniek zijn en dat er derhalve geen twee personen met precies dezelfde vingerafdruk bestaan. Of die aanname waar is, weten wij niet, omdat zij zich ten principale aan proefondervindelijke toetsing onttrekt. Men kan wél onderzoeken of er in een omvangrijke steekproef – zeg 100 000 mensen – afdrukken van verschillende personen gevonden kunnen worden die niet van elkaar te onderscheiden zijn. Als alle afdrukken wél te onderscheiden zijn, dan valt weliswaar niet geheel uit te sluiten dat er ooit twee identieke afdrukken van verschillende personen gevonden kunnen worden. Maar wij zouden die kans zo klein achten, dat zij in de praktijk verwaarloosd mag worden. Ondertussen geldt dat dit in principe uitvoerbare, maar zeer bewerkelijke onderzoek nog ter hand moet worden genomen.[9]

Dat wij vingerafdrukken als sterk bewijs beschouwen berust eigenlijk op niet meer dan de jarenlange ervaring van de dactyloscopisten. Toch wordt het oordeel van dactyloscopisten vrijwel altijd door de rechter geaccepteerd. Dat onderzoek naar vingerafdrukken in onze dagen met behulp van computers wordt gedaan, lost de kwestie niet op. Zo speelt er soms het probleem dat een op de plaats delict gevonden of van de verdachte afgenomen vingerafdruk van inferieure kwaliteit is. In dat geval kunnen de te vergelijken vingerafdrukken ondanks hun overeenkomsten ook verschillen (Stoney, 1997). De deskundige moet dan kiezen: gaat het om afdrukken van verschillende personen of gaat het om, wat genoemd wordt, 'verklaarbare verschillen' tussen afdrukken van een en dezelfde verdachte? Die keuze is onvermijdelijk subjectief omdat er geen harde criteria voor bestaan. In de praktijk blijken experts het over die keuze ook niet altijd eens (Evett & Williams, 1996). Bij het maken ervan kunnen verwachtingen gemakkelijk een rol spelen, verwachtingen die gebaseerd zijn op de wetenschap dat de recherche niet vingerafdrukken van willekeurige personen voor vergelijking aanbiedt, maar die van lieden die om de een of andere reden al verdacht zijn.

Hoe sterk verwachtingseffecten zich ook hier doen gelden werd ongewild door de FBI gedemonstreerd in de strafzaak *U.S. versus Byron Mitchell*, die aanvankelijk diende voor een rechtbank in Pennsylvania. Byron Mitchell werd ervan beschuldigd dat hij bij een aantal gewapende overvallen de vluchtauto zou hebben bestuurd. Het belangrijkste bewijs: een vingerafdruk op het stuur en een vingerafdruk op de versnellingspook kwamen overeen met de vingerafdruk van Mitchell. Maar die hield bij hoog en bij laag vol onschuldig te zijn. Toen de zaak in 1998 in hoger beroep kwam, wilde de FBI nogmaals aantonen dat de twee vingerafdrukken van Mitchell afkomstig waren. Dat was in dit geval van bijzonder belang omdat zijn advocaten de ongebruikelijke stap hadden genomen om de waarde van het vingerafdrukkenonderzoek aan te vechten. De FBI stuurde het materiaal naar verschillende Amerikaanse laboratoria. Van de 35 laboratoria die meededen vonden er 8 geen match voor de eerste afdruk en 6 geen match voor de tweede afdruk. Dat duidt op een behoorlijk gebrek aan overeenstemming. Die uitslag was te meer verbazingwekkend omdat de FBI de laboratoria had gevraagd om hun beste mensen op het geval te zetten en dat had men ook gedaan.[10] De beoordelaars hadden gemiddeld twintig jaar ervaring met vingerafdrukken. Na kennis te hebben genomen van deze vervelende uitkomst verzocht de FBI de dissidente laboratoria (en alléén de dissidente laboratoria) andermaal om nog eens heel goed naar de vingerafdrukken te kijken. Met uitzondering van één laboratorium bleken alle laboratoria bereid om hun mening aan te passen aan het gewenste resultaat. Het uitdrukkelijk door de FBI gecreëerde verwachtingseffect had zijn werk gedaan.

De verdachte is schuldig

Als er één terrein is waar verwachtingseffecten vrij spel hebben, dan is dat het psychiatrische onderzoek bij verdachten. Als een officier van justitie of rechter onderzoek gelast naar de vraag of de verdachte leed aan – en nu volgt de officiële formulering – 'een ziekelijke stoornis en/of gebrekkige ontwikkeling van zijn geestvermogens ten tijde van het plegen van het delict,' dan is het welhaast onontkoombaar dat de psychiater die het onderzoek gaat doen kennisneemt van het dossier. Daarom zou de psychiater aan zijn onderzoek strikte eisen moeten stellen. Voor een deel kan de wet hem daarbij helpen. De wet schrijft namelijk voor dat de rechter zich moet laten adviseren door ten minste twee gedragsdeskundigen, onder wie in ieder geval een psychiater.[11] De zorgvuldigheid die de wetgever hier op het oog heeft is natuurlijk die van de onafhankelijke, intercollegiale toetsing. Maar in de praktijk van alledag wordt die zorgvuldigheid met voeten getreden. In de meeste gevallen die wij en anderen kennen plegen psychiatrische deskundigen met elkaar overleg alvorens hun conclusies in twee gekoppelde rapporten of zelfs in een gemeenschappelijk rapport neer te leggen. Deze werkwijze sluit onafhankelijke toetsing uit. Het is merkwaardig dat advocaten niet vaker ageren tegen deze dubieuze praktijk.[12]

Vooral als er sprake is van een ontkennende verdachte die nog voor de rechtbank moet verschijnen, zouden psychiaters op hun tellen moeten passen. Al lang geleden (Frenkel, 1956) en door vele auteurs is geconstateerd dat psychiatrische rapportages een ongewenste invloed kunnen uitoefenen op de beslissing van de rechtbank.[13] Alleen al deze overweging zou voor psychiaters een dwingende reden moeten zijn om een volstrekt onverschillige houding aan te nemen tegenover de schuldvraag. Dat is echter niet wat er gebeurt. Zo schrijft een van de toonaangevende experts in ons land, de Rotterdamse hoogleraar Hjalmar van Marle (2002), over de ontkennende verdachte: 'Het probleem met dit soort onderzoek is dat men met de verdachte niet kan praten over het delict omdat hij zegt er niets van af te weten. Om de rechter toch van advies te kunnen dienen is het aan te bevelen om aan te nemen – bij wijze van hypothese – dat de onderzochte het delict heeft gepleegd.' De Rotterdamse hoogleraar verheft het verwachtingseffect dus tot uitgangspunt van zijn expertise. Erger kan niet.

Pieter Baan Centrum

In de loop van de jaren hebben we diverse rapporten gelezen die door psychiaters van het Pieter Baan Centrum werden geschreven over daar opgenomen, maar ontkennende verdachten. Deze Pieter Baan-rapporten hebben steeds dezelfde teneur. Om te beginnen zijn zij geproduceerd door deskundigen die na onderling overleg tot een conclusie komen. Hierboven stelden we al vast dat in zo'n geval geen sprake is van onafhankelijke toetsing. Om hun eensgezinde conclusie te bereiken spreken de Pieter Baan-artsen vaak met zogeheten referenten. Dat zijn mensen uit het sociale netwerk van de verdachte. Zij weten natuurlijk heel goed waarom de verdachte verdacht is. Het verhaal dat zij over hem vertellen zal onherroepelijk door die kennis zijn gekleurd.[14]

De Pieter Baan-experts concluderen bijna altijd dat de verdachte aan een persoonlijkheidsstoornis lijdt. De persoonlijkheidsstoornis is meestal van dien aard dat de verdachte te snel gefrustreerd raakt bij tegenslagen. De rechter krijgt over de ontkennende verdachte proza voorgeschoteld van het volgende type:

'Het is aannemelijk dat betrokkene bij deze ten laste gelegde feiten gehandeld heeft vanuit een woedend verlangen om koste wat kost eindelijk geslachtsgemeenschap met een vrouw te hebben, waarbij het hebben van geslachtsgemeenschap psychologisch gezien symbool staat voor het dwingend verlangen om alle krenkingen en afwijzingen ongedaan te maken en zich een volwaardig mens te voelen. Uit dit woedende, agressief-seksueel geladen verlangen gaat hij bij deze ten laste gelegde feiten sterk drangmatig, instrumenteel en zonder enig mededogen te werk.'

Eveneens authentiek, maar dan handelend over een andere ontkennende verdachte is deze Pieter Baan-passage:

'De problematiek wordt vooral binnen de directe omgeving bepaald en beleefd. Het is juist binnen deze beperkte kring waarin afwijzing (die bij wijze van spreken de achilleshiel van de persoonlijkheidsdynamiek vormt) als bron van heftige krenking een zeer heftige gemoedsbeweging bij betrokkene zou kunnen bewerkstelligen. Het is deze dynamiek die betrokkenes persoonlijkheidsproblematiek aan het tenlastegelegde – indien bewezen – zou kunnen relateren.'

Hoe vertrouwenwekkend het jargon in zulke passages ook klinkt, de persoonlijkheidsafwijkingen die de Pieter Baan-artsen vaststellen zijn volledig gebaseerd op hun subjectieve indrukken. Zij worden nooit gestaafd met de uitkomsten van meetinstrumenten, ofschoon zulke meetinstrumenten wel bestaan (zie bijvoorbeeld Brand, 2001). Deze passages laten ook zien dat de Pieter Baanexperts er hun hand niet voor omdraaien om aan de rechter een hypothetisch scenario voor te houden waarin de ontkennende verdachte toch schuldig is. Het is riskant als dokters onder het mom van expertise allerlei hypothesen en eventualiteiten gaan presenteren (Coles & Veiel, 2001). Dat geldt eens te meer als zulke hypotheses uitgaan van het *Van Marle-principe* dat ontkennende verdachten schuldig zijn.[15] Al deze overwegingen maken duidelijk dat bij het forensisch-psychiatrisch onderzoek zoals dat in Nederland gebruikelijk is, verwachtingseffecten eerder worden aangejaagd dan beperkt. Om die reden werden de uitkomsten van zulk onderzoek door een psychiater ooit 'gesubsidieerde roddel' genoemd (Tuinier, 1989), een boosaardige kwalificatie die wij goed begrijpen.

Naar aanleiding van de commotie rond de zaak van Tyron H. liet justitie onlangs weten vierkant achter het Pieter Baan Centrum te staan. Tyron H. werd verdacht van de moord op een Rotterdamse taxichauffeur. Een psychiater in opleiding van het Pieter Baan Centrum onderzocht Tyron. Zij constateerde een paranoïde schizofrenie bij de verdachte. Justitie eiste daarom tien jaar cel plus TBS. Tijdens de rechtszitting verklaarde Tyron dat hij maar wat toneel had gespeeld in het Pieter Baan. In de discussie die daarop volgde bleek dat een superviserende psychiater wel zijn handtekening onder het rapport had gezet, maar Tyron zelf niet had onderzocht. De Rotterdamse rechtbank gelastte een nieuw psychiatrisch onderzoek van Tyron.[16]

Puttense zaak

Het wordt de hoogste tijd dat forensische experts in Nederland twee dingen doen. Om te beginnen moeten zij kennis nemen van de aard en de omvang van het verwachtingseffect. Daarbij kan niet genoeg worden benadrukt dat het gaat om een krachtig fenomeen. In statistische termen uitgedrukt heeft het een kracht – *effect size* – van d = 0.70. Dat is ongeveer acht keer zo sterk als, pakweg, het preventieve effect van aspirine op hartaanvallen (Rosenthal, 1994).

Ten tweede zouden de forensische experts zich moeten beraden op maatregelen waarmee de kans op een verwachtingseffect te beperken valt. Handschriftdeskundigen, maar ook andere experts zouden verplicht moeten worden om hun onderzoek pro justitia zo veel als mogelijk volgens een evidence line-up uit te voeren. Natuurlijk is dat lang niet altijd haalbaar. Maar dan kunnen andere maatregelen worden genomen. Het moet bijvoorbeeld niet moeilijk zijn om een psychiatrisch rapport over een verdachte te laten opmaken door twee volstrekt onafhankelijk van elkaar werkende experts. Beiden moeten de verdachte dan natuurlijk wél echt onderzoeken. Het zou gezond zijn als zij daarbij rekening houden met de mogelijkheid dat de verdachte onschuldig is.

Wat kunnen rechters doen? Eerder al legde de Maastrichtse rechtspsycholoog Hans Crombag (2000) uit dat het voor rechters moeilijk is forensische experts op hun merites te beoordelen. Als rechters dat perfect willen doen, moeten ze gedetailleerde kennis over het vakgebied van deze experts bezitten. Maar als rechters die kennis zouden bezitten, dan hebben zij geen behoefte meer aan experts.

Rechters hebben wel de vrijheid om tijdens de rechtszitting een deskundige te vragen welke maatregelen hij heeft genomen om zijn hoge verwachtingen te temperen. Als de rechters dat van meet af aan hadden gedaan in de Puttense moordzaak, waren de verdachten Wilco Viets en Herman Dubois waarschijnlijk nooit veroordeeld voor de moord op Christel Ambrosius. In deze zaak legde een hoogleraar in de gynaecologie een voor de verdachten zeer belastende verklaring af. Zijn verklaring was sterk geïnspireerd door de selectieve informatie die hij van justitie had gekregen. Op basis van die informatie kwam de deskundige met een hypothese die later bekend werd als de *sleeptheorie*. De sleeptheorie is net zo uniek als het syndroom van Mumenthaler (zie hoofdstuk 13). Zij werd speciaal voor de Puttense moordzaak opgesteld en gaat als volgt: ondanks het feit dat hun DNA niet overeenkomt met het op de plaats delict aangetroffen spermaspoor hebben Wilco Viets en Herman Dubois toch hun slachtoffer verkracht. Bij de verkrachting sleepten de verdachten het sperma van een onbekend iemand, met wie het slachtoffer eerder vrijwillig seksueel contact had, naar buiten. Is er gepubliceerd over de sleeptheorie? Wat vinden de vakgenoten van de hoogleraar over de sleeptheorie? Zou de hoogleraar de sleeptheorie ook aan de rechtbank hebben voorgeschoteld als hij kennis had genomen van het verhaal van de advocaten van Wilco Viets en Herman Dubois? Zulke vragen hadden de rechters kunnen stellen. Maar dat deden ze niet. Het was de misdaadjournalist Peter R. de Vries die deze klus op zich nam, waarna de gynaecoloog zijn sleeptheorie introk. Dat leidde uiteindelijk tot een heropening van de zaak. Op 10 december 2001 sprak het Hof te Leeuwarden Wilco Viets en Herman Dubois alsnog vrij.[17]

Waarover dit boek ging

Meestal zijn autobiografische herinneringen tamelijk accuraat, maar wel onvolledig. Voorbeelden daarvan zagen we in hoofdstuk 1, toen we het hadden over ooggetuigen. Een heel andere categorie zijn de herinneringen die als accuraat worden beleefd, maar kant noch wal raken. Denk aan de pseudo-herinneringen van Rob Shunter, die meende dat hij een CIA-agent was (hoofdstuk 8). Of de pseudo-herinneringen van Diane over het seksuele misbruik door haar grootvader (hoofdstuk 10). Weer een andere categorie is aan de orde bij uit de duim gezogen verhalen die als herinneringen worden gepresenteerd. Het verhaal van Wilkomirski over zijn holocaustervaringen begon als leugen (hoofdstuk 11). En de bekentenis die Ina Post onder druk van de politieverhoren aflegde was – dat denken wij althans – vals (hoofdstuk 7).[1]

De drie categorieën van herinneringen overlappen elkaar. Een door de bank genomen betrouwbare getuigenverklaring kan enkele pseudo-herinneringen bevatten. Een gedetailleerde pseudo-herinnering kan op onderdelen accuraat zijn. En een leugenachtige verklaring die maar vaak genoeg wordt herhaald, kan uitgroeien tot een pseudo-herinnering waaraan niet meer wordt getwijfeld. Omdat de drie soorten herinneringen zo vloeiend in elkaar overlopen, zijn ze vaak op het eerste gezicht moeilijk van elkaar te onderscheiden.

Vinger in een muizenval

De Canadese kinderpsycholoog Stephen Ceci en zijn collega's (1994) spraken met de ouders van 122 jonge kinderen. De ouders vertelden de onderzoekers over een aantal markante gebeurtenissen in het leven van hun kinderen. Vervolgens kwamen de kinderen naar het laboratorium van Ceci. Daar werden ze geïnterviewd over de gebeurtenissen, maar ook over twee incidenten die de kinderen nooit hadden meegemaakt: dat ze een keer in een luchtballon hadden gevlogen en dat ze ooit met hun vinger klem hadden gezeten in een muizenval. Dit is wat Ceci tegen de kinderen zei:

> 'Probeer je te herinneren of het echt gebeurde. We hebben deze lijst gemaakt door met je moeder en vader te praten over de dingen die je zijn overkomen toen je jonger was. Maar niet alle dingen die ik je ga voorhouden zijn echt gebeurd.'

Over een periode van maanden bezochten de kinderen ongeveer tien keer het laboratorium van Ceci. Telkens kregen ze de probeer-je-te-herinneren-instructie te horen. Na tien weken vertelden bijna alle kinderen uitvoerig over de echte gebeurtenissen. Maar ook haalde 30 procent van de kinderen gedetailleerde herinneringen op aan de fictieve gebeurtenissen. Deze pseudo-herinneringen bleken taai te zijn. Toen de ouders tegen de kinderen zeiden dat hun pseudo-herinneringen onjuist waren, reageerden de kinderen met opmerkingen als: 'Maar het is wél gebeurd. Ik herinner het me toch heel duidelijk. Jullie waren niet thuis toen het gebeurde.'

Zulke hardnekkige pseudo-herinneringen beginnen ermee dat de kinderen zich een fictief scenario inbeelden. Naarmate ze vaker over dit scenario fantaseren, zal het vertrouwder aanvoelen. Langzamerhand raken de kinderen er dan van overtuigd dat het allemaal werkelijk moet zijn gebeurd.[2] Dit fenomeen is niet alleen interessant voor geheugenpsychologen. Nederlandse rechters buigen zich elk jaar over meer dan duizend justitiële dossiers waarin jonge getuigen een rol spelen (Van der Sleen, 1998). Ook voor deze rechters is het onderzoek van Stephen Ceci informatief. Zijn onderzoek betekent allerminst dat kinderen slechte getuigen zijn. Dat zijn ze niet. Ze zijn wél – en veel meer dan volwassenen – beïnvloedbaar. Vandaar dat het onverstandig is als ouders of hulpverleners kinderen langdurig gaan voorbereiden op hun verhoor bij de politie. In echtscheidingszaken die uit de hand lopen, komt het wel voor dat de ex-partners hun kinderen als wapen gaan gebruiken. Dan kan het gebeuren dat de moeder of de vader het jonge kind coacht in hoe het tijdens een politieverhoor de andere partij moet beschuldigen. In een geval huurde de moeder een bureau in dat het vermeende slachtoffertje als volgt instrueerde:

'Gisterenmiddag is je moeder hier geweest. We hebben gisteren afgesproken dat we bij de politie gaan vertellen dat je vader vaak aan je poenie heeft gezeten. Dat moet je wel durven en daarom gaan we goed oefenen.'[3]

Het werk van Ceci maakt duidelijk dat je met zulke oefeningen kinderen echt kan laten geloven dat pappa aan hun poenie heeft gezeten, ook al is dat nooit gebeurd. Maar kunnen specialisten dat dan niet zien aan de manier waarop de kinderen hun verhaal doen? In vervolgonderzoek maakte Ceci video-opnamen van kinderen terwijl ze herinneringen ophaalden aan echte en fictieve gebeurtenissen. Deze opnamen toonde hij aan meer dan honderd deskundigen – ervaren psychiaters, psychologen, juristen. De deskundigen moesten aangeven of de beschreven gebeurtenissen echt of fictief waren. De deskundigen bleken op kop-of-muntniveau te presteren. De helft van de fictieve gebeurtenissen werd door de experts voor waar gehouden. En de helft van de echte gebeurtenissen werd door hen voor fictief gehouden. Dat bewijst dat bij jonge kinderen pseudo-herinneringen en echte herinneringen sterk op elkaar lijken.[4]

Dikke vent met bierbuik

Voor volwassenen ligt dat niet anders. In hoofdstuk 9 bespraken we het onderzoek van Ira Hyman en James Billings (1998), waarin studenten meerdere malen werden geïnterviewd over fictieve gebeurtenissen die de onderzoekers zogenaamd van de ouders van de studenten hadden gehoord:

> 'Eh, Jim, de volgende herinnering die ik hier heb staan heeft betrekking op een huwelijksfeest. Een ongelukje tijdens een huwelijksfeest. Je moet vijf jaar oud zijn geweest. Je was blijkbaar aan het spelen met andere kinderen en je gooide wat limonade om en het kwam op het pak van de vader van de bruid. Wat weet je er nog van?'

Na het tweede interview beschreef ongeveer een kwart van de studenten het fictieve incident in geuren en kleuren. Het waren vooral de fantasierijke studenten die zich te buiten gingen aan dit soort pseudo-herinneringen (zie hoofdstuk 9). Daarmee samenhangend konden de onderzoekers het volgende aantonen: studenten die uiteindelijk met een pseudo-herinnering op de proppen kwamen, probeerden al in een vroeg stadium het fictieve incident een plaats te geven binnen hun eigen autobiografie. Zoals deze student: 'Een trouwerij, een trouwerij. Wiens trouwerij zou dat kunnen zijn? Man, ik zie het mezelf wel doen hoor. Ik zie mezelf daar rondrennen met andere kinderen. Oh ja, zeker weten.' Een paar dagen later zegt diezelfde student:

> 'Ja, ik heb erover nagedacht. Ik ben er nog niet helemaal uit wie die mensen zijn, maar het zijn vrienden van mijn moeder. Dat weet ik vrij zeker. En de man waar ik het glas overheen stootte, was zo'n dikke vent met een bierbuik en hij had een grijs pak aan en hij was kalend. Hij sprong op en was helemaal geïrriteerd.'

Pseudo-herinneringen komen dus pas goed van de grond als ze verweven raken met echte herinneringen. Dat maakt dat pseudo-herinneringen moeilijk herkenbaar zijn. Die conclusie trok ook de Canadese rechtspsycholoog Stephen Porter (1999). In zijn onderzoek volgde hij een procedure die vergelijkbaar was met die van Hyman en Billings. Maar Porter ging nog een paar stappen verder. Hij liet volwassen studenten jeugdherinneringen ophalen aan nare gebeurtenissen: een verkeersongeval, een pijnlijke medische ingreep of een flinke hondenbeet. Sommige gebeurtenissen waren aangeleverd door de ouders van de studenten. Andere incidenten werden door Porter verzonnen. De ouders bevestigden dat de fictieve incidenten inderdaad nooit waren voorgevallen. De proefpersonen verkeerden echter in de veronderstelling dat alle gebeurtenissen – ook de fictieve – waren ingefluisterd door hun ouders.[5]

Tijdens drie afzonderlijke interviews werden de studenten doorgezaagd over de echte en de fictieve gebeurtenissen. Porter noteerde alles. Bij de derde sessie kwam 25 procent van de proefpersonen met pseudo-herinneringen over fictieve hondenbeten en medische operaties. De proefpersonen werd aan het einde van het interview echter verteld hoe de vork in de steel zat. Ter afsluiting kregen ze de opdracht om een jeugdherinnering aan een vervelend incident bij elkaar te liegen. Ook die herinnering werd nauwkeurig opgeschreven. Zodoende kon Porter drie typen herinneringen naast elkaar leggen: echte jeugdherinneringen, pseudo-herinneringen over fictieve gebeurtenissen en gelogen herinneringen. De verschillen tussen deze herinneringen waren zeer subtiel. Zo bevatten echte herinneringen meer details dan pseudo-herinneringen, maar gelogen herinneringen hadden weer meer details dan echte herinneringen.

De expert die van de rechtbank de opdracht krijgt om na te gaan of een verklaring van een getuige of van een slachtoffer berust op een echte herinnering, een pseudo-herinnering of een leugen, staat voor een moeilijke opgave. De verleiding om naar de inhoud en de emotionele toon van de herinnering te kijken is groot. Onderzoek als dat van Ceci en Porter laat zien dat de expert dat maar beter niet kan doen. Het is zinniger om naar de ontstaansgeschiedenis van de herinnering te kijken. Kwam de herinnering langzaam en met hulp van anderen tot stand? En bestond die hulp uit het laten fantaseren en speculeren over wat er gebeurd zou kunnen zijn? Dan is het goed om de rechtbank erop te wijzen dat er mogelijk sprake is van een pseudo-herinnering. Dook de herinnering plotseling op en was ze verbonden met een duidelijk voordeel? Dan moet gedacht worden in de richting van een gefabriceerde herinnering. Neem Ina Post (hoofdstuk 7). Pas toen de rechercheurs Ina Post in het vooruitzicht stelden dat haar man haar mocht komen opzoeken in de politiecel, legde ze een bekentenis af.

Self-fulfilling prophecy

Het meest opvallende experiment dat in 2003 plaatsvond aan de Maastrichtse psychologiefaculteit was dat van onderzoekster Kim van Oorsouw (2004). Zij instrueerde studenten om een nagebootst café binnen te lopen. Daar zat een etalagepop aan een tafel. De proefpersonen moesten een biljartkeu pakken, de pop hard in de nek slaan en beroven van zijn beurs. Nadat ze het café hadden verlaten, werden de proefpersonen verhoord over het nagespeelde delict.

Daarbij kregen sommige proefpersonen de opdracht om te doen alsof ze geheugenverlies voor het delict hadden. Andere proefpersonen werd verteld dat ze de vragen over het delict zo goed mogelijk moesten beantwoorden. Na een week kwamen alle proefpersonen terug naar het laboratorium. Opnieuw werden ze verhoord over het nagespeelde delict. Dit keer kregen proefpersonen te horen dat ze zo goed mogelijk moesten antwoorden op vragen over bijvoorbeeld de inrichting van het café, de inhoud van de beurs en de kleding van de pop. De studenten die voorheen de rol van dader met geheugenverlies hadden gespeeld werd op het hart gedrukt om die rol op te geven. Ondanks deze instructie deden deze studenten het aanmerkelijk slechter dan de andere proefpersonen. Wie speelt dat hij geheugenproblemen heeft, krijgt ook geheugenproblemen.[6] Deze self-fulfilling prophecy is minder raadselachtig dan zij op het eerste gezicht lijkt. Iemand die doet alsof hij geen herinneringen meer heeft aan een gebeurtenis, zal die gebeurtenis minder vaak mentaal repeteren. Dat gaat ten koste van het geheugen voor de gebeurtenis.

Het onderzoek van Van Oorsouw laat zien dat wat voor accurate en gefantaseerde herinneringen geldt, ook waar is voor geheugenverlies: echt en gespeeld geheugenverlies lopen vloeiend in elkaar over. Dat leidt ertoe dat ze op het eerste gezicht moeilijk te onderscheiden zijn. Het geval van Rob Shunter (hoofdstuk 8) laat mooi de vloeiende overgang tussen echt en gespeeld geheugenverlies zien. Shunter had aanvankelijk geheugenproblemen vanwege een hersenletsel. Maar later ging hij zijn handicap uitbuiten, zodat hij aan zijn rol van ex-CIA-agent kon blijven vasthouden. Iets van deze dynamiek zagen we ook terug bij daders die geheugenverlies voor hun delict zeggen te hebben (hoofdstuk 13). Het gaat vaak om personen die op grond van hun drank- of drugsgebruik heel goed weten wat het is om een blackout te hebben.

Discrepantie

Pseudo-herinneringen en geheugenverlies lijken tegenpolen. Toch hebben ze met elkaar te maken. Geheugenverlies – of iets wat daarop lijkt – gaat altijd aan pseudo-herinneringen vooraf. De getuige Mankema (hoofdstuk 3) illustreert dit principe. Hij liep ten gevolge van een ontploffing een hersenletsel op. Toen hij uit zijn coma ontwaakte had hij een fors geheugenprobleem. Het was in die fase dat de politie hem op een suggestieve manier ging ondervragen. En het was onder invloed van die suggestieve bevraging dat Mankema met een belastend verhaal over zijn compagnon kwam. Of denk aan Rob Shunter (hoofdstuk 8). Ook hij leed aanvankelijk aan omvangrijk geheugenverlies. Nog voordat hij daarvan goed en wel was hersteld, onderwierpen de psychiaters hem aan hypnose en andere riskante technieken. Dat leverde een rijke oogst aan pseudo-herinneringen op. In hoofdstuk 6 kwamen we een variant tegen van het principe dat geheugenverlies een voorwaarde is voor pseudo-herinneringen. In dat hoofdstuk bespraken we de dagboekstudies van Craig Barclay en Robert Horselenberg. Deze onderzoekers vonden dat met het verstrijken van de tijd mensen slechter in staat zijn om hun eigen dagboeknotities te herkennen. Naarmate dit vergeten omvangrijker wordt, zijn ze ook eerder bereid om gemanipuleerde dagboeknotities als hun originele aantekeningen te accepteren.

Soms is het geheugenverlies niet echt, maar ingebeeld. Ook dan maken pseudo-herinneringen een kans. Die volgorde blijkt bijvoorbeeld prima te werken in de Alt-toetsexperimenten naar valse bekentenissen. Proefpersonen bekennen ten onrechte dat zij tijdens een computertaak de Alt-toets hebben aangeraakt, als zij eerst aan het twijfelen worden gebracht over wat zij nu wel en niet hebben gedaan (hoofdstuk 7). Sommige mensen zijn voortdurend onzeker over hun geheugen. Zij zijn verstrooid en hebben last van *memory distrust*. Deze mensen zijn zeer bevattelijk voor de suggestieve wenken van anderen (hoofdstuk 9).

Geen pseudo-herinneringen zonder echt of ingebeeld geheugenverlies. Maar waarom is dat zo? De Amerikaanse onderzoekers Jonathan Schooler en Beth Loftus (1986) gaven de volgende verklaring. Naarmate mensen meer herinneringen hebben aan een voorval – zeg hun verblijf op de intensive care (IC) van een ziekenhuis – maken onjuiste fantasieën, speculaties of suggesties minder kans om wortel te schieten in het autobiografische geheugen. Als iemand kan terugvallen op vrij volledige herinneringen, zal hij snel ontdekken dat er discrepanties bestaan tussen wat er echt voorviel en de fantasieën of suggesties over het voorval. De patiënt die zich nog goed kan herinneren hoe hij liefdevol werd verzorgd op de IC, zal zijn droomachtige fantasie over bedreigende verplegers als nonsens terzijde schuiven. Bij patiënten die geen enkele herinnering meer hebben aan hun verblijf op de IC maken zulke fantasieën meer kans (hoofdstuk 3).

Het principe dat een goed geheugen ons in staat stelt om discrepanties te detecteren en ons langs die weg immuun maakt tegen pseudo-herinneringen, heet in jargon *discrepancy detection*. Het valt via experimenteel onderzoek vrij direct zichtbaar te maken. In de hoofdstukken 7 en 9 bespraken we de zogeheten *Gudjonsson Suggestibility Scale*. Bij deze test luisteren proefpersonen of patiënten naar een verhaaltje. Later beantwoorden zij misleidende vragen over dat verhaaltje. Gemeten wordt hoezeer mensen zich laten meeslepen door de onjuiste hints die in de misleidende vragen besloten liggen. Onderzoekers komen daarbij steeds op de volgende wetmatigheid uit: hoe vollediger de herinneringen van proefpersonen of patiënten aan het verhaaltje, des te minder bevattelijk zij voor misleidende vragen erover zijn.[7]

Slachtoffers liegen immers niet

Echt of ingebeeld geheugenverlies gaat aan pseudo-herinneringen vooraf. Maar pseudo-herinneringen zijn bonafide. De persoon die ze heeft is oprecht. Geveinsde geheugenstoornissen of gelogen herinneringen zijn van een heel ander kaliber. Zij zijn malafide. Zij zijn bedoeld om anderen te misleiden. In dit boek kwamen we daarvan uiteenlopende voorbeelden tegen: whiplashpatiënten die geheugenproblemen simuleren na een ongeval, slachtoffers die geheugenverlies en posttraumatische stress voorwenden na een – soms fictief – trauma, moordenaars die geheugenverlies zeggen te hebben voor hun daad, asielzoekers die beweren hun identiteit te zijn verloren, maar ook nepslachtoffers die aangifte doen van een delict dat nooit plaatsvond en Wilkomirski's die hun holocaustervaringen bij elkaar liegen.

Dokters zijn niet erg goed in het ontmaskeren van zulke simulanten. Dat komt omdat ze tijdens hun opleiding te horen krijgen dat simulanten zeldzaam zijn. Ook wordt dokters geleerd dat zij ten koste van alles één bepaald type fout moeten zien te vermijden: zieke mensen ten onrechte voor gezond houden. Wie dit – op zichzelf nobele – uitgangspunt tot het zijne maakt, is slecht gewapend tegen simulanten. Want simulanten zijn gezonde mensen die ziek spelen. De dokter zal lang aarzelen om dat onder ogen te zien (hoofdstuk 4).

Ook politiemensen en juristen zijn niet goed in het ontmaskeren van simulanten. Zij denken weliswaar dat ze er bedreven in zijn, maar de waarheid is dat zij daarbij op kansniveau – 50 procent goed en 50 procent fout – presteren (hoofdstuk 14). Ondertussen biedt onze maatschappij volop kansen aan simulanten. In zijn boek *De veiligheidsutopie* gaf de Nederlandse criminoloog Hans Boutellier (2002) een scherpe analyse van de verheven positie die slachtoffers in onze ontzuilde samenleving innemen. Een van de weinige punten waarover de publieke moraal zich nog kan opwinden is slachtofferschap. Of het nu gaat om een afgewezen asielzoeker, een WAO'er, een veteraan met PTSS of zelfs een dader, slachtofferschap is steeds omgeven met het odium van politieke correctheid. Die dicteert dat aan het woord van het slachtoffer niet mag worden getwijfeld. In de woorden van de Franse filosoof Alain Finkielkraut (1997): 'Slachtoffers liegen immers niet.' Voor nepslachtoffers biedt dat ongekende mogelijkheden om hun aanspraken, claims, eisen en klachten bij hulpverleners en politiebeambten neer te leggen.

Amok

In zijn *Therapy Culture* turfde de Britse socioloog Frank Furedi (2004) hoe vaak de Britse kranten in hun berichtgeving de begrippen trauma en stress gebruiken. Hij constateerde dat in de laatste vijf jaar van de vorige eeuw er sprake is geweest van een ware explosie. Elke ingrijpende ervaring wordt inmiddels onder de definitie van trauma gebracht. Daarom vergt ook elke ingrijpende gebeurtenis de begeleiding van een traumaexpert. Een journalist van het toch serieuze *Intermediair* schreef bijvoorbeeld onlangs over Nederlandse soldaten die terugkomen van een vredesmissie: 'Het gewone burgermansbestaan leidt vaak tot stress, spanning, moord en doodslag. Het is alsof ze elk moment kunnen ontploffen.'[8] Amerikaanse cijfers laten zien dat het verhaal over de amokmakende veteraan een mythe is (Burkett & Whitley, 2000). Door sommige instellingen wordt die mythe echter zorgvuldig gekoesterd om zo de stroom van overheidssubsidies op gang te houden. De directeur van een kenniscentrum op dit terrein zegt tegen *Intermediair*: 'Vaak ziet noch de betrokkene zelf, noch zijn omgeving het probleem. Of wil men het niet zien, want stel je voor wat het zou betekenen als onomstotelijk wordt aangetoond dat een deel van de militairen agressief wordt na terugkeer van een missie. Dan ligt voor de in elkaar geslagen cafébezoeker en echtgenote de weg vrij om Defensie aansprakelijk te stellen.'[9]

Betrokkenen zien zelf vaak het probleem niet. Dat betekent werk aan de winkel voor het kenniscentrum. Ondertussen valt voor het centrum aan de zaak van Paul S. geen eer meer te behalen. Want in die zaak zagen alle betrokkenen, de pers voorop, binnen enkele uren hoe het probleem in elkaar stak. De 37-jarige Kerkradenaar stapte in het najaar van 2003 de fitnessstudio van zijn ex-schoonfamilie binnen en schoot de vier leden ervan dood. Er zijn allerlei details over Paul S. te vertellen: dat hij een dubbele achternaam heeft, een oom met een vooraanstaande positie, een rode Mercedes en nog wel meer dingen die de gemiddelde krantenlezer maar matig zullen boeien. Er is één aspect dat de lezer wel zal interesseren omdat het de suggestie wekt dat daarmee het geval inzichtelijk wordt: Paul S. was een ex-marinier. Binnen een dag hadden alle media het over de ex-marinier Paul S. De voorzitter van de *Vereniging van Oud-Mariniers* legde in de krant uit waarom dat relevant was: 'Hij is in Cambodja geweest en daar heeft hij een en ander meegemaakt.'[10] Die opmerking doet denken aan de ontploffende veteraan waar *Intermediair* en het obscure kenniscentrum zich zorgen over maken.

Geil

Mediatechnisch gezien zijn verhalen over ontploffende veteranen geil.[11] Ze spreken meer tot de verbeelding dan het verhaal dat de dader toevallig ex-marinier was en ook een rode Mercedes had. Of het verhaal dat de landmacht een aantrekkingskracht uitoefent op mensen die moeite hebben met het controleren van hun impulsen. Advocaten voelen dit feilloos aan. Rekenend op de belangstelling van de media doen zij er veel aan om hun cliënten als slachtoffer te portretteren. Zo haastte de advocaat van Paul S. zich om uit te leggen dat zijn cliënt nauwelijks enige herinneringen had aan de viervoudige moord (zie ook hoofdstuk 13). Ook in het geval van de moord op de zestienjarige Nijmeegse scholiere Maja Bradaric was de advocaat van de van medeplichtigheid verdachte Goran P. er als de kippen bij om te vertellen dat Goran uit Bosnië kwam en daar een oorlogstrauma had opgelopen. Dat zou door twee psychiaters zijn vastgesteld.[12]

De onkritische aandacht van de media voor slachtoffers maakt soms slachtoffers. Berucht is de NCRV-documentaire *Verborgen moeders* uit 2000. Daarin liet de regisseur Thom Verheul de inmiddels volwassen dominees-dochter Jacqueline B. aan het woord. Zij vertelde hoe zij door haar vader als kind was misbruikt en hoe diezelfde vader ook abortus op haar liet uitvoeren, terwijl hij vanaf de kansel ertegen fulmineerde. Het slachtoffer had jarenlang een behandeling ondergaan die nogal leek op de therapie van Diane (hoofdstuk 10). Het drama werd zo in beeld gebracht dat het dorp van de dominee moeiteloos te herkennen was. Wederhoor toepassen vond de maker niet nodig. Verheul: 'Ik geloof de vrouwen in mijn programma. Het is belangrijk dat ze een geloofwaardig verhaal hebben, anders dienen ze de zaak niet (...). In Srebrenica wordt ook geen wederhoor toegepast.' Onder druk van juridische dwangmiddelen bood de NCRV in 2002 de dominee en zijn familie alsnog haar excuses aan. Hun reputatie en maatschappelijke positie waren toen al naar de knoppen.[13]

Thom Verheul geldt niet speciaal als een televisiemaker die onbekend is met het onderwerp van incest en kindermishandeling. In 1992 maakte hij het vaak vertoonde *De ontkenning*. Deze documentaire ging over Brigitte, die last had van een meervoudige persoonlijkheid (hoofdstuk 10). Haar zeven alters had zij overgehouden aan seksueel misbruik door haar vader. Dat misbruik was al voor haar eerste levensjaar begonnen. Dat beweerde Brigitte althans. De VPRO-*gids* legde destijds aan Thom Verheul de vraag voor hoe hij wist dat het verhaal van Brigitte klopte. Dat was ook al een goede vraag omdat Brigitte nooit aangifte bij de politie had gedaan. Verheul: 'Brigitte is eraan toe zoals zij eraan toe is, doordat zij de dingen op haar manier heeft ondergaan. Of ze ze echt heeft ondergaan, weet ik niet. Het is haar waarheid.' De familie van Brigitte nam via de televisie kennis van die waarheid en had het er moeilijk mee. Haar broer Frank zei: 'Het is een klein dorp hier. Mensen spreken ons aan op wat mijn zus op tv of in de krant zegt.'

Gods andere omroep, de EO, overwoog onlangs Brigitte aan het woord te laten in de medische serie *Na de diagnose*. Volgens de vooraankondiging had

Brigitte inmiddels 27 alters en was zij haar grootvaders hoer geweest. Haar familie had er schoon genoeg van. Ze dreigde met juridische stappen omdat er andermaal geen wederhoor had plaatsgevonden. Dat dreigement had succes en de uitzending werd te elfder ure afgelast.[14]

Superkids of the ghetto

Mensen die zich als slachtoffer afficheren kunnen in onze maatschappij rekenen op bijna onvoorwaardelijke aandacht en steun. Men kan erover discussiëren in hoeverre dat een teken van beschaving of van naïviteit is. Dat type discussie is niet mogelijk als het gaat om experts die beroepshalve een beslissing moeten nemen over de slachtofferverhalen van patiënten, verdachten of getuigen. Hun aandacht gaat op een nogal eenzijdige manier uit naar slachtofferschap en de blijvende handicaps die daarmee zouden zijn verbonden. De Canadese psycholoog Jack Rachman (1984) noemde ooit het voorbeeld van de Duitse bombardementen op Londen. Door deze bombardementen werd de bevolking langdurig en op grote schaal geterroriseerd. Tijdens en vlak na elke aanval hadden veel mensen last van schrikreacties, trillen, vermoeidheid en inslaapproblemen. Maar deze acute angstklachten waren vaak al binnen twee dagen verdwenen. De EHBO-afdelingen van de Londense ziekenhuizen zagen per week hooguit twee patiënten met wat toen *bom neurose* heette, maar nu posttraumatische stress wordt genoemd. De psychiater Philip Saigh van de Amerikaanse universiteit in Beiroet stuitte in 1982 bij toeval op hetzelfde fenomeen. Vlak voordat de Israëlische troepen het westelijk deel van Beiroet omsingelden en beschoten, nam hij bij zijn studenten allerlei angstvragenlijsten af. Maandenlang was het openbare leven in Beiroet ontregeld vanwege de Israëlische acties. De elektriciteit viel uit, er was een tekort aan water en voedsel en de onophoudelijke beschietingen maakten een groot aantal burgerslachtoffers. Na drie maanden trokken de Israëlische troepen zich terug. Vlak daarna nam Saigh opnieuw de angstvragenlijsten bij zijn studenten af. Hij verwachtte een enorme toename in angstklachten. Tot zijn verbazing was daar geen sprake van. Blijkbaar waren de studenten er goed in geslaagd om zich aan te passen aan de chaos (Saigh, 1984).

Gepreoccupeerd als ze zijn met psychisch instabiele slachtoffers, vragen psychologen en psychiaters zich nauwelijks af hoe het kan dat de meeste kinderen en volwassenen de draad weer oppakken nadat ze gruwelijke dingen hebben meegemaakt. Neem de joodse weeskinderen die hun eerste levensjaren doorbrachten in een nazi-concentratiekamp en later opgroeiden tot gezonde, productieve volwassenen. Wie kennis neemt van hun geschiedenis beseft hoe eenzijdig psychologische theorieën over onveilige hechting, kansarme omgeving en posttraumatische stress zijn (Kagan, 1996). De *superkids of the ghetto* zijn veel te talrijk om ze als uitzonderingen af te schilderen. Het besef dat hier sprake is van – zoals een auteur (Masten, 2001) het noemde – 'ordinary magic', dringt bij de experts pas de laatste tijd door. Wetenschappelijk onderzoek naar de imposante veerkracht van mensen moet daarom nog goeddeels van de grond komen. Zulk onderzoek is van belang omdat het vingerwijzingen kan opleveren waaraan ook slachtoffers die onder een trauma gebukt gaan iets hebben.

Munchausen by proxy

Het ontzag voor slachtoffers kan rechters en dokters behoorlijk parten spelen. De Britse Angela Cannings werd in 2002 veroordeeld wegens de moord op haar zeven weken oude zoontje Jason in 1991 en haar achttien weken oude zoontje Matthew in 1999. Niemand had haar de moorden zien plegen. Cannings zei dat ze waren gestorven aan wiegendood. De rechters geloofden haar niet. Zij meenden dat de kinderen het slachtoffer waren geworden van het *Munchausen by proxy syndroom* waaraan Cannings zou lijden. Deze conclusie trokken de rechters op gezag van de gerenommeerde kinderarts sir Roy Meadow (1977).[15] Hij beschreef in het gezaghebbende medische blad *The Lancet* voor het eerst het syndroom. Volgens Meadow brengen ouders die lijden aan dat syndroom hun kinderen opzettelijk letsel toe omdat zij – de ouders – genieten van de aandacht die dat oplevert. Meadows en zijn leerlingen maakten met hun nieuwe diagnose furore in de Britse rechtszalen. Daarbij hielden zij de rechters steeds *Meadows wet* voor. Die zegt dat

één geval van wiegendood een drama is, twee gevallen binnen een gezin zeer verdacht en drie gevallen moord.[16] Als de ouders Meadow tegenspraken, werd dat als ondersteuning van de diagnose gezien. Een van de beschuldigde moeders legde de catch-22-situatie als volgt uit: 'Als ik ertegen protesteer, zeggen ze dat ik lieg en dat bewijst dat ik aan Munchausen lijd, want liegen is een van de symptomen.'[17]

Geschat wordt dat in de afgelopen jaren een paar honderd Engelse ouders de diagnose Munchausen by proxy kregen opgeplakt en vervolgens werden veroordeeld of werden gescheiden van hun kinderen. Critici hebben er steeds op gewezen dat het syndroom zeldzaam is. En dat het best mogelijk is dat één gezin wordt getroffen door meerdere gevallen van wiegendood vanwege genetische factoren.[18] Pas zeer onlangs vonden de critici gehoor. Dat leidde ertoe dat Angela Cannings in hoger beroep alsnog werd vrijgesproken (zie foto). Tientallen vergelijkbare zaken worden op dit moment opnieuw tegen het licht gehouden. Alom gaat men ervan uit dat eerder veroordeelde ouders op grote schaal zullen worden gerehabiliteerd.

Het trieste verhaal over de populariteit van Munchausen by proxy kent ook een tegenhanger. Die heet *temporary brittle bone disease* en werd bedacht door de Britse patholoog Collin Paterson. Volgens zijn theorie hebben sommige zuigelingen nu eenmaal broze botten die min of meer spontaan breken. Paterson wordt vaak geconsulteerd door ouders die wegens mishandeling van hun kinderen terecht moeten staan. Ook in het geval van een drie maanden oude baby met 28 geheelde botbreuken en bloeduitstortingen over het gehele lichaam wenste Paterson de ouders als slachtoffers van een gerechtelijke dwaling te zien. Ondertussen is de medische status van temporary brittle bone disease nog omstredener dan die van Munchausen by proxy (Williams, 2000).[19]

Asperger overal

In dit boek passeerden allerlei deskundigen de revue. Het waren deskundigen die met geheugentheorieën van geheel eigen makelij slachtoffers ter wille probeerden te zijn. Zo was er een psychiater die de rechter attendeerde op het syndroom van Mumenthaler (hoofdstuk 1). En we schreven over de zaak van Mankema (hoofdstuk 3), waarin een gepensioneerde neuroloog een geheel nieuwe versie van retrograde amnesie bedacht. We hadden het over professor Bastiaans, die werkelijk meende dat hij een geval van organisch geheugenverlies kon oplossen met penthobarbital-injecties (hoofdstuk 8). En over zijn collegahoogleraar die in een tuchtzaak redeneerde dat de meervoudige persoonlijkheid echt bestaat omdat de Amerikaanse dr. Wilbur erover heeft gepubliceerd (hoofdstuk 10).

Nederlandse dokters hebben er vaak weinig moeite mee om te speculeren over de achtergrond van verdachten en slachtoffers. Dat komt doordat in ons land forensische psychologie en psychiatrie geen serieuze vakken zijn. Het aantal Nederlandse wetenschappers dat op deze terreinen in de internationale vakliteratuur publiceert, laat zich op de vingers van één hand tellen. De hoogleraren met een leeropdracht in de forensische psychiatrie staan eerder bekend om hun vergadertalent dan om hun wetenschappelijke statuur. Als zij de norm zijn, kan elke dokter zich vrij voelen om te delibereren over de geheugenafwijkingen van verdachten en slachtoffers. Die middelmatige norm verklaart ook waarom het Pieter Baan Centrum sinds jaar en dag bij welhaast elke verdachte een persoonlijkheidsstoornis vaststelt. En het verklaart hoe het zover kon komen dat dokters er in de media een gezelschapsspel van maakten om aan Volkert van der G. – de moordenaar van Pim Fortuyn – een langeafstandsdiagnose te geven. Sommige dokters lieten per ingezonden brief weten dat Volkert leed aan het *Asperger-syndroom*. Typerend voor deze zeldzame vorm van autisme – genoemd naar de Weense arts Hans Asperger (1908-1980) – is dat de patiënten geen emotioneel contact kunnen leggen met anderen.[20] Zeldzaam? Naar aanleiding van de ingezonden brieven schreven de kranten druk over het syndroom. Men vraagt zich af wat het effect daarvan was op de dokters die maanden later moesten oordelen over de 27-jarige Bas S. Deze verdachte bekende dat hij zijn vriendin met giftige pindakaas om het leven had gebracht. Ook Bas S. bleek volgens de deskundigen ineens aan het Asperger-syndroom te lijden.[21]

Nederlandse rechters toetsen de vakbekwaamheid van getuige-deskundigen nauwelijks. Dokters die komen opdraven als getuige-deskundige wordt naar hun leeftijd gevraagd en of zij de eed of belofte willen afleggen. Of de dokter ooit iets over het onderwerp heeft gepubliceerd wordt niet gevraagd. Zo kon het gebeuren dat de gepensioneerde neuroloog die optrad in het geval van Mankema (hoofdstuk 3) ooit een artikel schreef over oogafwijkingen, maar een getuige-deskundigeverklaring aflegde over het geheugen van de getuige.[22] Franse rechtbanken regelen het allemaal anders. Getuige-deskundige word je in dat land niet zomaar. Er gaat een lange selectieprocedure aan vooraf. Die selectie is gebaseerd op wat en waarover de kandidaat heeft gepubliceerd. Ook worden vakgenoten gehoord over de wetenschappelijke status van de kandidaat. De Franse rechtbanken stellen langs deze weg lijsten van experts samen, waaruit ten behoeve van concrete zaken steeds wisselende deskundigen worden gerekruteerd. De deskundigen op hun beurt vinden het een hele eer om op zo'n lijst te staan. Het is de rechter die de deskundige aanstelt. Maar zowel aanklagers als verdachten kunnen in alle discretie met de deskundige van gedachten wisselen nog voordat hij zijn eindrapport schrijft. Dat voorkomt dat de deskundige zich op grond van verwachtingseffecten publiekelijk bekent tot één scenario en dat dan niet meer kan loslaten zonder gezichtsverlies te lijden. Het Franse systeem van getuige-deskundigen is daarom het minst slechte, aldus de jurist uit Cambridge John Spencer (2000). Misschien dat de Nederlandse rechtsgeleerden zich er eens over zouden moeten buigen. Maar nog urgenter in ons land is het opwaarderen van de forensische psychologie en psychiatrie. Dat zouden vakken moeten worden waarvan niet elke dokter het gevoel heeft er iets van af te weten.

De goede deskundige

Stel dat Volkert van der G. en Bas S. aan het Asperger-syndroom lijden. Of aan het Mumenthaler-syndroom of het Munchausen-syndroom. Wat zegt dat dan over hoe gevaarlijk zij voor de maatschappij zijn? Helemaal niets. Om daarvan een fatsoenlijke inschatting te kunnen maken, zouden de Pieter Baan-artsen en hun collega's minder jacht moeten maken op syndromen en persoonlijkheidsstoornissen en meer moeten kijken naar de dingen die er echt toe doen. Wat er bijvoorbeeld echt toe doet is de neiging om impulsief te reageren. Of de neiging om het eigen plezier te allen tijde voorrang te geven. Er bestaan tests waarmee zulke eigenschappen kunnen worden gemeten. Een daarvan is de *Hare Psychopathie Checklijst*, die door de Amsterdamse hoogleraar Corine de Ruiter en haar collega's werd vertaald in het Nederlands.[23] Uitgedrukt in een correlatie (zie hoofdstuk 1) is de voorspellende waarde van deze test 0.33. Dat is niet perfect, maar het is ook niet niks. Het is ongeveer zoveel als de mate waarin de alanine-aminotransferase test een verbeterde leverfunctie bij hepatitis C kan voorspellen. De Pieter Baanartsen en hun collega's in het land nemen tests zoals deze checklist zelden af. Zij praten liever met de verdachte en met de mensen uit zijn omgeving. Vervolgens komen de dokters tot een oordeel over het recidivegevaar van de verdachte. De voorspellende waarde van dat oordeel kennen we niet. Maar toch besluit de rechter op basis van dat deskundigenoordeel of hij aan de verdachte een TBS-maatregel oplegt.

Pieter Baanartsen en hun collega's houden niet zo van psychologische tests. Een van hen zei nog onlangs: 'We moeten uitkijken dat mensen niet worden gereduceerd tot een score.'[24] Dat past bij de twijfelachtige reputatie die psychologische tests bij het grote publiek genieten. Die reputatie is volstrekt onverdiend. Psychologische tests doen niet onder voor medische tests. Neem het voorbeeld van de CT-scan. De diagnostische nauwkeurigheid van dit apparaat bij het opsporen van kankeruitzaaiingen in hoofd en nek bedraagt 0.64, wat aanzienlijk is. De diagnostische scherpte van geheugentests om dementie op te sporen bedraagt 0.63 (Meyer e.a., 2001). Beweert de advocaat dat zijn cliënt zich schuldig maakte aan een zedendelict omdat de cliënt aan dementie lijdt (zie hoofdstuk 13)? Dan kan een dokter die als getuige-deskundige optreedt gaan babbelen met de verdachte. Maar we weten niet hoe nauwkeurig het oordeel van de dokter dan is over de aan- of afwezigheid van een dementie. Als de deskundige zich zou bedienen van goede geheugentests, dan valt redelijk precies vast te stellen of de geheugenproblemen een omvang hebben die past bij dementie. Bovendien laat het werk van de deskundige zich dan goed reconstrueren. Een contra-expert kan nagaan wat de wetenschappelijke literatuur over de gebruikte tests zegt. Dat maakt het werk van de deskundige toegankelijk voor controle en toetsing. De kwaliteit van de rechtspraak is daarom gediend bij een grootschalig gebruik van tests door getuige-deskundigen.

Valse aangiften

In het Britse Munchausenschandaal kwamen diverse problemen bij elkaar. Het ging in dit schandaal allereerst om dokters die zich lieten inpakken door het verwachtingseffect (hoofdstuk 15): achter elk geval van wiegendood zal wel Munchausen by proxy schuilgaan. Daar kwam het probleem bij dat deze deskundigen de illusie hadden dat ze leugenaars konden herkennen (hoofdstuk 14). Maar leugenaars zijn moeilijk te ontmaskeren, vooral als ze een goed verhaal vertellen. Daar kan de politierechter in Roermond over meepraten. Hij veroordeelde in 2000 een 26-jarige man wegens doorrijden na een ongeval. De man moest een aanzienlijke boete betalen en daarnaast kreeg hij een ontzegging van de rijbevoegdheid voor drie jaren. Hij werd veroordeeld op basis van de verklaringen van drie meisjes, die als slachtoffer bij het ongeval betrokken zouden zijn geweest. De meisjes gaven later toe dat ze hun verhaal hadden verzonnen om zo een excuus voor hun late thuiskomst te hebben.[25]

We weten hoe vaak bepaalde delicten waar en door welke bevolkingsgroep worden gepleegd. De criminele statistieken worden in ons land over het algemeen goed bijgehouden. Dat geldt niet voor valse aangiften. Vreemd genoeg weet niemand op welke schaal dit fenomeen voorkomt, hoeveel politiecapaciteit ermee gemoeid is en of het mogelijk is zulke aangiften in een vroeg stadium te herkennen. Vanwege de risico's op rechterlijke dwalingen wordt het de hoogste tijd voor zulk onderzoek.

Men kan dit probleem ook van de andere kant benaderen. In Roermond was sprake van een rechterlijke dwaling. Systematisch onderzoek naar rechterlijke dwalingen ontbreekt. Dat is een verzuim omdat dit soort onderzoek ons inzicht zou kunnen verschaffen in de omstandigheden waaronder het rechterlijke oordeel verkeerd uitpakt. Nederland kent een Raad voor de Transportveiligheid, die onafhankelijk onderzoek doet naar grote ongevallen. Onder de gedreven leiding van zijn voorzitter mr. Pieter van Vollenhoven heeft deze Raad in de afgelopen jaren een reeks van bruikbare adviezen gegeven. Analoog hieraan zou er een Raad voor de Kwaliteit van Rechterlijke Oordelen moeten zijn. Die zou reconstructies kunnen maken van rechterlijke dwalingen. Dat zou ongetwijfeld waardevolle informatie kunnen opleveren.[26] Die informatie zou in gewicht toenemen als de voorzitter een lid van het Koninklijk Huis zou zijn.

Noten

Noten bij Waarover dit boek gaat

1. Er bestaan talloze andere voorbeelden van dit type bronverwarring. Een van de meest hilarische speelde zich af in 1995 tijdens het speurwerk van de Amerikaanse politie naar de *Oklahoma City bomber*. Nadat de FBI had vastgesteld dat de dader –Timothy McVeigh- een busje had gehuurd bij een bedrijf, werden de medewerkers van dat bedrijf uitvoerig gehoord. Een van hen meende zeker te weten dat McVeigh bij zijn bezoek aan het bedrijf in het gezelschap was van een kleine, zwartharige man met een tatoeage. De FBI verspreidde op grote schaal een signalement van McVeighs kompaan, maar die kon nooit worden opgespoord. Later bleek ook waarom: een dag nadat McVeigh het bedrijf had bezocht, was er een klant gekomen die op McVeigh leek. Deze onschuldige klant werd begeleid door een al even onschuldige kompaan met een tatoeage. Zie Schacter (2001) voor meer voorbeelden.

2. Onderzoekers spreken in dit verband van het geheugen als een soort *permastore*: informatie over een bepaald onderwerp zou in de eerste drie tot zes jaar snel uit het geheugen verdwijnen, maar de informatie die dan nog resteert blijft er voorgoed inzitten. Zie Bahrick (1984).

3. Voorbeelden van deze orale traditie worden uitvoerig besproken in het standaardwerk van de Amerikaanse geheugenspecialist David Rubin (1995).

4. Dit sterke verhaal ontlenen wij aan het toch wel serieuze standaardwerk van Zusne en Jones (1989), van wie ook het citaat afkomstig is.

5. Zie *Dagblad De Limburger*, 25 juni 1999, waarin ook gemeld wordt dat de hele affaire Coca-Cola een slordige 60 miljoen dollar aan omzet kostte. De Duitse Cola-fantast werd uiteindelijk veroordeeld. Niet vanwege afpersing, maar wegens valsheid in geschrifte. Hij had valse identiteitspapieren op zak en gaf zich in Brussel uit als psychiater. Zie *Dagblad De Limburger*, 4 april 2000. Het is een interessante vraag waarom fantasten zich toch zo graag voordoen als psychiater. Op het moment dat de Cola-fantast in Brussel actief was, stond in Leipzig Gert Postel terecht. De toen veertig jaar oude postbode Postel deed zich sinds 1998 voor als gepromoveerd psychiater. Hij werd als *Oberarzt* aangesteld in een forensische kliniek. In die hoedanigheid trad hij vaak als getuige-deskundige voor rechtbanken op. Hij deed zijn werk zo goed dat hij een tijd lang kans maakte op een professoraat aan de Universiteit van Dresden. Het was door stom toeval dat hij ontmaskerd werd. Zie *Der Spiegel*, 22 januari 1999. De Canadese onderzoeker Hare (1999) meent dat de psychiatrie en de psychologie een aantrekkelijk domein zijn voor oplichters omdat het jargon zo makkelijk te imiteren valt.

6. We ontlenen dit voorbeeld aan Loftus (1991).
7. *De Volkskrant*, 14 juli 2003.
8. *De Volkskrant*, 2 februari 2003.
9. Zij zijn bij ons te melden via http://www.psychology.unimaas.nl/Base/research/Psychology&law.htm.

Noten bij 1. Goede getuige

1. Het idee dat het ophalen van herinneringen vaak een sociale functie vervult (met alle nadelen vandien), werd scherp geformuleerd door de Amerikaanse psychologen Loftus en Kaufman (1992).
2. 'Zou u dat ook zo zeggen als u getuige in een rechtszaak was?' De beroemde geheugenonderzoeker David Rubin (2003) onderhoudt op deze wijze zijn proefpersonen over hun herinneringen.
3. Münsterberg (1908) was een leerling van Wilhelm Wundt (1832-1920), een hoogleraar te Leipzig, die geldt als de eerste experimentele psycholoog. Later vertrok Münsterberg naar de Verenigde Staten. Hij verwierf daar faam doordat hij de experimentele kennis van Wundt toepaste op praktische problemen. Een terrein waar Münsterberg een bijzondere belangstelling voor koesterde was de rechtsspraak. Zo hield hij zich uitvoerig bezig met de betrouwbaarheid van ooggetuigen en de waarde van bekentenissen. Zodoende werd Münsterberg de grondlegger van de rechtspsychologie.
4. De *Oslo-confrontatie* (in de Engelse literatuur *line-up* genoemd) dankt haar naam aan de vertaling die de jurist jhr. Van Asch van Wijck in de jaren dertig maakte van een Noorse handleiding over de confrontatie tussen getuige en verdachte.
5. De zaak, die zich in 1997 afspeelde in de Amsterdamse Warmoesstraat, kreeg veel publiciteit.
6. Ook negatieve waarden tussen 0.0 en 1.0 kunnen voorkomen. Het verband is dan even (on)voorspelbaar, zij het in omgekeerde richting.
7. Tot een vergelijkbare conclusie kwamen Brewer en collega's (1999) naar aanleiding van hun onderzoek. Zie ook Berman en Cutler (1996). Deze onderzoekers constateerden dat potentiële juryleden de neiging hebben om alle vormen van inconsistentie (tegenstrijdigheden, maar ook afnemende detaillering) ten nadele van de getuige uit te leggen.
8. We ontlenen de beschrijving van dit onderzoek aan *The Economist*, 20 maart 2003.
9. *Dagblad De Limburger*, 26 juli 2002.
10. *Dagblad De Limburger*, 9 augustus 2002.
11. *Dagblad De Limburger*, 12 juni 1994, 4 februari 1995 en 13 oktober 1997. De zaak staat bekend als de affaire-Köksal.
12. Merckelbach & van Bergen (ter publicatie aangeboden).
13. *NRC Handelsblad*, 18 februari 1999.
14. Helemaal gerust zijn we er niet op. Dat heeft te maken met het bestaan van de Commissie Forensische Hypnose (CFH) binnen het Forensisch Medisch Ge-

nootschap. Een van de leden (Ligthart, 2004) schrijft in een serieus bedoeld leerboek over forensische geneeskunde: 'Uit onderzoek blijkt dat er geen systematische samenhang is aangetoond tussen het toepassen van hypnose en vervormingen, pseudo-herinneringen of hypermnesie.' De schrijver heeft een halve eeuw onderzoek gemist en ziet daardoor de beperkingen van zijn hobby over het hoofd. Of de Nederlandse politie daar ook van doordrongen is, onttrekt zich aan onze waarneming.

15. *De Morgen*, 30 november 2001. De Belgische krant *De Zondag* meldde op 23 november 2002 dat Vincent Martin geschorst zou zijn als gerechtspsychiater omdat enkele patiënten hem van ontucht beschuldigen. Enige tijd later werd de Belgische gerechtspsychiater Myriam van Moffaert geschorst omdat zij met declaraties en wetenschappelijke gegevens zou hebben gesjoemeld. 'Is de omgang met leugenaars en bedriegers soms ook nog besmettelijk?' vroeg *Intermediair* (12 juni 2003) zich af.

16. *Algemeen Dagblad*, 6 april 2000.

17. *De Dordtenaar*, 18 maart 2000.

18. *De Telegraaf*, 19 juli 1999. Dit bericht is minder zeldzaam dan het lijkt. Zo speelde in 2002 het geval van de veertienjarige Miranda, die beweerde door jonge Marokkanen te zijn ontvoerd en als seksslavin te zijn aangeboden aan volwassenen. Volgens justitie heeft Miranda haar verhaal verzonnen. (*De Telegraaf*, 24 oktober 2002.) Die conclusie kan met nog meer zekerheid worden getrokken in het treurige geval van een 21-jarige Enschedese vrouw. Zij zou bij het station door twee mannen in een zwarte auto zijn gesleurd, waarna ze door beiden zou zijn verkracht. De zaak kwam aan bod in het tv-programma *Opsporing verzocht*. Daar werd ook een compositietekening van de verkrachters getoond. Ofschoon de vrouw later bij de politie opbiechtte het hele verhaal uit de duim te hebben gezogen, kwamen er bij *Opsporing verzocht* acht tips van kijkers binnen. Dat doet denken aan Osama Bin Laden die in een volkswagen door Salt Lake City reed toen daar de Olympische Spelen werden gehouden. Dat was althans wat 25 getuigen meldden aan de FBI. Met die getuigen zouden wij wel eens willen praten. (*De Telegraaf*, 15 januari 2002.)

Noten bij 2. Kapot

1. Bij een epileptische aanval raken de hersenen in een staat van hyperactiviteit. Vaak begint een aanval vanuit een bepaalde haard (focus) in het brein. Bij temporaalkwabepilepsie bevindt die haard zich in de temporaalkwab. Van diverse onderdelen in de temporaalkwab is bekend dat zij zeer gevoelig zijn voor beschadigingen (bijvoorbeeld ten gevolge van een ongeval) en zich onder invloed daarvan kunnen ontwikkelen tot epileptische haard. Temporaalkwabepilepsie kan niet alleen gepaard gaan met extreme angsten, maar ook met vreemde sensaties zoals religieuze extase en *out-of-body*-ervaringen. Het geval van Dostojevski, die aan epilepsie leed, maakt duidelijk hoezeer die weer een bron van literaire inspiratie kunnen zijn (Joseph, 1996).

2. *Magnetic Resonance Imaging* (MRI) is een techniek uit de radiologie waarmee met sterke magnetische velden de waterstofdichtheid in de hersenen kan worden bepaald. Omdat verschillende hersendelen een verschillende waterstofdichtheid bezitten kunnen hersenstructuren en beschadigingen hieraan in kaart worden gebracht (De Haan e.a., 1997).

3. Van dr. S.S. Korsakows naam doen verschillende spellingen de ronde. Wij volgen de spelling die te vinden is in het *Archiv für Psychiatry* (1889, p. 390).

4. De geschiedenis van HM kent een opmerkelijke parallel met die van de zogenaamde *split brain*-patiënten. Ook zij hadden last van een onbehandelbare epilepsie en ook zij vielen in de handen van neurochirurgen die wel eens een gewaagde techniek op hen wilden uitproberen. In het geval van de *split brain*-patiënten bestond die techniek uit het doorsnijden van de verbindingen tussen de rechter en de linker hersenhelft. Ook deze ingreep had een dempend effect op de epileptische aanvallen. Maar opnieuw was er een onvoorziene complicatie die psychisch van aard was en die aan de oppervlakte kwam zodra psychologen deze patiënten aan systematische tests gingen onderwerpen. Toen pas werd duidelijk dat de mentale coördinatie tussen de twee hersenhelften van de *split brain*-patiënten ver te zoeken was. Toen pas ook begreep men hun verhalen over bijvoorbeeld de rechterhand die het lichaam wil aankleden en de linkerhand die het lichaam wil uitkleden (Harrington, 1987).

5. Dat het geval van Clive Wearing zoveel aandacht trok had met twee dingen te maken. Om te beginnen was Wearing al voor zijn ziekte een bekende figuur. Hij gold als de Orlando-di-Lassospecialist bij uitstek en verzorgde voor de BBC programma's over klassieke muziek. Ten tweede werden er over zijn geheugenafwijking twee tv-documentaires gemaakt waarvan de bekendste *Prisoner of Consciousness* (1986) is.

6. In de cyclus *A la recherche du temps perdu* (1922) doopt de hoofdpersoon een madeleinekoekje in kamillethee en die geur roept allerlei vervlogen herinneringen op. Dat voorbeeld is wel gebruikt om duidelijk te maken hoezeer geuren autobiografische herinneringen kunnen activeren, maar de herinneringen zelf – ook die van Proust's hoofdpersoon – bestaan hoofdzakelijk uit visuele beelden.

Noten bij 3. Getuige met geheugenverlies

1. Het geval dat wij hier beschrijven bestaat echt, maar namen en omstandigheden zijn gefingeerd.

2. In een onderzoek van de psychiater Ohayon en zijn medewerkers (1996), waarbij honderden gezonde vrijwilligers waren betrokken, meldde 37 procent van hen ten minste twee keer in de week een hypnagoge hallucinatie te hebben. Ook in onderzoek dat wij zelf onder studenten deden, vonden wij dat dit type hallucinatie relatief vaak voorkomt. We vonden bovendien dat bij een kleine groep deze hallucinaties zo intens en realistisch kunnen zijn dat zij voor echt worden versleten (Rassin e.a., 2001).

3. Het idee dat fantasieën alleen dan de status van (pseudo)herinnering kunnen verwerven als 'echte' herinneringen ontbreken, staat in de literatuur ook wel te boek als het principe van *discrepancy detection* (Schooler & Loftus, 1986): wie op grond van zijn herinneringen de discrepantie ziet tussen realiteit en fantasie, kan die fantasie terzijde schuiven. Zie ook hoofdstuk 16. Een interessante vraag in dit verband is hoe men zogenaamde bijna-dood-ervaringen (BDE's) van IC-patiënten moet taxeren. Onderzoekers als de Nederlandse arts Van Lommel (Van Lommel e.a., 2001) sluiten niet uit dat zij iets zeggen over een transcendente wereld. Een meer platvloerse verklaring is dat BDE's hallucinatoire belevingen zijn die vlak voor of na een periode van coma optreden en later de status van gedetailleerde herinnering verkrijgen (French, 2001). Wat voor die interpretatie spreekt is dat er ex-patiënten zijn die aanvankelijk geen BDE rapporteren, maar later zo'n ervaring weer wél claimen te hebben gehad. Het omgekeerde komt overigens ook voor.

4. Er zijn goede tests voorhanden om vast te stellen of een patiënt zich in een toestand van PTA bevindt (bijvoorbeeld Shiel e.a., 2000).

5. Voor de liefhebbers van jurisprudentie: zie, via achtereenvolgens AF1801 (Rechtbank Den Bosch, 12 december 2002) en AI1722 (Hof Den Bosch, 2 september 2003).

6. Wij kunnen hier nog preciezer over zijn: de door de rechter-commissaris aan de neuroloog voorgelegde vragen behoren tot het domein van de forensische neuropsychologie. Dat is een erkend specialisme, met een geheel eigen literatuur (zie bijvoorbeeld Faust, 1996; Pritchard, 1997; Purisch & Sbordone, 1997; Murrey, 2000).

Noten bij 4. Geheugenverlies spelen

1. Samen met Jay Ziskin is David Faust de redacteur van een serie van boeken waarin de juridische bewijswaarde van psychologische, psychiatrische en neurologische testuitslagen tot in de kleinste details wordt becommentarieerd. De serie is op elk advocatenkantoor in de VS te vinden en verschijnt onder de naam *Coping with Psychiatric and Psychological Evidence*. De uitgever is *Law & Psychology Press*.

2. *NRC Handelsblad*, 4 maart 2000.

3. In welke mate de CT-scan van Saunders' verschrompelde frontaalkwab aan het milde rechterlijke oordeel bijdroeg weten we niet. Wat we wel weten is dat hersenfoto's oprukken in de rechtszaal en dat over het algemeen hun invloed op rechters overweldigend is. Zoals we nog in het volgende hoofdstuk zullen zien, is dat een verontrustende zaak (Kulynych, 1997).

4. *Sunday Independent*, 12 oktober 2003. Zie ook *British Medical Journal*, 13 juni 1992, p. 1568.

5. Dit advies komt van dr. Ferrari, die met zijn collega's (1999) een artikel onder de volgende titel schreef: *The best approach to the problem of whiplash: One ticket to Lithuania, please.*

6. Het classificatiesysteem van de Amerikaanse psychiaters – de *Diagnostic and Statistical Manual of Mental Disorders* (DSM) – maakt een onderscheid tussen *malingering* en *factitious disorder*. Het eerste is aan de orde als symptomen worden geveinsd vanwege een extern doel (een uitkering, vermindering van gevangenisstraf). In het tweede geval worden symptomen geveinsd om een 'intern' doel (behoefte aan aandacht van anderen) te bereiken. In de vakliteratuur wordt dit onderscheid vaak onder vuur genomen. Hoe weet je immers wat een simulant probeert te bereiken? Bovendien zal het sommigen om zowel aandacht als geld gaan.

7. We ontlenen deze cijfers aan *NRC Handelsblad*, 1 februari 1997 en Weusten (1998). Bij sommigen bestaat de indruk dat sinds de invoering van de Wet Terugdringing Beroep op de Arbeidsongeschiktheid (1991) het aantal succesvolle aanspraken op de WAO in verband met whiplashklachten is afgenomen. Dat zou een rechtstreeks gevolg zijn van de sinds die tijd geldende richtlijn dat alleen patiënten met een objectief vast te stellen aandoening in aanmerking komen voor een WAO-regeling. Dat zou op zijn beurt weer tot een toename hebben geleid van het aantal claims aan het adres van de assuradeurs. Bijna een kwart van alle geclaimde letselschade heeft betrekking op whiplashklachten (Bruins, 2004). Bij claims in verband met aanhoudende whiplashklachten gaat het vaak om honderdduizenden euro's. Meer dan de helft van de WA-premies die worden afgesloten op voertuigen gaat aan het honoreren van zulke claims op (Koerselman, 1998).

8. PTA verwijst naar een toestand van desoriëntatie waarin de patiënt zich vlak na het ongeval bevindt. Zie het vorige hoofdstuk.

9. Zie voor een overzicht *Intermediair*, 21 november 2002 (Claim je rijk).

10. Op zo'n geavanceerde hersenfoto zal men bijvoorbeeld lichte atrofie van sommige hersendelen zien. De voor de hand liggende oorzaak daarvan is *staying alive*, dat wil zeggen, veroudering (zie Lees-Haley e.a., 2003).

11. Soms krijgen dokters wel te horen dat zij misleid zijn door hun patiënten, maar zelfs dan geloven veel dokters dat niet. Een aardig voorbeeld hiervan biedt het onderzoek van de psycholoog Rosenhan dat in hoofdstuk 12 ter sprake komt.

12. Het motto schijnt van de astronoom Carl Sagan afkomstig te zijn, maar zeker weten doen we dat niet. Dat het omarmen ervan moet leiden tot een forse overdiagnose van problemen is duidelijk. Dat is ook wat men in de literatuur mooi gedocumenteerd vindt. Wedding en Faust (1989) vatten die als volgt samen: 'Een groot aantal studies naar de accuratesse van clinici heeft gevonden dat in een op elke drie gevallen gezonde individuen worden gemisdiagnosticeerd als lijdende aan een hersenstoornis.' Voor een deel heeft dat te maken met het verschijnsel dat medische en neuropsychologische handboeken veel aandacht besteden aan zeldzame aandoeningen (bijvoorbeeld de dementie van Pick) en relatief weinig aan voor de hand liggende redenen waarom de prestaties van de patiënt te wensen overlaten (bijvoorbeeld depressie, vermoeidheid).

13. Het gaat hier om een reëel voorbeeld. Zo bestaat er het geval van een Amsterdamse familie De Vries, wier volwassen zoon tijdens psychotherapie zich ging herinneren dat hij als kind door zijn vader en moeder was misbruikt. Het zou

daarbij zijn gegaan om satanisch ritueel misbruik. De zoon diende vervolgens een verzoek tot naamswijziging in en een bijgevoegde verklaring van een psycholoog ondersteunde dat verzoek. In de verklaring van de psycholoog werd het misbruik als vaststaand feit aangenomen. De psycholoog schreef: 'Cliënt is langdurig seksueel misbruikt, met name in gezinsverband; hij wil zich hiervan losmaken door het loslaten van de naam die hem aan deze familie bindt.' Het ministerie besloot daarop het verzoek tot naamswijziging in te willigen. Tot ergernis van de ouders verzuimde het ministerie na te gaan wie de psycholoog was en op basis waarvan hij concludeerde dat het misbruik moest hebben plaatsgevonden. Zie *De Volkskrant*, 10 maart 1990. En verder: *NRC Handelsblad*, 8 december 2001.

14. Over de dissociatieve amnesie komen we verderop in dit boek nog uitgebreid te spreken. Zie de hoofdstukken 6, 9, 10 en 13.

15. Tests die in dit verband vaak werden genoemd waren de *Minnesota Multiphasic Personality Inventory* (MMPI) en de *Amsterdamse Korte Termijn Geheugentest* (AKTG). De MMPI is een persoonlijkheidstest waarmee kan worden nagegaan of de patiënt de neiging heeft om atypische en bizarre symptomen te rapporteren. De AKTG is een geheugentest waarmee men het simuleren van geheugenklachten kan opsporen (Jelicic e.a., 2003). Zie ook verderop in de tekst.

16. Een veelgebruikte lijst om klachten van patiënten met een mild traumatisch hersenletsel in kaart te brengen is die van Van Zomeren en Van den Burg (1985). Daarop komen vragen voor als 'Vindt u dat u in het algemeen meer vergeet dan voor het ongeluk?' De formuleringen zijn dusdanig dat zij tot een causale interpretatie uitnodigen. Want als het antwoord 'ja, duidelijk' is, dan ligt het voor de hand om het ongeluk als oorzaak daarvoor te zien.

17. Het *Gulf-War*syndroom wordt wel onder veteranen van Operatie *Desert Storm* aangetroffen. De symptomen bestaan ook weer hoofdzakelijk uit vermoeidheid, hoofdpijn en een gebrekkige concentratie. De frequentie van deze klachten ligt niet hoger dan in de normale populatie. Dat is de reden dat verstandige dokters menen dat het syndroom niet bestaat: 'De meeste studies op dit terrein laten zien dat het Gulf War-syndroom in de eerste en belangrijkste plaats een uitvinding van de media is'(Sartin, 2000).

18. Zie in dat verband Arrest Hof Arnhem, 17 maart 1998.

19. Een fraai voorbeeld van de lankmoedige houding die verzekeraars aannemen ten opzichte van simulanten is het geval van de 45-jarige tandarts die ter waarde van ettelijke miljoenen een tiental verzekeringen had afgesloten. Op een dag reed hij met een snelheid van 15 km per uur tegen een boom. Hij bleef met zijn linker wijsvinger in het sportstuur van zijn auto haken, de vinger werd afgerukt en sindsdien kan hij niet meer werken. Vandaar de claim van 5 miljoen die hij bij de verzekeraars neerlegde. Onderzoek van de verzekeraars toonde aan dat er vlak na het ongeval een verdacht hoge concentratie van het verdovingsmiddel lidocaine in het bloed van de tandarts aanwezig was. Daarom rees het vermoeden dat de man met een sigarenknipper zijn vinger had geamputeerd om zo verzekeringsgelden op te strijken. Daarmee geconfronteerd haalde de tandarts zijn claim van tafel. In plaats van dat de verzekeringsmaatschappijen vervol-

gens aangifte van poging tot oplichting deden, probeerden ze tot een geheime schikking met de tandarts te komen. Via de pers lekte die informatie uit en justitie stelde alsnog vervolging in. Zie *De Telegraaf*, 20 december 2000 en 12 april 2003. Op de zwarte lijst van de verzekeraars – het Fraude- en Informatie-Systeem (FISH) – komen 150 000 namen voor van Nederlanders die frauduleuze verzekeringsclaims indienen. Het jaarlijkse bedrag dat ten onrechte wordt uitgekeerd, overschrijdt naar schatting de 400 miljoen euro. *De Telegraaf*, 22 mei 2002.

20. *De Telegraaf*, 11 januari 2003.

Noten bij 5. Stress, hersenplaatjes en schadeclaims

1. De vraag hoe accuraat herinneringen aan seksueel misbruik zijn als zij in het kader van een psychotherapie naar boven worden gehaald, laten we hier links liggen. Zie over deze kwestie Loftus en Ketcham (1994), Crombag en Merckelbach (1996) en hoofdstuk 10.

2. Een van ons (Jelicic, 2003) wijdde een kritische bespreking aan Bremners *Does stress damage the brain?* Daarin werd ook aandacht besteed aan Bremners matige kennis van zijn klassieken. Bij Bremner wordt bijvoorbeeld Jean-Paul Sartre Jean Pierce Sartre. En dichter bij Bremners huis wordt de beroemde patiënt HM (zie hoofdstuk 2) plotseling iemand die zijn geheugenproblemen te danken zou hebben aan een hersenbloeding.

3. Sapolsky beschreef zijn hypothese op onderhoudende wijze in *Why zebra's don't get ulcers* (1994). Daarin gaat hij nogal tekeer tegen de psychologen. Die zouden pas zeer onlangs wetenschappelijke tafelmanieren hebben geleerd en met hun vage verklaringen – *psychogenic anything* – het onderzoek naar stress toch vooral hinderen. Sapolsky licht zijn negatieve oordeel over psychologen nauwelijks toe. Des te duidelijker is de reeks van medici met krankzinnige ideeën die in Sapolsky's boek de revue passeren. Dat rariteitenkabinet begint rond de eeuwwisseling met de fysioloog Brown Sequard, die meende dat ouderdomsverschijnselen goed te behandelen zijn met een dagelijkse injectie van vermalen hondentestikels. En eindigt voorlopig bij de chirurg Siegel, die meent dat kanker een gevolg is van gebrek aan spiritualiteit.

4. De afgifte van cortisol staat onder invloed van de zogenaamde hypothalamus-hypofyse-bijnierschors as.

5. In een grondig overzichtsartikel dat de Nederlandse psychologe Elzinga samen met Bremner (2003) schreef, heet het letterlijk: 'Cortisol komt vrij tijdens stress. Dit kan leiden tot een acute, maar omkeerbare hippocampale stoornis, en daarmee tot defecten van het verbale, declaratieve geheugen, zoals traumagerelateerde amnesie.'

6. In later onderzoek vonden Lupien e.a. (1998) dat het vooral de bejaarde mensen met extreem hoge cortisolspiegels zijn die een achteruitgang in hun geheugen vertonen. Deze groep bleek overigens ook een verkleinde hippocampus te hebben.

7.   MRI is een techniek uit de radiologie waarmee het volume van hersenstructuren in kaart kan worden gebracht en gemeten (De Haan e.a., 1997; zie ook hoofdstuk 2). Hoewel sommige onderzoekers geloven dat een gering volume wijst op sterfte van hersencellen, hoeft dat niet per se het geval te zijn. Een kleine hippocampus kan bijvoorbeeld ook erfelijk bepaald zijn (Gilbertson e.a., 2002). Sommige auteurs plaatsen overigens technische kanttekeningen bij het MRI-onderzoek van Bremner. Een van hen is de Britse geheugenspecialist Michael Kopelman (2002). In een onlangs verschenen overzichtsartikel zegt hij dat Bremners bevinding van een kleinere hippocampus bij PTSS-patiënten met de grootst mogelijke voorzichtigheid moet worden geïnterpreteerd 'gezien de nogal ruwe metingen die werden uitgevoerd. In de studie van Bremner en collega's waren zelfs de controlewaarden abnormaal als men ze vergelijkt met die welke in andere studies werden gevonden.'

8.   Juristen spreken in dat verband over psychische of geestelijke schade als gevolg van een schok, zoals het zien van een familielid dat bij een ongeval om het leven kwam. Die schade kan juridisch gezien voor vergoeding in aanmerking komen als aan een aantal voorwaarden is voldaan. Zo moet er sprake zijn van – en nu spreekt de Hoge Raad - 'een in de psychiatrie erkend ziektebeeld'. PTSS is zo'n ziektebeeld. Zie HR, 22 februari 2002; zie ook Lindenbergh (2002). In de recente jurisprudentie is ook een geval te vinden van een vrouw die de geestelijke schade die zij opliep ten gevolge van seksueel misbruik verhaalde op de aansprakelijkheidsverzekering van de dader. Het *Verbond van Verzekeraars* was er als de kippen bij om te melden dat met onmiddellijke ingang de polisvoorwaarden van aansprakelijkheidsverzekeringen zijn gewijzigd en wel zodanig dat schadeclaims als gevolg van seksueel misbruik voortaan buiten de dekking vallen. Zie *De Telegraaf,* 20 november 2001.

9.   Over die enorme bedragen doen ware verhalen, maar ook fabels de ronde. Zoals in het vorige hoofdstuk al ter sprake kwam, is het waar dat McDonald's ettelijke honderdduizenden dollars moest uitkeren aan een klant die zich had verbrand aan de hete koffie van de fastfood-gigant. In dit geval staat echter vast dat het bedrijf willens en wetens de koffie te heet serveerde om zo de slechte smaak ervan te verdoezelen. Het is niet waar dat een magnetronfabrikant ooit een torenhoge schadevergoeding aan een dame moest uitkeren omdat het bedrijf had verzuimd om in de handleiding uit te leggen dat je met magnetrons geen hondjes kunt drogen. Zie over deze en andere kwesties het mooie artikel van Peters (2002). In Nederland is in de afgelopen jaren niet zozeer het aantal gevallen van letselschade gestegen, maar wel het gemiddeld geclaimde bedrag per schadegeval. Dat is volgens Centraal Beheer Achmea het gevolg van de 'toegenomen claimbewustheid' van Nederlanders.

10.   *De Volkskrant,* 4 februari 2004.

11.   Meer van zulke gevallen treft men aan in het prachtige *Stolen Valor: How the Vietnam Generation Was Robbed of Its Heroes and Its History* van de historicus Burkett en de journaliste Whitley (2000). In dit 692 pagina's tellende boek bespreken de auteurs een bonte stoet van Vietnam-veteranen die hun PTSS-ellende uitgebreid in de Amerikaanse pers etaleren, maar... nooit in Vietnam wa-

ren. Zo komt uitgebreid het geval ter sprake van Brian Dennehy, de man die de rol van sheriff speelt in de Rambofilm *First Blood* (1982). Keer op keer vertelde Dennehy in de Amerikaanse pers hoe hij leed onder zijn ervaringen in Vietnam, maar achteraf bleek dat hij het alleen van foto's en verhalen kende. Zie ook hoofdstuk 11.

12. *Dagblad De Limburger*, 25 juni 2002.

13. Respectievelijk *Opzij*, oktober 2001 en *Intermediair*, 14 februari 2002.

14. Wat Weinstein fataal werd waren andere experts, die kwamen uitleggen dat er heel wat patiënten met cystes in hun hoofd zijn die toch níet hun vrouw vermoorden. En ook verscheen er een psycholoog ter zitting die bij Weinstein allerlei tests had afgenomen. Weinstein presteerde daar redelijk normaal op en dat vond de psycholoog – zeer terecht – maar merkwaardig als het *gaping black hole* echt zo *gaping* groot was als Weinsteins advocaat beweerde. Zie Kulynych (1996).

15. Gigante claimde in die tijd ook dat hij last had van enorme geheugenproblemen. Zo kende hij de namen van zijn kinderen niet meer, maar wist hij wel welk beroep ze uitoefenden. En de naam van de Amerikaanse president kende hij evenmin, maar de vraag snapte hij wel. Wij denken dat Gigante door de mand zou zijn gevallen als men hem aan een aantal slimme psychologische tests had onderworpen. Zie Reeves e.a. (2003).

16. Onze voorspelling is dan ook dat de opmars van de biologische technologie voor grote problemen in de rechtspraak gaat zorgen. Een voorbeeld van een geheel andere orde, maar dat wel weer handelt over het causaliteitsvraagstuk is het zogenaamde *Low Serotonine Syndrome* (LSS). Onderzoekers hebben gevonden dat mensen die zich te buiten gaan aan impulsief gedrag – een zelfmoordpoging – in hun hersenen een relatief tekort hebben aan de neurotransmitter serotonine. Van serotonine wordt ook wel gezegd dat het de functie van een rem heeft. Als je er te weinig van hebt, kun je je gedrag niet meer afremmen. De eerste moordenaar die zich in de (Amerikaanse) rechtszaal beroept op LSS en dat met medische testuitslagen onderbouwt, is inmiddels gesignaleerd. Ook hier gaat om het om de vraag hoe sterk het causale verhaal is dat weinig serotonine impulsief gedrag veroorzaakt (Berman & Coccaro, 1998). Dat juristen niet de best geëquipeerde lieden zijn om dat soort vragen te stellen valt te lezen bij Stolker (2002), die een pleidooi houdt voor meer methodisch denken in de rechtswetenschap. Dat anderzijds experts de neiging hebben om zich te buiten te gaan aan overinterpretatie van causale relaties, valt te lezen bij Coles en Veiel (2001). Hun artikel draagt niet toevallig de titel *Expert testimony and pseudoscience: how mental health professionals are taking over the courtroom.*

Noten bij 6. Karige jeugdherinneringen

1. De uiteindelijke herkomst van de flashback valt te herleiden tot de psychiatrische literatuur van de jaren zestig en zeventig over psychedelische drugs. Daar verwees de term naar hallucinaties die door het gebruik van LSD werden opge-

wekt. Het was pas in de vroege jaren tachtig dat de term plotseling opdook in artikelen over PTSS. Zie Frankel (1994).

2. Zie voor een uitgebreide historische beschrijving van het werk van Ebbinghaus en zijn aanhangers: Schacter (2001).

3. Genoemd naar de Berlijnse arts Hedwig von Restorff (1933) die haar dissertatie aan dit fenomeen wijdde.

4. Een typisch Ebbinghausiaanse geheugentaak die tot op de dag van vandaag op grote schaal door psychologen wordt gebruikt is de zogenaamde 15-Woorden Test (15-WT), waarbij de patiënt of proefpersoon in een aantal rondes telkens dezelfde vijftien woorden hoort en de psycholoog steeds nagaat hoeveel woorden door de patiënt of proefpersoon kunnen worden gereproduceerd. Als historisch terzijde melden wij dat het de Groningse hoogleraar Deelman (1972) was die een Nederlandse versie van deze tests maakte en niet – zoals sommige promovendi lijken te veronderstellen – Brand en Jolles (1985).

5. *Dagblad De Limburger*, 1 november 2003.

6. Dat herinneringen aan ongevallen of bijna-ongevallen specifiek zijn, wil overigens nog niet zeggen dat zij ook goed toegankelijk blijven. Zo bestudeerde de Engelse onderzoeker Chapman bijna-ongelukken van automobilisten. Hij liet 80 automobilisten een jaar lang vlak na elke autorit een bandje inspreken over het verloop van de reis. Aldus werden gegevens verzameld over 7000 autoritten. In 400 gevallen was er sprake van een bijna-ongeluk. Tegelijkertijd testte Chapman voortdurend het geheugen voor zulke bijna-ongelukken. Al na 2 weken waren de automobilisten 80 procent van de incidenten vergeten. Alleen zeer ernstige incidenten waarin zij zelf een aandeel hadden werden goed onthouden. Zie Chapman en Underwood (2000).

7. Japans onderzoek laat zien dat ook patiënten die lijden aan alzheimerdementie in staat zijn om flashbulbherinneringen te vormen. Tien weken na de aardbevingen in Kobe (1995) werden patiënten met deze diagnose ondervraagd over hun herinneringen aan die dag. Ofschoon de patiënten zo dement waren dat zij niet in staat bleken om te zeggen wat zij 's morgens hadden gegeten, bewaarden zij redelijk scherpe herinneringen aan de aardbeving in Kobe. Met moderne imaging-technieken (MRI; zie hoofdstuk 5) vonden de Japanse onderzoekers dat de flashbulbherinneringen van hun demente patiënten duidelijker waren naarmate de amygdala van de patiënten meer intact was. De amygdala is een hersenstructuur die zeer gevoelig is voor de emotionele aspecten van informatie. Zie Ikeda e.a. (1998).

8. Het idee dat levendige herinneringen geen stabiele plaatjes zijn is ook aan te treffen bij Neisser en Harsch (1992). En zelfs Sigmund Freud en nog eerder de Britse filosoof John Locke wezen daar al op. Locke kwam daarbij met het voorbeeld van hoe je je een val van de trap herinnert. Je ziet jezelf dan naar beneden donderen, alsof je nu de toeschouwer bent. Dit toeschouwerperspectief gaat gepaard met plaatjes die onmogelijk hetzelfde kunnen zijn als de originele zintuiglijke waarnemingen (Sierra & Berrios, 1999).

9. De relatie tussen autobiografische herinneringen en intelligentie is complex. Het is waar dat ook minder intelligente of minder verbaal begaafde mensen in

staat zijn om autobiografische beschrijvingen van een specifieke gebeurtenis te geven. En in die zin heeft een gebrek aan intelligentie niets te maken met de globale herinneringen waarover Williams schrijft. Aan de andere kant blijkt dat men autobiografische herinneringen aan een nog grondiger analyse kan onderwerpen. Men kan bijvoorbeeld kijken naar de grammaticale complexiteit (bijvoorbeeld het aantal bijzinnen) en naar *idea density* (aantal ideeën per tien woorden). Dit soort parameters blijkt wel degelijk verband te houden met intelligentie en – misschien nog wel meer – met de cognitieve reservecapaciteit. In een fascinerend onderzoek van Snowdon en collega's (1996) werd gevonden dat deze linguïstische vaardigheden goede voorspellers van het risico op alzheimerdementie zijn. Snowdon en collega's speurden naar de autobiografische schetsen die zusters van de Nôtre Dame tussen 1931 en 1939 in verband met hun religieuze wijding op papier hadden gezet. Ze analyseerden de linguïstische kenmerken van de teksten en spoorden de overlevenden op. Gebrekkige linguïstische vaardigheden op jonge leeftijd gingen hand in hand met alzheimerdementie op latere leeftijd.

10. *Intermediair*, 14 februari 2002.

11. Gealarmeerd door de berichten over de *bogus vets* (zie vorige hoofdstuk) vroeg McNally zich later af of zijn Vietnam-veteranen ook wel echte veteranen waren. McNally speurde naar hun gegevens in de militaire archieven en vond dat zijn veteranen bonafide waren.

12. Ook onderzoek naar het autobiografische geheugen van slachtoffers die de kampen van de nazi's overleefden, laat zien dat zulke slachtoffers nooit last hebben van totaal geheugenverlies. Zo bestudeerde de Nederlandse geheugenexpert bij uitstek, de Leidse hoogleraar Willem Albert Wagenaar, de herinneringen van mensen die gedurende de oorlogsjaren als gevangenen in Kamp Erica verbleven. De ex-gevangenen bleken soms bepaalde details (namen, registratienummers, aankomstdatum) vergeten te zijn. Maar de allesoverheersende conclusie was toch dat 'zelfs na veertig jaren, de meeste getuigen zich de bijzonderheden van Kamp Erica tamelijk goed konden herinneren'. Er was geen enkele ex-gevangene die amnesie had voor zijn tijd in Kamp Erica (Wagenaar & Groeneweg, 1990). De Israëlische psychologen Schelach en Nachson (2001) analyseerden de autobiografische herinneringen van vijf mensen die Auschwitz hadden overleefd. Ook zij vonden dat 'het relaas van de overlevenden duidelijk, gedetailleerd, geordend en waarheidsgetrouw was', ofschoon allerlei details die te maken hadden met de dagelijkse gang van zaken in Auschwitz vaak waren vergeten. Zie voor een meer gedetailleerde analyse van holocaustherinneringen: Kraft (2002).

13. Dat globale herinneringen samenhangen met een gemankeerd probleemoplossend vermogen is op allerlei manieren aangetoond (zie ook Goddard e.a., 1996; 1997). Daarmee samenhangend is ook gevonden dat mensen met globale autobiografische herinneringen de neiging hebben om op een amorfe manier over hun toekomst na te denken (Williams e.a., 1996).

14. *Wall Street Journal*, 12 september 2003.

15. Dat doet denken aan het motto van de Duitse filosoof Theodor Adorno: 'Nach

Auschwitz ein Gedicht zu schreiben, ist barbarisch.'

16. *Dagblad De Limburger*, 25 februari 2003.

Noten bij 7. Een bekentenis en haar gevolgen

1. Wij citeren hier uit een reportage van Gerlof Leifstra en José van der Sman die onder de titel *De Zaak Ina Post* in *Elsevier*, 30 september 1989 verscheen.

2. Zo trad Ina Post op in een aflevering van het televisieprogramma *Crime Time* (20 december 1991) en wijdde journaliste A.J. Bijnoord (1989) een boek aan haar geval.

3. We geven hier een korte samenvatting van de zaak Ina Post en laten de juridisch-technische details ervan buiten beschouwing.

4. Strikt genomen kent onze wet het begrip 'bekentenis' niet. Artt. 339 en 341 Sv spreken over 'verklaringen c.q. opgaven van den verdachten' en Art 341 lid 4 Sv luidt daarbij: 'Het bewijs dat de verdachte het tenlastegelegde feit heeft begaan, kan door den rechter niet uitsluitend worden aangenomen op de opgave van den verdachte.' Het nieuwe wetsvoorstel beoogt een efficiëntere strafrechtspleging. Zie *Het Parool*, 14 oktober 2003.

5. Om daar nog eens een heel ander voorbeeld van te geven: een recent arrest van de Hoge Raad handelt over een zaak waarbij rechercheurs aan Turkse verdachten van een roofmoord voorstelden om voor elke leugen een vinger af te hakken. Een van de verdachten kreeg te horen dat de politie ervoor kon zorgen dat hij twintig jaar achter de tralies verdween. Überhaupt werd er door de verhoorders hard geschreeuwd en flink met de vuisten op tafel geslagen. Het Arnhemse Hof oordeelde eerder dat deze incidenten niet structureel hadden plaatsgevonden, dat ze niet opwogen tegen 'de grote hoeveelheden uren' die de verdachten waren verhoord. Van een ontoelaatbare druk was dus geen sprake. De Hoge Raad sloot zich bij deze analyse aan. Zie HR, 12 maart 2002. Het Arnhemse Hof sprak in dit verband ook van 'het gebruikelijke verhoor in een zware strafzaak'. Het Hof zal wel niet bekend zijn met het onderzoek van Holmberg en Christianson (2002). Deze auteurs laten zien dat bij zware criminelen een intimiderende stijl van verhoren doorgaans een boemerangeffect sorteert: zij gaan hardnekkig zwijgen en ontkennen.

6. Ook de Amsterdamse oud-commissaris J.A. Blaauw (1999) voerde gesprekken met Lucas en wijdde er een prachtig boek aan.

7. Zie *Dagblad De Limburger*, 3 mei 2001. Fantasten die tegenover *undercover* agenten sterke verhalen ophangen en daarmee zichzelf belasten zijn een apart probleem. Een bekend voorbeeld is dat van André de V., de man die enige tijd werd verdacht van brandstichting bij SE Fireworks in Enschede. Die brandstichting zou de kiem hebben gelegd voor de vuurwerkramp (mei 2000). Tegenover een politieman, die zich voordeed als medegevangene, zei De V.: 'Ja, ik heb het gedaan, maar dat zeg ik nooit.' Door de Almelose rechtbank werd De V. daarom tot vijftien jaar gevangenisstraf veroordeeld. Maar in hoger beroep (mei 2003) werd hij alsnog vrijgesproken. Dat De V. een goede advocaat had

(mr. Bram Moszkowicz), die het Hof wees op 's mans neiging om fictie en werkelijkheid door elkaar te halen, zal daarbij een beslissende rol hebben gespeeld. Een gevleugelde uitspraak van De V. (tegenover zijn vrienden) was: 'Ik ben verslaafd aan fantasie.' Zie *Trouw*, 9 mei 2003.

8. Onze indruk van hoe de verhoren verliepen is gestoeld op onze gesprekken met Ina Post, op de reconstructie ervan door Bijnoord (1989) en de processen-verbaal van de verhoren die wij tot onze beschikking hadden. Citaten komen uit het eerder aangehaalde *Elsevier*-artikel, uit een gesprek dat wij op 15 mei 2003 met Ina Post hadden en uit de relevante processen-verbaal.

9. In de milde versie van het experiment hadden de proefpersonen ruim de tijd om de letters in te toetsen en was er geen 'valse' ooggetuige. Niettemin ondertekende 35 procent van hen de schuldbekentenis. Daar staat tegenover dat in deze versie niemand tegenover de handlanger verklaarde geloof te hechten aan deze bekentenis. Forrest e.a. (2002) deden deze versie van het experiment van Kassin en Kiechel over en vonden dat 61 procent van de 56 deelnemende studenten een schuldbekentenis tekende. Het is onduidelijk waar die verschillen tussen de percentages bekennende proefpersonen vandaan komen, maar het minste dat men kan concluderen is dat een behoorlijk percentage van de gezonde, intelligente proefpersonen tot een valse bekentenis te brengen is.

10. Een manier om tot een beargumenteerde schatting van het aantal veroordelingen op basis van valse bekentenissen te komen ontlenen we aan Conti (1999) en gaat ongeveer zo. Stel dat in een jaar 250 000 misdrijfzaken bij het Openbaar Ministerie worden ingeschreven (dat is globaal het cijfer dat geldt voor 1995). Stel voorts dat van die zaken er 200 000 op zitting worden gebracht. Stel, ten slotte, dat in 100 000 gevallen de rechter tot een schuldigverklaring komt (wederom het cijfer dat geldt voor 1995). Indien men aanneemt dat rechters aanmerkelijk nauwkeuriger in hun beslissingen zijn dan bijvoorbeeld artsen en dat zij het in 99,5 procent van hun schuldigverklaringen het bij het rechte eind hebben, dan zijn er nog altijd vijfhonderd onterechte veroordelingen per jaar. Als voor die onterechte veroordelingen de statistieken van het *Innocence Project* (Scheck e.a., 2001) gelden, dan spelen in ongeveer 20 procent van deze vijfhonderd onterechte veroordelingen valse bekentenissen een sleutelrol. We praten dan over honderd gevallen per jaar in Nederland.

11. Zie voor de Nederlandse vertaling van de GSS: Merckelbach e.a. (1997).

12. De redenering dat het enige bewijsmiddel in deze zaak de bekentenis van Ina Post was, klopt niet helemaal. Op de achtergrond speelt de uitkomst van het grafologisch onderzoek een rol. De grafoloog zou wat overeenkomsten hebben gezien tussen het handschrift van Ina Post en de valse handtekeningen onder de cheques van de vermoorde vrouw. Nog voordat de grafoloog deze conclusie trok, signaleerde een politieagent dat Ina Post zich tijdens de schrijfproef erg zenuwachtig gedroeg. Het kan bijna niet anders of de politieman zal die indruk met de grafoloog hebben gedeeld en de cascade van vertroebelende artefacten die dan optreedt staat bekend als het verwachtingseffect. Zie daarover Merckelbach e.a. (2003) en hoofdstuk 15.

13. Voor de specialisten: de PPI correleert behoorlijk met de gereviseerde versie

van Hare's psychopathie-checklijst (PCL-R), een observatielijst waarvan bekend is dat zij criminele recidives aardig voorspelt (Poythress e.a., 1998).

14. We namen bij Ina Post ook de *Symptom Checklist* (SCL-90; Derogatis, 1977) af. Deze lijst onderzoekt een heel scala aan klachten en symptomen. De totale score van Ina Post was 266, wat ver bovengemiddeld is. Ter vergelijking: mensen die in een jappenkamp verbleven (zie hoofdstuk 6), maar daar geen PTSS aan overhielden hebben een gemiddelde SCL-90 score van 115, terwijl mensen die in een jappenkamp zaten en daar wél PTSS aan overhielden een gemiddelde score van 198 halen (Wessel e.a., 2002). Ina Post ligt ruim boven die laatste groep. Daarbij valt op dat zij vooral veel depressieve en angstklachten rapporteert. Dat past bij het beeld van PTSS.

15. We citeren hier uit het herzieningsverzoek dat mr. G.J. Knoops in de zomer van 2003 bij de Hoge Raad indiende.

16. Zie dagblad *De Limburger*, 24 februari 2004. Zie ook noot 5.

17. AO3665.

Noten bij 8. Hoe een CIA-agent zijn geheugen hervond

1. Zie vooral hoofdstuk 2.

2. Zie achtereenvolgens: Kopelman e.a. (1992), Kapur (1991) en Christianson en Nilsson (1989).

3. Zie achtereenvolgens: Kaszniak e.a. (1988) en Manning (2002).

4. Zie achtereenvolgens: Schacter e.a. (1982) en De Renzi e.a. (1995).

5. Zie voor overzichten: Weinstein (1996) en Kihlstrom en Schacter (2000).

6. Zie achtereenvolgens: Barbarotto e.a. (1996), Mackenzie Ross (2000) en Kopelman, e.a. (1994).

7. Rob Shunter is een pseudoniem.

8. Penthobarbital is een barbituraat dat in een lage dosis een zekere ontremming teweegbrengt. Om die reden werd het door sommige medici wel gezien als een middel waarmee zich verdrongen herinneringen naar boven laten halen.

9. Shunter wordt hier en verderop sprekend opgevoerd, maar hij communiceerde zijn antwoorden schriftelijk en in het Frans. Ook de vragen werden hem in het Frans voorgelegd.

10. De titel van hun documentaire is *De man in het niets*.

11. Zie hoofdstuk 6, noot 4, voor details over de 15-WT.

12. Dat wil zeggen dat Shunter geen reacties vertoonde die indicatief zijn voor emotionele *arousal*.

13. Zie voor meer details over *The Manchurian Candidate*, hoofdstuk 10, noot 7.

14. Een apart probleem zijn verdachten die in de politiecel door artsen worden behandeld met zware medicamenten en het mogelijke effect dat dit heeft op de daaropvolgende verhoren. Zo werd André de V., de man die ervan werd verdacht de aanstichter van de Enschedese vuurwerkramp te zijn, in de politiecel behandeld met het middel *nozinan*. Dat zou aan de verdachte zijn gegeven in verband met diens slaapproblemen. De advocaat van de verdachte – mr. A.

Moszkowicz – wierp terecht de vraag op wat de uitwerking van dit medicament op de latere verklaringen van de verdachte was. Dat werd hem niet in dank afgenomen, want Moszkowicz moest zich bij de Orde van Advocaten gaan verantwoorden. *De Telegraaf*, 24 augustus 2002.

15. Zie bijvoorbeeld de beschrijving die de beroepsvereniging van Amerikaanse psychiaters (*American Psychiatric Association*; APA, 1995) van dit 'ziektebeeld' geeft.

16. Dat de werkwijze van dokters iatrogeen uitpakt als het om het geheugen gaat, komt wel vaker voor. Zie voor een ander voorbeeld hoofdstuk 10.

Noten bij 9. Fantastisch verstrooid

1. We volgen hier de officiële definitie die in de *Diagnostic and Statistical Manual of Mental Disorders* (DSM-IV, 1994), het handboek van de Amerikaanse beroepsorganisatie van psychiaters (*American Psychiatric Association*; APA), te vinden is.

2. De ernstigste en meest bekende dissociatieve aandoening is de *Meervoudige Persoonlijkheidsstoornis*, die tegenwoordig in de DSM (zie noot 1) te boek staat als de *Dissociatieve Identiteitsstoornis*. In het volgende hoofdstuk komen we hierover nog uitgebreid te spreken. Allerlei auteurs bevelen de DES aan als een *screeningsinstrument* voor deze aandoening (Fonagy & Target, 1995). Die aanbeveling slaat nergens op. Neem de studie van Sandberg en Lynn (1992) waarin meer dan 600 studenten de DES invulden. De auteurs selecteerden vervolgens de 33 studenten met de allerhoogste DES-scores en via een psychiatrisch interview werd vastgesteld of zij last hadden van een dissociatieve stoornis. Bij slechts 2 van de 33 geselecteerde studenten bleek daarvan sprake te zijn. De DES is blijkbaar geen geschikt instrument om er dissociatieve aandoeningen mee op te sporen. Op grond van wat in dit hoofdstuk nog volgt, weten we ook waarom dat zo is. De DES kapitaliseert namelijk te sterk op fantasierijkheid en verstrooidheid en dat zijn normale, niet-psychiatrische eigenschappen. De afgelopen jaren zijn er allerlei nieuwe dissociatie-vragenlijsten in omloop gebracht (bijvoorbeeld Nijenhuis e.a., 1998). Naar onze mening voegen deze alternatieven voor de DES niets toe, zolang onduidelijk is in welke mate ook zij overlappen met fantasierijkheid en verstrooidheid. De meer fundamentele vraag die zich hier aandient is of dissociatieve symptomen wel dat coherente en opzichzelfstaande cluster vormen waarvoor psychiaters en psychologen deze doorgaans houden. Of gaat het om een losse verzameling van verschijnselen die juist vanwege hun heterogeniteit overlap vertonen met de meest uiteenlopende eigenschappen (fantasie, verstrooidheid) en stoornissen (bulimia nervosa, schizofrenie, dwangneurose)? Wij vrezen dat het laatste het geval is.

3. We ontlenen deze korte geschiedenis aan het prachtige boek van de Leuvense godsdienstwetenschapper Stefaan Baeten (1998). Een ietwat andere versie van de ideeëngeschiedenis achter dissociatie treft men aan bij de Canadese historicus Ian Hacking (1992). Volgens Hacking werd het begrip dissociatie door

Franse positivisten gebruikt om het destijds politiek correcte idee van de on-deelbare ziel te slopen.

4. In hoofdstuk 1 bespraken we de betekenis van correlaties. In het algemeen wor-den correlaties tussen de 0 en 0.25 beschouwd als duidend op een afwezig of zwak verband, terwijl vanaf 0.50 gesproken wordt van een zeer robuuste sa-menhang.

5. We ontlenen dit voorbeeld aan Schacter (2001), die ook meldt dat Yo-Yo Ma zijn cello uiteindelijk terugvond. *Cognitive failures* kunnen echter ook minder gelukkig eindigen. Triest is het Engelse geval van de man die wegens herhaalde winkeldiefstal werd gearresteerd, maar die aantoonbaar hoog scoorde op *cognitive failures*. De man had er in het dagelijkse leven erg veel last van en zo kwam het dat hij vaak vergat af te rekenen bij de supermarktkassa (Reason, 1993). Zijn geval doet weer sterk denken aan dat van mevrouw I. Maks uit Heyt-huysen. Als burgemeester van dit Limburgse dorp raakte zij in de zomer van 2002 in opspraak vanwege een lippenstift die zij bij de plaatselijke drogist ver-gat af te rekenen. Via de dynamiek van komkommertijd en dorpspolitiek leidde dit verzuim er uiteindelijk toe dat zij als burgemeester opstapte. Zie *De Limbur-ger*, 8 juni 2002.

6. Zie voor het verhaal van de nepgeneraal *Dagblad De Limburger*, 23 oktober 1998. Andere prototypische gevallen van *fantasy prone personalities* werden uit-voerig beschreven door de hypnose-onderzoekers Wilson en Barber (1983). Zie ook hoofdstuk 11.

7. Of zoals de website van de *Nederlandse Vereniging van Reïncarnatie-therapeu-ten* het bondig uitlegt: 'Sinds Freud is algemeen geaccepteerd dat trauma's in de vroege jeugd psychische klachten in het latere leven kunnen veroorzaken. Later werd duidelijk dat er soms ook oorzaken zijn te vinden in de tijd vóór de ge-boorte. Die oorzaken zijn we meestal "vergeten". Het blijkt echter dat de herin-neringen in het onbewuste bewaard zijn gebleven en we kunnen erbij komen wanneer we in een zekere trance verkeren.' Tja.

8. Voor wie zich inmiddels afvraagt of ziektekostenverzekeraars zulke alternatieve behandelingen vergoeden: sommige zorgverzekeraars schijnen dat inderdaad te doen. De resultaten van het hier besproken onderzoek staan beschreven in een nog ongepubliceerd manuscript (Horselenberg & Merckelbach, 2004).

9. Een behoorlijke overlap tussen dissociatie en fantasy proneness werd ook ge-rapporteerd door Silva en Kirsch (1992), Bryant (1995), Rauschenberg en Lynn (1995) en Merckelbach e.a. (2000c).

10. Wat ons betreft is dit een behoorlijk alarmerende bevinding. De bizarre items zijn namelijk afkomstig van de *Structured Inventory of Malingered Symptoma-tology* (SIMS), een test die wordt gebruikt om het simuleren van klachten op te sporen. Zie ook de hoofdstukken 7 en 12. Ina Post (hoofdstuk 7) scoort laag op de SIMS, maar Myra (hoofdstuk 12) torenhoog. Wij stellen dit punt aan de orde omdat wel gevonden is dat angstpatiënten met veel dissociatieve symptomen minder profiteren van gedragstherapeutische behandelingen (Michelson e.a., 1998). De gebruikelijke interpretatie hiervan is dat deze patiënten in hun jeugd werden getraumatiseerd en er derhalve slecht aan toe zijn. Een andere interpre-

tatie – die net zo goed of slecht is – luidt dat deze patiënten hun klachten over-drijven. Dat maakt het moeilijk om behandelingseffecten te vinden.

11. Het oudste onderzoek op dit terrein is dat van de Cambridge-classicus H. Sidgewick. In zijn in 1894 uitgevoerde enquête onder 17000 volwassenen, die hij samen met zijn collega's van de Society for Psychical Research ondervroeg, ontdekte hij dat 10 procent van hen wel eens een hallucinatie had ervaren. In onze dagen melden onderzoeksinstituten als het onvolprezen Trimbos om de zoveel tijd dat een gigantisch percentage van de gewone Nederlanders moe is, een depressie heeft, stemmen hoort, vreemd gaat, kabouters ziet, of in spoken gelooft. Onze stelling is dat zulke bevindingen zwaar vervuild zijn door fanta-sierijke respondenten die het als een uitdaging zien om op de meest uiteenlo-pende vragen met 'ja, dat heb ik ook' te antwoorden. Andere kritiek op 'infla-toire tendenties' in bevolkingsonderzoek treft men aan in het boek van de emeritus hoogleraar psychiatrie Herman van Praag (1998).

12. Voor de specialisten: in ons onderzoek lagen de correlaties tussen dissociatie en suggestibiliteit boven de 0.35. Zulke correlaties werden overigens al eerder ge-rapporteerd door Ost e.a. (1997) en Wolfradt en Meijer (1998).

13. In dit onderzoek van Bergeman e.a. (1993) werd de eigenschap *openness to ex-perience* gemeten. Fantasierijkheid ressorteert onder die eigenschap. Nog over-tuigender is de studie van Tellegen e.a. (1988) waarin hoge *heritabilities* voor mentale absorptie werden gevonden. Absorptie is een andere naam voor fanta-sierijkheid.

14. Geschat wordt dat slaaponthouding de alertheid met 50 procent doet afnemen en de geheugencapaciteit met 20 procent. Een aantal opzienbarende rampen, waaronder die met de *Challenger space shuttle* op 28 januari 1986, wordt uit-drukkelijk in verband gebracht met de slaperigheid van de technici die allerlei cruciale beslissingen moesten nemen. Zie Williams en Freyer (2000).

15. Op een voor wetenschappelijke publicaties ongewoon strenge toon verbinden de auteurs aan hun bevindingen de volgende conclusie: 'Het onder dokters wijdverbreide idee dat dissociatie een marker is van traumatisering, is een seri-euze oversimplificatie.' (Jang e.a., 1998).

16. Het lijkt zo evident dat subjectieve rapportages over jeugdtrauma's niet als equivalent van die jeugdtrauma's zelf kunnen worden opgevat. Maar toch staat dit onderscheid onderzoekers niet altijd even helder voor ogen. Zo spreken sommigen met het grootste gemak over 'objectieve karakteristieken van het misbruik' (Lange e.a., 1999) of over 'onafhankelijke evidentie voor het mis-bruik' (Chu e.a., 1999) wanneer zij in feite doelen op wat respondenten zélf zeg-gen over de omvang van en het bewijs voor hun traumatische jeugdervaringen.

17. Als longitudinaal onderzoek ontbreekt of praktisch onmogelijk is, heeft de on-derzoeker een suboptimaal alternatief tot zijn beschikking, namelijk *structural equation modelling*. Uitgaande van correlaties combineert deze mathematische techniek zogenoemde multipele regressie en pad-analyse, om tot uitspraken te komen over het causale model dat het beste past bij de geobserveerde correla-ties. In een recente studie (Merckelbach e.a., 2002) pasten wij deze techniek toe op het trauma-dissociatievraagstuk. Aan een grote groep van studenten legden

wij de DES voor, alsook vragenlijsten over jeugdtrauma's, fantasierijkheid en verstrooidheid. Twee causale modellen werden op hun statistische merites beoordeeld. Het eerste was het traditionele trauma-dissociatiemodel. Het tweede was een dissociatie-traumamodel, waarin hoge scores op de DES hand in hand gaan met fantasierijkheid en verstrooidheid en langs die weg tot rapportages over jeugdtrauma's aanzetten. Uit de analyses bleek dat het alternatieve dissociatie-traumamodel de geobserveerde data zo niet beter, dan toch in elk geval even goed verklaart als het traditionele trauma-dissociatiemodel. We haasten ons hier het volgende aan toe te voegen. Deze studie blijft een surrogaat voor het onderzoek dat eigenlijk gedaan zou moeten worden, namelijk longitudinaal onderzoek.

18. Zie bijvoorbeeld Irwin (1998), Nijman e.a. (1999) en meer recent Gast e.a. (2001).

19. Hoe vaak kijkt u tv? is ook een fraai voorbeeld van een vaag geformuleerd item. Als de beoordelingsschaal loopt van *een half uur per dag* tot aan *meer dan 2,5 uur per dag*, dan zullen respondenten denken dat het echt om geconcentreerd kijken gaat. Als de beoordelingsschaal loopt van *2,5 uur* tot aan *4,5 per dag*, dan zullen ze denken dat het gaat om hoelang de tv aanstaat. In het eerste geval kijkt 16 procent van de Duitse bevolking meer dan 2,5 uur tv per dag. Bij de tweede beoordelingsschaal kijkt 38 procent meer dan 2,5 uur per dag. Het manipuleren van de beoordelingsschaal biedt onderzoeksbureaus een prachtig middel om spectaculaire resultaten te vergaren ('Nederlanders gaan vijf keer per jaar vreemd'). Zie Schwarz (1999).

20. We kennen overigens ook zedenzaken waarin de trauma-dissociatiedoctrine van een getuige-deskundige wel bijdroeg aan een (voorlopige) veroordeling van de verdachte. Zo buigt het Hof in Amsterdam zich op dit moment over een zaak waarin een volwassen dochter haar vader beschuldigde van incest. De dochter kon zich alleen nog maar herinneren hoe zij voor het eerst door haar vader werd verkracht. De door de rechtbank in eerste aanleg aangeworven deskundige – een arts-seksuoloog – vond dat niet vreemd. Hij schrijft: 'Dat juist de details van het eerste misbruik wel worden herinnerd, terwijl er rond latere misbruiksituaties vele gaten in het geheugen zijn is kenmerkend voor dissociatieve afweerreacties die het voor het slachtoffer mogelijk hebben gemaakt om in latere situaties het misbruik te ondergaan zonder iets te voelen.' Vooral vanwege de aanwezigheid van zulke dissociatieve reacties ziet de deskundige 'geen aanleiding voor twijfel aan het waarheidsgetrouwe karakter van de verklaringen met betrekking tot het gemelde misbruik.'

21. Zie *Washington Post*, 16 december 2003.

Noten bij 10. 137 alters en twee tuchtzaken

1. Ofschoon het geval van Diane echt bestaat, is de naam gefingeerd en dat geldt ook voor veel andere namen in dit stuk. Prof. dr. Hans Crombag bestaat natuurlijk echt.

2. Anderzijds schreef een door ons geraadpleegde hoogleraar in de huisartsgeneeskunde er dit over: 'Paracetamol heeft een relatief geringe therapeutische breedte, dat wil zeggen overdosering is snel bereikt. De inname van excessieve doseringen (te bereiken met enkele tientallen tabletten) in een keer kan acute levernecrose (ernstige onherstelbare leverbeschadiging) veroorzaken en tot de dood leiden. Suïcidepogingen hiermee zijn bekend. Je kunt er letterlijk doodziek van worden. Het lijkt mij niet onwaarschijnlijk dat dit bekend is aan een suïcidaal iemand.'

3. MPS is een wat verouderde term. De nieuwere term is het esoterisch klinkende *Dissociatieve Identiteitsstoornis* (DIS). MPS of DIS, in beide gevallen wordt bedoeld dat er in het brein van de patiënt meerdere persoonlijkheden (alters) huizen.

4. Wat Dianes automutilatie betreft, ontging het de psycholoog dat het krassen en bonken zich pas ná haar opname in De Ruyghorst manifesteerde.

5. De psychiater zag daarbij over het hoofd dat Dianes lichaamsgewicht voor anorexia niet laag genoeg was.

6. In wat later de Eper Incest Affaire ging heten, beschuldigde het slachtoffer Yolanda niet alleen haar ouders, maar ook een aantal dorpsgenoten van seksueel misbruik. De rechtszaak die volgde werd breed uitgemeten in de landelijke pers. Later schreef Yolanda samen met de journalist Snoijink (1994) een boek over haar ervaringen. De media-aandacht en het boek inspireerden een aantal andere zedenzaken waaronder die van Juliet (Van Koppen & Merckelbach, 1998). Juliet las het boek van Yolanda, raakte in de war en ging onder invloed van een psychotherapeutische behandeling de herinneringen die teruggingen op de lectuur van Yolanda's boek aanzien voor haar eigen autobiografische herinneringen. Ook Juliet deed aangifte en in de rechtszaak die volgde kwamen er opmerkelijke parallellen tussen het verhaal van Juliet en dat van Yolanda aan het licht.

7. Van Michaela Hubers boek werden tienduizenden exemplaren verkocht en zij wordt ook serieus genomen door Nederlandse specialisten (bijvoorbeeld Draijer e.a., 1996). Zelf hebben we de indruk dat ze van lotje getikt is. In de hoofdstukken 1 tot en met 3 van haar boek legt ze uit dat in Duitsland germano-fascistische sektes op ruime schaal kinderen zo ernstig mishandelen dat de slachtoffers er MPS aan overhouden. De sektes hebben connecties met de internationale drugs- en wapenhandel en mogen invloedrijke personen (rechters, politici, topmanagers) tot hun leden rekenen. Ook zouden zij hersenspoeltechnieken ontlenen aan de CIA. Het gaat om hersenspoeltechnieken die zeer geavanceerd zijn. Terwijl gewone psychologen hoogstens wat reflexen en elementaire emoties kunnen conditioneren, zijn deze sektes in staat om deelpersoonlijkheden (alters) te creëren. De alters worden dan uitgerust met (zelf)moordprogramma's die door speciale codewoorden zijn te activeren (lezer bent u er nog?). Voor wie zich afvraagt waar deze verhalen vandaan komen, is het goed om te weten dat zij uit de jaren vijftig stammen. Het was de tijd dat de CIA zich zorgen maakte over de Amerikaanse krijgsgevangenen in de Korea-oorlog. De CIA financierde een aantal onderzoeksprojecten naar indoctrinatie, maar die leverden hoegenaamd niets op (Spanos, 1996). De hooggespannen verwachtingen waarmee de CIA

ooit haar onderzoek begon, leven echter voort in films als *The Manchurian Candidate* en in de hoofden van therapeuten als Huber en professor Bastiaans (zie ook hoofdstuk 8). Terzijde merken we op dat het idee als zouden germano-fascistische sektes in Duitsland onder duizenden kinderen dood en verderf zaaien, moeilijk te rijmen valt met de misdaadstatistieken. Zo werden in 1995 in heel Duitsland zes kinderen het dodelijke slachtoffer van een zedendelict. Ofschoon dat natuurlijk een betreurenswaardig aantal is, past het niet bij de beschrijving die Huber geeft. Zie *Der Spiegel*, 5 augustus 1995 en *Der Spiegel*, 10 december 1996.

8. Een systeem van 137 alters lijkt veel, maar het Nederlandse record is in handen van de hypnotherapeute Liz Bijnsdorp (1993). Zij schreef een boek over haar 147 alters. Het Amerikaanse record cirkelt ergens rond de duizend alters (North e.a., 1993).

9. Wie de MPS-literatuur kent en die serieus neemt, vraagt zich af of Dianes trauma – herhaald seksueel misbruik door haar grootvader – wel ernstig genoeg was om haar grote aantal alters te verklaren. Zo schrijft de Nederlandse psycholoog Onno van der Hart (1993): 'De meest uitgebreide systemen van (...) alters worden aangetroffen bij MPS-patiënten die het slachtoffer zijn van satanische sekten.' In een later artikel (Van der Hart e.a., 1997) voegt deze auteur daaraan toe dat ook eetstoornissen, suïcidepogingen en periodieke angstaanvallen in dit beeld passen. Dianes fantasieën hadden dus nog veel erger kunnen worden voordat zij door MPS-specialisten op grond van plausibiliteitsoverwegingen in twijfel zouden zijn getrokken.

10. Geen letterlijk citaat, maar uit onze herinneringen opgetekend.

11. De stelling dat MPS een iatrogene aandoening is impliceert dus niet dat patiënten met een dergelijke aandoening aanstellers of simulanten zijn. In de woorden van de psycholoog Nicholas Spanos (1994): 'Het betekent niet dat MPS-patiënten hun multipliciteit *faken*. Eerder is het zo dat zij zichzelf gaan zien op een manier die aansluit bij de visie die hun therapeuten uitdragen. De patiënten gaan dan hun symptomen (dat wil zeggen stemmingswisselingen, afwijkend gedrag, ambivalente gevoelens, agressieve fantasieën, vergeetachtigheid, schaamtevolle seksuele gevoelens, en slechte gewoonten) als het resultaat van deelpersoonlijkheden zien.'

12. Het is overigens niet Crombags advies dat Diane ertoe bracht om haar contact met de Ruyghorst-therapeuten te verbreken. Dat deed Diane geheel op eigen initiatief.

13. Zo'n waarschuwing heeft, om met de psycholoog Karel Soudijn (2004) te spreken, 'didactische waarde: de beroepsvereniging laat via een officiële instantie merken hoe sterk bepaalde gedragingen worden afgekeurd.' Volledigheidshalve melden wij dat Hans Crombag in 1999 beroep aantekende bij het College van Beroep. Deze instantie bevestigde echter de uitspraak van het College van Toezicht.

14. BW, art. 7. We ontlenen deze kennis aan Giard en Broekman (2000). De patholoog dr. Giard en de jurist prof. mr. Stolker (2003) schreven over de kwestie een informatief artikel in het *Nederlands Juristenblad*.

15. De door De Ruyghorst geconsulteerde hoogleraar psychiatrie liet zich ook in niet mis te verstane termen uit over de brief van zijn collega Crombag aan de vader van Diane. De hoogleraar psychiatrie schrijft: 'De heer Crombag (wil) om hem moverende redenen de therapeuten van De Ruyghorst in diskrediet brengen' en 'de heer Crombag (heeft) zich met het formuleren van zo vergaande kwalificaties en zo ingrijpende adviezen helaas niet beperkt tot enkele algemene opmerkingen.' We sluiten niet uit dat deze passages de directeur van De Ruyghorst hebben aangespoord om klokkenluider Crombag voor zijn eigen tuchtcollege te slepen.

16. De verwijzing van de hoogleraar psychiatrie naar het werk van Cornelia Wilbur is geestig. Wilbur was een Amerikaanse psychiater die in jaren zeventig faam verwierf als de therapeut van Sybil, een patiënte met zestien persoonlijkheden. Naar elf jaar en meer dan tweeduizend therapeutische sessies slaagde Wilbur erin haar te genezen van haar MPS. Wilbur zette de journaliste Schreiber in 1973 aan tot het schrijven van een populair boek over Sybil. Dat boek zou als canon fungeren voor alle volgende non-fictieboeken over MPS. Het was in een interview met de *New York Review of Books* van april 1997 dat de voormalige collega van Wilbur, dr. Herbert Spiegel, het ware verhaal achter Sybil uit de doeken deed. Spiegel vertelde dat Sybil een suggestibele vrouw met een grote fantasie was. Wilbur zadelde haar op met allerlei alters. Herbert Spiegel voegde er het volgende aan toe: MPS 'zal als een van de schokkendste episodes van de Amerikaanse psychiatrie de geschiedenis ingaan. Andere landen lieten zich er niet toe verleiden, met misschien als uitzondering enkele Nederlanders die hierheen kwamen het verhaal te horen.' Zie ook noot 23.

17. Het probleem van *hindsight bias* is in de Verenigde Staten ook uitvoerig bestudeerd in de context van de zogenaamde *Tarasoff decision*. Volgens dit principe kan een psychiater aansprakelijk worden gesteld als hij nalaat potentiële slachtoffers tegen een agressieve patiënt te beschermen. De *Tarasoff* regel veronderstelt dat psychiaters in staat zijn om in een vroeg stadium te bepalen of een patiënt gevaarlijk wordt. Het psychologenechtpaar LaBine (1996) gaf aan potentiële juryleden een beschrijving van hoe een psychiatrische patiënt door een psychiater was behandeld. Aan sommige juryleden werd verteld dat de patiënt later agressief werd. Andere juryleden hoorden dat niet. Ofschoon de patiëntenbeschrijving steeds dezelfde was, oordeelde de eerste groep toch vaker dat de psychiater in gebreke was gebleven.

18. Wij sluiten niets uit: de psychiaters Sno en Schalken (1998) vonden in hun ruime enquête onder Nederlandse psychiaters dat een zeer aanzienlijk deel van hen (42 procent) wel eens de diagnose MPS stelt. De auteurs schrijven: 'Dit is op zichzelf geen bewijs voor de validiteit, maar de diagnose kan evenmin zonder meer worden afgedaan als een onbeduidende modegril van een lokaal groepje gelovigen van sektarische omvang.' *Desto schlimmer für die Fakten*, denken wij.

19. Zie Gleaves e.a. (2001) en Lilienfeld en Lynn (2003) voor de meest recente bijdragen aan dit debat.

20. *Star Tribune*, 1 augustus 1995. Zie ook Cannell e.a. (2001). De meeste recente zaak in deze categorie was die van Elizabeth Gale tegen dr. Bennett Braun. In

1986 meldde Gale zich voor de behandeling van haar depressie bij Braun. Braun concludeerde dat Gale leed aan MPS en dat de oorzaak daarvan – het verhaal wordt saai – seksueel misbruik was. Gale en het ziekenhuis waar Braun destijds werkte zijn nu tot een schikking ter hoogte van 7,5 miljoen dollar gekomen. *Associated Press State & Local Wire*, 12 februari 2004.

21. Letterlijk schreef het blad: 'Volgens nieuw onderzoek kan een brein twee verschillende persoonlijkheden herbergen en elke persoonlijkheid heeft zijn eigen netwerk om herinneringen op te roepen of te onderdrukken.' *Nature Science Update*, 10 februari 2004.

22. Letterlijk schreef het blad: 'Nu kunnen we meervoudige persoonlijkheden in het brein zien.' *New Scientist*, 8 december 1999.

23. Kenneth Bianchi kwam op het idee om MPS-patiënt te spelen omdat hij net voor zijn arrestatie de filmversie van *Sybil* – de patiënt van Wilbur – had gezien. Zie noot 16.

24. Zoals altijd kent de Amerikaanse jurisprudentie nog veel interessantere gevallen. Neem *Johnson vs Henry Ford Hospital* (1996) waarin een MPS-patiënte een schadevergoeding van een anesthesist eiste omdat die tijdens een operatie verzuimd had álle alters onder verdoving te brengen.

25. Die opmerking is te vinden in Carson en Butcher (1992). Ofschoon ze juist is, verraadt ze ook iets van de bagatelliserende houding die deze auteurs aannemen als het om het probleem van het simuleren gaat. We hadden het er al uitgebreid over in hoofdstuk 4. Feit is dat er pseudo-patiënten bestaan die een probleem met hun been simuleren, net zoals er pseudo-patiënten bestaan die nog veel ernstigere dingen (bijvoorbeeld HIV-besmetting) simuleren. Zie daarover respectievelijk Van der Felz (2000) en Huang e.a. (2001).

26. De invloed van de media mag niet onderschat worden. Via allerlei reportages in veelgelezen bladen worden lezers ingewijd in de finesses van de trauma-dissociatietheorie. Sociologen zouden zeggen dat de lezers worden *geprotoprofessionaliseerd*. Een voorbeeld is Manon (26) die in de *Marie-Claire* van mei 1996 aan het woord komt: 'Een jaar of drie geleden meldde ik me met depressieve klachten bij een Riagg (...). De therapeute (...) nam me heel serieus en stelde me voor om een aantal dingen te testen. Onder andere op dissociatieve stoornissen (...). We zijn begonnen met die tests en hebben er wel een half jaar over gedaan om het af te ronden, omdat ik steeds wilde stoppen. Telkens dacht ik: dit is niet mogelijk, zo erg is het ook weer niet (...). Ik kreeg een therapeute die gespecialiseerd is in dit soort aandoeningen en door haar aanpak werd duidelijker dat ik aan MPS leed (...). Ik ben vanaf heel jonge leeftijd door verschillende mensen, onder wie mijn vader, seksueel misbruikt (...). Moet ik ze aanklagen? (...) Ik ga ook af en toe bij mijn ouders langs. Zij weten niets van de diagnose en ik doe alsof er niets aan de hand is.'
Zie voor andere voorbeelden 'Mieke heeft MPS', *Flair*, 18 november 1997 of 'Joke lijdt aan Dissociatieve Identiteitsstoornis (DIS)', *Haagsche Courant*, 13 november 1999.

27. Gezondheidsraad (2004). *Omstreden herinneringen*. Den Haag, publicatienummer 2004/02. Te downloaden via: www.gr.nl.

1. De citaten komen uit de aan het boek van Maechler als appendix toegevoegde Engelse versie van *Bruchstücke* en zijn daar te vinden op de bladzijden 377 en 378.
2. *SonntagsZeitung*, 18 mei 1997.
3. *Die Weltwoche*, 27 augustus 1998.
4. Een smoezelig voorbeeld is het via www.ety.com/tell te downloaden verhaal van Jürgen Graff: Die Demontage Wilkomirskis: Oder was Ganzfried vergessen hat.
5. Ph. Gourevitch. The memory thief. New Yorker, 14 juni 1999.
6. Zie voor de analyse van Pendergrast: www.stopbadtherapy.com/experts.
7. In de jaren dat Grabowski zich afficheerde als slachtoffer van satanisch ritueel misbruik heette zij nog Lauren Stratford en onder die naam publiceerde zij ook *Satan's underground* (1988). Zie Crombag en Merckelbach (1996).
8. Onze kanttekeningen bij *journalling* slaan niet op therapieën waarin slachtoffers schrijven over een trauma dat ze echt hebben meegemaakt. Het nut daarvan staat wel vast (zie hoofdstuk 6). Onze kritiek heeft betrekking op schrijven over fictieve trauma's.
9. *Basler Zeitung*, 22 november 2000. De Nederlandse vertaling van Karléns boek draagt de titel *En de wolven huilden* en verscheen in 1997 bij, jawel, de antroposofische uitgeverij Vrij Geestesleven (Zeist).
10. Het citaat is afkomstig van Wilkomirski's oude schoolvriendin en is te vinden op blz. 236 van Maechlers boek.
11. Het citaat ontlenen wij aan blz. 273 van Maechlers boek.
12. Nog in april 1999 nam Wilkomirski de *7th Hayman Award for Holocaust and Genocide Study* van de *American Orthopsychiatric Association* (ORTHO) in ontvangst.
13. De uitspraken van X1 komen uit de volgende perspublicaties: *De Morgen/de Volkskrant*, 10 januari 1998; *Humo*, 13 januari 1998; *Flair*, 10 februari 1998. X1 heet X1 omdat er nog andere anonieme getuigen waren die zich naar aanleiding van de zaak-Dutroux bij de politie meldden. Zo was er ook een X4 die beweerde tijdens het laatste bezoek van de Paus aan België door Zijne Heiligheid te zijn verkracht. Die uitspraak durfde X4 later niet te herhalen omdat ze bang was voor wraakacties van *Opus Dei* (Trachet, 1998).
14. Zie hiervoor het boek van de Canadese psycholoog Nicolas Spanos (1996).
15. Passages uit dit verhoor werden gepubliceerd door *De Morgen*, 2 mei 1998.
16. *De Morgen*, 7 september 1996. Zie voor de rol van voormalig verpleger, maar thans zelfstandig gevestigd psychotherapeut Dirk Vanmarcke het artikel van Trachet (1998). Trachet beschrijft hoe politieman De Baets in de ban geraakte van Vanmarcke en van diens theorieën over MPS en satanische netwerken.
17. Zie het boek van de Belgische journalist Paul Koeck (1990) voor een uitvoerig verslag.
18. Pyck moet hier wedijveren met het geval dat de kinderarts William Bernet (1997) beschreef. Daarin gaat het om een oppas die haar interview met een vijfjarig meisje op tape opneemt omdat ze gelooft kindermisbruik op het spoor te

zijn. Door fout op fout te stapelen slaagt de oppas erin om binnen luttele uren aan het meisje een gruwelijke beschuldiging te ontlokken.

19. Zie hoofdstuk 7 en ook Kassin (1997).
20. Zie voor andere fraaie voorbeelden Palmarini (1996).
21. *Het Belang van Limburg*, 4 maart 2004.
22. Hans Beerekamp zei er in *NRC Handelsblad* (19 maart 2004) dit over: 'De twee afleveringen van *Zembla* zijn een voorbeeld van onheldere en suggestieve journalistiek, ongetwijfeld met de beste bedoelingen, maar daarom niet minder kwalijk in de mist rond de X-dossiers.'

Noten bij 12. Fugue

1. Het geval dat in dit artikel wordt besproken is vergaand geanonimiseerd.
2. De vreemdelingenwet (art 17 1 c) spreekt in dit verband over de verplichting tot 'het verlenen van medewerking aan het vastleggen van gegevens met het oog op identificatie'. Daarmee is de juridische context van dit geval geschetst.
3. In zijn prachtige boek beschrijft Ian Hacking (1998) de geschiedenis van de begrippen *fugue* en *Wandertrieb*. De term *fugue* blijkt vooral via de in Bordeaux praktiserende arts Philippe Tissié (1852-1935) het psychiatrisch vocabulaire bereikt te hebben.
4. Zie voor de Nederlandse vertaling van de CFQ: Merckelbach e.a. (1996).
5. Zie voor de Nederlandse vertaling van de SIMS: Merckelbach e.a. (2001).
6. *NRC Handelsblad*, 4 augustus 2001.
7. *De Filmkrant*, september 2002.
8. In hoofdstuk 4 en 5 passeerden enkele schattingen de revue. Daarbij ging het om mensen die een financieel belang hadden bij hun ziekte. Daarnaast zijn er mensen (hoofdstuk 4, noot 6) die een ziekte voorwenden vanwege de (medische) aandacht die hen dan ten deel valt. De meest conservatieve schatting voor de omvang van deze tweede groep is 1 procent van alle patiënten die zich bij medisch specialisten aanmelden. Een obstakel bij bevolkingsonderzoek naar zulke patiënten is de privacy-wetgeving in de diverse landen. Die maakt het vaak onmogelijk om verschillende databestanden aan elkaar te koppelen, terwijl dat juist nodig is als men de medische voorgeschiedenis van patiënten wil achterhalen. Een ander obstakel is dat artsen in hun ontslagdiagnose begrippen als simulatie, *malingering, factitious disorder* etc. angstvallig vermijden omdat zij bang zijn voor tuchtrechtelijke procedures. Zie Krahn e.a. (2003).
9. Men spreekt in dit verband ook wel van de *regel van Pitres*. De vooraanstaande negentiende-eeuwse zenuwarts Albert Pitres beweerde dat de taal waarmee patiënten het meest vertrouwd zijn ook het best bestand is tegen neurologische beschadigingen (Fabbro, 2001). Interessant genoeg was Pitres een directe collega van Tissié.
10. Deze termen zijn weer afkomstig van de zenuwarts Eugène Azam, een tijd- en stadsgenoot van Tissié en Pitres. Zie voor de historische context Hacking (1998).

11. Tot een vergelijkbare conclusie kwamen Cima e.a. (2003). Vandaar dat we ons helemaal kunnen vinden in Cunnien (1997) die zegt dat 'als het om veinzen gaat, dan legt de *DSM-IV* onterecht de nadruk op de samenhang met de antisociale persoonlijkheid'.

12. In hun artikel gaan Kopelman en collega's nogal achteloos voorbij aan de betekenis van de overdosis. Dat is jammer, want niet uit te sluiten valt dat de vrouw op basis van deze episode leerde dat men amnesie kan simuleren.

13. In dat patroon past ook het geval dat Spiegel en collega's (1993) beschrijven. Daarbij ging het om een 52-jarige man die ten gevolge van een auto-ongeluk een hersenbeschadiging opliep en vervolgens last kreeg van een jaren aanhoudende fugue. De al wat oudere studie van Berrinton e.a. (1956) beschrijft 37 fugueurs: de helft van hen had ooit een forse hersenbeschadiging opgelopen.

Noten bij 13. Weet er niets meer van, edelachtbare

1. *NRC Handelsblad*, 20 januari 2001.
2. *Dagblad De Limburger*, 16 januari 2002.
3. *Dagblad De Limburger*, 23 januari 2004.
4. *De Telegraaf*, 9 augustus 2003.
5. *Dagblad De Limburger*, 13 mei 1999.
6. *Dagblad De Limburger*, 26 maart 2001.
7. *Dagblad De Limburger*, 12 november 1999.
8. Angelsaksische rechtsgeleerden spreken in dit verband over *mens rea*: de verdachte had de bewuste intentie om anderen schade toe te brengen. Zie Crombag (2002). Waar het ons hier om gaat is dat de psychologische begrippen die worden gebruikt om verdachten met geheugenverlies te beschrijven de *mens rea* lijken te ondergraven.
9. We bespreken de kwestie uitvoeriger in Christianson en Merckelbach (2004).
10. Dit geval is minder hypothetisch dan het lijkt. Een Rotterdamse zaak met deze ingrediënten beschreven we eerder uitvoerig (Merckelbach e.a., 2002).
11. Dat is overigens wel vakwerk dat men niet aan bijvoorbeeld een huisarts kan overlaten. Vandaar dat we in de zaak van de bejaarde man die zijn buurmeisje wilde tongzoenen de oplossing van het Openbaar Ministerie minder elegant vinden. In die zaak beloofde de 'officier van justitie L. Geuns de zaak te seponeren zodra de raadsman een verklaring van de huisarts van de verdachte heeft overlegd, waarin wordt bevestigd dat de man inderdaad dement is.' *Dagblad De Limburger*, 26 maart 2001.
12. Het verhaal gaat dat dit de *AZ*-speler Max Huiberts zou zijn overkomen in een wedstrijd tegen Helmond Sport. Er schijnen nogal wat profvoetballers met een mild hersenletsel rond te lopen, wat niet verwonderlijk is als men bedenkt dat de gemiddelde speler duizend ballen per seizoen kopt (Matser, 2000). Zie ook *NRC Handelsblad*, 21 oktober 2000.
13. Zie in dit verband Bassetti e.a. (2002). Overigens is in het genre van de moordende slaapwandelaar het meest spectaculaire verhaal dat van Franse detective

Robert Ledru die in 1888 besloot een aantal vakantiedagen door te brengen in Le Havre. Het werd toch werken voor Ledru, want men riep hem bij het lijk van de vermoorde zakenman André Monet. Ledru vond op de plaats delict een schoenafdruk en een kogel. Tot zijn ontzetting moest hij constateren dat de schoenafdruk perfect bij zijn voet paste en dat uit zijn eigen Luger een kogel miste. Ledru legde een bekentenis af: 'Ik heb de dader en het bewijs, maar ik heb geen motief: ik was het die Monet doodde'. Ledru werd vrijgesproken, maar kreeg van de rechters wel het advies om voortaan met afgesloten deuren te slapen. Ofschoon het ook wel in de serieuze literatuur opduikt, blijkt het verhaal van Ledru fictie te zijn (Jacobs, 2003).

14. We citeren hier uit het dossier dat ons door de raadsman ter beschikking werd gesteld.

15. Naïeve opvattingen over hoe makkelijk alcohol geheugenverlies kan veroorzaken speelden ook een rol in het proces tegen Magnus Gäfgen, die in september 2002 de elfjarige bankierszoon Jakob von Metzler uit Frankfurt ontvoerde en later doodde. Gäfgen beweerde dat hij van plan was geweest de jongen wat wodka te geven zodat hij de hele gebeurtenis later zou vergeten. Toen dat plan onuitvoerbaar bleek, verdronk hij het slachtoffer in de badkuip. *Der Spiegel*, 22 april 2003.

16. In hoger beroep werd van de kant van de verdediging ook aangevoerd dat Janet Charlton aan het *Battered Woman Syndrome* leed. Zie BBC News, 27 mei 2002 en *Guardian*, 28 mei 2002.

17. Tot op de dag van vandaag is deze analogieredenering springlevend in de psychiatrische literatuur. Zo schreef de psychiater Russell Meares (1999) nog niet zo lang geleden: 'De toestand van de hersenen beïnvloedt die van de geest en vice versa. Dat betekent dat een beschadiging dezelfde effecten sorteert, of die beschadiging nu betrekking heeft op de hersenen of op de geest. Op deze wijze beschouwd is een psychisch trauma hetzelfde als een fysieke of chemische beschadiging van de hersenen.' Waarom deze redenering in het geval van dissociatieve amnesie discutabel is, zal weldra blijken. Kort gezegd komt het erop neer dat organische amnesie een encodeerprobleem is, terwijl dissociatieve amnesie een ophaalprobleem heet te zijn. Dat zijn toch echt twee totaal verschillende problemen.

18. Wij volgen hier de tekst van Janssen (2002). Zie voor een uitgebreide bespreking ook Knoops (1998).

19. Ook buiten de forensische context is op grote schaal onderzoek gedaan naar toestandsafhankelijk geheugen. De hoogleraar te Harvard Richard McNally (2003; p. 42) vat de resultaten van dat onderzoek als volgt samen: 'Als het over toestandsafhankelijk geheugen gaat zijn er twee punten die benadrukt moeten worden. Ten eerste, (...) het effect is fragiel en treedt alleen onder een klein aantal omstandigheden op. Ten tweede, als het al optreedt bereikt het nooit een omvang die tot echt geheugenverlies zou kunnen leiden.' Zie ook hoofdstuk 1, noot 15.

20. Er vallen nog een heleboel argumenten voor dit punt aan te dragen. Niet de minste daarvan zijn 1. dat mensen over het algemeen handelingen beter ont-

houden dan andere soorten informatie (*action-superiority effect*; Engelkamp &
Zimmer, 1994); 2. dat mensen handelingen die zij zelf hebben uitgevoerd beter
onthouden dan handelingen die zij alleen maar hebben gezien (*self-reference
effect*; Symons & Johnson, 1997) en 3. dat mensen dingen extra goed gaan onthouden als ze er niet aan willen denken (*white-bear effect*; Wegner e.a., 1987).
Wie, zoals de jonge Dostojevski bij zijn broer deed, iemand de instructie geeft
om niet te denken aan witte beren zal daarmee bewerkstelligen dat de persoon
in kwestie hoogfrequent aan witte beren gaat denken. Vandaar de naam white-
bear effect. In geheugentermen valt een delict te definiëren als een action-superiority effect + self-reference effect + white-bear effect. Met die definitie in het
achterhoofd is het ondenkbaar dat iemand een dissociatieve amnesie krijgt
voor een delict dat hij zelf heeft gepleegd en waaraan hij liever niet meer denkt.

21. Er bestaat natuurlijk ook een theorie die zegt dat Sirhan Sirhan in een gehypnotiseerde toestand Robert Kennedy doodschoot. Sirhan zou niet meer dan
een werktuig in de handen van het complot zijn geweest, aldus bijvoorbeeld de
Amerikaanse psychiater Herbert Spiegel. Dagboeknotities waarin Sirhan op
een monotone wijze RFK *must die* schreef zouden dat bewijzen. Zie het onderzoek van Leman dat we in hoofdstuk 1 bespraken. Zie ook http://free.free-
speech.org/rfkennedy/.

22. *De Volkskrant*, 20 oktober 2003.

23. Zie *NRC Handelsblad*, 30 oktober 2000. In augustus 2001 werd Krstic tot een
gevangenisstraf van 46 jaar veroordeeld.

24. Het fenomeen van de persoon die plotseling strategisch geheugenverlies claimt
als hij in een hachelijke situatie terechtkomt, ziet men ook in de zaken die gaan
over handelen met voorkennis. Een voorbeeld is dat van het uitzendbureau
Content, dat werd overgenomen door een Belgische firma. Vlak voor de overname werden opties verstrekt en aandelen ingekocht. Bij deze transacties leken
ingewijden met voorkennis een bijzonder actieve rol te spelen. In de rechtszaak
die volgde – bekend als de Content-zaak (2001) – wisten zij zich niets meer te
herinneren over de details van de overname en de aandelenaankoop. Zie voor
een prachtige reportage *FEM*, 14 april 2001.

25. *De Volkskrant*, 20 oktober 2003.

26. *De Telegraaf*, 13 juni 2002.

27. LJN AE 3911.

28. In de meest recente studie liet de Amerikaanse sociaal-psycholoog Brad Bushman (2002) zeshonderd studenten naar zijn laboratorium komen. Ze werden
allemaal gesard met een essay dat ze hadden geschreven. Daarna mochten sommige studenten tegen een soort boksbeugel tekeer gaan, terwijl anderen rustig
moesten blijven. Ten slotte liet Bushman de studenten op een schaal aangeven
hoe woedend ze waren. Diegenen die te keer waren gegaan bleken woedender
dan de studenten die rustig waren gebleven. Onderzoek zoals dat van Bushman
laat zien hoe stupide trainingsprogramma's zijn waarin criminele jongeren
zich mogen uitleven tijdens een Ardennen-*survival*.

29. Om geheel andere reden vond de Nijmeegse strafrechtgeleerde prof. dr. Y. Buruma (2002) het vonnis van de Assense rechtbank van lef getuigen.

30. LJN AF 2058.
31. Voor de liefhebber: 'Eine nachgewiesene Erinnerungslosigkeit an die Tat – allein oder zusammen mit anderen Merkmale – ist ein Anzeichen für eine auf einem Affekt beruhende Bewusstseinsstörung.' BGH 4 StR 207/208. Zie ook Barbey (1990).
32. Respectievelijk *De Volkskrant*, 5 januari 2004; *De Volkskrant*, 25 oktober 2002; *Dagblad De Limburger*, 16 april 1999; *De Volkskrant*, 9 maart 2004.

Noten bij 14. Geheugendetector

1. De spectaculaire opkomst van de leugendetector in België is een verhaal apart. Duidelijk is dat deze gezien moet worden in de context van twee omvangrijke dossiers waarmee de Belgische justitie in haar maag zat. Enerzijds waren dat de nooit opgehelderde, maar zeer gewelddadige overvallen van de Bende van Nijvel (genoemd naar de plaats waar de Bende in 1983 voor het eerst toesloeg). Anderzijds was dat het onderzoek naar de handel en wandel van Dutroux. Zie De Winne (2000).
2. De – vooral Belgische – gewoonte om te spreken over de polygraaf is verstandig. De term *leugendetector* houdt immers een verkapt *petitio principii* in: kan het ding wel leugens detecteren? De polygraaf ('veelschrijver') dankt zijn naam aan wat voor de komst van de digitale techniek gebruikelijk was tijdens leugendetectie-onderzoek: ademhaling, zweetsecretie, hartslag en bloeddruk werden toen tegelijkertijd via schrijfpennen op een rol papier uitgeschreven.
3. We slaan Zuid-Afrikaanse polygrafisten niet hoog aan. Dat heeft te maken met de persoonlijke ervaring die wij hier beschrijven, maar ook met de dogmatische toon waarop zij over hun vak praten. Een goed voorbeeld is de polygrafist Watson (2000). Hij schrijft: 'Het is betreurenswaardig dat bepaalde academici zich geroepen voelen om een kritische campagne tegen de polygraaf te voeren.' Watson maakt vage toespelingen op onredelijke critici, maar licht vervolgens niet toe wie hij op het oog heeft en wat nu zo onredelijk is aan hun argumenten. Dat uitgerekend een polygrafist zich te buiten gaat aan vage beschuldigingen is alarmerend.
4. We bedoelen dan een reactiepatroon waarbij de lichamelijke reacties op de delict-relevante vragen aanmerkelijk sterker zijn dan die op de controlevragen.
5. Het percentage van 10 procent fout-positieve missers is een optimistische schatting en is gebaseerd op wat de Canadese polygrafisten aan fouten maakten als zij een subjectief oordeel gaven. Als hun ruwe polygraaf-gegevens aan geblindeerde scoring werden onderworpen, steeg het percentage fout-positieven naar 45 procent. Dat cijfer wordt ook wel door andere auteurs (Honts & Quick, 1995) genoemd en het betekent dat bijna 1 op de 2 onschuldigen door de controlevragen-techniek voor schuldig wordt gehouden.
6. Het gaat om de *Ministeriële omzendbrief 'betreffende het gebruik van de leugendetector in de strafrechtspleging'*, daterend van 6 mei 2003.
7. Nadenken over de foutenmarges van forensische technieken gebeurt binnen

het justitiële apparaat veel te weinig. Neem de botscan-techniek. Op ruime schaal laat de Immigratie- en Naturalisatiedienst bij jeugdige asielzoekers röntgenfoto's nemen van hun sleutelbeenderen en polsgewrichten. De techniek zou uitsluitsel moeten geven over de vraag of deze asielzoekers liegen over hun leeftijd. Niemand kent de foutenmarge van de botscan-techniek. Zie *NRC Handelsblad*, 31 augustus 2003.

8. Wij ontlenen deze casuïstiek aan *De Standaard*, 4 november 2000.
9. Zie *De Telegraaf*, 16 augustus 2003.
10. Zie daarover het Duitse weekblad *Focus*, 4 september 1995.
11. BGH Beschluss vom 24. juni – VI ZR 327/02. Letterlijk heet het: 'Nachdem die Strafsenate des Bundesgerichtshofs auf der Grundlage von drei wissenschaftlichen Gutachten zu der psychophysiologischen Aussagebeurteilung diese Untersuchungsmethode als völlig ungeeignet eingestuft haben, ist nicht ersichtlich, warum man im Zivilverfahren zu einem anderen Ergebnis kommen solle.'
12. Zie daarover *De Volkskrant*, 19 oktober 2002.
13. Er is tot nog toe te weinig aandacht besteed aan de vraag of psychopaten virtuozen zijn in het om de tuin leiden van de leugendetector. De reden om in die richting te denken is dat hartslag en zweetsecretie van psychopaten onder veel omstandigheden onaangedaan blijven (Hare, 1998). Dat zou het wel eens lastig kunnen maken om hun met een leugendetector te ontmaskeren. In meer algemene zin merkt het rapport van de gezaghebbende *National Research Council* (2003) over leugendetectie op: 'Onderzoek naar hoe individuele verschillen in fysiologische reactiviteit de accuratesse van de leugendetectie kunnen aantasten is nog nauwelijks begonnen.' Alleen al die opmerking toont aan hoe prematuur het Nederlandse experiment is.
14. We doelen hier op een opmerking van officier van justitie en ex-fractievoorzitter van Leefbaar Nederland Fred Teeven. Naar aanleiding van de parlementaire enquête inzake de bouwfraude merkte hij op dat het een aardig idee zou zijn om tijdens de verhoren een leugendetector in te zetten (ANP, 22 augustus 2002).
15. Een van die verbeteringen is het met een electro-encefalogram (EEG) meten van hersenactiviteit bij de verdachte. Daarmee wordt gekeken of de verdachte binnen een fractie van een seconde met een hersengolf reageert op het correcte antwoordalternatief. Deze methode zou een elegante oplossing voor het probleem van de stoïcijns reagerende psychopaten kunnen zijn. Zie Farwell en Donchin (1991) en voorts: www.brainwavescience.com.
16. Die regels worden ook wel aangeduid als de *Daubert*-standaard. In het kort komt het erop neer dat volgens deze standaard de resultaten van een wetenschappelijke methode pas in de rechtszaal als bewijs mogen worden geïntroduceerd als de methode onder vakgenoten algemeen geaccepteerd is, als er over de methode is gepubliceerd, als de foutenmarge van de methode bekend is en als de methode toetsbaar is (zie Ben-Shakhar e.a., 2002).
17. Een FBI-functionaris berekende ooit dat het aantal verdachten dat aan de geheugendetector te leggen valt slechts een fractie is (18 procent) van het aantal dat met de controlevragen-techniek te testen valt (Podlesney, 1993). Wij ver-

trouwen zijn cijfers niet zo erg. Dat heeft enerzijds met het Japanse voorbeeld te maken en anderzijds met de belangen die er in de VS zijn om vooral de controlevragen-techniek in de lucht te houden.

18. Dat wordt fraai geïllustreerd door de minder bekende Belgische casus van Olivier Pirson. Pirson werd verdacht van de moord op zijn twee kinderen, maar ontkende in alle toonaarden en onderging daarom een test met de leugendetector. De test werd uitgevoerd door een Canadese polygrafist, die met zijn apparaat concludeerde dat Pirson 'met 92 procent zekerheid' loog. De Canadees bleek echter nauwe banden te hebben met de firma die het apparaat fabriceerde. Deze commerciële betrokkenheid leidde terecht tot beroering in de rechtszaal. Zie *De Standaard*, 25 september 2001.

19. BBC *News*, 17 november 2003.

20. We doelen hier op de zaak van Ina Post die wij in hoofdstuk 7 uitvoerig bespraken. Zie ook HR, 14 september 1993.

21. HR, 12 maart 2002.

Noten bij 15. Hoge verwachtingen

1. De term *self-fulfilling prophecy* is afkomstig van de socioloog Robert Merton (1948), die er de volgende definitie aan gaf: 'Een foute interpretatie die gedrag uitlokt dat deze interpretatie alsnog waarmaakt.'

2. We geven toe dat er bij een placebo-effect nog wel wat meer in het geding is dan alleen de verwachtingen die een arts heeft over het medicijn dat hij voorschrijft. De verwachtingen van de patiënt zijn niet minder belangrijk, maar die zijn vaak weer een afgeleide van wat de arts verwacht of voorgeeft te verwachten. Feit is en blijft dat de helende werking van bijvoorbeeld antidepressiva voor 25 tot 60 procent berust op het placebo-effect. Zie voor een kras voorbeeld Leuchter e.a. (2002).

3. Hawthorne verwijst naar het Amerikaanse bedrijf waar dit effect in 1924 voor het eerst systematisch werd beschreven. Brehm en Kassin (1999) zeggen er dit over in hun handboek: 'Wat de onderzoekers in de loop van de vijfjarige onderzoeksperiode ook deden – of ze het aantal koffiepauzes varieerden, de lengte van de werkweek, de locatie, het beloningssysteem of de manier van uitbetaling – de arbeidsproductiviteit steeg altijd(...). Het was de aanwezigheid van de onderzoekers in het bedrijf en de speciale aandacht die zij aan de werknemers gaven, niet de specifieke veranderingen die zij aanbrachten, die het verschil uitmaakten.'

4. Het Engelse *halo* verwijst naar het aura van heiligen. Zie Nisbett en Wilson (1977). Er is wel verondersteld dat het halo-effect ten grondslag ligt aan de lichtere straffen die criminelen met een aantrekkelijk uiterlijk krijgen in vergelijking met onaantrekkelijke criminelen. Zie daarover Downs en Lyons (1991).

5. Zie voor een uitvoerige beschrijving van de methodologische eisen waaraan praktijkonderzoek moet voldoen het klassieke werk van Cook en Campbell (1979).

6. Zie Risinger e.a. (2002). Ironisch genoeg was het geval van Hauptmann de eerste, grote zaak waarin handschriftexpertise een beslissende rol in de bewijsvoering kreeg toebedeeld. Zie daarover Risinger (2002).
7. Het percentage van 90 procent is niet uit de lucht gegrepen. Opsporingsambtenaren sturen nu eenmaal niet willekeurig materiaal in ter beoordeling door de expert. Zie Risinger e.a. (2002).
8. Gerechtshof 's-Gravenhage, 5 maart 2002, LJN-nummer: AE0653 (*meineed Parlementaire Enquêtecommissie*). Deze zaak was een uitvloeisel van een proces-verbaal van meineed, op 1 februari 1996 opgemaakt door de *Parlementaire Enquêtecommissie Opsporingsmethoden.* We sluiten ons hier aan bij de opvatting van onze collega Willem Albert Wagenaar (1996) dat in dit soort gevallen niet de conclusie (product), maar de weg waarlangs zij wordt bereikt (proces) van essentieel belang is.
9. De aanzet daartoe werd een aantal jaren geleden gegeven door het Amerikaanse *National Institute of Justice.* Zie Gigerenzer (2002) en Van Koppen en Crombag (2000). Dat geldt trouwens ook voor het wetenschappelijk onderzoek naar de waarde van handschriftexpertise. Het was pas in 1998 dat het *Justice Department* fondsen voor onderzoek naar deze kwestie ter beschikking stelde en dat de FBI een technische werkgroep formeerde, die een rapport over deze vorm van expertise zou moeten uitbrengen. Beide initiatieven hebben vooralsnog geen concrete resultaten opgeleverd.
10. De FBI informeerde de laboratoria aldus: 'De FBI heeft uw hulp onmiddellijk nodig! (...) De FBI wil graag het sterkst mogelijke bewijs in deze zaak presenteren om zo een overwinning te boeken. Voor het bereiken van die uitkomst is uw medewerking onontbeerlijk.' Zie voor verdere details: Gigerenzer (2002).
11. Meer specifiek gaat het dan om art. 37 lid 2 en art. 37b lid 2 Sr. Zie ook De Ruiter en Hildebrand (2002).
12. De enige uitzondering die wij kennen speelde zich af in de zogenoemde Van Kleef-moordzaak. Daarin uitte de Maastrichtse advocaat mr. David Moszkowicz kritiek op een psychiatrisch deskundige die wilde wachten met het insturen van zijn rapport totdat hij het rapport van zijn collega had gezien. Zie *Dagblad De Limburger,* 2 februari 2000.
13. Zo zegt de jurist uit Cambridge John Spencer (1998) over psychiatrische opinies in zulke gevallen: 'De rechtbank hoort een opinie voordat zij formeel heeft vastgesteld of de verdachte schuldig is. Dat is een volgorde die het risico in zich draagt dat een onschuldige verdachte mede wordt veroordeeld op basis van een psychiatrisch oordeel dat uitgaat van de aanname dat de verdachte schuldig is.'
14. Het probleem dat hier aan de orde is, is dat van het effect van perspectief op het geheugen. Zie Anderson en Pichert (1978).
15. Het *Van Marle Principe* is de psychiatrische tegenhanger van de presumptie van onschuld. Dit laatste, in beschaafde landen algemeen aanvaarde uitgangspunt zegt dat een verdachte onschuldig is totdat het tegendeel wordt bewezen.
16. Zie *De Volkskrant,* 6 maart 2004. Ook in de zaak van Lucia de B. toonden de rechters zich zeer kritisch over het werk van het Pieter Baan Centrum (PBC). Dit keer was het de voorzitter van het Haagse Gerechtshof die zich 'werkelijk

afvroeg' hoe aan de ene kant de psychiaters van het PBC konden concluderen dat Lucia de B. leed aan een zeer ernstige persoonlijkheidsstoornis ('diepliggende boosheid, apert wantrouwen jegens de medemens, gevoel almachtig te zijn') en hoe anderzijds deze psychiaters konden volhouden dat Lucia de B. volkomen toerekeningsvatbaar was. Ter zitting legde een van de psychiaters uit dat dit oordeel wel eens zou kunnen veranderen zodra Lucia de B. schuldig zou worden bevonden. Door deze mededeling zullen de rechters de draad pas echt goed kwijt zijn geraakt. Zie *de Volkskrant*, 12 maart 2004.

17. Zie voor het volledige verhaal: www.peterrdevries.nl/dossiers/christelambrosius/dossierdossier.htm. Een Nederlands jurist zei ooit dat de geschiedenis van de gerechtelijke dwalingen in feite de geschiedenis van onhandig optredende deskundigen is. Dat lijkt ons kort door de bocht. Het zijn rechters die veroordelingen uitspreken. Alvorens ze dat doen, kunnen ze een deskundige het vuur aan de schenen leggen. Zie ook Nijboer (2003).

Noten bij Waarover dit boek ging

1. In de Amerikaanse literatuur gebruikt men de term *false memory* om daarmee pseudo-herinneringen aan te duiden. Vanwege de negatieve bijklank lijdt dat vaak tot verwarring. Lezers denken nogal eens dat met *false memories* ook leugens worden bedoeld. Sommige auteurs wakkeren die verwarring aan door te spreken over *false events*. Alsof gebeurtenissen *false* kunnen zijn. Zie Merckelbach en Wessel (2002).

2. Dit sluit nauw aan bij de fenomenen van *forced confabulation* (hoofdstuk 1) en *imaginatie inflatie* (hoofdstuk 7): de onderzoekers moedigen de kinderen aan om te speculeren en te fantaseren. Wat eerst fictie was wordt later door de kinderen als feit beleefd.

3. *De Volkskrant*, 21 februari 2004.

4. Uit eerder onderzoek van Horner e.a. (1993) bleek dat experts zich sterk laten leiden door verwachtingseffecten. Omdat echte herinneringen, pseudo-herinneringen en leugens zo op elkaar lijken, gaan deskundigen op zoek naar *domein-irrelevante* (zie hoofdstuk 15) vingerwijzingen omtrent de waarachtigheid van de door de kinderen beschreven herinneringen. Als de experts eenmaal op basis van die vingerwijzingen de indruk hebben dat een herinnering waar is, dan zien ze elementen die daarmee in strijd zijn helemaal over het hoofd. Vandaar de titel van Horners artikel: *Believing is seeing*.

5. De mededeling aan de proefpersonen dat het fictieve incident werd aangereikt door hun eigen ouders is natuurlijk van groot belang. Die manipulatie is te vergelijken met de aanwezigheid van een pseudo-getuige die zegt dat hij met eigen ogen heeft gezien dat de proefpersoon een verboden handeling heeft verricht (zie hoofdstuk 7). Geconfronteerd met zulke externe bewijzen gaan proefpersonen sneller door de knieën. Een indrukwekkende demonstratie hiervan is te vinden in het experiment van Wade e.a. (2002). Zij verzamelden kinderfoto's van hun studenten. De kinderfoto's werden gemonteerd in een afbeelding van

een vliegende luchtballon. De studenten werden vervolgens met de montagefoto geconfronteerd en aangemoedigd om na te denken over waar de foto was genomen. De helft van de proefpersonen kwam met een pseudo-herinnering aan een luchtballonreisje, waarvan familieleden eerder hadden gezegd dat het nooit had plaatsgevonden.

6. Een meer primitieve versie van dit experiment is te vinden bij de Zweedse onderzoekers Christianson en Bylin (1999). Zij stuitten op hetzelfde effect: proefpersonen die spelen dat ze geheugenproblemen hebben, gaan slechter presteren op geheugentests.

7. In eigen onderzoek (Candel e.a., 2000) keken we naar wat kinderen onthielden van een verhaaltje en hoezeer zij zich later lieten beïnvloeden door misleidende informatie over dat verhaaltje. De correlatie tussen die twee grootheden bedroeg -0.67 (hoofdstuk 1), wat uitzonderlijk sterk is. Het laat zien dat hoe vollediger de herinneringen zijn, des te minder kans suggestieve informatie maakt.

8. *Intermediair*, april 2003.

9. Verderop in het interview geeft diezelfde directeur toe dat niemand weet of veteranen agressiever zijn dan hun leeftijdsgenoten. Maar, zo legt zijn collega uit, het kan tien en soms wel twintig of dertig jaar duren voordat de bom barst. De experts hebben niet door dat zij hun theorie ontoetsbaar maken voor wetenschappelijk onderzoek.

10. *Dagblad De Limburger*, 27 oktober 2003.

11. Zie ook *NRC Handelsblad*, 27 maart 2004. Daarin schrijft een ex-Joegoslaviëveteraan: 'Zelf had ik het gevoel dat ik uit de TGV was gestapt, maar nog steeds driehonderd kilometer per uur ging tussen allemaal stilstaande en wandelende mensen. Ik was een adrenalinejunk geworden. Ik reed 's nachts zonder licht op de snelweg, ging racen op dijkweggetjes en drukte sigaretten uit op mijn arm om iets van de kick uit Bosnië te kunnen voelen.' De veteraan wilde daarmee het pleidooi van de psycholoog Eelco Runia voor meer nazorg aan ex-militairen onderstrepen. Men kan aan zulke verhalen echter ook sterke argumenten voor meer voorzorg ontlenen: dat militaire organisaties strakker moeten selecteren op het personeel dat ze aannemen en uitzenden.

12. *Trouw*, 17 december 2003.

13. *NRC Handelsblad*, 31 januari 2004 en *Skepter*, 14 maart 2001.

14. *De Volkskrant*, 6 april 2004.

15. Met de naam van het syndroom verwees Meadow naar de baron Von Munchausen (ook wel Münchenhausen), de achttiende-eeuwse cavalerist die een groot verteller heette te zijn (zie ook hoofdstuk 4). Meadow volgde daarmee een traditie die in gang was gezet door de psychiater Richard Asher. In de jaren vijftig gebruikte hij de term *Munchausen syndroom* voor patiënten die hun ziektegeschiedenis bij elkaar liegen om zo medische aandacht te krijgen. *Munchausen by proxy* is een variant (*proxy*) op dit syndroom waarbij de patiënt niet zichzelf, maar iemand anders misbruikt om die aandacht te verwerven. In ons land dook het syndroom de afgelopen jaren tweemaal op in de rechtszaal. Het ene geval was dat van Angelique van E., die in 2001 werd veroordeeld voor de moord op het eenjarige kind van haar beste vriendin. Het andere geval was dat

van crècheleidster Bianca K., die door het Amsterdamse Hof in oktober 2003 werd vrijgesproken van poging tot moord op zes jonge kinderen. Zie *Reformatorisch Dagblad*, 18 juli 2001.

16. *The Daily Telegraph*, 1 juli 2003.
17. *The Daily Telegraph*, 20 januari 2004.
18. Zie bijvoorbeeld Hart (1999). Zie ook *NRC Handelsblad*, 21 januari 2004.
19. Op 13 maart 2004 meldde de on-line versie van het *British Medical Journal* dat Paterson was afgevoerd van de lijst van medisch specialisten omdat hij het inmiddels als getuige-deskundige te bont had gemaakt.
20. *De Volkskrant*, 1 juli 2003.
21. ANP, 11 februari 2004. Het is goed om nog eens te benadrukken dat het syndroom van Asperger zeldzaam is – 1 op de 10 000 kinderen heeft er last van – en dat crimineel gedrag geen deel uitmaakt van het syndroom. Zie Khouzan (2004).
22. De rechter-commissaris bij de rechtbank waarvoor de neuroloog optrad liet desgevraagd weten dat hij best in staat is om charlatans te ontmaskeren. Sprekend over de kwaliteit van de getuige-deskundige zei de rechter-commissaris: 'Als hij publiceert in tijdschriften als *Science* en *The Lancet*, dan weet je dat het goed zit.' Afgezien van het probleem dat ook in *The Lancet* artikelen verschijnen over aandoeningen die zeer omstreden zijn (zie noot 15), moet de kritische houding die hieruit spreekt toch even zoek zijn geweest toen de gepensioneerde neuroloog zijn opwachting maakte bij de rechter-commissaris. Zie *NRC Handelsblad*, 24 mei 2003.
23. Hildebrand en De Ruiter (1998).
24. Het citaat is afkomstig uit *de Volkskrant*, 24 april 2004. De opmerking is nog warriger dan men op het eerste gezicht zou vermoeden. Reduceert de huisarts zijn patiënt tot millimeters kwik als hij een bloeddrukmeting bij de patiënt doet? We dachten van niet.
25. *Dagblad De Limburger*, 25 april 2001.
26. Het idee is afkomstig van de Amerikaanse geheugenpsychologe Beth Loftus (2003).

Literatuur

Waarover dit boek gaat

Bahrick, H.P. (1984). Semantic memory content in permastore: Fifty years of memory for Spanish learned in school. *Journal of Experimental Psychology (General)*, 113, 1-29.

Hare, R. (1999). *Without conscience: The disturbing world of the psychopaths among us.* New York: Guilford.

Loftus, E.F. (2003). Our changeable memories: Legal and practical implications. *Nature Reviews Neuroscience*, 4, 231-234.

Loftus, E.F. & Ketchman, K. (1991). *Witness for the defense: The accused, the eyewitness, and the expert who puts memory on trial.* New York: St. Martin's Press.

Ponds, R. W. (1998). *Forgetfulness and cognitive aging: Prevalence, characteristics, and determinants.* Proefschrift Universiteit Maastricht.

Rubin, D.C. (1995). *Memory in oral traditions: The cognitive psychology of epic, ballads, and counting-out rhymes.* New York: Oxford University Press.

Schacter, D.L. (2001). *The seven sins of memory: How the mind forgets and remembers.* Boston: Houghton Mifflin.

Standing, L. (1973). Learning 10 000 pictures. *Quarterly Journal of Experimental Psychology*, 25, 207-222.

Zusne, L. & Jones, W.H. (1989). *Anomalistic psychology: A study of magical thinking.* Hillsdale NJ: Erlbaum.

Hoofdstuk 1: Goede getuige

Ambady, N. & Rosenthal, R. (1992). Thin slices of expressive behavior as predictors of interpersonal consequences: meta-analysis. *Psychological Bulletin*, 111, 256-274.

Barclay, C.R. (1986). Schematization of autobiographical memory. In D.C. Rubin (red.). *Autobiographical memory.* Cambridge: Cambridge University Press.

Berman, G.J. & Cutler, B.L. (1996). Effects of inconsistencies in eyewitness testimony on mock-jury decision making. *Journal of Applied Psychology*, 81, 170-177.

Boccaccini, M.T. (2002). What do we really know about witness preparation? *Behavioral Sciences and the Law*, 20, 161-189.

Bidrose, S. & Goodman, G.S. (2000). Testimony and evidence: A scientific case study of memory for child sexual abuse. *Applied Cognitive Psychology*, 14, 197-213.

Brewer, N., Potter, R., Fisher, R.P., Bond, N. & Luszcz, M.A. (1999). Beliefs and data on the relationship between consistency and accuracy of eyewitness testimony. *Applied Cognitive Psychology*, 13, 297-313.

Fisher, R.P. & Cutler, B.L. (1995). The relation between consistency and accuracy of eyewitness testimony. In G. Davies e.a. (red.). *Law and criminal justice: International developments in research and practice*. Berlin: De Gruyter.

Frenken, J. (1988). De geloofwaardigheid van een incestslachtoffer. *Maandblad Geestelijke Volksgezondheid, 9*, 968-979.

Glissan, J.L. (1991). *Cross-examination: Practice and procedure*. Sydney: Butterworths.

Haber, R.N. & Haber, L. (2000). Experiencing, remembering, and reporting events. *Psychology, Public Policy & the Law, 6*, 1057-1097.

Haber, R.N. & Haber, L. (2002). Why witnesses to accidents make mistakes: The cognitive psychology of human memory. In P. Olson & R. Dewar (red.). *Human factors in automobile accident reconstruction*. Tucson A.: Lawyers & Judges Publishers.

Hale, M. (1980). *Human science and social order: Hugo Münsterberg and the origins of applied psychology*. Houston: Temple University Press.

Hannigan, S.L., & Reinitz, M.T. (2001). A demonstration and comparison of two types of inference-based memory errors. *Journal of Experimental Psychology (Learning, Memory & Cognition), 27*, 931-940.

Kassin, S.M., Tubb, V. A., Hosch, H.M. & Memon, A. (2001). On the general acceptance of eyewitness testimony research. *American Psychologist, 56*, 405-416.

Kebbell, M.R. & Wagstaff, G.F. (1998). Hypnotic interviewing: The best way to interview the witness? *Behavioral Sciences and the Law, 16*, 115-129.

Kaufmann, G., Drevland, G.C.B., Wessel, E., Overskeid, G. & Magnussen, S. (2003). The importance of being earnest: Displayed emotions and witness credibility. *Applied Cognitive Psychology, 17*, 21-34.

Koriat, A., Goldsmith, M. & Pansky, A. (2000). Toward a psychology of memory accuracy. *Annual Review of Psychology, 51*, 481-537.

Leippe, M.R., Manion, A.P., Romanczyk, A. (1992). Eyewitness persuasion: How and how well do fact finders judge the accuracy of adults' and children's memory reports? *Journal of Personality and Social Psychology, 63*, 181-197.

Lighthart, L.E.E. (2004). Hypnose ten behoeve van het opsporingsonderzoek. In B.A.J. Cohen e.a. (red.). *Forensische geneeskunde: Raakvlakken tussen geneeskunst, gezondheidszorg en recht*. Assen: Van Gorcum.

Loftus, E.F. & Castelle, G. (2000). Crashing memories in legal cases. In P.J. van Koppen & N.H.M. Roos (red.). *Rationality, information and progress in psychology and law*. Maastricht: Metajuridica Publications.

Loftus, E.F. & Kaufman, L. (1992). Why do traumatic experiences sometimes produce good memory (flashbulbs) and sometimes no memory (repression)? In E. Winograd & U. Neisser (red.). *Affect and accuracy in recall: Studies of flashbulb memories*. Cambridge: Cambridge University Press.

Merckelbach, H. (2004). Telling a good story: Fantasy proneness and the quality of fabricated memories. *Personality and Individual Differences*, in druk.

Merckelbach, H. & van Bergen, S. (ter publicatie aangeboden). Dissociation and commission errors in eyewitness accounts of a staged incident.

Münsterberg, H. (1908). *On the witness stand*. New York: Doubleday.

Nisbett, R. & Ross, L. (1980). *Human inference: Strategies and shortcomings of social judgment.* New Jersey: Prentice-Hall.

Orbach Y. & Lamb, M.E. (1999). Assessing the accuracy of a child's account of sexual abuse: a case study. *Child Abuse & Neglect, 23,* 91-98.

Pathe, M., Mullen, P.E. & Purcell, R. (1999). Stalking: False claims of victimization. *British Journal of Psychiatry, 174,* 170-172.

Peterson, C., Moores, L. & White, G. (2001). Recounting the same events again and again: Children's consistency across multiple interviews. *Applied Cognitive Psychology, 15,* 353-371.

Pickel, K.L. (1998). Unusualness and threat as possible causes of weapon focus. *Memory, 6,* 277-295.

Pickel, K.L. (1999). The influence of context on the weapon focus effect. *Law and Human Behavior, 23,* 299-311.

Remijn, C. (2004). *The major-event major-cause heuristic and its influence on eyewitness recall.* Doctoraalscriptie Universiteit Maastricht.

Roediger, H.I., Meade, M.L. & Bergman, E.T. (2001). Social contagion of memory. *Psychonomic Bulletin and Review, 8,* 365-371.

Roemer, L., Litz, B.T., Orsillo, S.M., Ehrlich, P.J. & Friedman, M.J. (1998). Increases in retrospective accounts of war-zone exposure over time: The role of PTSD symptom severity. *Journal of Traumatic Stress, 11,* 597-605.

Rubin, D.C. (2003). A multimodal memory model for applied research in memory and cognition. *SARMAC Conference,* July 2003 Aberdeen.

Schwartz, B.L., Fisher, R.P. & Hebert, K.S. (1998). The relation of output order and commission errors in free recall and eyewitness accounts. *Memory, 6,* 257-275.

Sjoberg, R.L. & Lindblad, F. (2002). Limited disclosure of sexual abuse in children whose experiences were documented by videotape. *American Journal of Psychiatry, 159,* 312-314.

Small, D.I. (1998). *Preparing witnesses: A practical guide for lawyers and their clients.* Chicago IL: American Bar Association.

Smeets, T. Candel, I. & Merckelbach, H. (2004). Accuracy, completeness, and consistency of emotional memories. *American Journal of Psychology,* in druk.

Southwick, S.M., Morgan, C.A., Nicolaou, A.L. & Charney, D.S. (1997). Consistency of memory for combat-related traumatic events in veterans of Operation Desert Storm. *American Journal of Psychiatry, 154,* 173-177.

Wells, G.L., Malpass, R.S., Lindsday, R.C.L., Fisher, R.P., e.a. (2000). From the lab to the police station: A successful application of eyewitness research. *American Psychologist, 55,* 581-598.

Wells, G.L. & Olson, E.A. (2003). Eyewitness testimony. *Annual Review of Psychology, 54,* 277-295.

Wessel, I., Van der Kooy, P. & Merckelbach, H. (2000). Differential recall of central and peripheral details of emotional slides is not a stable phenomenon. *Memory, 8,* 95-109.

Wolters, G. (2002). Herinneren door getuigen. In P.J. van Koppen e.a. (red.). *Het recht van binnen: Psychologie van het recht.* Deventer: Kluwer.

Woolnough, P.S. & MacLeod, M.D. (2001). Watching the birdie watching you: Eyewitness memory for actions using cctv recordings of actual crimes. *Applied Cognitive Psychology, 15,* 395-411.

Yuille, J.C. & Cutshall, J.L. (1986). A case study of eyewitness memory of a crime. *Journal of Applied Psychology, 71,* 291-301.

Zaragoza, M.S., Payment, K.E., Ackil, J.K., Drivdahl, S.B. & Beck, M. (2001). Interviewing witnesses: forced confabulation and confirmatory feedback increase false memories. *Psychological Science, 12,* 473-477.

Hoofdstuk 2: Kapot

Atkinson, R.C. & Shiffrin, R.M. (1968). Human memory: A proposed system and its control processes. In K.W. Spence & J.T. Spence (red.). *The psychology of learning and motivation (Vol. 2).* New York: Academic Press.

Baddeley, A.D. & Warrington, E.K. (1970). Amnesia and the distinction between long- and short-term memory. *Journal of Verbal Learning and Verbal Behavior, 9,* 176-189.

Claparede, E. (1911). Recognition et moiite. *Archives Psychologiques, 11,* 79-90.

Corkin, S. (1984). Lasting consequences of bilateral medial temporal lobectomy: Clinical course and experimental findings in H.M. *Seminars in Neurology, 4,* 249-259.

Corkin, S. (2002). What's new with the amnesic patient H.M.? *Nature Reviews, 3,* 153-160.

Dawes, R.M. (1994). *House of cards: Psychology and psychotherapy built on myth.* New York: Free Press.

Gabrieli, J.D.E., Cohen, N.J. & Corkin, S. (1988). The impaired learning of semantic knowledge following bilateral medial temporal-lobe resection. *Brain and Cognition, 7,* 157-177.

Graf, P. & Schacter, D.L. (1985). Implicit and explicit memory for new associations in normal subjects and amnesic patients. *Journal of Experimental Psychology (Learning, Memory & Cognition), 11,* 385-395.

Haan, E.H.F. de, Eling, P.A.T.M. & Jennekens-Schinkel, A. (1997). Beeldvorming. In B.G. Deelman e.a. (red.) *Klinische neuropsychologie.* Amsterdam: Boom.

Harrington, A. (1987). *Medicine, mind, and the double brain.* Princeton NJ: Princeton University Press.

Hilts, P.J. (1995). *Memory's ghost: The strange tale of Mr. M and the nature of memory.* New York: Simon & Schuster.

Jelicic, M., Merckelbach, H. & Peters, M.J.V. (2004). That's what we call a psychogenic amnesia. *Tijdschrift voor Psychiatrie, 9,* 627-631.

Johnson, M.K., Kim, J.K. & Rise, G. (1985). Do alcoholic Korsakoff's syndrome patients acquire affective reactions? *Journal of Experimental Psychology (Learning, Memory & Cognition), 11,* 22-36.

Joseph, R. (1996). *Neuropsychiatry, neuropsychology, and clinical neuroscience.* Baltimore: Williams & Wilkins.

Kinsbourne, M. (1981). Episodic-semantic distinction. In L.S. Cermak (red.). *Human memory and amnesia.* Hillsdale NJ: Erlbaum.

Kolb, B. & Wishaw, I.Q. (2003). *Fundamentals of human neuropsychology* (5th edition). New York: Worth Publishers.

Milner, B., Corkin, S. & Teuber, H.L. (1968). Further analysis of the hippocampal amnesic syndrome: 14-year follow-up study of H.M. *Neuropsychologia, 6,* 215-234.

Parkin, A.J. (1996). H.M.: The medial temporal lobes and memory. In C. Code e.a. (red.). *Classic cases in neuropsychology.* Hove UK: Psychology Press.

Parkin, A.J. & Leng, N.R.C. (1993). *Neuropsychology of the amnesic syndrome.* Hove UK: Erlbaum.

Ribot, T.A. (1881). *Les maladies de la mémoire.* Paris: Baillière.

Rubin, D.C. & Greenberg, D.L. (1998). Visual memory-deficit amnesia: a distinct amnesic presentation and etiology. *Proceedings of the National Academy of Sciences, 95,* 5413-5416.

Schacter, D.L. (1987). Implicit memory: History and current status. *Journal of Experimental Psychology (Learning, Memory & Cognition), 13,* 501-518.

Scoville, W.B. & Milner, B. (1957). Loss of recent memory after bilateral hippocampal lesions. *Journal of Neurology, Neurosurgery and Psychiatry, 20,* 11-21.

Tulving, E. (1972). Episodic and semantic memory. In E. Tulving & W. Donaldson (red.). *Organization of memory.* New York: Academic Press.

Tulving, E. (1983). *Elements of episodic memory.* Oxford: Oxford University Press.

Tulving, E. (1999). On the uniqueness of episodic memory. In L.G. Nilsson & H.J. Markowitsch (red.). *Cognitive neuroscience of memory.* Seattle: Hogrefe & Huber.

Weinstein, E.A. (1996). Symbolic aspects of confabulation following brain injury: Influence of premorbid personality. *Bulletin of the Menninger Clinic, 60,* 331-350.

Wilson, B.A. & Wearing, D. (1995). Prisoner of consciousness: A state of just awakening following herpes simplex encephalitis. In R. Campbell & M.A. Conway (red.). *Broken memories: Case studies in memory impairment.* Oxford: Blackwell.

Wickelgren, W.A. (1968). Sparing of short-term memory in an amnesic patient: Implications for strength theory of memory. *Neuropsychologia, 6,* 235-244.

Hoofdstuk 3: Getuige met geheugenverlies

Blagrove, M. (1996). Effects of length of sleep deprivation on interrogative suggestibility. *Journal of Experimental Psychology: Applied, 2,* 48-59.

Curran, H.V. (1986). Tranquillising memories: A review of the effects of benzodiazepines on human memory. *Biological Psychology, 23,* 179-213.

Faust, D. (1996). Assessment of brain injuries in legal cases: Neuropsychological and neuropsychiatric considerations. In B.S. Fogel e.a. (red.). *Neuropsychiatry.* Baltimore: Williams & Wilkins.

Faust, D. & Ziskin, J. (1988). The expert witness in psychology and psychiatry. *Science, 241,* 31-35.

French, C.C. (2001). Dying to know the truth: Visions of a dying brain or false memories? *Lancet, 358,* 2010-2011.

Jones, C., Griffiths, R.D. & Humphris, G. (2000). Disturbed memory and amnesia related to intensive care. *Memory, 8,* 79-94.

Jones, C., Griffiths, R.D., Humphris, G. & Skirrow, P.M. (2001). Memory, delusions, and the development of acute posttraumatic stress disorder-related symptoms after intensive care. *Critical Care Medicine, 29*, 573-579.

Kassin, S.M. (1997). The psychology of confession evidence. *American Psychologist, 52*, 221-233.

Lezak, M.D. (1995). *Neuropsychological Assessment, 3rd Edition.* New York: Oxford University Press.

Lishman, W.A. (1998). *Organic psychiatry: The psychological consequences of cerebral disorder.* Oxford: Blackwell.

Lommel, P. van, Van Wees, R., Meyers, V. & Elfferich, I. (2001). Near-death experiences in survivors of cardiac arrest: A prospective study in the Netherlands, *Lancet, 358*, 2039-2045.

Merckelbach, H., Jelicic, M., Candel, I. & Horselenberg, R. (2002). Sleutelen aan geheugenverlies: Iatrogene elaboratie van een retrograde amnesie. *Maandblad Geestelijke Volksgezondheid, 57*, 923-935.

Murrey, G.J. (2000). *The forensic evaluation of traumatic brain injury: A handbook for clinicians and attorneys.* Boca Raton: CRC Press.

Ohayon, M.M., Priest, R.G., Caulet, M. & Guilleminault, C. (1996). Hypnagogic and hypnopompic hallucinations: Pathological phenomena? *British Journal of Psychiatry, 169*, 459-467.

Pritchard, D.A. (1997). Forensic neuropsychology. In M.E. Maruish & J.A. Moses (red.). *Clinical neuropsychology: Theoretical foundations for practitioners.* Mahwah NJ: Erlbaum.

Purisch, A.D. & Sbordone, R.J. (1997). Forensic neuropsychology: Clinical issues and Practice. In A.M. Horton e.a. (red.). *The neuropsychology handbook: Vol 2.* New York: Springer.

Rassin, E., Merckelbach, H. & Spaan, V. (2001). When dreams become a royal road to confusion: Realistic dreams, dissociation, and fantasy proneness. *Journal of Nervous and Mental Disease, 189*, 478-481.

Richardson, J.T.E. (1990). *Clinical and neuropsychological aspects of closed head injury.* London: Taylor & Francis.

Shiel, A., Horn, S.A., Wilson, B.A. & Watson, M.J. (2000). The Wessex Head Injury Matrix main scale: A preliminary report on a scale to assess and monitor patient recovery after severe head injury. *Clinical Rehabilitation, 14*, 408-416.

Schooler, J.W. & Loftus, E.F. (1986). Individual differences and experimentation: Complementary approaches to interrogative suggestibility. *Social Behavior, 1*, 105-112.

Stickgold, R. (1998). Sleep: Off-line memory reprocessing. *Trends in Cognitive Sciences, 2*, 484-492.

Stuss, D.T., Carruth, F.G., Levine, B., Brandys, C.F., e.a. (2000). Prediction of recovery of continuous memory after traumatic brain injury. *Neurology, 28*, 1337-134.

Walker, S. (1996). *A dose of sanity: Mind, medicine, and misdiagnosis.* Chichester: Wiley.

Wedding, D. & Faust, D. (1989). Clinical judgement and decision making in neuropsychology. *Archives of Clinical Neuropsychology, 4*, 233-265.

Zomeren, E. van & Deelman, B. (1997). Contusio cerebri. In B.G. Deelman e.a. (red.). *Klinische neuropsychologie.* Amsterdam: Boom.

Hoofdstuk 4: Geheugenverlies spelen

Bigler, E.D. (2001). The lesion(s) in traumatic brain injury: Implications for clinical neuropsychology. *Archives of Clinical Neuropsychology, 16,* 95-131.

Binder, L.M. & Rohling, M.L. (1996). Money matters: A meta-analytic review of the effects of financial incentives on recovery after close-head injury. *American Journal of Psychiatry, 153,* 7-10.

Blech, J. (2003). *Die Krankheitserfinder.* Frankfurt: Fischer.

Bruins, J. (2004). Knelpunten en valkuilen bij neuropsychologisch expertiseonderzoek. *Neuropraxis, 8,* 48-53.

Cassidy, J.D., Carroll, L.J., Cote, P., Lemstra, M., e.a. (2000). Effect of eliminating compensation for pain and suffering on the outcome of insurance claims for whiplash injury. *New England Journal of Medicine, 342,* 1179-1186.

Faust, D. (1995). The detection of deception. In M.I. Weintraub (red.). *Malingering and conversion reactions: Neurologic Clinics Vol 13.* Philadelphia: Saunders.

Faust, D. (1996). Assessment of brain injuries in legal cases: Neuropsychological and neuropsychiatric considerations. In B.S. Fogel e.a. (red.). *Neuropsychiatry.* Baltimore: Williams & Wilkins.

Faust, D., Hart, K. & Guilmette, T.J. (1988). Pediatric malingering: The capacity of children to fake deficits on neuropsychological testing. *Journal of Consulting and Clinical Psychology, 56,* 578-582.

Ferrari, R., Kwan, O., Russell, A.S., Pearce, J.M. & Schrader, H. (1999). The best approach to the problem of whiplash? One ticket to Lithuania, please. *Clinical and Experimental Rheumatology, 17,* 321-326.

Gerson, A.R. (2002). Beyond DSM-IV: A meta-review of the literature on malingering. *American Journal of Forensic Psychology, 20,* 57-69.

Jelicic, M., Merckelbach, H. & Cima, M. (2003). Over het simuleren van cognitieve stoornissen. *Tijdschrift voor Psychiatrie, 45,* 687-696.

Koerselman, F. (1998). *Slachtofferziektes.* Voordracht Skepsis Congres, 18 november 1998.

Kulynych, J. (1997). Psychiatric neuroimaging evidence: A high-tech crystal ball? *Stanford Law Review, 49,* 1249-1270.

Lamprecht, F. & Sack, M. (2002). Posttraumatic stress disorder revisited. *Psychosomatic Medicine, 64,* 222-237.

Lees-Haley, P.R., Fox, D.D., Courtney, J.C. (2001). A comparison by mild brain injury claimants and other claimants describing subjective experiences immediately following their injury. *Archives of Clinical Neuropsychology, 16,* 689-695.

Lees-Haley, P.R., Green, P., Rohling, M.L., Fox, D.D., Allen, L.M. (2003). The lesion(s) in traumatic brain injury: Implications for clinical neuropsychology. *Archives of Clinical Neuropsychology, 18,* 585-594.

Malleson, A. (2002). *Dubious diagnoses. Whiplash and other useful illnesses.* Montreal: McGill.

Mayou, R. & Bryant, B. (2002). Psychiatry of whiplash neck injury. *British Journal of Psychiatry, 180,* 441-448.

Merckelbach, H. & Rassin, E. (2000). Interdisciplinary in medical and psychological forensic expertise: Problems and solutions. In J.F. Nijboer & W.J.J.M. Sprangers (red.). *Harmonization in forensic expertise.* Amsterdam: Thela Thesis.

Mittenberg, W., Patton, C., Canyock, E.M. & Condit, D.C. (2002). Base rate of malingering and symptom exaggeration. *Journal of Clinical and Experimental Neuropsychology, 24,* 1094-1102.

Obelieniene, D., Schrader, H., Bovim, G., Miseviciene, I. & Sand, T. (1999). Pain after whiplash: A prospective controlled inception cohort study. *Journal of Neurology, Neurosurgery, and Psychiatry, 52,* 1329-1331.

Purisch, A.D. & Sbordone, R.J. (1997). Forensic neuropsychology: Clinical issues and practice. In A. MacNeill Horton e.a. (red.). *The neuropsychology handbook: Treatment issues and special populations.* New York: Springer.

Rogers, R., Harrell, E.H. & Leff, C.D. (1993). Feigning neuropsychological impairment: A critical review of methodological and clinical considerations. *Clinical Psychology Review, 13,* 255-274.

Sartin, J.S. (2000). Gulf war illnesses: Causes and controversies. *Mayo Clinic Proceedings, 75,* 811-819.

Showalter, E. (1997). *Hystories: Hysterical epidemics and modern media.* London: Picador.

Schmand, B., Lindeboom, J., Schagen, S., e.a. (1998). Cognitive complaints in patients after whiplash injury: The impact of malingering. *Journal of Neurology, Neurosurgery, Psychiatry, 64,* 339-343.

Schmand, B. & Ponds, R. (1997). Malingeren: Simuleren en aggraveren. In B.G. Deelman e.a. (red.). *Klinische neuropsychologie.* Amsterdam: Boom.

Sweet, J.J. (1999). Malingering: Differential diagnosis. In J.J. Sweet (red.). *Forensic Neuropsychology: Fundamentals and practice.* Lisse: Swets & Zeitlinger.

Wedding, D. & Faust, D. (1989). Clinical judgment and decision making in neuropsychology. *Archives of Clinical Neuropsychology, 4,* 233-265.

Weusten, S. (1998). De whiplash als uitweg. *Intermediair, 34,* 43-45.

Youngjohn, J.R. (1991). Malingering of neuropsychological impairment: An assessment strategy. *Journal for the Expert Witness, the Trial Attorney, the Trial Judge, 4,* 29-32.

Youngjohn, J.R. (1995). Confirmed attorney coaching prior to neuropsychological evaluation. *Assessment, 2,* 279-283.

Zomeren, E. van & Deelman, B. (1997). Contusio cerebri. In B. Deelman e.a. (red.). *Klinische neuropsychologie.* Amsterdam: Boom.

Zomeren, A.H. van & G. van den Burg. (1985). Residual complaints of patients two years after severe injury. *Journal of Neurology, Neurosurgery, and Psychiatry, 48,* 21-28.

APA (1994). *Diagnostic and statistical manual of mental disorders (4th ed.)*. Washington DC: American Psychiatric Association.

Brewin, C.R. & Beaton, A. (2002). Thought suppression, intelligence, and working memory capacity. *Behaviour Research and Therapy, 40*, 923-930.

Berman, M.E. & Coccaro, E.F. (1998). Neurobiologic correlates of violence: Relevance to criminal responsibility. *Behavioral Sciences and the Law, 16*, 303-318.

Bremner, J.D. (2002). *Does stress damage the brain? Understanding trauma-related disorders from a mind-body perspective*. New York: W.W. Norton.

Bremner, J.D., Randall, P., Scott, T.M., Bronen, R.A., e.a. (1995). MRI-based measurement of hippocampal volume in combat-related posttraumatic stress disorder. *American Journal of Psychiatry, 152*, 973-981.

Bremner, J.D., Randall, P., Vermetten, E., Staib, L., e.a. (1997). MRI-based measurement of hippocampal volume in posttraumatic stress disorder related to childhood physical and sexual abuse: A preliminary report. *Biological Psychiatry, 41*, 23-32.

Bremner, J.D., Scott, T.M., Delaney, R.C., Southwick, S.M., e.a. (1993). Deficits in short-term memory in posttraumatic stress disorder. *American Journal of Psychiatry, 150*, 1015-1019.

Buchanan, T.W. & Lovallo, W.R. (2001). Enhanced memory for emotional material following stress-level cortisol treatment in humans. *Psychoneuroendocrinology, 26*, 307-317.

Burkett, B.G. & Whitley, G. (2000). *Stolen valor: How the Vietnam generation was robbed of its heroes and its history*. Dallas: Verity Press.

Coles, E.M. & Veiel, H.O.F. (2001). Expert testimony and pseudoscience: How mental health professionals are taking over the courtroom. *International Journal of Law and Psychiatry, 24*, 607-625.

Crombag, H.F.M. & Merckelbach, H. (1996). *Hervonden herinneringen en andere misverstanden*. Amsterdam: Contact.

Elzinga, B. & Bremner, D. (2002). Are the neural substrates of memory the final common pathway in PTSD. *Journal of Affective Disorders, 70*, 1-17.

Frueh, B.C., Elhai, J.D., Gold, P.B., Monnier, J., e.a. (2003). Disability compensation seeking among veterans evaluated for posttraumatic stress disorder. *Psychiatric Services, 54*, 84-91.

Frueh, C.B., Hamner, M.B., Cahill, S.P., Gold, P.B. & Hamlin, K.L. (2000). Apparent symptom overreporting in combat veterans evaluated for PTSD. *Clinical Psychology Review, 20*, 853-885.

Haan, E.H.F. de, Eling, P.A.T.M. & Jennekens-Schinkel, A. (1997). Beeldvorming. In B.G. Deelman e.a. (red.) *Klinische neuropsychologie*. Amsterdam: Boom.

Geraerts, E., Jelicic, M., Merckelbach, H. & Guerrieri, R. (2004). Effect van acute stress op neutraal en emotioneel geheugen. *Neuropraxis, 8*, 54-59.

Gilbertson, M.W., Shenton, M.E., Ciszewski, A., Kasai, K., e.a. (2002). Smaller hippocampal volume predicts pathologic vulnerability to psychological trauma. *Nature Neuroscience, 5*, 1242-1247.

Golier, J. & Yehuda, R. (1998). Neuroendocrine activity and memory-related impairments in posttraumatic stress disorder. *Development and Psychopathology, 10,* 857-869.

Hull, A.M. (2002). Neuroimaging findings in post-traumatic stress disorder: Systematic review. *British Journal of Psychiatry, 181,* 102-110.

Jelicic, M. (2003). Hersenschade door stress? *Skepter, 16,* 35-38.

Jenkins, M.A., Langlais, P.J., Delis, D. & Cohen, R. (1998). Learning and memory in rape victims with posttraumatic stress disorder. *American Journal of Psychiatry, 155,* 278-279.

Keenan, P.A., Jacobson, M.W., Soleymani, R.M., Mayes, M.D., e.a. (1996). The effect of stress on memory of chronic prednisone treatment in patients with systemic disease. *Neurology, 47,* 1396-1402.

Kirschbaum, C., Wolf, O.T., May, M., Wippich, W. & Hellhammer, D.H. (1996). Stress-and treatment-induced elevations of cortisol levels associated with impaired declarative memory in healthy adults. *Life Sciences, 58,* 1475-1483.

Kopelman, M.D. (2002). Disorders of memory. *Brain, 125,* 2152-2190.

Kulynych, J. (1996). Brain, mind, and criminal behavior: Neuroimages as scientific evidence. *Jurimetrics Journal, 36,* 235-244.

Lamberts, S.W.J. (1982). Hypothalamus-hypofysesysteem. In G. Hennemann (red.). *Nederlands leerboek der endocrinologie.* Utrecht: Bunge.

Lindenbergh, S.D. (2002). Psychische schade door schrik. *Trema, 7,* 335-343.

Loftus, E.F. & Ketcham, K. (1994). *The myth of repressed memory.* New York: St. Martin's Press.

Lupien, S., DeLeon, M., DeSanti, S., Convit, A., e.a. (1998). Longitudinal increase in cortisol during human aging predicts hippocampal atrophy and memory deficits. *Nature Neuroscience, 1,* 69-73.

Lupien, S.J., Gaudreau, S., Tchiteya, B.M., Maheu, F., e.a. (1997). Stress-induced declarative memory impairment in healthy elderly subjects: relationship to cortisol reactivity. *Journal of Clinical Endocrinology and Metabolism, 82,* 2070-2075.

Macklin, M.L., Metzger, L.J., Litz, B., McNally, R.J., e.a. (1998). Lower precombat intelligence is a risk factor for posttraumatic stress disorder. *Journal of Consulting and Clinical Psychology, 66,* 323-326.

Mauri, M., Sonforiane, E., Bono, G., Vignati, F., e.a. (1993). Memory impairment in Cushing's disease. *Acta Neurologica Scandinavia, 87,* 52-55.

McNally, R.J. (2003). Progress and controversy in the study of posttraumatic stress disorder. *Annual Review of Psychology, 54,* 229-252.

Moradi, A.R., Doost, H.T., Taghavi, M.R., Yule, W. & Dalgleish, T. (1999). Everyday memory deficits in children and adolescents with PTSD: Performance on the Rivermead Behavioural Memory Test. *Journal of Child Psychology and Psychiatry, 40,* 357-361.

Peters, Th. (2002). Claim je rijk. *Intermediair, 47,* 27-31.

Reeves, D., Mills, M.J., Billick, S.B. & Brodie, J.D. (2003). Limitations of brain imaging in forensic psychiatry. *Journal of the American Academy of Psychiatry and the Law, 31,* 89-96.

Rosen, G.M. (1995). The Aleutian Enterprise sinking and posttraumatic stress disorder. Misdiagnosis in clinical and forensic settings. *Professional Psychology: Research and Practice, 26*, 82-87.

Rosen, G.M. (1996). Posttraumatic stress disorder, pulp fiction, and the press. *Bulletin of the American Academy of Psychiatry and the Law, 24*, 267-270.

Sapolsky, R. (1994a). Glucocorticoids, stress, and exacerbation of excitotoxic neuron death. *Seminars in Neuroscience, 6*, 323-331.

Sapolsky, R.M. (1994b). *Why zebra's don't get ulcers: A guide to stress, stress-related diseases, and coping.* New York: Freeman.

Sapolsky, R., Uno, H., Rebert, C. & Finch, C. (1990). Hippocampal damage associated with prolonged glucocorticoid exposure in primates. *Journal of Neuroscience, 9*, 2897-2902.

Shin, L.M., McNally, R.J., Kosslyn, S., Thompson, W.L., e.a. (1999). Regional cerebral blood flow during script-driven imagery in childhood sexual abuse-related PTSD: A PET investigation. *American Journal of Psychiatry, 156*, 575-584.

Starkman, M.N., Giordani, B., Gebarski, S.S. & Schteingart, D.E. (2003). Improvement in learning associated with increase in hippocampal formation volume. *Biological Psychiatry, 53*, 233-238.

Stolker, C. (2002). Ja, geleerd zijn jullie wel. *Nederlands Juristenblad, 15*, 766-778.

Tulving, E. (1999). On the uniqueness of episodic memory. In L.G. Nilsson & H.J. Markowitsch (red.). *Cognitive neuroscience of memory.* Seattle: Hogrefe & Huber.

Uddo, M., Vasterling, J.J., Brailey, K. & Sutker, P.B. (1993). Memory and attention in combat-related post-traumatic stress disorder (PTSD). *Journal of Psychopathology and Behavioral Assessment, 15*, 43-52.

Vasterling, J.J., Brailey, K., Constans, J.I. & Sutker, P.B. (1998). Attention and memory dysfunction in posttraumatic stress disorder. *Neuropsychology, 12*, 125-133.

Watanabe, Y., Gould, E. & McEwen, B.S. (1992). Stress induces atrophy of apical dendrites of hippocampus CA3 pyramidal neurons. *Brain Research, 588*, 341-344.

Wegner, D.M. (1989). *White bears and other unwanted thoughts.* New York: Viking.

Woolley, C.S., Gould, E., McEwen, B.S. (1990). Exposure to excess glucocorticoids alters dendritic morphology of adult hippocampal pyramidal neurons. *Brain Research, 531*, 225-231.

Hoofdstuk 6: Karige jeugdherinneringen

Anderson, R.G. & Pichert, J.W. (1978). Recall of previously unrecallable information following a shift in perspective. *Journal of Verbal Learning and Verbal Behavior, 17*, 1-12.

Banaji, M.R. & Crowder, R.G. (1989). The bankruptcy of everyday memory. *American Psychologist, 44*, 1185-1193.

Bahrick, H.P. (1984). Semantic memory content in permastore: Fifty years of memory for Spanish learned in school. *Journal of Experimental Psychology (General), 113*, 1-29.

Barclay, C.R. (1986). Schematization of autobiographical memory. In D.C. Rubin (red.). *Autobiographical memory*. Cambridge: Cambridge University Press.

Berntsen, D., Willert, M. & Rubin, D.C. (2003). Splintered memories or vivid landmarks? Qualities and organization of traumatic memories with and without PTSD. *Applied Cognitive Psychology, 17*, 675-693.

Brewer, W.F. (1986). What is autobiographical memory? In D.C. Rubin (red.). *Autobiographical memory*. Cambridge: Cambridge University Press.

Bramsen, I. (1995). *The long-term psychological adjustment of World War II survivors in the Netherlands*. Delft: Eburon.

Brand, N. & Jolles, J. (1985). Retrieval rate of words presented auditorily and visually. *Journal of General Psychology, 112*, 201-210.

Brittlebank, A.D., Scott, J., Williams, J.M.G. & Terrier, I.N. (1993). Autobiographical memory in depression: State or trait marker? *British Journal of Psychiatry, 162*, 118-121.

Brown, R. & Kulik, J. (1977). Flashbulb memories. *Cognition, 5*, 73-99.

Campbell, R.S. & Pennebaker, J.W. (2003). The secret life of pronouns: Flexibility in writing style and physical health. *Psychological Science, 14*, 60-65.

Candel, I., Jelicic, M., Merckelbach, H. & Wester, A. (2003). Korsakoff patients' memories of september 11, 2001. *Journal of Nervous and Mental Disease, 191*, 262-265.

Chapman, P. & Underwood, G. (2000). Forgetting near-accidents: The role of severity, culpability, and experience in the poor recall of dangerous driving situations. *Applied Cognitive Psychology, 14*, 31-44.

Conway, M.A. (1991). In defense of everyday memory. *American Psychologist, 46*, 19-26.

Conway, M.A., Anderson, S.J., Larsen, S., Donnelly, C.M., e.a. (1994). The formation of flashbulb memories. *Memory and Cognition, 22*, 326-343.

Crombag, H.F.M., Wagenaar, W.A. & van Koppen, P.J. (1996). Crashing memories and the problem of source monitoring. *Applied Cognitive Psychology, 10*, 95-104.

Crovitz, H.F. & Schiffman, H. (1974). Frequency of episodic memories as a function of their age. *Bulletin of the Psychonomic Society, 4*, 517-518.

Dawes, R.M. (1994). *House of cards: Psychology and psychotherapy built on myth*. New York: Free Press.

Decker, A., Hermans, D., Raes, F. & Eelen, P. (2003). Autobiographical memory specificity and trauma in inpatient adolescents. *Journal of Clinical Child and Adolescent Psychology, 32*, 22-31.

Deelman, B.G. (1972). *Etudes in de neuropsychologie*. Proefschrift Rijksuniversiteit Groningen.

Deese, J. (1959). On the prediction of occurrence of particular verbal intrusions in immediate recall. *Psychological Review, 58*, 407-428.

Draaisma, D. (2001). *Waarom het leven sneller gaat als je ouder wordt*. Groningen: Historische Uitgeverij.

Ebbinghaus, H. (1885). *Über das Gedächtnis*. Leipzig: Dunker.

Ehlers, A. & Clark, D.M. (2003). Splintered memories or vivid landmarks? Qualities and organization of traumatic memories with or without PTSD. *Applied Cognitive Psychology, 17*, 675-693.

Evans, J., Williams, J.M.G., O'Loughlin, S. & Howells, K. (1992). Autobiographical memory and problem solving strategies of parasuicide patients. *Psychological Medicine, 22,* 399-405.

Fitzgerald, J.M. (1988). Vivid memories and the reminiscence phenomenon: The role of a self narrative. *Human Development, 31,* 261-273.

Frankel, F.H. (1994). The concept of flashbacks in historical perspective. *International Journal of Clinical and Experimental Hypnosis, 42,* 321-336.

Foa, E.B., Riggs, D.S. Gershuny, B.S. (1995). Arousal, numbing, and intrusions: Symptom structure of PTSD following assault. *American Journal of Psychiatry, 152,* 116-120.

Goddard, L., Dritschel, B. & Burton, A. (1996). Role of autobiographical memory in social problem solving and depression. *Journal of Abnormal Psychology, 105,* 609-616.

Goddard, L., Dritschel, B. & Burton, A. (1997). Social problem solving and autobiographical memory in non-clinical depression. *British Journal of Clinical Psychology, 36,* 449-451.

Harvey, A.G., Bryant, R.A. & Dang, S.T. (1998). Autobiographical memory in acute stress disorder. *Journal of Consulting and Clinical Psychology, 66,* 500-506.

Hendersen, R.W. (1985). Fearful memories: The motivational significance of forgetting. In F.R. Brush & J.B. Overmier (red.). *Affect, conditioning and cognition: Essays on the determinants of behavior.* Hillsdale: Erlbaum.

Henderson, D., Hargreaves, I., Gregory, S. & Williams, J.M.G. (2002). Autobiographical memory and emotion in a nonclinical sample of women with and without a reported history of childhood sexual abuse. *British Journal of Clinical Psychology, 41,* 129-141.

Henry, B., Moffitt, T.E., Caspi, A., Langely, J. & Silva, P.A. (1994). On the remembrance of things past: A longitudinal evaluation of the retrospective method. *Psychological Assessment, 6,* 92-101.

Horselenberg, R., Merckelbach, H., van Breukelen, G. & Wessel, I. (2004). Individual differences in the accuracy of autobiographical memory. *Clinical Psychology and Psychotherapy,* in druk.

Ikeda, M., Mori, E., Hirono, N., Imamura, T., e.a. (1998). Amnestic people with Alzheimer's disease who remembered the Kobe earthquake. *British Journal of Psychiatry, 172,* 425-428.

Jansen, A., Merckelbach, H. & van den Hout, M.A. (1992). *Experimentele psychopathologie.* Maastricht: Van Gorcum.

Jones, E., Vermaas, R.H., McCartney, H., Beech, C., e.a. (2003). Flashbacks and posttraumatic stress disorder: The genesis of a 20th-century diagnosis. *British Journal of Psychiatry, 182,* 158-163.

Klein, K. & Boals, A. (2001). Expressive writing can increase working memory capacity. *Journal of Experimental Psychology (General), 130,* 520-533.

Kolk, B.A. van der & Fisler, R. (1995). Dissociation and the fragmentary nature of traumatic memories: Overview and exploratory study. *Journal of Traumatic Stress, 8,* 505-525.

Kopelman, M.D. (1987). Amnesia: Organic and psychogenic. *British Journal of Psychiatry, 150,* 428-442.

Kraft, R.N. (2002). *Memory perceived: Recalling the holocaust.* Westport CT: Praeger.

Kuyken, W. & Brewin, C.R. (1995). Autobiographical memory function in depression and reports of early abuse. *Journal of Abnormal Psychology, 104,* 585-591.

Linton, M. (1975). Memory for real world events. In D.A. Norman & D.E. Rumelhart (red.). *Explorations in cognition.* San Francisco: Freeman.

Loftus, E.F. (1991). The glitter of everyday memory and the gold. *American Psychologist, 46,* 16-18.

McNally, R.J. (2003). *Remembering trauma.* Cambridge MS: Harvard University Press.

McNally, R.J., Bryant, R. & Ehlers, A. (2003). Does early intervention promote the recovery from posttraumatic stress? *Psychological Science in the Public Interest, 4,* 45-80.

McNally, R.J., Lasko, N.B., Macklin, M.L. & Pitman, R.K. (1995a). Autobiographical memory disturbance in combat-related post traumatic stress disorder. *Behaviour Research and Therapy, 33,* 619-630.

McNally, R.J., Litz, B.T., Prassas, A., Shin, L.M. & Weathers, F.M. (1994). Emotional priming of autobiographical memory in post traumatic stress disorder. *Cognition and Emotion, 8,* 351-367.

McNally, R.J., Vardi, D.J. & Orr, S.P. (1995). Autobiographical memory disturbance in incest-related and rape-related post traumatic stress disorder. Ongepubliceerd manuscript.

Meesters, C., Merckelbach, H., Muris, P. & Wessel, I. (2000). Autobiographical memory and trauma in adolescents. *Journal of Behavior Therapy and Experimental Psychiatry, 31,* 29-39.

Merckelbach, H., Dekkers, Th., Wessel, I. & Roefs, A. (2003). Dissociative symptoms and amnesia in Dutch concentration camp survivors. *Comprehensive Psychiatry, 44,* 65-69.

Merckelbach, H. & Wessel, I. (1994). Recovered memories. *De Psycholoog, 29,* 85-90.

Merckelbach, H., Wessel, I. & Horselenberg, R. (1997). The accuracy of autobiographical memory: A replication of Barclay & Wellman (1986). *Behavioural and Cognitive Psychotherapy, 25,* 103-111.

Merckelbach, H., Wiers, R., Horselenberg, R. & Wessel, I. (2001). Effects of retrieving childhood events on metamemory judgments depend on the question you ask. *British Journal of Clinical Psychology, 40,* 215-220.

Moore, R.G., Watts, F.N. & Williams, J.M.G. (1988). The specificity of personal memories in depression. *British Journal of Clinical Psychology, 27,* 275-276.

Neisser, U. (1978). Memory: What are the important questions? In U. Neisser & E. Winograd (red.). *Remembering reconsidered: Ecological and traditional approaches to the study of memory.* Cambridge: Cambridge University Press.

Neisser, U. (1991). A case of misplaced nostalgia. *American Psychologist, 46,* 34-36.

Neisser, U. & Harsch, N. (1992). Phantom flashbulbs: False recollections of hearing the news about Challenger. In E. Winograd & U. Neisser (red.). *Affect and accuracy in recall: Studies of flashbulb memories.* Cambridge: Cambridge University Press.

Oorsouw, K. van & Merckelbach, H. (2004). When remembering causes forgetting: The paradoxical effect of remembering. Ongepubliceerd manuscript.

Ost, J., Vrij, A., Costall, A. & Bull, R. (2002). Crashing memories and reality monitoring: Distinguishing between perceptions, imaginations and false memories. *Applied Cognitive Psychology, 16,* 125-134.

Parks, E.D. & Balon, R. (1995). Autobiographical memory for childhood events: Patterns of recall in psychiatric patients with a history of alleged trauma. *Psychiatry, 58,* 199-208.

Peeters, F., Wessel, I., Merckelbach, H. & Boon-Vermeeren, M. (2002). Autobiographical memory specificity and the course of major depressive disorder. *Comprehensive Psychiatry, 43,* 344-350.

Pennebaker, J.W. (1993). Putting stress into words: Health, linguistic, and therapeutic implications. *Behaviour Research and Therapy, 31,* 539-548.

Pennebaker, J.W. & Banasik, B.L. (1997). On the creation and maintenance of collective memories: History as social psychology. In J.W. Pennebaker e.a. (red.). *Collective memory of political events: Social psychological perspectives.* Hillsdale NJ: Erlbaum.

Roediger, H.L. & McDermott, K.B. (1995). Creating false memories: Remembering words not presented in lists. *Journal of Experimental Psychology (Learning, Memory & Cognition), 21,* 803-814.

Raes, F., Hermans, D., de Decker, A., Williams, J.M.G. & Eelen, P. (2003). Autobiographical memory specificity and affect regulation: An experimental approach. *Emotion, 3,* 201-206.

Restorff, H. von (1933). Über die Wirkungen von Bereichsbildungen im Spurenfeld. *Psychologische Forschung, 18,* 299-342.

Riccio, D.C., Rabinowitz, V.C. & Axelrod, S. (1994). Memory: When less is more. *American Psychologist, 49,* 917-926.

Rubin, D.C., Feldman, M.E. & Beckham, J.C. (2004). Reliving, emotions, and fragmentation in the autobiographical memories of veterans diagnosed with PTSD. *Applied Cognitive Psychology, 18,* 17-35.

Schacter, D.L. (2001). *Forgotten ideas, neglected pioneers: Richard Semon and the story of memory.* Hove: Psychology Press.

Schelach, L. & Nachson, I. ((2001). Memory of Auschwitz survivors. *Applied Cognitive Psychology, 15,* 119-132.

Schmolck, H., Buffalo, E.A. & Squire, L.R. (2000). Memory distortions develop over time: Recollections of the O.J. Simpson trial verdict after 15 and 32 months. *Psychological Science, 11,* 39-45.

Schwarz, N. (1999). Self-reports: How the questions shape the answer. *American Psychologist, 54,* 93-105.

Sierra, M. & Berrios, G.E. (1999). Flashbulb memories and other repetitive images: A psychiatric perspective. *Comprehensive Psychiatry, 40,* 115-125.

Snowdon, D.A., Kemper, S.J., Mortimer, J.A., Greiner, L.H., e.a. (1996). Linguistic ability in early life and cognitive function and Alzheimer's disease in late life: Findings from the nun study. *Journal of the American Medial Association, 275,* 528-532.

Talarico, J.M. & Rubin, D.C. (2003). Confidence, not consistency, characterizes flashbulb memories. *Psychological Science, 14,* 455-461.

Wagenaar, W.A. & Groeneweg, J. (1990). The memory of concentration camp survivors. *Applied Cognitive Psychology, 4*, 77-87.

Wessel, I. & Merckelbach, H. (1995). Over totale amnesie en pseudoherinneringen: Antwoord aan Ensink en Van der Hart. *De Psycholoog, 30*, 102-105.

Wessel, I., Merckelbach, H. & Dekkers, Th. (2002). Autobiographical memory specificity, intrusive memory, and general memory skills in Dutch-Indonesian survivors of the World War II era. *Journal of Traumatic Stress, 15*, 227-234.

Wickelgren, W.A. (1972). Trace resistance and the decay of long-term memory. *Journal of Mathematical Psychology, 9*, 418-455.

Williams, J.M.G. (1992). Autobiographical memory and emotional disorders. In S.A. Christianson (red.). *Handbook of emotion and memory: Research and Theory.* Hillsdale NJ: Erlbaum.

Williams, J.M.G. & Broadbent, K. (1986). Autobiographical memory in suicide attempters. *Journal of Abnormal Psychology, 95*, 144-149.

Williams, J.M.G. & Dritschel, B.H. (1988). Emotional disturbance and the specificity of autobiographical memory. *Cognition and Emotion, 2*, 221-234.

Williams, J.M.G., Ellis, N.C., Tyers, C., Healy, H., e.a. (1996). The specificity of autobiographical memory and imageability of the future. *Memory and Cognition, 24*, 116-125.

Williams, J.M.G. & Scott, J. (1988). Autobiographical memory in depression. *Psychological Medicine, 18*, 689-695.

Williams, J.M.G., Stiles, W.B. & Shapiro, D.A. (1999). Cognitive mechanisms in the avoidance of painful and dangerous thoughts: Elaborating the assimilation model. *Cognitive Therapy and Research, 23*, 285-306.

Winkielman, P., Schwarz, N. & Belli, R.F. (1998). The role of ease of retrieval and attribution in memory judgment: Judging your memory as worst despite recalling more events. *Psychological Science, 9*, 124-126.

Hoofdstuk 7: Een bekentenis en haar gevolgen

Abram, K.M., Teplin, L.A. & McClelland, G.M. (2003). Comorbidity of severe psychiatric disorders and substance use disorders among women in jail. *American Journal of Psychiatry, 160*, 1007-1010.

Bedau, H.A. & Radelet, M.L. (1987). Miscarriages of justice in potentially capital cases. *Stanford Law Review, 40*, 21-179.

Bijnoord, A.J. (1989). *De zaak Ina Post.* Amsterdam: Ambo.

Blaauw, J.A. (1999). *Henry Lee Lucas: Feiten en fictie over Amerika's grootste seriemoordenaar.* Baarn: Fontein.

Blaauw, J.A. (2000). *De Puttense moordzaak: Reconstructie van een dubieus moordonderzoek.* Baarn: Fontein.

Blagrove, M. (1996). Effects of length of sleep deprivation on interrogative suggestibility. *Journal of Experimental Psychology: Applied, 2*, 48-59.

Cassell, P.G. (1996). All benefits, no costs: The grand illusion of Miranda's defenders. *Northwestern University Law Review, 90*, 1084-1124.

Chapman, L.J., Chapman, J.P. & Raulin, M.L. (1978). Body-image aberration in schizophrenia. *Journal of Abnormal Psychology, 87*, 399-407.

Collins, J.J. & Bailey, S.L. (1990). Traumatic stress disorder and violent behavior. *Journal of Traumatic Stress, 3*, 203-220.

Conti, R.P. (1999). *The psychology of false confessions. Journal of Credibility Assessment and Witness Psychology, 2*, 14-36.

Crombag, H.F.M., van Koppen, P.J. & Wagenaar, W.A. (1994). *Dubieuze zaken: De psychologie van het strafrechtelijke bewijs.* Amsterdam: Contact.

Derogatis, L.R. (1977). *SCL-90-R. Administration, scoring and procedures.* Baltimore: John Hopkins University.

Foa, E.B., Riggs, D.S., Dancu, C.V. & Rothbaum, B.O. (1993). Reliability and validity of a brief instrument for assessing post-traumatic stress disorder. *Journal of Traumatic Stress, 6*, 459-473.

Foa, E.B., Zinbarg, R. & Rothbaum, B.O. (1992). Uncontrollability and unpredictability in post-traumatic stress disorder: An animal model. *Psychological Bulletin, 112*, 218-238.

Forrest, K.D., Wadkins, T.A. & Miller, R.L. (2002). The role of preexisting stress on false confessions: An empirical study. *Journal of Credibility Assessment and Witness Psychology, 3*, 23-45.

Furnham, A. (2003). Belief in a just world: research progress over the past decade. *Personality and Individual Differences, 34*, 795-817.

Garry, M. & Polaschek, D.L.L. (2000). Imagination and memory. *Current Directions in Psychological Science, 9*, 6-10.

Gudjonsson, G.H. (1996). *The psychology of interrogations, confessions, and testimony.* Chichester: Wiley.

Gudjonsson, G.H. (1997). *The Gudjonsson suggestibility scales manual.* Sussex: Psychology Press.

Gudjonsson, G.H. (1999). The making of a serial false confessor: The confessions of Henry Lee Lucas. *Journal of Forensic Psychiatry, 10*, 416-426.

Gudjonsson, G.H. (2002). Unreliable confessions and miscarriages of justice in Britain. *International Journal of Police Science and Management, 4*, 332-343.

Gudjonsson, G.H. & Sigurdsson, J.F. (1994). How frequently do false confessions occur? *Psychology, Crime & Law, 1*, 21-26.

Gudjonsson, G.H., Sigurdsson, J.F. & Einarsson, E. (2004). The role of personality in relation to confessions and denials. *Psychology, Crime & Law,* in druk.

Hale, D. (2002). *Town without pity.* London: Random House.

Holmberg, U. & Christianson, S.A. (2002). Murderers' and sexual offenders' experience of police interviews and their inclination to admit or deny crimes. *Behavioral Sciences and the Law, 20*, 31-45.

Horselenberg, R., Merckelbach, H., Josephs, S. (2003). Individual differences and false confessions: A conceptual replication of Kassin & Kiechel. *Psychology, Crime & Law, 9*, 1-8.

Horselenberg, R., Merckelbach, H., Muris, P., Sijsenaar, M. & Spaan, V. (2000). Imagining fictitious childhood events: The role of individual differences in imagination inflation. *Clinical Psychology and Psychotherapy, 7*, 128-137.

Horowitz, M., Wilner, N. & Alvarez, W. (1979). Impact of Event Scale: A measure of subjective stress. *Psychosomatic Medicine, 41*, 209-218.

Kassin, S.M. & Kiechel, K.L. (1996). The social psychology of false confessions: Compliance, internalization, and confabulation. *Psychological Science, 7*, 125-128.

Launay, G. & Slade, P.D. (1981). The measurement of hallucinatory predispositions in male and female prisoners. *Personality and Individual Differences, 2*, 221-234.

Lilienfeld, S.O. & Andrews, B.P. (1996). Development and preliminary validation of a self-report measure of psychopathic personality traits in noncriminal populations. *Journal of Personality Assessment, 66*, 488-524.

Lloyd-Bostock, S. (1989). *Law in practice.* Chicago: Lyceum.

Masserman, J.H. (1943). *Behavior and neurosis: An experimental psychoanalytic approach to psychobiologic principles.* Chicago: University of Chicago Press.

Merckelbach, H., Crombag, H.F.M. & Van Koppen, P.J. (2003). Hoge verwachtingen: Over het corrumperende effect van verwachtingen op forensische expertise. *Nederlands Juristenblad, 78*, 710-716.

Merckelbach, H., Muris, P.J., Van Koppen, P.J. (1997). De Nederlandse vertaling van de Gudjonsson Suggestibility Scale (GSS-NL). *De Psycholoog, 32*, 355-359.

Merckelbach, H., Koeyvoets, N., Cima, M. & Nijman, H. (2001). De Nederlandse versie van de SIMS. *De Psycholoog, 36*, 586-591.

Ost, J., Costall, A. & Bull, R. (2001). False confessions and false memories: A model for understanding retractors' experiences. *Journal of Forensic Psychiatry, 12*, 549-579.

Pollock, Ph.H. (1999). When the killer suffers: Post-traumatic stress reactions following homicide. *Legal and Criminological Psychology, 4*, 185-202.

Poythress, N.G., Edens, J.F., Lilienfeld, S.O. (1998). Criterion-related validity of the Psychopathic Personality Inventory (PPI) in a prison sample. *Psychological Assessment, 10*, 426-430.

Redlich, A.D. & Goodman, G.S. (2003). Taking responsibility for an act not committed: The influence of age and suggestibility. *Law and Human Behavior, 27*, 141-156.

Scheck, B., Neufeld, P. & Dwyer, J. (2001). *Actual innocence: When justice goes wrong and how to make it right.* New York: Signet.

Simon, R.I. (1993). The psychological and legal aftermath of false arrest and imprisonment. *Bulletin of the American Academy of Psychiatry and the Law, 21*, 523-528.

Spitzer, C., Dudeck, M., Liss, H., Orlob, S., e.a. (2001). Post-traumatic stress disorder in forensic patients. *Journal of Forensic Psychiatry, 12*, 63-77.

Vries, P.R. de (2002). *De moord die nooit mag verjaren en andere minireportages.* Baarn: Fontein.

Wessel, I., Merckelbach, H. & Dekkers, Th. (2002). Autobiographical memory specificity, intrusive memory, and general memory skills in Dutch-Indonesian survivors of the World War II era. *Journal of Traumatic Stress, 15*, 227-234.

Zimbardo, P.G. (1967). The psychology of police confessions. *Psychology Today, 1*, 17-20.

Zimbardo, P.G. & Leippe, M.R. (1991). *The psychology of attitude change and social influence.* New York: McGraw-Hill.

APA (1995). *Beknopte handleiding bij de diagnostische criteria van de DSM-IV*. Lisse: Swets & Zeitlinger.

Barbarotto, R., Laiacona, M. & Cocchini, G. (1996). A case of simulated, psychogenic or focal pure retrograde amnesia. Did an entire life become unconscious? *Neuropsychologia, 34,* 575-585.

Christianson, S.A. & Nilsson, L.G. (1989). Hysterical amnesia: A case of aversively motivated isolation of memory. In T. Archer & L.G. Nilsson (red.). *Aversion, avoidance, and anxiety: Perspectives on aversively motivated behavior*. Hillsdale NJ: Erlbaum.

Cima, M., Merckelbach, H., Nijman, H., Knauer, E. & Hollnack, S. (2002). I can't remember your honor: Offenders who claim amnesia. *German Journal of Psychiatry, 5,* 24-34.

De Renzi, E., Luccelli, F., Muggia, S. & Spinnler, H. (1995). Persistent retrograde amnesia following minor head trauma. *Cortex, 31,* 531-542.

Domb, Y. & Beaman, K. (1991). Mr X: A case of amnesia. *British Journal of Psychiatry, 158,* 423-425.

Eysenck, H.J. (1957). *Sense and nonsense in psychology*. Baltimore: Pelican.

Fried, R.I. (1988). The Stendhal syndrome: Hyperkulturemia. *Ohio Medicine Journal of the Ohio State Medical Association, 84,* 519-520.

Gomperts, W. (1996). Herinneringen aan het hiervoormaals. *Maandblad Geestelijke Volksgezondheid, 7/8,* 777-800.

Haber, L. & Haber, R.N. (1998). Judging the admissibility of eyewitness testimony of long past events. *Psychology, Public Policy, and Law, 4,* 1135-1159.

Hacking, I. (1999). *Mad travelers: Reflections on the reality of transient mental illness*. New York: Free Association Books.

Horselenberg, R., Merckelbach, H., Crombag, H., Van Koppen, P.J. (2002). Getuigen helpen herinneren. In P.J. van Koppen e.a. (red.). *Het recht van binnen: Psychologie van het recht*. Deventer: Kluwer.

Kapur, N. (1991). Amnesia in relation to fugue states: Distinguishing a neurological from a psychogenic basis. *British Journal of Psychiatry, 159,* 872-877.

Kaszniak, A.W., Nussbaum, P.D., Berren, M.R. & Santiago, J. (1988). Amnesia as a consequence of male rape: A case report. *Journal of Abnormal Psychology, 97,* 100-104.

Koerselman, F. (1996). Ervaringen met narcoanalyse. *Maandblad Geestelijke Volksgezondheid, 7/8,* 748-760.

Kopelman, M.D. (1999). Varieties of false memory. *Cognitive Neuropsychology, 16,* 197-214.

Kopelman, M.D. (2000). Focal retrograde amnesia and the attribution of causality: An exceptionally critical review. *Cognitive Neuropsychology, 17,* 585-621.

Kopelman, M.D., Christensen, H., Puffett, A. & Stanhope, N. (1994). The great escape: A neuropsychological study of psychogenic amnesia. *Neuropsychologia, 32,* 675-691.

Kopelman, M.D., Green, R.E.A., Guinan, E.M., Lewis, P.D.R. & Stanhope, N. (1994).

The case of the amnestic intelligence officer. *Psychological Medicine*, 24, 1037-1045.

Kopelman, M.D., Panayiotopoulous, C.P. & Lewis, P. (1992). Transient global amnesia differentiated from psychogenic fugue: Neuropsychological, EEG, and PET findings. *Journal of Neurology, Neurosurgery, and Psychiatry*, 57, 1002-1004.

Kihlstrom, J.F. & Schacter, D.L. (2000). Functional amnesia. In F. Boller & J. Grafman (red.). *Handbook of neuropsychology: Vol. 2 (2nd Edition)*. Amsterdam: Elsevier.

Lishman, W.A. (1998). *Organic psychiatry: The psychological consequences of cerebral disorder*. Oxford: Blackwell.

Luria, A.R. (1986). *The mind of a mnemonist*. New York: Basic Books.

Mackenzie Ross, S. (2000). Profound retrograde amnesia following mild head injury: Organic or functional? *Cortex*, 36, 521-537.

Manning, L. (2002). Focal retrograde amnesia documented with matching anterograde and retrograde procedures. *Neuropsychologia*, 40, 28-38.

Markowitsch, H.J. (1996). Organic and psychogenic retrograde amnesia: Two sides of the same coin? *Neurocase*, 2, 357-371.

Markowitsch, H.J., Kessler, J., Van der Ven, C., Weber-Luxenburger, G., e.a. (1998). Psychic trauma causing grossly reduced brain metabolism and cognitive deterioration. *Neuropsychologia*, 36, 77-82.

Merckelbach, H., Koeyvoets, N., Cima, M. & Nijman, H. (2001). De Nederlandse versie van de SIMS. *De Psycholoog*, 36, 586-591.

Miller, H. (1961). Accident neurosis. *British Medical Journal*, 1, 919-925.

Piper, A. (1993). Truth serum and recovered memories of sexual abuse: A review of the evidence. *Journal of Psychiatry and Law*, 5, 447-471.

Schacter, D.L., Wang, P.L., Tulving, E. & Freedman, M. (1982). Functional retrograde amnesia: A quantitative case study. *Neuropsychologia*, 20, 523-532.

Smith, M.C. (1983). Hypnotic memory enhancement of witnesses: Does it work? *Psychological Bulletin*, 94, 387-407.

Snelders, S. (2000). *LSD-therapie in Nederland: De experimenteel-psychiatrische behandeling van J. Bastiaans, G.W. Arendsen Hein en C.H. van Rhijn*. Amsterdam: Candide.

Stengel, E. (1941). The aetiology of fugue states. *Journal of Mental Science*, 87, 572.

Tranel, D. & Damasio, H. (1994). Neuroanatomical correlates of electrodermal skin conductance responses. *Psychophysiology*, 31, 427-438.

Weinstein, E.A. (1996). Symbolic aspects of confabulation following brain injury: Influence of premorbid personality. *Bulletin of the Menninger Clinic*, 60, 331-350.

Hoofdstuk 9: Fantastisch verstrooid

APA (1994). *Diagnostic and statistical manual of mental disorders (4th ed.)*. Washington DC: American Psychiatric Association.

Baeten, S. (1998). *Van bezetenheid tot dissociatie*. Leuven: Garant Uitgevers.

Bergeman, C.S., Chipuer, H.M., Plomin, R., Pedersen, N.L., e.a. (1993). Genetic and environmental effects on openness to experience, agreeableness, and conscientiousness: An adoption/twin study. *Journal of Personality, 61*, 159-179.

Bernstein, D.P., Ahluvalia, T., Pogge, D. & Handelsman, L. (1997). Validity of the Childhood Trauma Questionnaire in an adolescent psychiatric population. *Journal of the American Academy of Child and Adolescent Psychiatry, 36*, 340-348.

Bernstein, E.M. & Putnam, F.W. (1986). Development, reliability, and validity of a dissociation scale. *Journal of Nervous and Mental Disease, 174*, 727-735.

Boomsma, D.I. (1998). Genetic analysis of cognitive failures (CFQ): A study of Dutch adolescent twins and their parents. *European Journal of Personality, 12*, 321-330.

Bryant, R.A. (1995). Fantasy-proneness and recall of childhood abuse. In G.D. Burrows & R.O. Stanley (red.). *Contemporary international hypnosis.* New York: Wiley.

Candel, I., Merckelbach, H. & Kuijpers, M. (2003). Dissociative experiences are related to commissions in emotional memory. *Behaviour Research and Therapy, 41*, 719-725.

Chu, J.A., Frey, L.M., Ganzel, B.L. & Matthews, J.A. (1999). Memories of childhood abuse: Dissociation, amnesia, and corroboration. *American Journal of Psychiatry, 156*, 749-755.

Classen, C., Koopman, C. & Spiegel, D. (1993). Trauma and dissociation. *Bulletin of the Menninger Clinic, 27*, 178-194.

DiTomasso, M.J. & Routh, D.K. (1993). Recall of abuse in childhood and three measures of dissociation. *Child Abuse & Neglect, 17*, 477-485.

Dor-Shav, N. K. (1978). On the long-range effects of concentration camp internment on Nazi victims: 25 years later. *Journal of Consulting and Clinical Psychology, 46*, 1-11.

Draijer, N. & Langeland, W. (1999). Childhood trauma and perceived parental dysfunction in the etiology of dissociative symptoms in psychiatric inpatients. *American Journal of Psychiatry, 156*, 379-385.

Eisen, M.I. & Lynn, S. (2001). Dissociation, memory, and suggestibility in adults and children. *Applied Cognitive Psychology, 15*, 49-77.

Frankel, F.H. (1990). Hypnotizability and dissociation. *American Journal of Psychiatry, 147*, 823-829.

Frankel, F.H. (1996). Dissociation: The clinical realities. *American Journal of Psychiatry* (Festschrift Supplement), *153*, 64-70.

Fonagy, P. & Target, M. (1995). Dissociation and trauma. *Current Opinion in Psychiatry, 8*, 161-166.

Gast, U., Rodewald, F., Nickel, V. & Emrich, H.E. (2001). Prevalence of dissociative disorders among psychiatric inpatients in a German university clinic. *Journal of Nervous and Mental Disease, 189*, 249-257.

Gershuny, B.S. & Thayer, J.F. (1999). Relations among psychological trauma, dissociative phenomena, and trauma-related distress: A review and integration. *Clinical Psychology Review, 19*, 635-657.

Giesbrecht, T. & Merckelbach, H. (2004). Subjective sleep experiences are related to dissociation. *Personality and Individual Differences*, in druk.

Good, M.I. (1995). Validity of childhood abuse measurements. *American Journal of Psychiatry, 152*, 1533-1534.

Gudjonsson, G.H. (1992). *The psychology of interrogations, confessions, and testimony.* Chichester: Wiley.

Hacking, I. (1992). Multiple personality disorder and its hosts. *History of the Human Sciences, 5*, 3-31.

Hacking, I. (1995). *Rewriting the soul: Multiple personality and the sciences of memory.* New Jersey: Princeton.

Heaps, C. & Nash, M. (1999). Individual differences in imagination inflation. *Psychonomic Bulletin and Review, 6*, 313-318.

Hyman, I.E. & Billings, F.J. (1998). Individual differences and the creation of false memories. *Memory, 6*, 1-20.

Horselenberg, R. & Merckelbach, H. (2004). Fantasy proneness and dissociative experiences in adults with previous-life memories. Ongepubliceerd manuscript.

Irwin, H.J. (1998). Dissociative tendencies and the sitting duck: Are self-reports of dissociation and victimization symptomatic of neuroticism? *Journal of Clinical Psychology, 54*, 1005-1015.

Jang, K.I., Paris, J., Zweig-Frank, H. & Livesley, W.J. (1998). Twin study of dissociative experiences. *Journal of Nervous and Mental Disease, 186*, 345-351.

Johnson, R.C., Edman, J.L. & Danko, G.P. (1995). Self reported negative experiences and dissociation. *Personality and Individual Differences, 18*, 793-795.

Lange, A., De Beurs, E., Dolan, C., Lachnit, T., e.a. (1999). Long-term effects of childhood sexual abuse: Objective and subjective characteristics of the abuse and psychopathology in later life. *Journal of Nervous and Mental Disease, 187*, 150-158.

Lipschitz, D., Bernstein, D.P., Winegar, R.K. & Southwick, S.M. (1999). Hospitalized adolescents' reports of sexual and physical abuse: A comparison of two self-report measures. *Journal of Traumatic Stress, 12*, 641-654.

Lynn, S.J. & Rhue, J.W. (1988). Fantasy proneness: Hypnosis, developmental antecedents, and psychopathology. *American Psychologist, 43*, 350-44.

Merckelbach, H., Dekkers, Th., Wessel, I. & Roefs, A. (2003). Amnesia, flashbacks, nightmares, and dissociation in aging concentration camp survivors. *Behaviour Research and Therapy, 41*, 351-360.

Merckelbach, H. & Jelicic, M. (2004). Dissociative symptoms are related to endorsement of vague trauma items. *Comprehensive Psychiatry, 45*, 70-75.

Merckelbach, H. & Muris, P. (2001). The causal link between self-reported trauma and dissociation: A critical review. *Behaviour Research and Therapy, 39*, 245-254.

Merckelbach, H., Muris, P., Horselenberg, R. & Stougie, S. (2000a). Dissociation, reality monitoring, and response bias. *Personality and Individual Differences, 28*, 49-58.

Merckelbach, H., Muris, P. & Rassin, E. (1999). Fantasy proneness and cognitive failures as correlates of dissociative experiences. *Personality and Individual Differences, 26*, 961-967.

Merckelbach, H., Muris, P., Rassin, E. & Horselenberg, R. (2000b). Dissociative experiences and interrogative suggestibility in college students. *Personality and Individual Differences, 29*, 1133-1140.

Merckelbach, H., Rassin, E., Horselenberg, R. & Schmidt, H. (2002). Modeling the connection between self-reported trauma and dissociation in a student sample. *Personality and Individual Differences, 32,* 695-705.

Merckelbach, H., Rassin, E. & Muris, P. (2000c). Dissociation, schizotypy, and fantasy proneness in undergraduate students. *Journal of Nervous and Mental Disease, 188,* 428-431.

Merckelbach, H., Muris, P. Wessel, I. & Van Koppen, P.J. (1998). The Gudjonsson Suggestibility Scale (GSS): Further data on its reliability, validity, and metacognition correlates. *Social Behavior and Personality, 26,* 203-210.

Merckelbach, H. & Smith, G.P. (2003). Diagnostic accuracy of the Structured Inventory of Malingered Symptomatology (SIMS) in detecting instructed malingering. *Archives of Clinical Neuropsychology, 18,* 145-152.

Michelson, L., June, K., Vives, A., Testa, S. & Marchione, N. (1998). The role of trauma and dissociation in cognitive-behavioral psychotherapy outcome and maintenance for panic disorder with agoraphobia. *Behaviour Research and Therapy, 36,* 1011-1050.

Mulder, R.T., Beautrais, A.L., Joyce, P.R. & Fergusson, D.M. (1998). Relationship between dissociation, childhood sexual abuse, childhood physical abuse, and mental illness in a general population sample. *Journal of Psychiatry, 155,* 806-811.

Muris, P., Merckelbach, H. & Peeters, E. (2003). The links between the Adolescent Dissociative Experiences Scale (A-DES), fantasy proneness, and anxiety symptoms. *Journal of Nervous and Mental Disease, 191,* 18-24.

Nash, M.R., Hulsey, T.L., Sexton, M.C., Harralson, T.L. & Lambert, W. (1993). Long-term sequela of childhood sexual abuse: perceived family environment, psychopathology, and dissociation. *Journal of Consulting and Clinical Psychology, 61,* 276-283.

Nijenhuis, E.R.S. (1994). *Dissociatieve stoornissen en psychotrauma.* Houten: Bohn, Stafleu van Loghum.

Nijenhuis, E.R.S., Spinhoven, P., Vanderlinden, J., van Dijck, R. & Van der Hart, O. (1998). Somatoform dissociative symptoms as related to animal defensive reactions to predatory imminence and injury. *Journal of Abnormal Psychology, 107,* 63-73.

Nijman, H., Dautzenberg, M., Merckelbach, H., Jung, P., e.a. (1999). Self-mutilating behavior of psychiatric inpatients. *European Psychiatry, 14,* 4-10.

Ost, J., Fellows, B. & Bull, R. (1997). Individual differences and the suggestibility of human memory. *Contemporary Hypnosis, 14,* 132-137.

Paddock, J.R., Joseph, A.L., Chan, F.M., Terranova, S., e.a. (1998). When guided visualization may backfire: Imagination inflation and predicting individual differences in suggestibility. *Applied Cognitive Psychology (Supplement), 12,* 63-75.

Pope, H.G. & Hudson, J.I. (1995). Does childhood sexual abuse cause adult psychiatric disorders? Essentials of methodology. *Journal of Psychiatry and Law, 23,* 363-381.

Praag, H.M. van (1998). *Voorbij de hoofdstroom: Over de wetenschappelijke ankerpunten van een psychiatrische loopbaan.* Amsterdam: Balans.

Putnam, F.W., Carlson, E.B., Ross, C.A., Anderson, G,, e.a. (1996). Patterns of dissociation in clinical and nonclinical samples. *Journal of Nervous and Mental Disease, 184*, 673-679.

Rauschenberg, S.L. & Lynn, S.J. (1995). Fantasy proneness, DSM-III-r axis I psychopathology, and dissociation. *Journal of Abnormal Psychology, 104*, 373-380.

Reason, J. (1993). Self-report questionnaires in cognitive psychology: have they deli-
vered the goods? A. Baddeley & L. Weiskrantz (red.). *Attention: selection, aware-
ness, and control.* Oxford: Clarendon.

Roediger, H.L., Wheeler, M.A. & Rajaram, S. (1993). Remembering, knowing and
reconstructing the past. In D.L. Medin (red.). *The Psychology of learning and motivation: Advances in theory and research.* New York: Academic Press.

Ross, C.A. & Joshi, S. (1992). Paranormal experiences in the general population.
Journal of Nervous and Mental Disease, 180, 357-361.

Ross, C.A., Joshi, S. & Currie, R. (1991). Dissociative experiences in the general
population: A factor analysis. *Hospital and Community Psychiatry, 42*, 297-301.

Sandberg, D.A. & Lynn, S.J. (1992). Dissociative experiences, psychopathology and
adjustment, and child and adolescent maltreatment in female college students.
Journal of Abnormal Psychology, 101, 717-723.

Sanders, B. & Giolas, M.H. (1991). Dissociation and childhood trauma in psycholo-
gically disturbed adolescents. *American Journal of Psychiatry, 148*, 50-54.

Schacter, D.L. (2001). *The seven sins of memory: How the mind forgets and remembers.* Boston: Houghton Mifflin.

Schwartz, N. (1999). Self-reports: How the questions shape the answers. *American
Psychologist, 54*, 93-105.

Silva, C.E. & Kirsch, I. (1992). Interpretive sets, expectancy, fantasy proneness, and
dissociation as predictors of hypnotic response. *Journal of Personality and Social
Psychology, 63*, 847-856.

Tellegen, A., Lykken, D.T., Bouchard, T.J., Wilcox, K.J., e.a. (1988). Personality simi-
larity in twins reared apart and together. *Journal of Personality and Social Psychology, 54*, 1031-1039.

Tillman, J.G., Nash, M.R. & Lerner, P.M. (1994). Does trauma cause dissociative
psychopathology? In S.J. Lynn & J.W. Rhue (red.). *Dissociation: Clinical and
theoretical perspectives.* New York: Guilford.

Ven, V. van de & Merckelbach, H. (2003). The role of schizotypy, mental imagery,
and fantasy proneness in hallucinatory reports of undergraduate students. *Personality and Individual Differences, 35*, 889-896.

Watson, D. (2001). Dissociations of the night: Individual differences in sleep-rela-
ted experiences and their relation to dissociation and schizotypy. *Journal of Abnormal Psychology, 110*, 526-535.

Williams, A.M. & Freyer, A.R. (2000). Moderate sleep deprivation produces impairments in cognitive and motor performance equivalent to legally prescribed levels of alcohol intoxication. *Occupational and Environmental Medicine, 57*, 649-
655.

Wilson, S.C. & Barber, T.X. (1983). The fantasy-prone personality: Implications for
understanding imagery, hypnosis, and parapsychological phenomena. In A.A.

Sheikh (red.). *Imagery: Current theory, research, and application.* New York: Wiley.

Wolfradt, U. (1997). Dissociative experiences, trait anxiety, and paranormal beliefs. *Personality and Individual Differences, 23,* 15-19.

Wolfradt, U. & Meyer, T. (1998). Interrogative suggestibility, anxiety, and dissociation among anxious patients and normal controls. *Personality and Individual Differences, 25,* 425-432.

Yehuda, R., Elkin, A., Binder-Brynes, K., Kahana, B., e.a. (1996). Dissociation in aging Holocaust survivors. *American Journal of Psychiatry, 153,* 935-940.

Hoofdstuk 10: 137 alters en twee tuchtzaken

Allen, J.J.B. & Iacono, W.G. (2001). Assessing the validity of amnesia in dissociative identity disorder. *Psychology, Public Policy and Law, 7,* 311-344.

Baardman, J. (1999). Het lichaam in de psychologie. *De Psycholoog, 34,* 473-476.

Boon, S. & Draijer, N. (1993). Multiple personality disorder in the Netherlands: A clinical investigation of 71 patients. *American Journal of Psychiatry, 150,* 489-493.

Boon, S. & Van der Hart, O. (1994). De meervoudige persoonlijkheidsstoornis: Diagnostiek en behandeling. *De Psycholoog, 29,* 423-428.

Bijnsdorp, L. (1993). *De 147 personen die ik ben.* Zeist: Vrij Geestesleven.

Cannell, J., Hudson, J.I. & Pope, H.G. (2001). Standards for informed consent in recovered memory therapy. *Journal of the American Academy of Psychiatry and the Law, 29,* 137-147.

Caplan, R.A., Posner, K.L. & Cheney, F.W. (1991). Effect of outcome on physician judgements of appropriateness of care. *Journal of the American Medical Association, 265,* 1957-1960.

Carson, R.C. & Butcher, J.N. (1992). Abnormal psychology and modern life. New York: Harper Collins.

Crombag, H.F.M. & Merckelbach, H. (1996). *Hervonden herinneringen en andere misverstanden.* Amsterdam: Contact.

Crombag, H.F.M. & Merckelbach, H. (1997). Tocht door de psychotherapeutische wildernis. *Directieve Therapie, 17,* 271-291.

Crombag, H.F.M. & Merckelbach, H. (2000). Tocht door de psychotherapeutische wildernis. In Koenraadt, F. (red.). *Een spiegel van strafrecht en psychiatrie.* Amsterdam: Gouda Quint.

Draijer, N., Van der Hart, O. & Boon, S. (1996). De validiteit van de diagnose MPS: Commentaar op 'kritische' kanttekeningen. *De Psycholoog, 31,* 322-327.

De Rivera, J. (1997). The construction of false memory syndrome: The experience of retractors. *Psychological Inquiry, 8,* 271-292.

EFPPA (1996). European federation of professional psychologists' associations meta-code of ethics. *European Psychologist, 1,* 150-154.

Eisen, M.L. & Lynn, S.J. (2001). Dissociation, memory, and suggestibility in adults and in children. *Applied Cognitive Psychology, 15,* 9-73.

Felz, C. van der (2000). Patiënten met een nagebootste stoornis: De confrontatie.

Nederlands Tijdschrift voor de Geneeskunde, 144, 545-548.

Giard, R.W.M. (2001a). Verwisseling van patiëntenmateriaal: Minder fouten door systematische aanpak. *Nederlands Tijdschrift voor de Geneeskunde, 145,* 8-10.

Giard, R.W.M. (2001b). Medische fouten: Onvermijdelijk, maar bestrijdbaar. *Nederlands Tijdschrift voor de Geneeskunde, 145,* 2062-2064.

Giard, R.W.M. & Broekman, J.M. (2000). Naar een objectieve herbeoordelingsprocedure bij een mogelijke diagnostische dwaling. *Nederlands Tijdschrift voor de Geneeskunde, 144,* 566-571.

Giard, R.W.M. & Stolker, C. (2003). Medische aansprakelijkheid: de rol van de dokter als deskundige. *Nederlands Juristenblad, 12,* 610-616.

Gleaves, D.H., May, M.C. & Cardena, E. (2001). An examination of the diagnostic validity of dissociative identity disorder. *Clinical Psychology Review, 21,* 577-608.

Haney, C., Banks, C. & Zimbardo, P.G. (1973). Interpersonal dynamics in a simulated prison. *International Journal of Criminology and Penology, 1,* 69-97.

Huang, D.B., Salinas, P. & Dougherty, D. (2001). Feigned HIV in a malingering patient. *Psychosomatics, 42,* 438-439.

Hugh, T.B. & Tracy, G.D. (2002). Hindsight bias in medicolegal expert reports. *Medical Journal of Australia, 176,* 277-278.

Huntjens, R. (2003). *Apparent amnesia: Interidentity memory functioning in dissociative identity disorder.* Proefschrift Universiteit Utrecht.

Lilienfeld, S.O. & Lynn, S.J. (2003). Dissociative identity disorder: Multiple personalities, multiple controversies. In S.O. Lilienfeld e.a. (red.). *Science and pseudoscience in clinical psychology.* New York: Guilford.

Van der Hart, O. (1993). *Trauma, dissociatie en persoonlijkheid: A la recherche du temps perdu.* Lisse: Zwets & Zeitlinger (inaugurele rede).

Van der Hart, O., Boon, S. & Heijtmajer Jansen, O. (1997). Ritual abuse in European countries: A clinician's perspective. In: G.A. Fraser (red.). *The dilemma of ritual abuse: Cautions and guides for therapists.* Washington DC: American Psychiatric Press.

Wagenaar, W.A. & Crombag, H.F.M. (1995). Verdrongen herinneringen. *Nederlands Tijdschrift voor de Geneeskunde, 139,* 1275-1279.

Huber, M. (1997). *Meervoudige persoonlijkheden: Een handboek voor overlevenden van extreem geweld.* Amsterdam: Wereldbibibliotheek.

Kihlstrom, J.F., Tataryn, D.J., Hoyt, I.P. (1993). Dissociative disorders. In P.B. Sutker & H.E. Adams (red.). *Comprehensive handbook of psychopathology.* New York: Plenum.

Kohlenberg, R.J. (1973). Behavioristic approach to multiple personality: A case study. *Behavior Therapy, 4,* 137-140.

Koppen, P.J. van & Merckelbach, H. (1998). De waarheid in therapie en recht: Over pseudo-herinneringen aan seksueel misbruik. *Nederlands Juristenblad, 20,* 899-913.

LaBine, S.J. & LaBine, G. (1996). Determination of negligence and the hindsight bias. *Law and Human Behavior, 20,* 501-516.

Lief, H.I. & Fetkewicz, J. (1995). Retractors of false memories: The evolution of pseudomemories, *Journal of Psychiatry and Law, 23,* 411-436.

Loftus, E.F. (2003). Make-belief memories. *American Psychologist, 58,* 867-873.

Merckelbach, H., Crombag, H. & Ten Broeke, E. (1996). De meervoudige persoonlijkheidsstoornis: Kritische kanttekeningen. *De Psycholoog, 31,* 189-193;

Merckelbach, H. & Crombag, H. (1997). De meervoudige persoonlijkheidsstoornis: Kritische kanttekeningen II. *De Psycholoog, 32,* 247-250.

Merckelbach, H., Devilly, G.J. & Rassin, E. (2002). Alters in dissociative identity disorder: Metaphors or genuine entities? *Clinical Psychology Review, 22,* 481-497.

Merckelbach, H. & Rasquin, S. (2001). Psychobiological research on DID: A methodological note. *Acta Neuropsychiatrica, 13,* 64-67.

Mersky, H. (1992). The manufacture of personalities: The production of multiple personality disorder. *British Journal of Psychiatry, 160,* 327-340.

Nelson, E.L. & Simpson, P. (1994). First glimpse: An initial examination of subjects who have rejected their recovered visualizations of false memories. *Issues in Child Abuse and Neglect, 6,* 123-133.

North, C.S., Ryall, J.M., Ricci, D.A. & Wetzel, R.D. (1993). *Multiple Personalities, multiple disorders: Psychiatric classification and media influence.* Oxford: Oxford University Press.

Ost, J., Costall, A. & Bull, R. (2001). False confessions and false memories: A model for understanding retractors' experiences. *Journal of Forensic Psychiatry, 12,* 549-579.

Ost, J., Costall, A. & Bull, R. (2004). A perfect symmetry? A study of retractors' experiences of making and then repudiating claims of early sexual abuse. *Psychology, Crime & Law,* in druk.

Pope, H.G., Oliva, P.S., Hudson, J.I., Bodkin, J.A. & Gruiber, A.J. (1999). Attitudes toward DSM-IV dissociative identity disorders diagnoses among board-certified American psychiatrists. *American Journal of Psychiatry, 156,* 321-323.

Posner, K.L., Caplan, R.A. & Cheney, F.W. (1996). Variation in expert opinion in medical malpractice review. *Anesthesiology, 85,* 1049-1054.

Reinders, A.A.T.S., Nijenhuis, E.R.S., Paans, A.M.J., Korf, J., e.a. (2003). One brain, two selves. *NeuroImage, 20,* 2119-2125.

Simpson, M.A. (1995). Gullible's travels or the importance of being multiple. In L. Cohen e.a. (red.). *Dissociative identity disorder.* Northvale NJ: Jason Aronson.

Sno, H.N. & Schalken, H.F.A. (1998). Dissociatieve identiteitsstoornis in Nederland: Diagnostiek en behandeling door psychiaters. *Tijdschrift voor Psychiatrie, 40,* 602-613.

Soudijn, K. (2004). *Ethische codes voor psychologen.* Amsterdam: Nieuwezijds.

Spanos, N.P. (1994). Multiple identity enactment and multiple personality disorder: A sociocognitive perspective. *Psychological Bulletin, 116,* 143-165.

Spanos, N.P. (1996). *Multiple identities & false memories.* Washington DC: American Psychological Association.

Tibben, A., Vegter van der Vlis, M., Roos, R.A., Van de Kamp, J.J., e.a. (1990). Presymptomatische diagnostiek bij de chorea van Huntington: Reacties op de zekerheid niet-gendrager te zijn. *Nederlands Tijdschrift voor Geneeskunde, 134,* 701-704.

Tsai, G.E., Condie, D., Wu, M.T. & Chang, I.W. (1999). Functional magnetic resonance imaging of personality switches in a woman with dissociative identity disorder. *Harvard Review of Psychiatry, 7,* 119-122.

Wagenaar, W.A. (1996). Autobiographical memory in court. In D.C. Rubin (red.). *Remembering our past; Studies in autobiographical memory.* Cambridge: Cambridge University Press.

Yolanda & Snoijink, B. (1994). *Yolanda: Mijn verhaal.* Den Haag: Bzztoh.

Hoofdstuk 11: Gefantaseerd verleden

Bernet, W. (1997). Case study: Allegations of abuse created in a single interview. *Journal of the American Academy of Child and Adolescent Psychiatry, 36,* 966-970.

Bottoms, B.L., Shaver, P.R. & Goodman, G.S. (1996). An analysis of ritualistic and religion-related child abuse allegations. *Law and Human Behavior, 20,* 1-34.

Bruck, M., Ceci, S.J. & Hembrooke, H. (1998). Reliability and credibility of young children's reports. *American Psychologist, 53,* 136-151.

Burkett, B.G. & Whitley, G. (1998). *Stolen valor: How the Vietnam generation was robbed of its heroes and its history.* Texas, Dallas: Verity Press.

Crombag, H.F.M. & Merckelbach, H. (1996). *Hervonden herinneringen en andere misverstanden.* Amsterdam: Contact.

Dawes, R.M. (1994). *House of cards: Psychology and psychotherapy built on myth.* New York: Free Press.

Gilbert, D.T., Tafarodi, R.W. & Malone, P.S. (1993). You can't not believe everything you read. *Journal of Personality and Social Psychology, 65,* 221-233.

Grüter, R. (1997). *Een fantast schrijft geschiedenis.* Leiden: Balans.

Gudjonsson, G.H. (1996). *The psychology of interrogations, confessions, and testimony.* Chichester: Wiley.

Horselenberg, R., Merckelbach, H., Muris, P., Rassin, E., e.a. (2000). Imagining fictitious childhood events: The role of individual differences in imagination inflation. *Clinical Psychology and Psychotherapy, 7,* 128-137.

Howe, M.L. & Courage, M.L. (1997). The emergence and early development of autobiographical memory. *Psychological Review, 104,* 499-523.

Kassin, S.M. (1997). The psychology of confession evidence. *American Psychologist, 52,* 221-233.

Kihlstrom, J.F. (1998). Exhumed memory. In S.J. Lynn & K.M. McConkey (red.). *Truth in memory.* New York: Guilford.

Koeck, P. (1990). *Notaris X.* Leuven: Kritak.

Maechler, S. (2001). *The Wilkomirski affair: A study in biographical truth.* New York: Schocken Books.

Masten, A.S. (2001). Ordinary magic: Resilience processes in development. *American Psychologist, 56,* 227-238.

Merckelbach, H., Dekkers, Th., Wessel, I. & Roefs, A. (2003). Amnesia, flashbacks, nightmares, and dissociation in aging concentration camp survivors. *Behaviour Research and Therapy, 41,* 351-360.

Moen, I. (2000). Foreign accent syndrome: A review of contemporary explanations. *Aphasiology, 14,* 5-15.

Palmarini, M.P. (1996). *Onvermijdelijke illusies.* Utrecht: Spectrum.

Pollak, R. (1997). *The creation of dr. B: A biography of Bruno Bettelheim.* New York: Simon & Schuster.

Spanos, N. (1996). *Multiple identities and false memories: A sociocognitive perspective.* Washington DC: American Psychological Association.

Trachet, T. (1998). De vreemde inspiraties van de X'en. *Skepter, 11,* 17.

Wilson, S.C. & Barber, Th. X. (1983). The fantasy-prone personality: Implications for understanding imagery, hypnosis, and parapsychological phenomena. In A.A. Sheikh (red.). *Imagery: Current theory, research, and application.* Chichester: Wiley.

Hoofdstuk 12: Fugue

APA (1994). *Diagnostic and statistical manual of mental disorders (4th ed.).* Washington DC: American Psychiatric Association.

Bernstein, E.M. & Putnam, F.W. (1986). Development, reliability, and validity of a dissociation scale. *Journal of Nervous and Mental Disease, 174,* 727-735.

Bernstein Carlson, E., Putnam, F.W., Ross, C.A., Torem, M., e.a. (1993). Validity of the Dissociative Experiences Scale (DES) in screening for multiple personality disorder. *American Journal of Psychiatry, 150,* 1030-1036.

Berrington, W.P., Liddell, D.W. & Foulds, G.A. (1956). A re-evaluation of the fugue. *Journal of Mental Science, 102,* 280-286.

Broadbent, D.E., Cooper, P.F., Fitzgerald, P. & Parkes, L.R. (1982). The Cognitive Failures Questionnaire (CFQ) and its correlates. *British Journal of Clinical Psychology, 21,* 1-16.

Cima, M., Hollnack, S., Kremer, K., Knauer, E., e.a. (2003). Strukturierter Fragenbogen Simulierter Symptome: Die deutsche Version des Structured Inventory of Malingered Symptomatology: SIMS. *Nervenartz, 74,* 977-986.

Cima, M., Merckelbach, H., Hollnack, S. & Knauer, E. (2003). Characteristics of psychiatric prison inmates who claim amnesia. *Personality and Individual Differences, 35,* 373-380.

Cunnien, A.J. (19p7). Psychiatric and medical syndromes associated with deception. In R. Rogers (red.). *Clinical assessment of malingering and deception.* New York: Guilford.

Fabbro, F. (2001). The bilingual brain: Bilingual aphasia. *Brain and Language, 79,* 201-210.

Faust, D. (1995). The detection of deception. *Neurologic Clinics, 13,* 255-265.

Gast, U., Rodewald, F., Nickel, V. & Emrich, H.E. (2001). Prevalence of dissociative disorders among psychiatric inpatients in a German university clinic. *Journal of Nervous and Mental Disease, 189,* 249-257.

Gerson, A.R. (2002). Beyond DSM-IV: A meta-review of the literature on malingering. *American Journal of Forensic Psychology, 20,* 57-69.

Hacking, I. (1998). *Mad travelers: Reflections on the reality of transient mental illnesses.* Cambridge MS: Harvard University Press.

Jelicic, M., Merckelbach, H. & Cima, M. (2003). Over het simuleren van cognitieve stoornissen. *Tijdschrift voor Psychiatrie, 45,* 687-696.

Kopelman, M.D. (2000). Focal retrograde amnesia and the attribution of causality: An exceptionally critical review. *Cognitive Neuropsychology, 17,* 585-621.

Kopelman, M.D. (2002). Disorders of memory. *Brain, 125,* 2152-2190.

Kopelman, M.D., Christensen, H., Puffett, A. & Stanhope, N. (1994). The great escape: A neuropsychological study of psychogenic amnesia. *Neuropsychologia, 32,* 675-691.

Krahn, L.E., Hongzhe, L. & O'Connor, M.K. (2003). Patients who strive to be ill: Factitious disorder with physical symptoms. *American Journal of Psychiatry, 160,* 1163-1168.

Lebrun, Y. (1995). The study of bilingual aphasia: Pitres' legacy. In M. Paradis (red.). *Aspects of bilingual aphasia.* London: Pergamon.

Loewenstein, R.J. (1991). Psychogenic amnesia and psychogenic fugue: A comprehensive review. *Review of Psychiatry, 10,* 189-222.

Meares, R. (1999). The contribution of Hughlings Jackson to an understanding of dissociation. *American Journal of Psychiatry, 156,* 1850-1855.

Merckelbach, H., Koeyvoets, N, Cima, M. & Nijman, H. (2001). De Nederlandse versie van de SIMS. *De Psycholoog, 36,* 586-591.

Merckelbach, H., Muris, P., Nijman, H. & De Jong, P.J. (1996). Self-reported cognitive failures and neurotic symptomatology. *Personality and Individual Differences, 20,* 715-724.

Merckelbach, H., Muris, P., Schmidt, H., Rassin, E. & Horselenberg, R. (1998). De Creatieve Ervaringen Vragenlijst als maat voor 'fantasy proneness'. *De Psycholoog, 33,* 204-208.

Poythress, N.G., Edens, J.F. & Watkins, M.M. (2001). The relationship between psychopathic personality features and malingering symptoms of major mental illness. *Law and Human Behavior, 25,* 567-582.

Rosenhan, D.L. (1973). On being sane in insane places. *Science, 179,* 250-258.

Smith, G.P. & Burger, G.K. (1997). Detection of malingering: Validation of the Structured Inventory of Malingered Symptomatology (SIMS). *Journal of the Academy of Psychiatry and the Law, 25,* 183-180.

Wagle, A.C., Berrios, G.E. & Ho, L. (1999). The Cognitive Failures Questionnaire in psychiatry. *Comprehensive Psychiatry, 40,* 478-484.

Hoofdstuk 13: Weet er niets meer van, edelachtbare

Barbey, I. (1990). Postdeliktische Erinnerungsstörungen: Ergebnisse einer retrospektiven Erhebung. *Blutalkohol, 27,* 241-259.

Bassetti, C., Vella, S., Donati, F., Wielepp, P. & Weder, B. (2000). SPECT during sleepwalking. *Lancet, 356,* 484-485.

Bourget, D. & Bradford, J.M.W. (1995). Sex offenders who claim amnesia for their alleged offense. *Bulletin of the American Academy of Psychiatry and Law, 23,* 299-307.

Buruma, Y. (2002). Vrijspraak van moord. *Nederlands Juristenblad, 31,* 1503.

Bushman, B.J. (2002). Does venting anger feed or extinguish the flame? *Journal of Personality and Social Psychology, 28,* 724-731.

Bushman, B.J., Baumeister, R.F. & Stack, A.D. (1999). Catharsis, aggression, and persuasive influence: Self-fulfilling or self-defeating prophecies? *Journal of Personality and Social Psychology, 76,* 367-376.

Cima, M., Merckelbach, H., Hollnack, S. & Knauer, E. (2003). Characteristics of psychiatric prison inmates who claim amnesia. *Personality and Individual Differences. 35,* 373-380.

Cima, M., Nijman, H., Merckelbach, H., Kremer, K. & Hollnack, S. (2004). Claims of crime-related amnesia in forensic patients. *International Journal of Law and Psychiatry,27,* 215-221.

Christianson, S.A. & Merckelbach, H. (2004). Crime related amnesia as a form of deception. In P.A. Granhag & L.A. Strömwall (red.). *Deception in forensic contexts.* Cambridge: Cambridge University Press.

Crombag, H.F.M. (2001). Helaas voorspelt niets de toekomst zo goed als het verleden. *De Psycholoog, 36,* 175-178.

Crombag, H.F.M. (2002). Over opzet en schuld. In P.J. van Koppen e.a. (red.). *Het recht van binnen.* Deventer: Kluwer.

Engelkamp, J. & Zimmer, H.D. (1994). *The human memory.* Seattle: Hogrefe.

Fenwick, P. (1993). Brain, mind, and behaviour: Some medico-legal aspects. *British Journal of Psychiatry, 163,* 565-573.

Gilbert, G.M. (1971). *Nürnberger Tagebuch: Gespräche der Angeklagten mit dem Gerichtspsychologen.* Frankfurt am Main: Fischer.

Gudjonsson, G.H., Hannesdottir, K. & Petursson, H. (1999a). The relationship between amnesia and crime: The role of personality. *Personality and Individual Differences, 26,* 505-510.

Gudjonsson, G.H., Kopelman, M.D. & MacKeith, J.A.C. (1999b). Unreliable admissions to homicide: A case of misdiagnosis of amnesia and misuse of abreaction technique. *British Journal of Psychiatry, 174,* 455-459.

Gudjonsson, G.H., Petursson, H., Skulason, S. & Sigurdardottir, H. (1989). Psychiatric evidence: A study of psychological issues. *Acta Psychiatrica Scandinavica, 80,* 165-169.

Jacobs, T. (1993). The big sleep. *Fortean Times, 167,* 42-45.

Janssen, S. (2002). Psychische overmacht: Naar een absolute wilsonvrijheid? *Nederlands Juristenblad, 23,* 1111.

Kalant, H. (1996). Intoxicated automatism: Legal concept vs. scientific evidence. *Contemporary Drug Problems, 23,* 631-648.

Kihlstrom, J.F. & Schacter, D.L. (2000). Functional amnesia. In F. Boller & J. Grafman (red.). *Handbook of neuropsychology.* New York: Elsevier.

Knoops, G.G.J. (1998). *Psychische overmacht en rechtshandhaving.* Deventer: Gouda Quint.

Kopelman, M.D. (1995). The assessment of psychogenic amnesia. In A.D. Baddeley e.a. (red.). *Handbook of memory disorders.* New York: Wiley.

Kuch, K. & Cox, B.J. (1992). Symptoms of PTSD in 124 survivors of the Holocaust. *American Journal of Psychiatry, 149,* 337-340.

Leitch, A. (1948). Notes on amnesia in crime for the general practitioner. *The Medical Press, 26*, 459-463.

Liepmann, H. (1910). Beitrag zur Kenntnis des amnestischen Symptomenkomplexes. *Neurologie Centralblätter, 29*, 1147-1161.

Matser, E.J.T. (2000). *Brain injuries in boxing and soccer: A neuropsychological approach.* Proefschrift Universiteit Maastricht.

McNally, R.J. (2003). *Remembering trauma.* Cambridge MS: Harvard University Press.

Meares, R. (1999). The contributions of Huglings Jackson to an understanding of dissociaton. *American Journal of Psychiatry, 156*, 1850-1855.

Merckelbach, H., Cima, M. & Nijman, H. (2002). Daders met geheugenverlies. In P.J. van Koppen e.a. (red.). *Het recht van binnen.* Deventer: Kluwer.

Moldea, D.E. (1995). *The killing of Robert F. Kennedy: An investigation of motive, means, and opportunity.* New York: Norton.

O'Connor, M. & Verfaillie, M. (2002). The amnesic syndrome: Overview and subtypes. In A.D. Baddeley, e.a. (red.). *Handbook of memory disorders (2nd ed.).* New York: Wiley.

Oorsouw, K. van, Merckelbach, H., Ravelli, D., Nijman, H. & Mekking-Pompen, I. (2004). Alcoholblack-out voor een delict: bestaat dat? *De Psycholoog, 39*, 59-63.

Oswald, I. & Evans, J. (1985). On serious violence during sleep-walking. *British Journal of Psychiatry, 147*, 688-691.

Parwatikar, S.D., Holcomb, W.R. & Menninger, K.A. (1985). The detection of malingered amnesia in accused murderers. *Bulletin of the American Academy of Psychiatry and Law, 13*, 97-103.

Pope, H.G., Hudson, J.L., Bodkin, J.A. & Oliva, P. (1998). Questionable validity of dissociative amnesia in trauma victims. *British Journal of Psychiatry, 172*, 210-215.

Porter, S., Birt, A.R., Yuille, J.C. & Herve, H.F. (2001). Memory for murder: A psychological perspective on dissociative amnesia in legal contexts. *International Journal of Law and Psychiatry, 24*, 23-42.

Pyzsora, N.M., Barker, A.F. & Kopelman, M.D. (2003). Amnesia for criminal offences: A study of life sentence prisoners. *Journal of Forensic Psychiatry and Psychology, 14*, 475-490.

Rabinowitz, F.E. (1989). Creating the multiple personality: An experiential demonstration for an undergraduate abnormal psychology class. *Teaching of Psychology, 16*, 69-71.

Sadoff, R.L. (1974). Evaluations of amnesia in criminal-legal situations. *Journal of Forensic Sciences, 19*, 98-101.

Schrijen, D.D. (2001). *De relatie tussen amnesia en misdaad: De rol van persoonlijkheid.* Doctoraalscriptie Universiteit Maastricht.

Spanos, N.P., Weekes, J.R. & Bertrand, L.D. (1985). Multiple personality: A social psychological perspective. *Journal of Abnormal Psychology, 94*, 362-376.

Swihart, G., Yuille, J. & Porter, S. (1999). The role of state-dependent memory in red-outs. *International Journal of Law and Psychiatry, 22*, 199-212.

Symons, C.S. & Johnson, B.T. (1997). The self-reference effect in memory: A meta-analysis. *Psychological Bulletin, 121*, 371-394.

Taylor, P.J. & Kopelman, M.D. (1984). Amnesia for criminal offences. *Psychological Medicine, 14*, 581-588.

Tavris, C. (1988). Beyond cartoon killings: Comments on two overlooked effects of television. In S. Oskamp (red.). *Television as a social issue*. Newbury Park CA: Sage.

Waldbauer, J.R. & Gazzaniga, M.S. (2001). The divergence of neuroscience and law. *Jurimetrics, 41*, 357-364.

Wegner, D.M., Schneider, D.J., Carter, S.R. & White, T.L. (1987). Paradoxical effects of thought suppression. *Journal of Personality and Social Psychology, 53*, 5-13.

Yehuda, R., Elkin, A., Binder-Brynes, K., Kahana, B., e.a. (1996). Dissociation in aging Holocaust survivors. *American Journal of Psychiatry, 153*, 935-940.

Hoofdstuk 14: Geheugendetector

Ben-Shakhar, G., Bar-Hillel, M. & Kremnitzer, M. (2002). Trial by polygraph. Reconsidering the use of the guilty knowledge technique in court. *Law and Human Behavior, 26*, 527-541.

Cross, T.P. & Saxe, L. (2001). Polygraph testing and sexual abuse: The lure of the magic lasso. *Child Maltreatment, 6*, 195-206.

DePaulo, B.M., Lindsay, J.J., Malone, B.E., Muhlenbruk, L., e.a. (2003). Cues to deception. *Psychological Bulletin, 129*, 74-118.

Elaad, E. (1998). The challenge of the concealed knowledge polygraph test. *Expert Evidence, 6*, 161-187.

Farwell, L.A. & Donchin, E. (1991). The truth will come out: Interrogative polygraphy (lie detection) with event related potentials. *Psychophysiology, 28*, 531-547.

Fiedler, K., Schmid, J. & Stahl, T. (2002). What is the current truth about polygraph lie detection? *Basic and Applied Social Psychology, 24*, 313-324.

Gudjonsson, G.H. (1996). *The psychology of interrogations, confessions, and testimony*. Chichester: Wiley.

Hira, S. & Furumitsu, I. (2002). Polygraphic examinations in Japan: Application of the guilty knowledge test in forensic investigations. *International Journal of Police Science and Management, 4*, 16-27.

Hare, R.D. (1998). Psychopathy, affect, and behavior. In D. Cooke e.a. (red.). *Psychopathy: Theory, research, and implications for society*. Dordrecht: Kluwer.

Honts, C.R. & Quick, B.D. (1995). The polygraph in 1995: Progress in science and law. *North Dakota Law Review, 71*, 987-1020.

Iacono, W.G. & Lykken, D.T. (1997). The validity of the lie detector: Two surveys of scientific opinion. *Journal of Applied Psychology, 82*, 426-433.

Loftus, E.F. & Ketcham, K. (1991). *Witness for the defense: The accused, the eyewitness, and the expert who puts memory on trial*. New York: St. Martin's Press.

Luria, A.R. (1979). *The making of mind: A personal account of Soviet psychology*. Harvard: Harvard University Press.

Lykken, D.T. (1998). *A tremor in the blood: Uses and abuses of the lie detector (2nd ed.)*. New York: Plenum.

MacLaren, V.V. (2001). A quantitative review of the guilty knowledge test. *Journal of Applied Psychology, 86*, 674-683.

Merckelbach, H. (2002). De leugendetector: een vals gevoel van zekerheid. *Algemeen Politieblad, 151*, 16-19.

Merckelbach, H. & Boelhouwer, A. (2002). Leugendetectie. In P.J. van Koppen e.a. (red.). *Het recht van binnen: Psychologie van het recht.* Deventer: Kluwer.

Merckelbach, H., Horselenberg, R. & Jelicic, M. (2004). Een bekentenis en haar gevolgen. *Maandblad Geestelijke Volksgezondheid, 58*, 997-1017.

National Research Council. (2003). *The polygraph and lie detection. Committee to Review the Scientific Evidence on the Polygraph. Division of Behavioral and Social sciences and Education.* Washington DC: The National Academic Press.

Newman, M.L., Pennebaker, J.W., Berry, D.S. & Richards, J.M. (2003). Lying words: Predicting deception from linguistic styles. *Personality and Social Psychology Bulletin, 29*, 665-675.

Pavlidis, I. (2002). Seeing through the face of deception: Thermal imaging offers a promising hands-off approach to mass security screening. *Nature, 415*, 35.

Patrick, C.J. & Iacono, W.G. (1991). Validity of the control question polygraph test: The problem of sampling bias. *Journal of Applied Psychology, 76*, 229-238.

Podlesney, J.A. (1993). Is the guilty knowledge technique applicable in criminal investigation? A review of FBI case records. *Crime Laboratory Digest, 20*, 57-61.

Rachman, P.M. & Harrison, J. (1984). Abnormal and normal obsessions. *Behaviour Research and Therapy, 16*, 233-248.

Roese, N.J. & Jamieson, D.W. (1993). Twenty years of bogus pipeline research: A critical review and analysis. *Psychological Bulletin, 114*, 363-375.

Salkovskis, P.M. & Harrison, J. (1984). Abnormal and normal obsessions: A replication. *Behaviour Research and Therapy, 22*, 549-552.

Vrij, A.S. & Mann, S. (2001). Who killed my relative? Police officers' ability to detect real-life high-stake lies. *Psychology, Crime & Law, 7*, 119-132.

Watson, J. (2000). The use of polygraph in the investigation of crime. Experiences of the Polygraph Section attached to the South African Police Service. In Bockstaele, M. (red.). *De polygraaf.* Brussel: Politeia.

Winne, J. De (2000). Onbekend maakt onbemind? Forensische psychofysiologie en het gerechtelijk onderzoek: De Belgische ervaring. In Bockstaele, M. (red.). *De polygraaf.* Brussel: Politeia.

Hoofdstuk 15: Hoge verwachtingen

Anderson, R.C. & Pichert, J.W. (1978). Recall of previously unrecallable information following a shift in perspective. *Journal of Verbal Learning and Verbal behavior, 17*, 1-12.

Brand, E.J.P. (2001). *Het persoonlijkheidsonderzoek in het strafrecht: Een aanzet tot de gedragswetenschappelijke verantwoording van de psychologische rapportage Pro Justitia, meer in het bijzonder van de toerekeningsvatbaarheidsbepaling.* Deventer: Gouda Quint.

Brehm, S.S., Kassin, S.M. & Fein, S. (1999). *Social psychology (4th ed.).* Boston: Houghton Mifflin.

Coles, E.M. & Veiel, H.O.F. (2001). Expert testimonies and pseudoscience: How mental health professionals are taking over the courtroom. *International Journal of Law and Psychiatry, 24,* 607-625.

Cook, T.D. & Campbell, D.T. (1979). *Quasi-experimentation: Design and analysis issues for field settings.* Chicago: Rand McNally.

Cordaro, L. & Ison, J.R. (1963). The psychology of the scientist: X. Observer bias in classical conditioning of the planarian. *Psychological Reports, 13,* 787-789.

Crombag, H.F.M. (2000). Rechters en deskundigen. *Nederlands Juristenblad, 33,* 1659-1665.

Downs, A.C. & Lyons, P.M. (1991). Natural observations of the links between attractiveness and initial legal judgments. *Personality and Social Psychology Bulletin, 17,* 541-547.

Evett, I.W. & Williams, R.L. (1996). A review of the sixteen points fingerprint standard in England and Wales. *Journal of the Forensic Identification, 46,* 49-73.

Frenkel, F.E. (1956). Lie detection en narco-analyse. *Nederlands Juristenblad, 31,* 624.

Gigerenzer, G. (2002). *Calculated risks: How to know when numbers deceive you.* New York: Simon & Schuster.

Knechel, W.R. (2002). *Auditing, assurance & risk (2nd ed.).* Cincinatti Ohio: South-Western College Publishing.

Koppen, P.J. van & Crombag, H.F.M. (2000). Oren, lippen en vingers: De waarde van oud en nieuw identificatiebewijs. *Nederlands Juristenblad, 75,* 6-12.

Koppen, P.J. van & Wagenaar, W.A. (2002). Herkennen van gezichten. In P.J. van Koppen e.a. (red.). *Het recht van binnen: Psychologie van het recht.* Deventer: Kluwer.

Leuchter, A.F., Cook, I.A., Witte, E.A., Morgan, M. & Abrams, M. (2002). Changes in brain function of depressed subjects during treatment with placebo. *American Journal of Psychiatry, 155,* 122-129.

Marle, H. van (2002). The Dutch medico-legal health system in forensic psychiatry. In E. Blaauw e.a. (red.). *Mentally disordered offenders: International perspectives on assessment and treatment.* Den Haag: Elsevier.

Merton, R.K. (1948). The self-fulfilling prophecy. *Antioch Review, 8,* 193-210.

Nijboer, H. (2003). Gerechtelijke dwalingen en de rol van deskundigen. *Justitiële Verkenningen, 29,* 105-120.

Nisbett, R.E. & Wilson, T.D. (1977). The halo effect: Evidence for unconscious alteration of judgments. *Journal of Personality and Social Psychology, 35,* 250-256.

Risinger, D.M. (2002). Handwriting identification. In D.L. Faigman e.a. (red.). *Modern scientific evidence: Law and the science of expert testimony.* St. Paul MN: West.

Risinger, D.M., Saks, M.J., Thompson, C.T. & Rosenthal, R. (2002). The Daubert/Kumho implications of observer effects in forensic science: Hidden problems of expectation and suggestion. *California Law Review, 90,* 1-56.

Rosenthal, R. (1994). Interpersonal expectancy effects: A 30-year perspective. *Current Directions in Psychological Science, 3,* 176-179.

Rosenthal, R. & Jacobson, L. (1992). *Pygmalion in the classroom (expanded ed.).* New York: Irvington.

Ruiter, C. de & Hildebrand, M. (2002). Over toerekeningsvatbaarheid. In P.J. van Koppen e.a. (red.). *Het recht van binnen: Psychologie van het recht.* Deventer: Kluwer.

Snyder, M. (1976). When beliefs create reality. *Advances in Experimental Social Psychology, 18,* 247-305.

Spencer, J.R. (1998). The role of experts in the common law and the civil law: A comparison. In S.J. Ceci & H. Hembrooke (red.). *Expert witnesses in child abuse cases: What can and should be said in court.* Washington DC: American Psychological Association.

Stoney, D.A. (1997). Fingerprint identification: B. Scientific status. In D.L. Faigman e.a. (red.). *Modern scientific evidence: The law and science of expert testimony.* St. Paul MI: West.

Tuinier, S. (1989). *De psychiater en de wilde man: Een veldstudie over de relatie psychiatrisch syndroom en criminaliteit.* Proefschrift Vrije Universiteit Amsterdam.

Wagenaar, W.A. (1996). Beoordeel psychologen niet naar hun successen. *De Psycholoog, 31,* 407-410.

Waarover dit boek ging

Boutellier, H. (2002). *De veiligheidsutopie: Hedendaags onbehagen en verlangen rond misdaad en straf.* Den Haag: Boom.

Burkett, B.G. & Whitley, G. (2000). *Stolen valor: How the Vietnam generation was robbed of its heroes and its history.* Dallas: Verity Press.

Candel, I., Merckelbach, H. & Muris, P. (2000). Measuring interrogative suggestibility in children. *Psychology, Crime & Law, 6,* 61-70.

Ceci, S.J., Crotteau Huffman, M.L., Smith, E. & Loftus, E.F. (1994). Repeatedly thinking about a non-event: Source misattributions among preschoolers. *Consciousness and Cognition, 3,* 388-407.

Christianson, S.A. & Bylin, S. (1999). Does simulating amnesia mediate genuine forgetting for a crime event? *Applied Cognitive Psychology, 13,* 495-511.

Finkielkraut, A. (1997). *De verloren beschaving.* Amsterdam: Contact.

Furedi, F. (2004). *Therapy culture: Cultivating vulnerability in an uncertain age.* New York: Thomson.

Hart, E.G. (1999). Problems with the diagnosis of factitious disorder by proxy in forensic settings. *American Journal of Forensic Psychology, 17,* 69-74.

Hildebrand, M. & de Ruiter, C. (1998). Ontwikkelingen in het onderzoek naar psychopathie: Hare's Psychopathy Checklist Revised. *De Psycholoog, 33,* 314-320.

Horner, T.M., Guyer, M.J. & Kalter, N.M. (1993). The biases of child sexual abuse experts: Believing is seeing. *Bulletin of the American Academy of Psychiatry and the Law, 21,* 281-292.

Kagan, J. (1996). Three pleasing ideas. *American Psychologist, 51,* 901-908.

Khouzam, H.R. (2004). Asperger's disorder: A review of it's diagnosis and treatment. *Comprehensive Psychiatry, 45,* 184-191.

Loftus, E.F. (2003). Our changeable memories: Legal and practical implications. *Nature Reviews Neuroscience, 4,* 231-233.

Masten, A.S. (2001). Ordinary magic: Resilience processes in development. *American Psychologist, 56,* 227-247.

Meadow, R. (1977). Munchausen syndrome by proxy: The hinterland of child abuse. *The Lancet, 309,* 343-345.

Merckelbach, H. & Wessel, I. (2002). Another book on false memories. *Experimental Psychology, 49,* 305-307.

Meyer, G.J., Finn, S.E., Eyde, L.D. Kay, G.G. e.a. (2001). Psychological testing and psychological assessment: A review of the evidence and issues. *American Psychologist, 56,* 128-165.

Oorsouw, K. van & Merckelbach, H. (2004). Feigning amnesia undermines memory for a mock crime. *Applied Cognitive Psychology,* in druk.

Porter, S., Yuille, J.C. & Lehman, D.R. (1999). The nature of real, implanted, and fabricated memories for emotional childhood events: Implications for the recovered memory debate. *Law and Human Behavior, 23,* 517-537.

Rachman, S. (1984). Fear and courage. *Behavior Therapy, 15,* 109-120.

Saigh, Ph.A. (1984). An experimental analysis of delayed posttraumatic stress. *Behaviour Research and Therapy, 22,* 679-682.

Schooler, J.W. & Loftus, E.F. (1986). Individual differences and experimentation: Complementary approaches to interrogative suggestibility. *Social Behavior, 1,* 105-112.

Sleen, J. (1998). Het horen van kinderen door de politie. In R. Bullens (red.). *Getuige-deskundigen in zedenzaken.* Leiden: DSWO Press.

Spencer, J.R. (2000). The role of experts in the common law and the civil law: A comparison. In S.J. Ceci & H. Hembrooke (red.). *Expert witness in child abuse cases: What can and should be said in court.* Washington DC: American Psychological Association.

Wade, K.A., Garry, M., Read, J.D. & Lindsay, S. (2002). A picture is worth a thousand lies: Using false photographs to create false childhood memories. *Psychonomic Bulletin and Review, 9,* 597-603.

Williams, C. (2000). A controversial expert witness. *Family Law, 30,* 175-180.

Personenregister

Zakenregister